Sonja Winkler

Zahlen der Seele

AF211522

Sonja Winkler

Zahlen der Seele

Was dein Geburtsdatum über dich
und deinen Seelenplan verrät

Impressum:
Herausgeber und Autor: © 2024 Mag. Sonja Winkler, Leben in Balance

www.sonjawinkler.at
www.lebedeinpotenzial.at
willkommen@sonjawinkler.at

Coverfoto: Canva
Coverdesign: Sonja Winkler
Gestaltung, Layout & Satz: Sonja Winkler
Lektorat und Korrektorat: Sonja Winkler

Verlag: BoD · Books on Demand GmbH, In de Tarpen 42, 22848 Norderstedt
Druck: Libri Plureos GmbH, Friedensallee 273, 22763 Hamburg

ISBN: 978-3-7693-0852-5
Dieses Buch ist auch als E-Book erhältlich.

Hinweis: Die Autorin hat große Sorgfalt angewandt, um die in diesem Werk erwähnten Empfehlungen und Methoden nach bestem Wissen und Gewissen darzustellen. Dieses Buch ist als spiritueller Ratgeber gedacht: Die darin beschriebenen Methoden, Hinweise und Informationen stehen in keinerlei direktem Zusammenhang mit schulmedizinischen Ansätzen und Erkenntnissen. Sie sollten keinesfalls als solche verstanden werden und sind kein Ersatz für ärztliche oder psychotherapeutische Behandlungen oder Medikamente. Jeder Leser ist angehalten, durch sorgfältige Prüfung und gegebenenfalls nach Konsultation eines Spezialisten eigenständig festzustellen, ob die in diesem Buch beschriebenen Empfehlungen, Methoden und Übungen im konkreten Fall anwendbar sind.

Jede Anwendung geschieht auf eigene Gefahr des Benutzers. Die Autorin und der Verlag übernehmen keinerlei Haftung für Nachteile, die sich eventuell aus dem Gebrauch der in diesem Ratgeber erläuterten Empfehlungen etc. ergeben könnten. Hinsichtlich des gesamten Inhaltes dieses Buches können vom Verlag und der Autorin weder indirekte noch direkte Gewährleistung übernommen werden. Eine Haftung ist ausgeschlossen.

Inhalt

Für meine Mama
In Liebe und Dankbarkeit

Vorwort

Was, wenn der Tag deiner Geburt kein Zufall war und du diesen sogar aus ganz bestimmten Gründen selber gewählt hast? Was, wenn sogar ein größerer Plan dahinterstecken würde und du diesen jetzt sofort entschlüsseln und verstehen könntest?

Es ist wohl kein Zufall, dass dir dieses Buch „zugefallen" ist. Vermutlich zeigst du bereits seit geraumer Zeit Interesse für das Unsichtbare und nichtsdestoweniger Existierende hier auf Erden und bist auf der Suche nach Antworten, wenn es um den Sinn des Lebens geht. Der Tag deiner Geburt war in der Tat kein Zufall, sondern folgte bestimmten Gesetzmäßigkeiten. Diese lassen sich mithilfe der „numerischen" Kabbala entschlüsseln, einer Art Mischung aus der herkömmlichen Kabbala des Judentums, sowie der Numerologie, dem Tarot und der Astrologie. Hieraus wird deutlich, dass jede Ziffer deines Geburtsdatums eine bestimmte Bedeutung hat. Lass dich in den nächsten Zeilen bzw. Kapiteln überraschen, welche versteckten Botschaften sich in deinem Geburtsdatum bzw. deinen ganz persönlichen Geburtszahlen verbergen.

Ich möchte dir mit diesem spirituellen Ratgeber ein effizientes Hilfsmittel in die Hand geben, welches es dir ermöglicht, fortan besser und vor allem leichter durchs Leben zu gehen. Erst, wenn du den Plan deiner Seele erkennst, wird dir der rote Faden in deinem Leben, um den sich bisher doch so vieles gedreht hat, bewusst.

Gerade in Zeiten wie diesen, wo die Spaltung weltweit überhandnimmt, ist diese Kenntnis meines Erachtens nach besonders wichtig. Nur der, der bei sich selbst und seinem Gegenüber die Schwächen, Herausforderungen und Hürden genauestens kennt, sie nachvollziehen und auch verstehen kann, ist letztlich fähig etwaig auftretenden Konflikten ohne negativen Emotionen zu begegnen und aus jeder Situation immer das Beste herauszuholen.

Möge dir dieses Buch eine kleine Hilfe sein, dein Leben mit all seinen Schwierigkeiten und Aufgaben besser, liebevoller und energiegeladener zu meistern und auch das der anderen mit den Augen der Gnade und Liebe zu betrachten. Möge es dir helfen, leichter mit deiner eigenen Vergangenheit Frieden zu schließen, sie in Liebe und Dankbarkeit anzunehmen – das heißt keineswegs, sie sich schönzureden – und frohen Mutes und voller Freude weiterzumarschieren.

Leben ist stetige Veränderung und bedeutet, sich im Fluss geschmeidig mitzubewegen: Jeder Widerstand kostet nur unnötig an Kraft und Energie, vor allem der Widerstand sich selbst gegenüber!

Über dieses Buch

Dieser spirituelle Ratgeber ist keineswegs als Allheilmittel gedacht, möge dir jedoch eine kleine Stütze dabei sein, deinen Alltag mit mehr Leichtigkeit und Freude, als auch Herzensweisheit zu leben. In der Tat leben wir in einer sehr spannenden Zeit – die Wellen da draußen fühlen sich ab und an ziemlich heftig an, doch bin ich überzeugt, dass auch du mit dem Wissen um deine eigenen Zahlen gut, wenn nicht sogar besser, durch sie hindurch tauchen kannst.

Lass bitte dein Ego beim Lesen deiner eigenen Geburtszahlen links liegen oder am besten gleich vorher einen sehr starken Beruhigungstee trinken. Aus eigener Erfahrung weiß ich nämlich, dass es viel Liebe, Mut und Selbstreflexion erfordert, um sich im Spektrum der jeweiligen Zahl erst erkennen zu wollen. Die erste Reaktion bei Kenntnis ist meistens: *„So bin ich aber gar nicht!"*. Wer von uns gibt schon gerne zu, nicht nur aus viel Licht, sondern auch aus viel Schatten zu bestehen; nicht nur gute Seiten, sondern auch Schwächen und Macken zu haben!? Wer von uns möchte im Grunde seines Herzens nicht „fehlerfrei" und perfekt sein!?

Ich habe bei den Ausführungen zu den einzelnen Zahlen immer die extreme Täter-, als auch Opferseite aufgezeigt, in der die Energie einer Zahl gelebt werden kann. Es gibt jedoch viele und weniger extreme Wege, diese zu leben und zum Ausdruck zu bringen. Die Bühne bleibt hingegen jeweils die gleiche – erkenne dich auf ihr wieder. Es geht nicht darum, dich beim Lesen deiner Themen selber klein zu machen oder anzuprangern – bemühe dich stattdessen deinen Anteil an allem, was dir Tag für Tag in Form von Beziehungen, Situationen, Auseinandersetzungen und Herausforderungen passiert, zu hinterfragen. Es gibt einen roten Faden, finde ihn und löse ihn auf, dann wird augenblicklich mehr Leichtigkeit in deinen Alltag einkehren.

Jede Zahl birgt so gesehen einen riesigen Schatz, der von dir gehoben werden möchte. Die Informationen dieses Buches sollen dir Leser also die Möglichkeit geben, auch des Öfteren mal über den eigenen Tellerrand zu blicken. Der Mensch ist bekanntlich eine Einheit von Körper, Geist und Seele. Letztere stellt sich dabei mutig immer wieder neuen Herausforderungen in den jeweiligen Inkarnationen, um schlussendlich eines Tages das Rad des Karmas zu durchbrechen. Welche Reise sich die Seele auf ihrem Ziel in diesem Leben ausgesucht hat, lässt sich bereits anhand des Geburtsdatums ermitteln. Welche Reisebekanntschaften bzw. Hindernisse sie auf ihrer Expedition jedoch erwarten, dies hängt immer von der Offenheit und Freude des Reisenden selbst ab. Insofern gleicht keine Reise die des anderen und die Route, Erfahrungen und Mitbringsel variieren entsprechend. Insofern lasse dich auf folgenden Seiten überraschen, welche Reiseroute bzw. -ziel du dir in diesem Leben vorgenommen hast...

Die Erklärungen und Anleitungen in diesem Buch sollen dir keinesfalls zur Heilung, Behandlung bzw. Linderung oder gar der Diagnose einer Krankheit dienen oder zu missbräuchlicher Interpretation führen. Du solltest sämtliche Behauptungen in diesem Buch allzeit kritisch hinterfragen.

Ich habe in diesem Ratgeber auch bewusst vom Gendern Abstand gehalten: Für mich findet Gleichbehandlung nicht am Papier, sondern immer im persönlichen Umgang statt – die weiblichen Leser, die dies anders sehen, mögen mir verzeihen.

Im ersten Teil des Buches erfährst du, wie du ein Numeroskop erstellen kannst und welche generelle Bedeutung die einzelnen Zahlen eines Geburtsdatums haben. Im zweiten Teil dieses Ratgebers kannst du nachlesen, welche Aufgaben, Fähigkeiten und Talente, jedoch auch welche Hürden, Herausforderungen und Fallen die einzelnen Zahlen jeweils beinhalten.

Du brauchst den zweiten Teil des Buches nicht von vorne bis hinten zu lesen. Beschränke dich auf die Zahlen, die für dich anhand deines Geburtstages von Bedeutung sind und lies dir die entsprechenden Kapitel durch. Später wirst du bestimmt in einem weiteren Schritt auch die Numeroskope deiner Familie, Freunde und all derer erstellen, die deinen Lebensweg kreuzen. Das bessere Verstehen und Nachvollziehen auch ihrer Beweggründe wird dich mit der Zeit zu einem noch mitfühlenderen und spirituell aufgeweckteren Menschen werden lassen.

Jede Zahl findet sich in bestimmten karmischen Mustern, körperlichen und seelischen Beschwerden und Themen wieder. Ich bin in diesem Buch nicht genauer auf die Bedeutung dieser eingegangen. Die jeweiligen Ausführungen, insbesondere zu den karmischen Mustern, Prägungen und Miasmen, als auch die Anleitungen, Übungen und Meditationen kannst du jederzeit kostenlos im Blog auf meiner Homepage www.sonjawinkler.at nachlesen.

Mögen dir die Ausführungen eine Hilfe sein, dein volles Potenzial in Zukunft wahrlich auszuschöpfen und manche Egofalle auf deinem Weg zu vermeiden!

Jeder von uns schleppt bereits seit der Kindheit Traumata mit sich rum, die sich jedoch nicht nur bereits über Generationen hinweg in der Ahnenlinie zeigen, sondern sich auch jeweils schon im Geburtsdatum erkennen lassen. Mögest du mithilfe dieses Buches leichter erkennen, was dir - warum auch immer – zufällt bzw. bereits widerfahren ist.

Glücklich allein ist die Seele, die liebt.
Johann Wolfgang von Goethe

Les grandes pensées viennent du coeur.
Die großen Gedanken kommen aus dem Herzen.
Luc de Clapiers Vauvenargues

Teil 1
Der Sinn des Lebens

Verstehen kann man das Leben rückwärts,
leben muss man es aber vorwärts.
Soren Kierkegaard

Die beiden wichtigsten Tage deines Lebens sind der Tag, an dem du geboren
wurdest, und der Tag, an dem du herausfindest, warum.
Mark Twain

Man sieht nur mit dem Herzen gut.
Das Wesentliche ist für die Augen unsichtbar.
Antoine de Saint-Exupéry

Einleitung

Angenommen, dein Leben ist nicht dein erstes bzw. auch nicht dein letztes hier auf Erden!? Angenommen, du hast dich dazu entschlossen zu inkarnieren, um als Mensch dazuzulernen und als Seele zu reifen!? Angenommen, du stellst dich dabei jedes Mal aufs Neue gezielt bestimmten Herausforderungen und Hürden!?

Was, wenn ich dir in diesem Buch aufzeige, dass bereits dein Geburtsdatum viel über dich, deinen Charakter, deinen Lebensweg und sogar einiges über deine (zahlreichen) Vorleben preisgibt!? Dir quasi bereits vorab offenlegt, welchen Hürden und Herausforderungen du dich später in deinem Leben einmal stellen willst? In den folgenden Kapiteln werde ich dir ausführen, dass einzig und allein bereits die Zahlen deines Geburtsdatums dir in verschlüsselter Form all dies und noch viel mehr aufzeigen.

Sie sagen immer etwas über dein tiefstes Inneres aus. Kannst du diese in Zahlen verpackten Botschaften richtig deuten, illustrieren sie dir deine ganz persönlichen Lernaufgaben, Lebensthemen und Ziele. Sie veranschaulichen dir all das, was du dir in diesem Leben, in dieser Inkarnation vorgenommen hast. Im Grunde erläutert dir bereits einzig und allein der Tag deiner Geburt, welchen Weg du in diesem Leben beschreiten willst. Er offenbart dir in der Tat nichts Geringeres als deinen eigenen Seelenplan.

Bevor du in eine Inkarnation gehst, triffst du in der geistigen Welt gewisse Vorkehrungen. Du entscheidest – vermutlich mithilfe deiner Geistführer und deiner Seelenfamilie – welchen Themen, Vorfällen, Ereignissen und Begegnungen du dich in diesem Leben stellen willst. Du gibst deinem Leben hier auf Erden bereits vor deiner Geburt eine bestimmte Richtung. So setzt du bereits in der anderen Welt fest, was oder wer dich in diesem Leben unterstützen, jedoch auch behindern soll.

Du wählst die Lebensthemen bereits vorab, um dein Ego und deinen Verstand von alten Mustern, Glaubenssätzen und Strukturen – die sich im Laufe zahlreicher Inkarnationen in deinem Informationsfeld angesammelt haben – endgültig zu befreien. Deine Seele möchte dazulernen und verfolgt dabei immer ein Ziel: Sie möchte sich letztlich auch als Mensch mehr und mehr der bedingungslosen Liebe öffnen. Sie möchte das Ego vollkommen überwinden lernen, um in der Einheit als Körper, Geist und Seele zu wachsen und zu reifen. Immer mit dem Zweck, diesen göttlichen Funken der bedingungslosen Liebe, der allem innewohnt und auch in jedem noch so verschlossenem Herzen zu finden ist, nicht nur auf Seelenebene, sondern auch auf menschlicher Ebene zu entzünden.

Quasi wie ein Rohdiamant holst du dir so mit jeder Inkarnation einen neuen Schliff, der dich auch als Mensch mehr und mehr zum Strahlen und Leuchten bringen und dich dem Ursprung von allem, was ist – der bedingungslosen Liebe – wieder annähern soll.

Selbst die Epigenetik lehrt uns, dass wir über die Ahnenlinie auch heute noch mit den eigentlichen Themen unserer Groß- und Urgroßeltern konfrontiert werden. Wir tragen deren Wissen ja in unseren Genen abgespeichert weiter. In jeder Zelle unseres Körpers schwingt quasi die Essenz unserer Vorfahren noch mit. Programme – positive wie negative, gute wie schlechte – werden so von Generation zu Generation weitergegeben. Demzufolge basieren unsere heute getroffenen Entscheidungen und Handlungen im Grunde immer auf den ursprünglich prägenden Erlebnissen unserer Vorfahren. Deren Informationen leben in uns ja quasi weiter. Es ist demzufolge unsere Aufgabe, für die von unseren Ahnen übernommenen und noch nicht aufgelösten Themen endlich eine Lösung zu finden. So nach der Devise: hinschauen, statt davonlaufen...

Die Zahlen – deine Lebensthemen und Lernaufgaben

Jede einzelne Zahl umfasst ein bestimmtes Spektrum an gelebten Emotionen, Charaktereigenschaften, unter Umständen „erlittenen Schicksalen" und Lektionen und hat für dich immer eine spezifische und individuelle Bedeutung. Anders ausgedrückt fordert dich jede Zahl deines eigenen Geburtsdatums auf, dich in deinem Leben seriöser und tiefgründiger mit gewissen Themen auseinanderzusetzen. Meistens passiert dies jedoch eher auf der unbewussten Ebene. Weißt du hingegen, worum es sich eigentlich dreht – du kennst deine persönlichen Lernthemen und setzt dich bewusst mit ihnen auseinander – fällt es dir leichter, die für dich richtigen Entscheidungen im Leben zu treffen.

Entzieht sich dir jedoch die wahre Kenntnis und Bedeutung dieser „Zahlenspiele", würfelst du im Leben zwar eifrig weiter, jedoch immer im irrigen Glauben an „Väterchen Schicksal". Dies führt dann unter Umständen gar zu deiner Überzeugung, keinerlei Einfluss auf äußere Lebensumstände zu haben. Unter Umständen glaubst du sogar, dass es reiner Zufall sei, wenn du mal „einen guten Lauf hast" bzw. im Leben immer nur „daneben würfelst"...

Setzt du dich jedoch im Wissen der Zahlen bewusst mit den damit verbundenen Lernthemen auseinander, beginnst du Schritt für Schritt zu begreifen, dass sich manch negatives Ereignis in deinem Leben doch von vornherein hätte vermeiden lassen. Du siehst, dass dir Dinge in Wahrheit zufallen, also nicht rein zufällig passieren, und dass hinter allem und jedem ein bestimmter Grund und demzufolge ein tiefgründiger – wenn auch auf den ersten Blick unsichtbarer – Ursprung steckt. Du beginnst langsam hinter die Schleier zu blicken.

Letztlich begreifst du, dass es im Leben gar keine Zufälle geben kann und du die Richtung in deinem Leben – zumindest zu einem gewissen Teil – immer selber steuern kannst. Jede Erfahrung deines Lebens hat einen tieferen Sinn und Zweck. Das Leben bietet dir laufend wertvolle Lektionen in Form von Begebenheiten, Situationen, Konflikten und Menschen. Es gilt, diese auch als solche zu erkennen. Lektionen existieren unweigerlich in jeder Situation deines Alltags. Erst, wenn du diese nicht nur verstehst, sondern sie auch auf Herzensebene verinnerlichst und in Liebe annimmst, bist du imstande, die Botschaft dieser auch auf der Handlungsebene konstruktiv umzusetzen.

Konstruktive Umsetzung bedeutet unter anderem auch, die eigenen Entscheidungen und Handlungen nach den kosmischen Gesetzen auszurichten. Nur, wenn du diese – insbesondere das Gesetz von Ursache und Wirkung – anerkennst und konstruktiv anwendest und in deinen Alltag integrierst, wird sich dein Leben dauerhaft zum Positiven verändern können. Das, was du denkst, das bist du und strahlst es auch aus, ob du willst, oder nicht. Dementsprechend ziehst du auch bestimmte Ereignisse, Situationen und Menschen in dein Leben. Sei also zeitlebens auf der Hut, hauptsächlich positive Gedanken zu hegen. Falls die negativen überwiegen, wundere dich nicht, wenn es in deinem Leben bergab geht, denn: Wie innen, so außen! Wie du innerlich tickst, nimmst du die Welt im Außen wahr. Siehst du alles schwarz, existieren auch keine Farben für dich in deinem Umfeld: Alles erscheint dir schwarz und aussichtslos. Willst du deine

Lebensumstände verändern, kommst du nicht umhin, bei dir selbst damit anzufangen – die Kenntnis der Zahlen können dir eine immense Hilfe hierfür sein.

Würdigst du schließlich die tiefere Bedeutung der einzelnen Zahlen und beginnst dein Leben demgemäß zu überdenken und entsprechend konstruktiv zu verändern, spürst du mit der Zeit intuitiv, wohin du deine Segel ausrichten sollst.

Jeder, der schon einmal gesegelt ist, weiß, dass es beim Segeln wichtig ist, sich nach dem Wind zu orientieren. Setzt du bei einer aufkommenden Windböe die Segel falsch, kann das dein Segelboot zumindest zum Stillstand oder gar zum Kentern bringen. Genauso verhält es sich mit tieferem Verständnis der Kabbala Zahlen: Du beginnst mit zunehmender Erfahrung nach dem rechten Wind Ausschau zu halten und steuerst deinen Kurs nicht mehr gegen, sondern mit dem Wind. Du erreichst dein eigentliches Ziel schneller, da du deinen Kahn insgesamt sicherer und besonnener durch all die aufkommenden Wetterfronten manövrierst!

Dein freier Wille entscheidet

Kurz gesagt repräsentiert jede deiner Geburtszahlen eine bestimmte Energie und dadurch Lernaufgabe in deinem Dasein. Wie du jedoch mit diesen in deinem Leben vorherrschenden Energien letztlich umgehst – in den Extremrollen immer als Täter oder als Opfer – bleibt ganz dir selbst überlassen. Der Unterschied liegt darin, dass du als Täter Leid und Krankheit verursachst, als Opfer selbst das Leid bzw. die Krankheit erlebst.

Du verfügst in der Tat dein ganzes Leben lang über einen freien Willen. So kannst du dich in jeder Situation immer und überall eigenständig entscheiden – für oder gegen etwas. In Wahrheit hängt alles – sogar deine Gesundheit und dein Erfolg – immer einzig und allein von dir selbst ab und von niemand sonst! Zugegeben, oft schiebt man den schwarzen Peter gerne den unwiederbringlichen Lebensumständen oder dem persönlichen Umfeld in die Schuhe... bevorzugt dann, wenn im Leben wieder etwas schief läuft.

Vielleicht bist du bereits einmal gekündigt worden oder hast mit deinem Unternehmen Pleite gemacht, dir ist der eigene Partner davongelaufen oder du hattest einen Unfall... Bestimmt hast du die Ursache in Folge dann nicht bei dir selbst, sondern lieber beim cholerischen Chef, den katastrophalen wirtschaftlichen Verhältnissen, den Fehlern deines Partners gesucht bzw. sogar von Kismet gesprochen... Dritte bzw. äußere Umstände für das eigene Verhalten anzuklagen hilft dem Ego ungemein und lässt einen selbst vor dem Spiegel immer besser dastehen. Dies entspricht jedoch nicht der Realität, denn in Wahrheit bist du immer für dein eigenes Glück, wenn nicht zu hundert Prozent selbst, dann doch zumindest zum großen Teil mitverantwortlich. Situationen passieren niemals nur im Außen, sondern haben ihren Ursprung immer im Innen, in dir selbst.

Dies missverstehe bitte jedoch keineswegs als Hiobsbotschaft oder interpretiere gar als Bestrafung. In Wahrheit ist es das genaue Gegenteil, bedeutet es doch gänzliche Unabhängigkeit und Freiheit von äußeren Faktoren!

Stell dir doch einmal die komplette Kehrseite von vorhin Gesagtem vor: Wenn dein Leben & Glück allein immer vom Außen abhängig wären, hättest du keine wahre Entscheidungsfreiheit im Leben und könntest eben ungemein schwerer etwas zum Positiven verändern. Du wärst zeitlebens von anderen abhängig. Für mich persönlich eine äußerst schreckliche Vorstellung, müsste ich mein Glück ja in die Hände anderer legen und immer auf deren Mithilfe bzw. Gutdünken, auf ein positives Schicksal hoffen und vertrauen...

Wäre es also anders, müsstest du dir wahrlich Sorgen machen, wärst du doch Opfer der Umstände und diesen quasi immer hilflos ausgeliefert. Vielleicht wendest du jetzt ein, dass dies im Großen und Ganzen ja gelten möge, jedoch sicherlich nicht, wenn du zum Beispiel an Krebs erkrankst!? Was, wenn ich dann einwende, dass sich deine Seele einzig über deinen Körper bemerkbar machen kann? Sie dich – durch eine Krankheit – quasi zum Umdenken auffordert und dir auf diese Weise mitteilt, mehr auf dich selbst zu hören und die eigenen Bedürfnisse und Wünsche nicht immer hintan zu schieben!? Im Grunde erinnert dich der Körper mit jeder Krankheit daran, deinem Herzen mehr Spielraum in deinem Leben einzuräumen...

Gewiss, es fällt nicht immer leicht, in jeder Situation zu hundert Prozent Eigenverantwortung zu übernehmen. Oft scheint es eben leichter, Dritte für das eigene Unglück verantwortlich zu machen. Dies ist und bleibt jedoch im Grunde immer nur eine zurechtgezimmerte und faule Ausrede, die quasi als eigene

Rechtfertigung herhalten muss. Auch solltest du nicht vergessen, dass, falls du dein Glück immer vom Außen abhängig machst, du dich selbst ja immer wieder aufs Neue freiwillig in eine Abhängigkeitsposition begibst und dich in deiner Freiheit unnötig einschränkst.

Das Leben ist zum Teil Schicksal bzw. Kismet, keine Frage. Dies ergibt sich schon allein aufgrund der karmischen Prägung. Jedoch bleiben dir, in egal welcher Situation, immer zumindest zwei Entscheidungsmöglichkeiten: Du kannst dich immer für oder gegen etwas entscheiden! Ob du schließlich an einer Weggabelung angekommen, nach rechts oder links abbiegst oder doch weiter geradeaus gehst, bestimmst immer nur du selbst, niemand anderes. Auch, wenn das Umfeld dir diesbezüglich vielleicht (gutgemeinte) Ratschläge gibt oder gar behauptet, besser als du zu wissen, welche Route für dich die einzig richtige wäre, dir diesbezüglich oftmals sogar droht: Ob du deinen ursprünglich gewählten Weg beibehältst oder dich doch von deinem Kurs abbringen lässt, hängt im Grunde nur von dir selbst und deinen Prägungen ab, niemals nur von äußeren Faktoren.

Wie immer ist es dein freier Wille, der den Ausschlag gibt, wie sich dein Leben weiterentwickelt – zum „Guten" oder zum „Bösen". Einzig und allein dein freier Wille entscheidet, ob du dem Ruf des Herzens und deiner Seele folgst und dementsprechend die Lernaufgabe in dieser Inkarnation gut bewältigst oder letzten Endes doch daran zerbrichst bzw. scheiterst...

Auf Seelenebene ist Scheitern eigentlich ja gar kein großes Drama. Als Seele machst du keine Fehler, kannst gar keine begehen! Als Seele bist du unendliches Bewusstsein und frei von jeglicher Schuld. Als Seele ist das Feld der bedingungslosen Liebe dein Zuhause. Auf dieser Ebene gibt es keine Trennung, keine Spaltung, keinen Spott und Hohn und keine Verurteilung, keine Endlichkeit, somit keinen Tod. Die Seele ist unsterblich und über den physischen Körper erhaben. Ihr ist es im Grunde egal wie und wann sie den Körper verlässt, sondern sieht den Tod als Nachhausekommen, als eine Rückkehr zur Seelenfamilie. Im schlimmsten Fall dreht sie halt im nächsten Leben nochmals eine „Ehrenrunde"...

Entscheidungen zu treffen, fällt im Leben zugegebenermaßen oft nicht allzu leicht. Jede Entscheidung fordert dich nämlich heraus: Entweder folgst du deinem Herzen und triffst die richtige Wahl, oder du folgst deinem Verstand bzw. Ego und bringst dein Herz zum Schweigen. Ersteres erfordert oft Mut und Urvertrauen. Letzteres erscheint deswegen auf den ersten Blick oft die „bessere" Alternative zu sein. Gehst du den scheinbar leichteren Weg, verletzt du dabei jedoch sicherlich dich selbst und unter Umständen in weiterer Folge auch andere. Wenn du es dir angewöhnst „gezwungenermaßen" mitzuspielen und gute Miene zum bösen Spiel zu machen, bringt dich dieses Verhalten unweigerlich auf die eine oder andere Seite der Täter-Opfer-Medaille. Das heißt, du findest nicht die goldene Mitte, sondern driftest ins Extrem ab, wirst selbst zum Täter oder machst dich selbst zum Opfer… Und genau in dieser Schere Täter-Opfer spielt sich generell unser aller Alltag ab, aber darüber später noch mehr…

Folge dem Ruf des Herzens

Unser Herz erzeugt ein Magnetfeld, welches sich sogar noch außerhalb des Körpers messen lässt. Es ist eine Art zweites Gehirn im Körper, das oft den eigentlichen Ausschlag gibt, welche Entscheidungen wir letztlich treffen. Leben wir mit unserem Herzen im Einklang, geht es uns für gewöhnlich gut. Probleme treten nur auf, falls das Herz unerhört bzw. auf der Strecke bleibt.

Die Kabbala Zahlen verdeutlichen dir die Sprache deines Herzens, indem sie dir klar und deutlich aufzeigen, worauf es in deinem Leben ankommt. Dein Geburtsdatum verrät dir dementsprechend auf verschlüsselte Art und Weise, was du auf der Herzensebene in diesem Leben umsetzen und lernen willst. Falls du über die eigentlichen Lernthemen genauer Bescheid weißt und mutig genug bist, wirst du immer dem Ruf deines Herzens folgen und dich somit für den dich richtigen – wenn auch nicht unbedingt immer leichteren – Weg entscheiden.

Folgst du immer und überall deinem Herzen, wirst du zu deines eigenen Glückes Schmied und du kannst sicher sein, dass du in jeder noch so verzwickten Situation immer noch etwas beitragen kannst, um sie letzten Endes doch zum Positiven zu verändern. Dies kostet dich zwar oft einiges an Kraft und Energie, der Lohn ist jedoch gewaltig: Ab diesem Moment nämlich löst du dich komplett von der Abhängigkeit im Außen und stehst nicht mehr als deren Spielball zur Verfügung. Du allein übernimmst dann das Steuer deines Lebens und wirst zum Kapitän deines eigenen Schiffes. Du nimmst dein Schicksal in die eigene Hand und dein Leben ändert sich entsprechend. Beruhigt dich dieser Gedanke nicht auch ungemein!? Dein Herz kennt den für dich richtigen Weg! Folge ihm also vertrauensvoll und lass deinen Verstand öfters mal links liegen, dann kann eigentlich nicht mehr viel schiefgehen in deinem Leben...

Dieses Buch sollte keineswegs so interpretiert werden, dass es ab jetzt einzig und allein darum gehe, „perfekt" zu sein und keine Fehler mehr zuzulassen bzw. gar den Freifahrtschein in Händen zu halten. Selbst als Seele hast du kein Gratisticket in der Hand, dass dich zu gewissenlosem Verhalten berechtigt und demzufolge aus Unrecht automatisch Recht würde. Was Unrecht ist, bleibt Unrecht. Die Seele, in deinem Körper gefangen, weiß in ihrem tiefsten Inneren davon, folgt jedoch allzu oft deinem Ego und deinen Trieben bzw. ist gezwungen diesen zu folgen... Anders ausgedrückt halten die Triebe, das Ego und der Verstand dein Herz unter Verschluss und bringen es allzu gern zum Schweigen. Die Stimme deiner Seele kann so für einige Zeit nur leise wispern und bleibt oftmals ungehört. Du hast jedoch zeitlebens die Chance und Möglichkeit früher oder später von einem falschen Weg wieder auf den richtigen Kurs zu wechseln. Bleibst du jedoch dem falschen Ziel, aus welchen Gründen auch immer, zu lange treu, greift das Universum in Form von Schicksalen ein. Letztere sollen dich quasi wachrütteln. Schicksalsschläge sind also niemals eine Bestrafung, sondern eher ein Weckruf an dich von deiner Seele, wieder der Stimme deines Herzens, deinem eigentlichen Seelenauftrag zu folgen.

Ich denke, der Seele – in einem menschlichen Körper inkarniert – wird es niemals erspart bleiben, sich mit den eigenen Fehlern und Schwächen auf tiefster Ebene auseinanderzusetzen. Schließlich schleppt sie aus zahlreichen Vorleben noch so einiges an emotionalem und mentalem Ballast mit sich herum. Allesamt Prägungen, die die Entscheidungen nicht immer zum Positiven beeinflussen. Und eines ist sicher: Die Erde ist ein Leidensplanet! Wir inkarnierten Seelen lernen in Krisenzeiten augenscheinlich immer noch am schnellsten und besten. Offensichtlich sind wir oftmals erst in der Krise bzw. Katastrophe in der Lage wirklich hinzuschauen, wo es wehtut und auch gewillt, selbst etwas daran zu verändern...

Die Kabbala Zahlen – das Gemälde deines Lebens...

Betrachte die Zahlen als eine Art Rahmen, in den du hineingeboren wurdest. Diesen Rahmen – ein Paket an Energien – stellst du schon vor deiner Inkarnation her. Du zimmerst ihn – mit viel Liebe – gemeinsam mit deinen Geistführern und spirituellen Lehrern bereits vor deiner Geburt in der geistigen Welt.

Nach jeder Inkarnation kehrst du ja „heim", sprich zu deiner Seelenfamilie zurück. Dort lässt du vergangene Leben Revue passieren, ohne jedoch für etwaig falsch getroffene Entscheidungen kritisiert und gering geschätzt zu werden. Dir wird allerdings liebevoll aufgezeigt, wie du es eben besser hättest machen können. In der geistigen Welt ist alles eins, du bist ein Teil davon – frei von jeglicher Schuld und Kritik. Dort herrscht bedingungslose Liebe, der wir hier auf Erden ewig hinterherhinken... Dies heißt nicht, dass dir gar gelebte Täterallüren auf der Erde dort nicht sauer aufstoßen würden. Du begreifst, wann du fälschlicherweise deinem Ego gefolgt und vom Weg der Liebe abgekommen bist. Du wirst hierfür jedoch niemals verurteilt. In der geistigen Welt herrscht die Erkenntnis, dass alles eins ist und dass das Gute auf Erden (noch) nicht ohne das Böse existieren kann...

Du sammelst deine Kräfte, erholst dich unter Umständen von deiner letzten Inkarnation, bevor du den Entschluss fasst, wieder zu inkarnieren. In Folge berätst du dich mit deinem geistigen Team, wo du dein nächstes Leben verbringen und welche Themen du lernen und umsetzen möchtest. Du bestimmst das Grundgerüst deines nächsten Lebens mit und suchst dir den passenden Rahmen für die nächste Inkarnation aus.

Wie jedoch dein persönliches Gemälde bzw. der genaue Inhalt dieses Rahmens letzten Endes aussehen wird, hängt dann letztlich einzig und allein von dir selbst ab: deinem freien Willen und den daraus resultierenden, im Laufe deines Lebens getroffenen Entscheidungen. Sprich: Welche Farben, Formen und Muster am Ende deines Lebens auf diesem Bild zu sehen sein werden, hängt von deinen durchlebten Erfahrungen und den damit verknüpften Handlungen und Taten ab. Du, nur du allein bist der freischaffende Künstler dieses Gemäldes! Du allein entscheidest und gibst zeitlebens den Ton an, was, wer und welche Farbtöne auf diese Leinwand kommen...

Du verfügst – bildlich gesprochen – zwar bereits von Anbeginn an über zahlreiche Pinsel, diverse Acryl-, Aquarell-, Ölfarben, Tusche und Pastellkreiden etc. Diese „Malutensilien" hast du teils aus deinen zahlreichen Vorleben mitgebracht, teils kommt auch neues „Malmaterial" im Laufe deines Lebens dazu. Bevor du inkarnierst, hast du den Wunsch in diesem Leben besser mit deinen Farben umzugehen. Du möchtest sie harmonischer und stimmiger anordnen und entsprechend zusammenmischen. Schließlich soll dein Gemälde in diesem Leben schöner und ansprechender als das letzte werden!

Welche Technik du dabei anwendest und welche weitere im Laufe des Lebens noch dazukommen, das obliegt jedoch rein dir. Dein persönliches Gemälde ist immer Ausdruck deines freien Willens und Egos. Es spiegelt deine ganz persönlichen Lebenserfahrungen wider und zeigt, wie du mit ihnen zeitlebens umgegangen bist. Ansonsten würden ja all deine „Geburtsvettern" mit demselben Bild bzw. Gemälde rumlaufen, oder? So skizzierst, zeichnest, malst und übermalst du des Öfteren, bis am Ende dein ganz persönliches, dein eigenes Porträt vor dir liegt. Ob gut oder schlecht sei nun dahingestellt. Letztlich ist es völlig nebensächlich, ob es dich am Ende anspricht oder du es lieber in den Mist werfen möchtest: Du hast immer dein Bestes gegeben! Im Grunde ist es also immer gut so, wie es gerade ist…

…oder die Zugfahrt deines Lebens

Statt eines Gemäldes kannst du dir auch folgendes Bild vorstellen: Du kommst auf diese Welt und hast einen Werkzeugkoffer mit im Gepäck. Mithilfe dieser vorhandenen Werkzeuge kannst du dir nun selbst dein Leben zimmern. Wie du die Werkzeuge einsetzt, obliegt jedoch rein dir. So kannst du mit einem Hammer Nägel in die Wand schlagen oder damit auch auf dein Gegenüber losgehen, in Notwehr oder als Angriff…

Damit du vielleicht noch besser nachvollziehen kannst, was genau ich damit meine, vergleiche dein Leben doch mal mit einer Zugfahrt, sagen wir der Einfachheit halber von Wien nach Rom. Mit deiner Geburt hältst du dein Fahrticket in der Hand, auf dem der Abfahrtsort, das Ziel, die Wagennummer und der Sitzplatz vermerkt sind. Auf der Wegstrecke von Wien nach Rom hält der Zug mehrmals wie geplant in mehreren Stationen.

Wie genau du jedoch deine persönliche Zugfahrt gestaltest, nachdem du eingestiegen bist, bleibt ganz dir überlassen: Nützt du die Fahrt kreativ oder schlägst du die Zeit lieber tot? Döst du die ganze Zeit vor dich hin oder arbeitest stattdessen die ganze Zeit emsig am Computer?

Auch wie du dich auf dieser Fahrt anderen gegenüber benimmst und dich in deinem Zugabteil bewegst, obliegt allein ganz dir und deinem freien Willen. Vielleicht knallst du ja deinen Koffer gleich beim Einsteigen der schlafenden Dame nebenan auf den Kopf und trittst dem gegenübersitzenden Herrn bewusst auf seine Zehen? (=Täterrolle) Oder bist du eher überfürsorglich und bietest deinen Sitzplatz übereifrig einer älteren Mitreisenden bereits in Wien Meidling an und stehst stattdessen lieber selbst die ganze Fahrt über am Gang? (=Opfer-rolle)

Vielleicht freut es dich in Klagenfurt gar nicht mehr auf dieser Strecke wei-terzufahren und du steigst dann bereits vorzeitig aus? Eines ist sicher: Einzig und allein dein freier Wille entscheidet, was du aus dieser Zugfahrt machst bzw. wie du diese gestaltest: Angenehm, ruhig, chaotisch, emotional... Langweilst du dich zu Tode oder hast du volle Action von Wien bis Rom? Sitzt du erster Klasse oder irgendwo am Gang?

Entspricht dein freier Wille jedoch nicht deinem eigentlichen Seelenplan, wird dich deine Seele früher oder später über körperliche und psychische Be-schwerden bzw. sogar Krankheiten darauf aufmerksam machen. Sie wird dich über deinen Körper, der ja im Grunde das einzige Sprachrohr deiner Seele ist, darauf hinweisen, dass du von deinem eigentlichen Weg abgekommen bist. Dei-ne Seele kann nur über den Körper mir dir kommunizieren.

Sie kann sich nur über körperliche Wehwehchen bzw. auch über Schicksals-schläge von außen bemerkbar machen. Dein Körper ist somit immer dein bes-ter Freund, denn er kommuniziert dir immer und überall deine ureigensten, tief versteckten und in deinem Unterbewusstsein schlummernden Herzenswünsche. Er steht in direkter Verbindung zu deiner Seele, die ja irgendwo versteckt im Körper sitzt (wo genau soll hier in diesem Buch nicht näher erörtert werden). Er wird krank, weil und wenn deine Seele leidet. Eigentlich möchte dir der Körper auf diese Weise auf Folgendes hinweisen und dir diese Botschaft geben: *"Du machst etwas falsch in deinem Leben. Schlag bitte eine andere Richtung ein..."*

Des Weiteren bin ich der festen Überzeugung, dass du als Seele auch über eine Krankheit bzw. Unfall letztlich das Portal „Tod" wählst, wenn dir die vorhandenen Lebensumstände insgesamt zu viel werden. Du entscheidest dich also diese körperliche Hülle zu verlassen, wenn deine Seele nicht mehr in deinen Körper passt, sie sich zu sehr eingeengt bzw. ungehört fühlt bzw. keinen weiteren Sinn in dieser Inkarnation sieht, etwas zu lernen oder umzusetzen. Des Weiteren wählst du als Mensch oft den Tod, um anderen in deinem Umfeld die Möglichkeit und passende Bühne zu bieten, mit diesem Verlust umgehen zu lernen und wenn möglich noch daran zu wachsen und zu reifen.

Exkurs: Den Zug verlassen

In der Tat bin ich der Ansicht, dass wir uns in der geistigen Welt ein paar Hintertürchen offenlassen, falls es uns aufgrund unserer falschen Entscheidungen im Leben – die ja wie im vorigen Kapitel dargelegt, immer auf unserem freien Willen basieren – doch zu „bunt" wird. So glaube ich, dass wir des Öfteren im Leben die Wahl haben, ob wir noch weiterwursteln bzw. -"kämpfen" wollen oder uns lieber eine Ruhe- und Lernphase auf einer höheren Ebene zugestehen. In anderen Worten meine ich mit „den Zug verlassen" konkret „sterben" bzw. zur Seelenfamilie zurückzukehren.

Ich bin mir natürlich bewusst, dass insbesondere in der westlichen Welt nach wie vor ein äußerst zwiespältiger Umgang zum Thema Tod besteht. Meistens wird so gelebt, als würde er rein gar nicht existieren. Der Transhumanismus möchte aus dem Menschen gar eine gesteuerte Maschine machen, die letztlich die Verletzlichkeit des menschlichen Körpers zu überwinden versucht und verdrängen will, dass das menschliche Leben in einem Körper letztlich immer doch nur endlich ist.

Im Verdrängen dieses Themas liegt jedoch nicht die Lösung, auch nicht in der Angst vorm Tod selber. Was hilft, ist eine genauere Betrachtung des Endes selbst. Im Grunde schließt sich der Kreislauf des Lebens auf diese Weise. Da Energie nicht stirbt, sondern sich nur umwandelt, so wie ein Regentropfen, der ins Wasser fällt wieder mit dem großen Ganzen verschmilzt und eins wird, so werden wir durch den Tod wieder eins und zu dem, was wir eigentlich sind: reines Bewusstsein! Der Tod ist zwar ein sich Verabschieden von allem Irdischen, der die Hinterbliebenen schmerzhaft berührt und sie in Trauer und oft Verzweiflung und Unverständnis zurücklässt. Jedoch ist er auf der anderen Seite gleichzeitig immer ein Nachhausekommen in die geistige Welt, wo die eigene Seelenfamilie einen wieder willkommen heißt. Dementsprechend ist der Heimgang wahrlich ein Heimgang und eigentlich ja ein Grund zum Feiern! Das Ende wird quasi zum Neubeginn, zum Anfang, zu einer neuen Geburt und der Kreislauf schließt sich aufs Neue. Die Energie lebt weiter, wenn auch in anderer und für das menschliche Bewusstsein meistens unsichtbarer Form.

Am Ende einer jeden Inkarnation verlässt die Seele den Körper, quasi ihr Kleid, um sich in der geistigen Welt ein neues Gewand auszusuchen und zu schneidern, dass sie dann in der nächsten Inkarnation überzieht. Bestimmte Farben und Muster des vorigen Kleides nimmt sie dann beim nächsten Leben wieder mit und ergänzt sie mit neuen Stoffen und Schnitten… Dies wohl solange, bis sie nicht den Kreislauf der Wiedergeburten – durch Eintreten der Erleuchtung bereits im menschlichen Körper – endgültig beendet.

Du bist der Rudelführer

Bisher bin ich noch nicht detailliert auf dein ganz persönliches Gepäck zu sprechen gekommen: deine Zahlen, mit denen du ja in diesem Zug, der sich Leben nennt, einsteigst und weshalb du ja auch eigentlich zu diesem Buch gegriffen hast… Stelle dir nun jede dieser Zahlen bitte als Hund einer bestimmten Rasse, Farbe und Charaktereigenschaften vor. Du denkst jetzt bestimmt gleich an deine Lieblingsrasse. Vielleicht hättest du ja gerne einen Schäferhund, Cockerspaniel oder Terrier als Reisebegleiter. Leider ist die Realität oft eine andere, denn nicht jeder von uns ist gleich von Geburt an mit einem Luxusrassehund gesegnet worden. Meistens mischen sich eher „Pinsch-Pudel-Mops-Dachs" unter die eigenen Habseligkeiten. Jedoch, wie heißt es so schön: Mischlinge sind oft intelligenter und treuer als Rassehunde, also verzage nicht, falls sich mehr „Pinsch-Pudels" in deinem Rudel finden… Selbst diese können letzten Endes zu deinen besten und treuesten Begleitern werden, unter der Voraussetzung, du erziehst sie zeitlebens gut!

Dein Rudel kann unter Umständen also sehr vielfältig sein: Von klein, groß, dick, dünn, verfressen, bettelnd, schlafend, aufgeweckt, liebevoll, treu, wohlerzogen, zähnefletschend, scharf, bissig und knurrend ist da unter Umständen alles mit dabei...

Dein Rudel mag den anderen Mitreisenden auf den ersten Blick gar nicht auffallen, liegt deine Hundeschar vermutlich – zumindest zu Beginn der Fahrt noch – schlummernd unter deinem Sitz. Bei der kleinsten Aufregung im Abteil jedoch, wenn zum Beispiel dein Sitznachbar auf einmal eine Extrawurstsemmel aus seiner Tasche zieht, werden deine Vierbeiner plötzlich hellwach und vielleicht sogar ungemütlich. In solch einer Situation zeigt es sich dann, wie gut du sie alle (bereits) erzogen hast. Als Hundeführer gehört es nämlich zu deinen Aufgaben, deinen Trupp – in egal welcher Situation auch immer – allzeit im Griff zu haben! Es gilt, die Qualitäten deiner Herde hervorzukehren und zu optimieren, damit sie eben nicht bei der ersten Wurstsemmel im Blickfeld schon zu kläffen, sabbern oder gar zu knurren und schnappen anfangen...

Wie gesagt, kein Rudel gleicht dabei dem anderen. Da können sich Schoßhunde zu Wachhunden gesellen, faule, aufgeweckte, hyperagile, verschlossene, knurrende, ängstliche, ja sogar bissige Exemplare sich gegebenenfalls unters Rudel mischen. Alles in allem also oftmals keine leichte Aufgabe, diesem mitunter lustigen Verein Paroli zu bieten und ihn in der Hand zu haben. Du kannst mit deiner Erziehung Fortschritte machen, Rückschläge erleiden oder gar daran scheitern. Du hast jedoch immer die Wahl, jeden einzelnen deiner Hunde zum „Guten" oder auch zum „Bösen" zu erziehen... Das Ziel wäre, dass selbst der bissigste Kampfhund auf dein Kommando horcht und im gegebenen Anlass „Sitz" oder „Platz" macht und brav Pfote gibt. Gebe dich keiner Illusion hin: Du wirst dabei aus einem Kampfhund niemals einen Schoßhund machen können. Ein Kampfhund wird immer einer bleiben. Dies zu leugnen wäre ein fataler Fehler! Jedoch kannst du selbst einen Kampfhund abends mit ins Bett nehmen: Dies unter der Voraussetzung, dass er gut erzogen ist, er auf dich horcht und dein Bett auch groß genug ist...

Wie konstruktiv du letztlich mit jedem einzelnen Hund in deinem Clan im Laufe deines Lebens umgehst, hängt zu einem Großteil von deiner Lern-, Kritik- und Liebesfähigkeit, deiner Achtsamkeit, deinem Bewusstseinsgrad, in Summe deiner „seelischen Reife" ab.
Hinter jedem Hund (= Zahl) verstecken sich bestimmte Botschaften, Charakterzüge, Hürden und Herausforderungen, jedoch auch Talente und Fähigkeiten.

Jede deiner Zahlen (= Energiehunde) birgt im Grunde dein wahres Potenzial, das von dir gelebt und umgesetzt und in die Welt hinausgebracht werden will.

Deine seelische Reife – immer in Kombination mit deinem Ego, deinem Verstand und freien Willen – bestimmen letztlich, ob du deine Lebens- und Lernthemen positiv oder negativ umsetzt, wobei „negativ" hier ganz und gar nicht wertend gemeint ist. Auf Seelenebene drehen wir alle des Öfteren „Zusatzrunden". Solange, bis wir das eigentliche Thema richtig erkennen und endlich einen anderen, einen liebevolleren Kurs einschlagen. Letzterer ist bei weitem keine Einbahnstraße und gilt sowohl für dich selbst, als auch deinen Umgang mit den anderen. Du solltest zuallererst lernen insbesondere mit dir selbst liebevoller umzugehen, denn erst, wenn du dich selbst liebst und akzeptierst, so wie du nun einmal bist, wirst du zu einer liebevollen Beziehung im Außen fähig sein.

Unerwünschte Kampfhunde sperren wir zeitlebens gerne ein und versuchen, sie das ganze Leben lang hinter Gittern zu verstecken. Dies mag uns auch gelingen, wenn wir mit unserem Willen dagegenhalten. Letzterer ist jedoch – wie wir alle nur zu gut wissen – äußerst hormon- und emotionsabhängig! In anderen Worten bleibt das Tor nur zu, wenn wir „gut drauf" sind, in stressgeladenen Situationen steht es hingegen ganz weit offen. Fühlen wir uns also gerade schwach, krank, generell überfordert und insgesamt angeschlagen, befinden wir uns gerade in einer emotionalen Ausnahmesituation, steht die Türe zu unserem unerwünschten Kampfhund sperrangelweit offen: Er schießt alsdann blitzschnell hervor und zeigt, wer er eigentlich ist und was er alles kann. Verteidigung ist ja seine Devise!

Das Unerfreuliche dabei ist, dass unsere Umwelt, im Speziellen unsere Familie und insbesondere der eigene Partner diese schlummernden Hunde zeitlebens wahrnehmen und die Vorliebe zu haben scheinen, diese dauerhaft zu reizen und aus dem verschlossenen Zwinger hervorzulocken... Das, was dir auf den ersten Blick vielleicht als reine Schadenfreude oder Gehässigkeit erscheinen mag, geschieht jedoch niemals, um dir zu schaden. Der wahre Grund ist, dass du dich ja eigentlich selber mal auf deine schlummernden Kampfhunde besinnen und ihnen endlich die Aufmerksamkeit schenken solltest, die ihnen gebührt. Nur über die Wahrnehmung, dem Bewusstwerden und der Akzeptanz dessen, was ist, kannst du dich schließlich langsam deinem Ziel annähern und auf deinem Seelenweg weiterkommen. Es nützt dabei nichts so zu tun, als ob deine Kampfhunde gar nicht existieren würden, dadurch reizt du sie nämlich nur noch mehr. Sie wollen gesehen und liebgehabt werden! Sie schreien regelrecht danach, von dir erzogen zu werden, sie lechzen im Grunde nur nach deinem Lob und deiner Anerkennung! Die Lösung liegt immer nur in dir selbst, niemals im Außen. Du hast das Potenzial, all deine Hunde zu Teamplayern, zu überaus treuen Begleitern zu erziehen, wenn du ihre Bedürfnisse erkennst und sie immer auf das aufmerksam machst, auf das es im Leben wirklich ankommt: auf die Liebe!

Karma

„Karma" ist in meinen Augen nichts anderes, als ein einst selbst ausgeübtes Leid am eigenen Leib zu spüren, um durch das Wechseln der Seiten – von Täter zu Opfer – zur eigentlichen Essenz, zur Liebe zurückzufinden und daran als Mensch und Seele zu reifen.

Jede Inkarnation ist somit eine Art „Appropinquationstemptation" (= Annäherungsversuch vom lateinischen appropinquare sich annähern und temptatio Versuch) an die Liebe, um in den Worten meiner ehemaligen Lateinprofessorin zu sprechen. Jede Inkarnation bietet eine neue Chance, sich der bedingungslosen Liebe anzunähern. Mit jeder Inkarnation verlassen wir die geistige Welt, wo alles eins und mit jedem verbunden ist, wo es nur reinste bedingungslose Liebe gibt, um uns freiwillig wieder in einem menschlichen Körper und demzufolge in der (illusorischen) Trennung wahrzunehmen. Wir suchen uns einen Körper, um uns mithilfe von diesem wieder zu erinnern, wer wir eigentlich sind – reinste Liebe. Deswegen sehe ich das Leben als solches als eine Annäherung an den Ursprung: Wir lernen in der Dualität wieder zur Einheit zu finden. Dies geschieht über die Polarität. Nur durch das Verschmelzen von scheinbaren Gegensätzen finden wir zu uns selbst, zu unserer wahren Essenz zurück. Scheinbar entgegengesetzte Kräfte finden zueinander, verbinden sich zu einem wunderbaren Ganzen.

So verhält es sich auch mit den Kabbala Zahlen. Jede Zahl birgt das Ganze in sich: Das Positive wie das Negative. Nur durch das Erkennen des eigentlichen Potenzials und der Akzeptanz dessen, was ist, findet man zu sich selbst zurück. Das wird oft erst über die Polarität in Form eines „Arschengels" – wie Robert Betz es auszudrücken pflegt – begriffen. Im scheinbaren Gegensatz, der uns auf die Palme bringt oder zu Tode betrübt, uns auf irgendeine Weise negativ berührt, erst in diesem scheinbaren Gegenpol finden wir letzten Endes wieder zur Einheit zurück. Dies und nichts anderes ist das eigentliche Ziel jeder Inkarnation. Egal welche Zahlen, sprich Lernthemen, mit im Gepäck sind: Die Aufgabe liegt darin, zurück zum Ursprung zu gelangen!

Die Seele sucht sich hierfür einen bestimmten Körper in einem bestimmten Familiengefüge, an einem bestimmten Ort und zu einer bestimmten Zeit aus. (Wobei ich persönlich überzeugt bin, dass nicht die Seele in einem Körper sitzt, sondern der Körper in der Seele...) Sie schafft sich dadurch die passende Bühne, um in der nächsten Inkarnation dann am eigenen Theaterstück mitzuwirken.

Ja, das Leben gleicht im Grunde einem Bühnenstück und sollte von keinem von uns zu ernst genommen werden. Es sollte stattdessen mit mehr Leichtigkeit und vor allem mehr Freude und Herzenswärme gelebt werden! Der Ausgang, das Ende des Theaterstücks ist jedoch nicht von vornherein festgeschrieben, sondern ergibt sich erst im Laufe des Theaterabends... So wie anno dazumal bei der beliebten österreichischen Fernsehserie „Familie Leitner" bzw. deren Nachfolger „Die liebe Familie", die im Stegreif Format gedreht wurde. Der Text war nicht hundertprozentig vorgegeben, sondern die Schauspieler trugen erst zu den genauen Dialogen bei. Die Handlung war zwar vorgegeben, jedoch wie sie im Detail umgesetzt wurde, ergab sich erst im Laufe des Theaterspielens... Genauso verhält es sich auch im richtigen Leben.

Karma heißt nicht, dass man auf die Welt kommt, um etwas genauso zu erleben, ohne dabei selbst die Weichen stellen zu dürfen, losgelöst vom eigenen Willen quasi. Wohlgemerkt, die Seele sitzt ja im Körper und der macht sich immer und überall über den Verstand und das Ego lautstark bemerkbar. Meistens schreien Letztere so laut, dass die leise und sanfte Stimme der Seele gar nicht mehr vernommen wird... Tja, dann heißt es im schlimmsten Fall wieder mal eine „Ehrenrunde" zu drehen. Der freie Wille hat dann zur Folge, dass bereits erlebte (negative) Ereignisse sich solange wiederholen, bis es auch im Oberstübchen endlich „Klick" macht, der Verstand buchstäblich aufwacht und zur Einsicht gerät, dass er bis dato wohl falsch gelegen ist. Nur, wenn das eigentliche Lern- und Lebensthema erkannt und zum Wohle aller (des eigenen und das der anderen!) umgesetzt wird, ist der ursprüngliche Seelenplan erfüllt. Dabei ist immer die Liebe das eigentliche Ziel. Du sollst die Liebe zu dir selbst und die Liebe zu den anderen in einem menschlichen Körper wiederfinden, der jedoch auf Trennung, eben in der Dualität programmiert ist. Also gar keine leichte Aufgabe, die du dir da immer wieder aufs Neue stellst…

Dabei gleicht ein Seelenplan keineswegs dem anderen. Die Kernthemen unterscheiden sich von einem zum anderen oft gewaltig. Im Grunde jedoch geht es immer darum, die goldene Mitte in allem zu finden. Wo befindet sich deiner Meinung nach symbolhaft „die goldene Mitte" im menschlichen Körper? Genau: im Herzen! Den Seelenplan verwirklichen heißt kurz runtergebrochen nichts anderes, als mit all unseren unterschiedlichen Themen, Herausforderungen, Schwächen, Fehlern und Hürden zu unserer ureigentlichen Essenz, zu unserem Herzen, in welchem der göttliche Funken in jedem von uns innewohnt, sprich zur Liebe zurückzufinden. Die Auflösung des karmischen Rades liegt genau darin: durch Verzeihen und Vergeben, Dankbarkeit und Verständnis die karmische Schnur durchschneiden und zur – wenn möglich – bedingungslosen Liebe heimzufinden.

Im Teil 2 des Buches weise ich bei jeder Zahl unter anderem auch auf deren damit in Zusammenhang stehenden und eventuell noch vorhandenen karmischen Muster & Prägungen hin. Was genau damit gemeint ist bzw. nähere Erklärungen dieser findest du im Blog auf meiner Homepage www.sonjawinkler.at in der Rubrik „Mehr Energie = mehr Lebensfreude".

Vom Opfer zum Täter und wieder zurück…

Die eigentliche Aufgabe im Leben liegt wohl darin, von den Extremen – als Täter oder Opfer – schnellstmöglich wieder in die eigene Mitte, in die spürbare Balance, sprich Herzensweisheit zu finden. Dies gestaltet sich aufgrund unserer jeweiligen energetisch-informatorischen Programmierungen manches Mal zwar äußerst kompliziert, ist aber niemals aussichtslos!

Um schließlich diese „goldene Mitte" zu erreichen, wechseln wir im Laufe der Jahre des Öfteren die Seiten: von Opfergehabe zu Täterallüren. Wir probieren mal dies, mal jenes aus, meist ohne zu wissen, was wir eigentlich tun. Wir verursachen viel Leid und bringen durch unser Verhalten – gewollt oder ungewollt – einiges ins Rollen. In der Kindheit erleben wir vorrangig die Opferseite am eigenen Leib. Wir sind noch zu klein und hilflos, um uns wahrhaftig wehren zu können. Als Erwachsene holen wir dann kräftemäßig auf und zahlen das erlittene Ungemach oftmals zurück.

So spielen wir im Laufe des Lebens Ping Pong mit uns selbst und wechseln zwischen der Opfer- und Täterrolle – wenn auch unbewusst – mehrmals hin und her. Nur durch das Erfahren beider Seiten können wir letztlich begreifen, dass weder das eine Extrem, noch das andere das wahre und erstrebenswerte Ziel ist. Die Lösung liegt wie immer darin, den goldenen Mittelweg zu wählen. Nur in der Balance, der Ausgeglichenheit von Geben und Nehmen liegt das eigentlich wünschenswerte Ziel!

Eines ist jedoch in unserer Gesellschaft sicher: Die Opferrolle kommt nach wie vor ungemein besser an, da sie von der Umwelt generell positiver wahrgenommen wird: Die liebende Ehefrau, die sich aufopfernd um die kranke Schwiegermutter kümmert, daneben noch Haus und Kinder betreut, den eigenen Job schaukelt und abends sogar noch die Zeit findet, mit dem Hund Gassi zu gehen ist da ein klassisches Beispiel. Sicherlich wird sie von ihren Nachbarn in den höchsten Tönen gelobt, wie toll sie das alles deichselt und allen eine gute Mutter, treue Ehefrau, pflichtbewusste Berufstätige, hilfsbereite Nachbarin und generell fürsorgende Mitstreiterin ist.

„Opfer" stehen ihren Mitmenschen andauernd zu Diensten, vergessen dabei in der Regel aber komplett sich selbst. Statt aufzubegehren, schlucken sie lieber alles runter und machen gute Miene zum bösen Spiel. Ein Widerstand kommt für sie nicht infrage. Dementsprechend sind sie die beliebtesten Arbeitnehmer und Familienmitglieder und genießen höchstes Ansehen. Der Lohn für die Opferrolle sind zwar „Liebe" und „Anerkennung" im Außen, in Wahrheit bleiben sie jedoch früher oder später unverstanden, ausgenützt, deprimiert und unter Umständen sogar krank auf der Strecke.

Auch die Opferrolle ist von der geistigen Welt keinesfalls erwünscht – Opfer sammeln keineswegs mehr Pluspunkte als Täter, im Gegenteil. Im Grunde machen auch sie – wie die Täter – auf ihrem Seelenweg keine Fortschritte und bleiben vielmehr in ihrer eigentlichen Aufgabe stecken. Sie bewegen sich im eigenen Hamsterrad, aus dem sie oft keinen Ausweg finden, rackern sich ab, jedoch ohne den wahren Erfolg ernten zu können. Der einzige Lohn sind ein völliger Kräfteverfall, Resignation und Krankheit.

Nach wie vor gelten in der westlichen Welt diejenigen als Helden, die sich für das Wohl aller aufopfern. Die Sozialisierung hat uns beigebracht, das Individuum dem Gemeinwohl hintanzustellen. Als wenn es für Individuen auf dieser Welt nicht genug Platz gäbe und sie keinerlei Berechtigung hätten!

Erinnere dich an deine eigene Kindheit. Bereits als Kleinkind, wenn du vielleicht noch lautstark versucht hast, deinen eigenen Willen durchzusetzen, wurdest du vermutlich bereits von deinen Eltern, später deinen Lehrern und sukzessive der gesamten Umwelt und Gesellschaft gemaßregelt, oder!? Die sublime Botschaft dabei war und ist noch immer: *„Ja nicht aufmüpfig sein! Besser, du passt dich an, bist leise und gehorsam, dann kommst du da draußen um einiges leichter zurecht und hast viele Freunde und Mitstreiter...!"*

Zumindest wuchs meine Generation (ich habe 1971 das Licht der Welt erblickt) noch gemäß diesen Richtlinien heran. Heutzutage wird der Nachwuchs hingegen bereits in Kleinkindertagen zu einem großen Ego erzogen und Lehrer scheinen den Forderungen der – meist überforderten – Eltern klein beizugeben... Kein Wunder, dass *„Du Opfer!"* unter den heutigen Jugendlichen als Schimpfwort gilt.

Ganz ehrlich: Selber möchte man ja eigentlich nie eines sein bzw. gar zu einem werden, oder!? Das Opferdasein weckt demzufolge den versteckten und unterdrückten Täter in uns, lässt ihn irgendwann doch noch aufbegehren und Widerstand setzen. Oftmals gehen die Sicherungen durch, wenn es schon fast zu spät ist und dann beißen die Kampfhunde besonders kräftig und schmerzhaft zu...

Im Grunde sind Opfer und Täter ja immer nur zwei Seiten ein und derselben Medaille: Wir lernen zwar von klein auf, welche Rolle in der Gesellschaft in Ordnung, und welche absolut unmöglich ist und richten uns unser ganzes Leben auch danach. Jedoch spüren wir dabei im Grunde oft im tiefsten Inneren ein Unbehagen... Dieses Unbehagen, mit dem wir nicht zurechtkommen, welches wir nicht auszudrücken fähig sind, zwingt uns dann irgendwann in die Knie und wir werden früher oder später depressiv und krank. In keinem von uns schlummert nur die eine Seite, sondern immer beide: Wo ein Opfer, da auch ein Täter und umgekehrt.

Wir befinden uns in einer Welt der Dualität – alles auf der Welt hat zwei Seiten mit einer überaus beweglichen und unsichtbaren Trennwand dazwischen. Unsere Aufgabe ist es bei all diesen unterschiedlichen Energien am Werk, die uns innerlich zu zerreißen drohen, früher oder später doch zur wahren Essenz vorzudringen, um letztlich doch noch die goldene Mitte – die Liebe – zu finden.

Auch wenn wir die eigene Täterseite oft ins Unterbewusste verdrängen, warten diese „Hunde" nur auf den richtigen Moment unpassend und ungefragt nach außen zu treten. Unsere Mitmenschen nehmen diese Energien sowieso immer wahr und behandeln uns auch dementsprechend. Über den Spiegel, den uns die Außenwelt immer vor die Nase hält, können wir viel über uns selbst lernen...

Solange wir die Energie als Täter missbrauchen – und das haben wir alle schon in der einen oder anderen Form fertiggebracht – üben wir Macht über andere aus, immer mit der Überzeugung unantastbar, unangreifbar und unbesiegbar zu sein. Der Täter agiert mit der Überzeugung immer und überall recht zu haben, fühlt sich stark und überlegen und zu all seinen Handlungen berechtigt. Ein Täter richtet oft über andere und fügt ihnen – ob bewusst oder unbewusst sei dahingestellt – Schaden und auch Krankheit zu. Jeder Täter findet das passende Opfer, um ihm seine Kraft und Stärke zu demonstrieren. Täter missbrauchen die eigene Macht, indem sie über andere hinwegfegen wie ein Orkan. Ein Täter stellt sich nie die Frage, was zum besten Wohle aller wäre, sondern zieht immer nur den eigenen Vorteil in Betracht. *„Koste es, was es wolle!"* ist seine gelebte und bevorzugte Devise. Täter können dementsprechend sogar über Leichen gehen, Hauptsache es handelt sich dabei nicht um die eigene...

Opfer hingegen erfahren den Missbrauch durch andere und lassen alles ohne Widerrede mit sich geschehen. Es herrscht einerseits die Angst, den Missbrauch durch andere zu erfahren, als auch selbst wieder mit dieser Täter-Energie umzugehen: Die Erinnerung an längst vergangene Leben ist nach wie vor, wenn auch in der Regel unbewusst, vorhanden. Sie ist quasi im Informationsfeld eingraviert. Das karmische Rad zu durchbrechen heißt wie gesagt ja die Seiten zu wechseln und das Erlebte auf der gegenüberliegenden Seite nochmals zu durchleben. Aus dem vorigen Opfer wird der Täter und auch umgekehrt. Insofern lebt auch im Opfer die unterschwellige Angst, mit genau diesen negativen Energien und Handlungen wieder in Kontakt zu kommen. So ist es dem Opfer oftmals lieber eher klein und unscheinbar, sogar unterwürfig und gebückt seinen Weg zu beschreiten: ein hilfloser Versuch, den eigenen karmischen Keller aufzuräumen und in diesem Leben alles wieder „ins rechte Lot" zu rücken. Dies hat jedoch unwiederbringlich zur Folge, dass die Person sich selbst dabei missbraucht und seine angelegten Ressourcen unnötig verschwendet. Die Folge solch eines Verhaltens zeigt sich oft in einer vorhandenen Schwäche, die sich auf der körperlichen Ebene früher oder später auch in Form von Krankheiten manifestieren kann.

Was schlüssig daraus folgt ist, dass nicht nur die gelebte Täterseite Probleme schafft, sondern auch ein Leben als Opfer. Letzteres erinnert sich im Unterbewusstsein an die eigene unterdrückte Energie, ist sie ihm doch aus zahlreichen Vorleben, wenn auch eben nur unbewusst, noch sehr geläufig. Der Aggressor greift das Opfer ja mit ihr einst vertrauten Waffen an. Es versteht im Grunde nicht wirklich, wieso es jetzt auf einmal selbst unterdrückt, unterjocht und zurückgehalten wird, erinnert es sich im Dunkeln doch noch an ganz andere Tage! Auch das größte Opfer kann demzufolge verständlicherweise mit der Zeit äußerst rebellisch und unzufrieden werden…

Nochmals, jedes Opfer bekommt im Außen immer den Täter präsentiert, der sich ihm mit der einst gleichen Kraft und Stärke entgegensetzt! Es gibt dabei jedoch keine schlechten Energien an sich. Auf Seelenebene macht jeder einfach Erfahrungen in einem Körper. Punkt. Dementsprechend auch du!

Auf Seelenebene gibt selbst der schlimmste Täter dem Opfer die Chance zu wachsen. Man ist Opfer bzw. lässt sich als dieses nur ausnutzen, wenn der eigene Selbstwert noch im Keller sitzt und die Selbstanerkennung gänzlich fehlt. Der Täter reizt es mit seinen Kampfhunden, damit es sich zu wehren beginnt und dadurch selbst wieder in die Mitte findet. Sprich das Opfer sollte dem Täter die Grenzen aufzeigen und dementsprechend agieren lernen. Dies womöglich, ohne dabei den Täter mit den gleichen Waffen zu schlagen, sondern es sollte vielmehr lernen, in Liebe und Verständnis zu handeln.

Oft gilt der Einwand, dass man nur mit den gleichen Waffen zurückschlagen kann, um etwas zu beenden. Bricht irgendwo auf der Welt ein Krieg aus, werden an das angegriffene Land Waffen zur Verteidigung geliefert. Das Opfer wird bewaffnet, um sich zu wehren. Es schlägt mit den gleichen Waffen zurück, nur: So hat noch kein Krieg ein rasches Ende gefunden! Rotweinflecken lassen sich schließlich auch nicht mit einer Flasche Rotwein rauswaschen. Wer Öl ins Feuer gießt, darf sich nicht wundern, wenn es kräftig weiter brennt. Selbst Opfer sollten früher oder später zur Erkenntnis reifen, was sie selbst beigetragen haben, dass es überhaupt so weit kommen konnte. Selbst ein Opfer sollte sich die Frage stellen, warum es sich nicht bereits früher – friedlich, aber bestimmt – auf die eigenen Füße gestellt hat, um etwas zum Positiven zu verändern!? Stattdessen zu lange zugesehen und eine Vogel-Strauß-Politik an den Tag gelegt hat, bis die Sache schließlich gar doch erst recht eskaliert ist!?

Sogar auf der Opferseite hat man immer die Möglichkeit, sich Hilfe zu suchen und mit wahrer Herzensweisheit zu agieren. Davon bin ich selbst übezeugt. Durch gegenseitiges Köpfe-Einschlagen ist noch nie etwas zum Besseren verändert worden, ganz im Gegenteil. Nur durch das Begreifen des eigenen Anteils an jeder Erfahrung reift man zur Erkenntnis, dass alles mit allem verbunden ist und aufgrund des Resonanzprinzips funktioniert. Dazu gehört die Erkenntnis, dass nichts und niemand auf der Welt nur böse oder gut ist, sondern immer beide Seiten in sich trägt.

Jeder deiner Hunde hat bestimmte Qualitäten, die es hervorzuholen gilt, auf die es sich zu besinnen gilt. Jeder einzelne ist somit etwas Besonderes und zu etwas Besonderem fähig, jedoch sollte diese Besonderheit niemals auf Kosten der anderen umgesetzt werden. Die Lösung liegt somit immer darin, in die Mitte, eben über die Herzenergie, zum Ziel zu gelangen!

Die Täter- Opferseite zu durchbrechen heißt, sich auf der Herzebene wiederzufinden und einzig diese Energie zum Ausdruck zu bringen: In der gängigen Chakralehre sprechen wir ja von sieben Chakren, wobei das Zentrum dieser Chakren das vierte Chakra, eben das Herzchakra ist. Das Herz ist ein Symbol für ewige Liebe. Im Herzen liegt der Schlüssel für das wirklich Wichtige im Leben. Der wahre Wert liegt nicht in Gold und Besitztümern, Macht und Ansehen, sondern wie wir lernen, die Herzintelligenz und die Herzensweisheit tagtäglich zu leben und umzusetzen.

Die Dualität über die Polarität überwinden lernen

Alles auf dieser Erde hat immer seine zwei Seiten, es ist das ewige Spiel Mann-Frau, Tag-Nacht, hell-dunkel, Yin-Yang, Plus-Minus, gut-böse... Letztlich dreht es sich immer um die zwei Seiten ein- und derselben Medaille. Jede Materie auf Erden ist polarisiert und trägt immer beides, Positives und Negatives in sich. Welcher Pol dabei letztlich den Ausschlag gibt, liegt immer in der Hand jedes einzelnen von uns. Dabei spielen die Herkunft, Erfahrungen und verdaute bzw. nichtverdaute Erlebnisse und Traumata eine große Rolle. Wie heißt es so schön, man kann immer gestärkt oder gebrochen aus einer Erfahrung hervorgehen...

So verhält es sich mit den einzelnen Zahlen. Es gibt keine schlechten bzw. guten. Der Unterschied liegt darin, was du – als Rudelführer – imstande bist, aus deinem dir vorgegebenen Rudel an Potenzial, das selbst bei der schlimmsten anmutenden Zahl immer vorhanden ist, herauszuholen. Jeder deiner Hunde kann immer bissig oder gleichmütig reagieren, je nach gegebener Situation. Hat er ein guten Tag wedelt er mit dem Schwanz; ist er in der Früh schon missmutig aufgestanden zerfleischt er vielleicht dich selbst sogar... Es handelt sich dabei jedoch immer um dasselbe Rudelmitglied! Es geht dabei nicht darum, den einen oder anderen Hund schlechtzureden. Vielmehr geht es darum, die Stärken und Vorteile des jeweiligen Rudelmitglieds zu erkennen und sie zu fördern. Die Schwächen hingegen gilt es auszumerzen und die Fehler mit all den negativen Konsequenzen auf ein minimales Limit zu schrauben, um das gesamte Rudel gut durch den Winter zu bringen.

Es hilft nicht, sich die negativen Aspekte schönzureden oder gar zu verdrängen, nein, das wäre die falsche Strategie. Energie, die verleugnet oder gar unterdrückt wird, braucht früher oder später erst recht ein sehr starkes Ventil und das geht dann wieder zu Lasten eines Dritten... Die Lösung liegt darin, zu erkennen, was ist und sich zu jeder Zeit auf die in jeder Zahl vorhanden positiven Anteile, Fähigkeiten und Qualitäten zu besinnen und die negativen zu transformieren. So lässt sich zum Beispiel Wut in immense Schaffenskraft umlenken, steckt in ihr doch pure Energie und Kraft!

Jede Energie jeder beliebigen Zahl lässt sich immer im Extrem leben, entweder als Täter – bissig, andere verletzend – oder als Opfer – erleidend und erduldend und der Dinge harrend. Keines dieser Extreme ist dabei wahrlich erstrebenswert oder gar von der geistigen Welt erwünscht. Vielmehr solltest du als Rudelführer lernen, deine Hunde zeitlebens gut zu erziehen, sprich ausgleichend und liebevoll auf sie einzuwirken. Oft leichter gesagt, als getan, jedoch, nur in der Liebe liegt sie, die eigentliche Kraft!

Ziehen dich die einzelnen Hunde zu sehr nach rechts oder links, kommst du früher oder später ins Stolpern und Straucheln, fällst unter Umständen und schlägst dir das Knie oder sonst noch was auf... Die Kunst besteht darin, mit deinem Rudel auch am steilsten Abgrund sicher vorbeizulaufen, ohne, dass dabei irgendein Gruppenmitglied aufmuckt oder bockt und du selbst, geschweige denn andere dabei zu Schaden kommen.

Scheint die Sonne und gibt es genug zu essen und Spielraum für jeden einzelnen, wird es kaum Probleme geben. Wehe, dunkle Wolken ziehen auf, es wird kalt und es fehlt an Futter. Da kommen dann früher oder später die einzelnen Charaktere zum Vorschein, der eine oder andere beginnt zu knurren bzw. mit den Zähnen zu fletschen oder schnappt gar zu!

Dir als Rudelführer obliegt es nun, deine Truppe an die Leine zu nehmen und sie durch Sturm und Drang zu führen und zu bringen, ohne selbst dabei zerfleischt zu werden oder gar über andere außerhalb der Gruppe herzufallen. Dies funktioniert niemals mit Drohgebärden und Wut im Bauch. Auch wird es dir nicht sonderlich helfen, wenn du nur mit piepsender Stimme auf sie einredest. Was du brauchst ist ein selbstbewusstes Auftreten, die Überzeugung, dass du es schaffen kannst und ein großes Herz!

Wie gesagt, deine Clique verändert sich mit dem Geburtsdatum je nach erlebter und durchgemachter Erfahrung. Auch die auf deinem weiteren Lebensweg auftretenden Themen bzw. Landschaften und Wetterfronten variieren. Je nach Bewusstseinsgrad und Lernthema handelt es sich dabei um eine saftige Wiesen- und Hügellandschaft oder gar eine karge Wüste, um einen Orkan, Sturm, Wind oder eine sanfte Brise oder einen angenehmen Lufthauch...

Es liegt an dir, ob du lieber stetig im Orkan deinen Weg über die Klippen suchst oder es vorziehst, eine frische Brise auf deiner Haut am Strand zu genießen. Beides ist immer möglich und umsetzbar. Das Wie, Warum und Weshalb hängt immer nur von dir und letztlich von deinem Rudel ab bzw. wie sehr du es im Griff hast.

Folgt dir dein Trupp aufs Wort, lebt es sich leichter. Geht dieser mit dir durch, spürst du dies an allen Ecken und Kanten. Dein Rudel hilft dir jedoch, diese Dualität, diese Trennung endgültig zu durchbrechen und zur Einheit zurückzufinden, wenn auch manchmal, zugegebenermaßen, auf die harte Tour! Dies gelingt dir, indem du beide – auf den ersten Blick allzu unterschiedlichen Pole – in Liebe miteinander verschmelzen lässt.

Das eine Extrem birgt auch immer das andere in sich. Erst die Vereinigung beider in der goldenen Mitte – in der Liebe und Akzeptanz – bringt das in ihr wohnende Potenzial, den wahren Schatz zutage: Die vermeintliche Trennung ist dann unmittelbar aufgehoben. So gesehen ist jeder da draußen immer ein Spiegel für einen selbst. Die Frage ist jedoch, ob man gewillt ist, sich in diesem auch zu erkennen. Im Grunde regt man sich ja nur über etwas oder jemand auf, dessen nervenaufreibenden Anteil man zwar selber in sich trägt, diesen jedoch bis dato aus welchem Grund auch immer nach wie vor verleugnet. Das Gegenüber zeigt einem so gesehen immer nur den eigenen gut verdeckten bzw. versteckten Mangel auf.

Erst im Anerkennen und Begreifen, der Liebe und Toleranz liegt die Lösung – ich bin du und du bist ich! Solange man sich aufregt, echauffiert, es besser weiß, mit dem Finger zeigt... solange hat man sich selbst noch nicht im Gegenüber erkannt und die Mitte noch nicht gefunden.

Die wichtigsten Zahlen der numerischen Kabbala

Ein Geburtsdatum besteht auf den allerersten Blick aus drei Zahlen: Dem Tag der Geburt, dem Geburtsmonat und dem Jahr, in dem man das Licht der Welt erblickt hat. Den Tag der Geburt nennen wir in der numerischen Kabbala die Geistzahl. Der Geburtsmonat ist die sogenannte Seelenzahl und aus dem Geburtsjahr ergibt sich schließlich die Körperzahl.

Erst auf den zweiten Blick finden sich in jedem Geburtsdatum weitere aussagekräftige Zahlen, auf die ich – bis auf drei Ausnahmen – in diesem Buch jedoch nicht näher eingehen werde. So lässt sich aus deinem Geburtsdatum unter anderem auch ableiten, welche prägenden Erfahrungen du bereits als Embryo gemacht hast, wie du von klein auf deine Eltern wahrgenommen hast bzw. welche Aufgaben sie dir auf die Reise mitgegeben haben; welche zusätzlichen Lernthemen im Laufe deines Lebens auf dich warten und vieles mehr. Die numerische Kabbala ist in der Tat weitaus umfassender, als ich dir hier in diesem Buch aufzeigen kann: Eine detaillierte Erklärung aller 78 Kabbala Zahlen inklusive näherer Erläuterung aller Zusatzzahlen würde den Rahmen dieses Ratgebers bei Weitem sprengen.

Falls du brennend daran interessiert bist in Zukunft mehr über dieses Thema zu erfahren, du also noch tiefer in die Materie eintauchen willst: Ich biete regelmäßig diesbezügliche Webinare und Workshops an. Nähere Infos findest du auf meiner Homepage: www.sonjawinkler.at unter „Veranstaltungen".

Wie bereits mehrfach erwähnt, waren weder der Tag, noch der Monat, geschweige denn das Jahr deiner Geburt ein Zufall. Das hat jedoch rein gar nichts mit Hellseherei oder gar Wahrsagerei zu tun. Wie genau dein Leben verläuft, hängt immer von dir selbst ab und wie du deine Hunde im Griff hast bzw. sie dich.

Weißt du über dein Rudel genauer Bescheid, kennst du seine Tücken und Neigungen, hast du den großen Vorteil, bewusster und dadurch um einiges leichter die richtigen Entscheidungen in deinem Leben zu treffen. Du gehst dann deinen Weg insgesamt entspannter und ruhiger.

Im nächsten Kapitel erläutere ich dir näher, wie du deinen eigenen Seelenplan mit den insgesamt wichtigsten Lernthemen deines Lebens selber berechnen und entschlüsseln kannst. Alles, was du hierfür brauchst ist Papier und Bleistift.

Berechne deinen Seelenplan

Es ist ganz leicht, deinen Seelenplan zu berechnen: Schreibe dein Geburtsdatum wie im folgenden Beispiel Nr. 1 auf ein Blatt Papier auf.

Beispiel Nr. 1:

A	B	C	D	E	F	G
14	2	1	9	6	6	22 1+9+6+6
Geist- zahl	Seelen- zahl					Körper- zahl
	16	17	26	32	38	2
	14+2	16+1	17+9	26+6	32+6	3+8=11 1+1=2
	Lebens- thema				Persön- liches Karma	Lebens- zahl
1+4	5+2	7+1	8+9	17+6	23+6	29
5	7	8	17	23	29	Lebens- flusszahl

Die Zahl rechts neben dem Geburtsjahr ist die sogenannte Körperzahl, die sich aus der Addition der einzelnen Zahlen ergibt. Das Geburtsjahr 1966 im Beispiel 1 hat demzufolge eine 22 als Körperzahl (1966= 1+9+6+6=22).

In der zweiten Zeile addiere alle Zahlen miteinander, indem du zuerst die Zahl deines Geburtstages mit der deines Geburtsmonats zusammenzählst. Diese Zahl ist dein eigentliches Lebensthema (B2). Im besagten Beispiel ist das die 16 (14+2=16). Diese Zahl addierst du zur ersten Zahl des Jahres, in welchem du das Licht der Welt erblickt hast, diese wiederum zur zweiten usw.

Durch Addition der jeweiligen Zahlen des Geburtsjahrs zum Lebensthema ergibt sich dein Lebensweg und aus der Zahl im Feld F2 (= persönliches Karma) deine Lebenszahl (G2). Sie wird durch Addition der Zahl im Feld F berechnet und kann immer nur eine Zahl zwischen 2 und 10 sein. Im Beispiel Nr. 1 haben wir entsprechend folgende Zahlen am Lebensweg: 16 (14+2), 17 (16+1), 26 (17+9), 32 (26+6) und die persönliche Karmazahl 38 (32+6), aus der sich letzten Endes die 2 (3+8=11, 1+1=2) als Lebenszahl ergibt.

Schlage nun deine Zahlen in den jeweiligen Kapiteln nach, beachte jedoch auch immer die Basis- bzw. Reduktionszahlen. Um bei vorigem Beispiel zu bleiben: Die Geistzahl 14 ergibt sich auch aus den Zahlen 1, 4 und der Basiszahl 5 (1+4=5), die Körperzahl aus der 2 und der Basiszahl 4 (2+2=4), das Lebensthema ergibt sich aufgrund der 1, 6 und der Basiszahl 7 (1+6=7). Die Lebenszahl 2 ergibt sich aus der persönlichen Karmazahl 38, jedoch auch aus der Reduktionszahl 11 (3+8=11, 1+1=2).

In diesem Buch gehe ich noch auf eine weitere Zahl ein, die sich ergibt, wenn du alle Zahlen deines Geburtstages einzeln addierst: die sogenannte Lebensflusszahl. Im Beispiel 1 ist das die Zahl 29 (1+4+2+1+9+6+6=29). Somit ist in diesem Leben auch das Lernthema der 29 zu beachten. Du kannst dir also zusätzlich zu dieser Zahl 29 auch die Infos über deren Basis- und Reduktionszahlen – 2, 9 und 11 – durchlesen, um ein genaueres Bild der damit verbundenen Lebensaufgaben zu erhalten.

Lies nach Erstellung deines Numeroskops also nicht nur die entsprechende Bedeutung der jeweiligen Hauptzahlen (14, 2, 22, 16, 29) durch, um letztlich einen umfassenden Gesamtüberblick zu bekommen welche Themen du dir auf Seelenebene in diesem Leben vorgenommen hast, sondern auch die entsprechenden reduzierten Zahlen und Basiszahlen.

Wie bereits vorhin erwähnt, kann die Lebenszahl (G2) immer nur eine Zahl zwischen 2 und 10 sein: Ergibt die Reduktion der persönlichen Karmazahl im Feld F in der zweiten Zeile eine 10 (wie dies bei der 19, 28, 37, 46, 55 oder 64 der Fall ist) bleibt diese bestehen und wird nicht zur 1 reduziert.

Beispiel Nr. 2:

A	B	C	D	E	F	G
9	3	1	9	6	0	16 1+9+6+0
Geist- zahl	Seelen- zahl					Körper- zahl
	12 9+3	13 12+1	22 13+9	28 22+6	28 28+0	10 2+8=10
	Lebens- thema				Persön- liches Karma	Lebens- zahl
9	12 9+3	13 12+1	22 13+9	28 22+6	28 28+0	28 Lebens- flusszahl

Befinden sich auf deinem Lebensweg mehrere 50er Zahlen, wie im Beispiel Nr. 3 (52 und 57) dargestellt, solltest du – insbesondere in späteren Lebensjahren – regelmäßig viel Bewegung in dein Leben einplanen.

Mit einigen 50er Zahlen auf dem Lebensweg gehörst du zu den Menschen, denen Bewegung und körperliche Ertüchtigung viel Kraft, Energie und letztlich auch Entspannung gibt. Wo andere bereits kollabieren würden, blühst du erst richtig auf! Aus gutem Grund: Der Vulkan, der in dir lodert möchte besänftigt werden – körperliche Bewegung bis zum Umfallen, als auch Kreativität sind für dich dann die probaten Mittel, Ruhe und Frieden zu finden. Stillsitzen und Meditieren wären für dich auf Dauer weniger hilfreich. Dies könnte sich zum Beispiel darin zeigen, dass du ein aggressives Verhalten an den Tag legst und öfters sprichwörtlich in die Höhe gehst, dich innerlich zerrissen fühlst, ohne jedoch zu wissen, warum du eigentlich gereizt und genervt bist.

Bei zwei oder mehreren 50er „Energiehunden" auf dem Lebensweg (so gesehen eine Potenz der 5 und dieser Energiehund verfügt bereits über ein großes Aggressionspotenzial) ist es also immer sinnvoll, in die Gänge zu kommen, denn diese im Grunde emotional aufgeladenen Energiehunde lassen sich am besten mit körperlicher Bewegung besänftigen. Eine Meditation allein hätte eben nicht den gewünschten Effekt, Bewegung bringt Menschen mit zwei oder mehreren 50er Zahlen am Lebensweg bei Weitem mehr Entspannung, als rein nur in die Stille zu gehen.

Beispiel Nr. 3:

A	B	C	D	E	F	G
26	11	1	9	5	5	20 1+9+5+5
Geist- zahl	Seelen- zahl					Körper- zahl
	37	38	47	52	57	3
	26+11	37+1	38+9	47+5	52+5	5+7=12 1+2=3
	Lebens- thema				Persön- liches Karma	Lebens- zahl

2 oder mehrere 50er Zahlen auf dem Lebensweg
fordern dich zu körperlicher Bewegung auf

8	10	11	20	25	30	30
2+6	8+1+1	10+1	11+9	20+5	25+5	Lebens- flusszahl

Die Geistzahl – wie du denkst und handelst

Der Tag deiner Geburt hat gemäß der numerischen Kabbala zeitlebens eine besondere Bedeutung für dich. Anhand des Tages deiner Geburt lässt sich feststellen, worauf es dir in diesem Leben wirklich ankommt, was deine inneren Wahrheiten sind, die dich in diesem Leben voranbringen oder dich gegebenenfalls auch mal resignieren lassen. Diese Zahl drückt aus, wie du denkst und dementsprechend in deinem Leben auch handelst.

So oder so, du musst bzw. solltest dich in dieser Inkarnation mit den damit verbundenen Lebensthemen auseinandersetzen. Sie sind quasi das Flussbett, an dem du zeitlebens entlang schipperst. Du kannst diesen Fluss nicht verlassen, jedoch durch dein entsprechendes Handeln Strömungen entgegenwirken bzw. Stromschnellen geschickt ausweichen…

Im Laufe deines Lebens lernst du über bestimmte Bekanntschaften, Menschen, Familienmitglieder, Freunde, Lebenssituationen und Herausforderungen und Hürden auf deinem Weg, zu dir selbst zu finden. Die Geistzahl bleibt dir, jedoch ändert sich öfters deine Einstellung im Leben – du wechselst die Seiten. Mal agierst du als Täter, mal als Opfer… So oder so wirst du verletzt übrig bleiben, solange du nicht die wahre Essenz deines Potenzials, welches dir in diese Inkarnation mitgegeben wurde, erkennst. Nur dann bist du in der Lage, dich der neutralen Mitte dieser Zahl anzunähern. Im Laufe der Jahre wirst du immer mehr zu deinem eigentlichen Ich, vom ungeschliffenen Rohdiamanten zum Einkaräter. Der Aufruf an dich ist, kräftig und stark in dir selbst verwurzelt den Stürmen des Lebens standzuhalten, und an diesen sogar noch zu wachsen.

Es ist aussichtslos dabei zu hoffen, dass andere dir ein Stück deines Weges, deines individuellen Flussbettes abnehmen werden… Das eigentliche Flussbett unterscheidet sich von Mensch zu Mensch, keiner jedoch kann dir dein Thema abnehmen bzw. es für dich leben. Es gilt, Eigenverantwortung zu übernehmen und äußere Einflüsse als das zu erkennen, was sie sind: als Prüfung, dem eigenen Seelenplan, koste es was es wolle, immer und egal unter welchen Umständen zu folgen und treu zu bleiben!

Du sollst deinen Weg entschlossen alleine gehen, ohne Hilfe oder Druck von außen, denn schließlich weißt letztlich nur du, was das Beste für dich selber ist.

Niemand anderes kann dein Leben für dich leben bzw. dir Themen abnehmen oder gar Hindernisse aus dem Weg räumen… Nur du weißt, was oder wer dir guttut und deine Aufgabe ist es, dies im Laufe des Lebens zu erkennen und dementsprechend agieren zu beginnen.

Diese Zahl spiegelt sich wahrlich am besten in einem Flussbett wider: Der Fluss fließt, man kann ihn zwar versuchen durch einen Staudamm einzuschränken, jedoch er bewegt sich trotzdem weiter… Genauso verhält es sich mit der Energie, die dieser Zahl innewohnt: Du kannst dich bemühen, sie abzuschwächen, zu blockieren, sie zu beeinflussen… jedoch kannst du ihren wahren Verlauf nicht ändern! Dein Weg ist dir vorherbestimmt. Was du letztlich daraus machst, ist jedoch eine andere Frage und steht auf einem anderen Blatt. Auch, wenn du versuchst schneller als dein Fluss zu schwimmen oder dich gar gegen eine Strömung stemmst: Dein eigener Fluss gibt dir die Richtung vor, wie du dich zu bewegen hast, um intakt ans Ziel zu kommen!

Akzeptierst du dein eigenes Flussbett, kannst du deine eigene Aufgabe leichter erkennen und dementsprechend die für dich richtigen Entscheidungen treffen. Bei genauerer Kenntnis deines Flussbetts, wenn du also bereits im Vorhinein weißt, welche Stromschnellen auf dich warten bzw. Felsen aus dem Fluss ragen, kannst du dich besser vorbereiten und für die Ströme rüsten. Dann handelst du besonnener und gelangst entsprechend schneller, sicherer und wohlbehaltener ans Ziel. Je früher du deine eigentliche Lernaufgabe in diesem Leben wahrnimmst und erkennst, desto leichter fällt es dir, diese zu leben und ohne Umwege umzusetzen.

Die Geistzahl ist immer eine Zahl zwischen 1 und 31, die dementsprechenden Erläuterungen findest du im Teil 2 des Buches in den jeweiligen Kapiteln der Kabbala Zahlen.

Die Seelenzahl – wie du im Innersten fühlst und tickst

Die Seele ist das, was alle Inkarnationen überdauert. Sie wird durch diese zwar immer wieder aufs Neue geformt, die reine Essenz der Seele bleibt jedoch immer erhalten. Die Seelenzahl repräsentiert dementsprechend die Energie und Qualität, die du in dieses Leben, in diese Inkarnation mitgebracht hast. In der numerischen Kabbala spiegelt der Geburtsmonat deine Seelenqualität wider. Daher kann die Seelenzahl nur eine Zahl zwischen eins und zwölf sein. Eine dieser insgesamt zwölf Zahlen gibt demzufolge Aufschluss darüber, wie du in deinem tiefsten Inneren denkst und fühlst, wo du am angreifbarsten und verletzlichsten bist. Sie verrät dir, was du dir im Grunde deines Herzens sehnlichst wünscht und zeigt deine dir innewohnenden und manchmal allzu gut versteckten Bedürfnisse auf.

Die Zahl deines Geburtsmonats gibt somit dein Innerstes preis. Sie wird im Allgemeinen im Außen gar nicht wahrgenommen und bleibt für das Umfeld unsichtbar. Deine Seele sitzt für die Außenwelt unerkannt in dem Fahrzeug, das sich Körper nennt. Wenn du ganz ehrlich bist, wirst selbst du dir eingestehen müssen, oft über deine eigensten Herzenswünsche nicht einmal genau Bescheid zu wissen... Warum also sollte dein Umfeld dich besser wahrnehmen, als du dich selber kennst!?

Auf der Seelenebene bist du überaus angreifbar und verletzlich. Die Seele hat sich ja in der geistigen Welt viel an neuen Erfahrungen und Erkenntnissen auf dem Weg zum Wieder-Einssein vorgenommen. Die Seele hat schon viel erlebt, ertragen und erduldet. Deswegen liegt in der Seelenzahl auch oft die größte und tiefste Wunde verborgen. Oft ist sie selbst auch bereits des Öfteren über die Ziellinie hinausgeschossen und hat andere verletzt. Sie tut es auch heute noch. Auch als Seele spielst du im Gewand des Körpers mal Täter und mal Opfer. In der Dualität, gespiegelt über die Polarität ist es nicht immer leicht, die eigene Mitte zu finden.

Aus Sicht der geistigen Welt liebst du als Seele jedoch bedingungslos und nimmst es der Liebe wegen auch in Kauf, in einer Inkarnation bewusst zum Täter zu werden. Dies mit dem Ziel, das Opfer quasi schneller wachzurütteln. Das heißt nicht, dass dadurch Unrecht zu Recht wird und du nicht deswegen – wieder in der geistigen Welt vereint – selbst unter diesen Umständen, die dich im dreidimensionalen Leben zum Täter getrieben haben, leiden würdest.

Deine Seelenzahl ist dafür verantwortlich, warum du in bestimmten Situationen immer wieder dasselbe emotionale Verhalten an den Tag legst. Sie erklärt, was dich antreibt und motiviert, wo deine eigentlichen Beweggründe für dein individuelles Verhalten zu finden sind.

Im Grunde spiegelt sich deine ureigentliche Lernaufgabe immer in deiner Seelenzahl. Sie ist die Essenz, die dich dazu zwingt, Stellung zu nehmen. Entweder widersetzt du dich, leidest still vor dich hin oder du änderst etwas zum Positiven. Jedoch geschieht jede Veränderung immer zuerst in deinem tiefsten Inneren. Die Seele wird quasi im Außen zu einer Reaktion bzw. Veränderung gezwungen, jedoch agiert sie immer so, wie sie in ihrem tiefsten Innersten tickt. Aus dieser Perspektive betrachtet liegt gerade in der Seelenzahl auch die größte Entwicklung. Im Grunde ist sie ja die Essenz deines Selbst, dein Rohdiamant, den du mit jeder Inkarnation schleifst und polierst, bis du am Ende ein kostbares schillerndes Juwel in Händen hältst. Sie ist dein wahres ICH. Die Seele möchte im menschlichen Körper erkennen und erfahren, was wahr und richtig, und was falsch ist. Sie erkennt vor allem durch Leid. Leid zwingt sie in die Veränderung. Wenn der Leidensdruck zu groß wird, muss sie etwas unternehmen, um sich wieder besser zu fühlen: Entweder setzt sie endlich andere Schritte im Leben und geht bewusst in Richtung Heilung und entwickelt sich weiter, oder aber auch sie verlässt diesen Körper. Letzteres passiert, wenn der Leidensdruck bereits zu groß und irreparabel geworden ist bzw. keine nennenswerten neuen Erkenntnisse mehr folgen können.

Die einzelnen Themen der zwölf Seelenzahlen entnimm bitte dem jeweiligen Kapitel im Teil 2 des Buches. Lass uns jedoch diese zwölf verschiedenen Aspekte bereits kurz vorab genauer unter die Lupe nehmen:

Jänner: Die Eins lernt hauptsächlich über das eigene Ego Licht ins Dunkel zu bringen. Dieses wird auf die Probe gestellt und herausgefordert, unter Umständen sogar regelrecht kleingemacht, unterdrückt und niedergetrampelt. Dann ist die Frage, ob sie die Kraft hat, wieder aufzustehen und sich für sich einzusetzen, oder ob sie liegenbleibt und in der Opferrolle verharrt. Zu viel Ego schadet aber auch entsprechend: Unterdrückt die Eins andere auf ihren Seelenweg, wird sie früher oder später gemäß dem Prinzip des Karmas selbst die Rechnung präsentiert bekommen. Solange, bis sie dieses Spiel durchschaut und in die positive Veränderung geht.

Februar: Die Zwei lernt über die Materie, das Licht zu entzünden und zu leben. Dementsprechend sind die größten und verwundbarsten Lektionen immer mit Verlust verbunden. Sei es der Verlust des eigenen Partners, des Jobs oder der Besitztümer. Die Zwei lernt hauptsächlich über das Anerkennen und

Wertschätzen des Nichtmateriellen zu sich selbst und den wahren Werten zu finden.

März: Die Drei lernt über die Sprache und Kommunikation mit dem Außen. Oberflächliches Geschwafel wird ihr dabei selbst früher oder später regelrecht Augen und Ohren öffnen! Die eigene gelebte Oberflächlichkeit und Luxusbedürftigkeit wird ihr dann unter Umständen selbst zum Verhängnis: Sie muss sich den Weg oft hart erkämpfen, wieder wahrgenommen und gesehen zu werden. Je oberflächlicher sie ist, desto weniger ernst wird sie von ihrem eigenen Umfeld wahrgenommen werden. Dies schmerzt jedoch ungemein und zwingt sie letztlich in die erwünschte Veränderung.

April: Die Vier lernt rein über die Gefühlsebene, sich zum Positiven zu verändern. Gefühle können bekanntermaßen ungemein verletzend sein. Die Vier kann ein Lied davon singen. Das erfahrene Leid kann dementsprechend groß sein, bis es dann erst zu einer wahren Veränderung im Inneren kommt. Die Vier möchte lernen, das Ego im Zaum zu halten und erfährt dies immer über verletzte und nicht gesehene bzw. unterdrückte Gefühle. Gefühle sind der Schlüssel zum eigenen Erwachen. Bis dahin liegt oft jede Menge gefühltes Leid, eiskalte Distanz und Härte.

Mai: Die Fünf ist hier, um sich die vollkommene Freiheit in allen Bereichen – auf körperlicher, geistiger und emotionaler Ebene – zu erschaffen. Ein großes Hindernis hierfür sind die zum Teil übermäßig vorhandenen Emotionen, die im Inneren brodeln und einem das Loslassen, welches unbedingt notwendig ist, manches Mal schwermachen. Mit Loslassen ist das sich Verabschieden von sturen Glaubensmustern und Verhaltensweisen, von einschränkendem Denken und Sein gemeint. Dadurch entstehen regelrecht Aggressionen, die hauptsächlich über das Ausleben der vorhandenen Kreativität und dem sich Öffnen für das Neue und Andersartige transformiert werden können. Die Fünf schwimmt sich vom allgemeinen Strom nur frei, wenn sie die ihr innewohnende Unentschlossenheit überwinden lernt und früher oder später in die Gänge kommt...

Juni: Jede Krankheit ist ein Aufschrei der Seele näher hinzuschauen. Insbesondere die Sechs lernt über den Körper, dessen Verletzungen und Krankheiten letztlich doch die Zufriedenheit zu finden. Der Körper zwingt den Verstand und das Ego regelrecht hinzusehen, wo die ursächliche Verletzung liegt, um diese dann in Liebe aufzulösen und die innere Zufriedenheit wiederzufinden und zum Ausdruck zu bringen.

Juli: Stolz regiert im Leben jeder Sieben. Eben dieser bringt das Ego oftmals zum Verzweifeln... Letzteres wird im Außen übergangen, negiert, gebrochen, kleingemacht, bis sich die Sieben auf die eigentlichen Werte im Leben besinnt: Nur über die Herzöffnung lässt sich letztlich der einzig wahre Weg erkennen, denn das Herz muss erfahren und erkannt werden. Nur über die Herzöffnung beginnt die wahre Reise zu ihr selbst.

August: Die Acht lernt in den meisten Fällen nur über die Machtlosigkeit zu sich selbst und den wirklich wahren Werten im Leben zu finden. Akzeptanz ist das Schlüsselwort einer jeden Acht, ohne diese baut sie sich unnötigerweise oft selbst dicke Mauern auf bzw. wird zum Opfer, das dem Umfeld hilflos ausgeliefert ist.

September: Druck bestimmt das Leben einer jeden Neun. Diesen gilt es aufzulösen, um in die Zufriedenheit zu gelangen, ansonsten zerstört der innere Druck allzu perfekt sein zu wollen, die Seele und früher oder später auch den Körper.

Oktober: Über innere und äußere Wertlosigkeit wird der Weg zu sich selbst früher oder später geöffnet: Die Zahl Zehn ruft auf, zu sich selbst zu finden, den Wert in sich selbst zu erkennen und auch im Außen sichtbar zu machen. Über die erfahrene Wertlosigkeit im Umfeld findet die Zehn letztlich zu ihren eigenen Werten, die ihr zwar von Anbeginn an innewohnen, die sie jedoch erst noch zu entdecken hat.

November: Reine Triebbefriedigung findet im irdischen Leben der Elf letzten Endes keine Erfüllung mehr. Über die nicht erfüllte materielle Befriedigung wird früher oder später das erkannt, worauf es im Leben eigentlich in Wahrheit wirklich ankommt: Der Mensch ist nicht nur Körper allein, sondern ein Wesen aus Geist und Seele. Das Wissen um Spiritualität öffnet der Elf letztlich ganz andere Welten, die es in diesem Leben zu entdecken und zu erobern gilt.

Dezember: Über die gelebte und gezeigte Rücksichtslosigkeit – auch sich selbst gegenüber – findet die Zwölf früher oder später zu sich selbst und ihren wahren Aufgaben und Werten im Leben.

Das Lebensthema – dein individuelles Potenzial

Dein eigentliches Thema, um das sich alles in deinem Leben dreht, ergibt sich aus der Summe von Geist- und Seelenzahl. Bist du z.B. an einem 13.5. geboren ist dein Lebensthema die 18. Wie der Name schon vermuten lässt, ist dir die Energie dieser Zahl ein Leben lang ein treuer Wegbegleiter. In dieser Zahl liegt dein wahres individuelles Potenzial verborgen, das es in diesem Leben zu entdecken und zu leben gilt.

Aufgrund der dieser Zahl innewohnenden Charaktereigenschaften und Verhaltensweisen reagierst du auf Situationen und Menschen im Außen. Sie zeigt dir den Spielraum auf, in dem du dich bewegst – mal als Täter, mal als Opfer. Insbesondere letzteres kann dir als eine Art Schutz dienen: Wenn dein Ego verletzt ist, machst du zu und versteckst dich. Das mag auf den ersten Blick zwar als hilfreiche Strategie gelten, bringt dich jedoch auf deinem Seelenweg kein Stückchen weiter.

Nur, wenn du dich den unangenehmen Herausforderungen in deinem Leben offen und ehrlich stellst und dabei nicht Grenzen überschreitest, sprich zum Täter mutierst, hast du begriffen, worauf es ankommt: Du willst in Demut und Liebe dein Leben meistern ohne dich, geschweige denn andere, dabei zu verletzen. Dies kann dir jedoch nur gelingen, wenn du mit deinen Ressourcen gut haushaltest und sie zur rechten Zeit und im rechten Augenblick einsetzt, ohne die Autorität anderer in Frage zu stellen.

Auf der Welt ist für uns alle Platz. Jeder von uns darf in seiner Farbe leuchten und auch andere dadurch zum Strahlen bringen... In Wahrheit lernt niemand von uns durch Wettkampf und Streit es im Leben zu etwas zu bringen, auch wenn wir von klein auf so erzogen wurden. Wir alle sind inkarniert um zu begreifen, dass nicht Konkurrenz das Geschäft belebt, sondern wir in Wahrheit nur in der Kooperation, im Miteinander, im gegenseitigen Respekt und in der Nächstenliebe wachsen können. Niemand von uns könnte allein, ohne die Hilfe und Unterstützung der anderen existieren.

Unser wahres Selbst tritt spätestens in Krisenzeiten zutage, wenn wir dann ganz instinktiv beginnen, alle die Ärmel hochzukrempeln und uns gegenseitig unter die Arme greifen, helfen und unterstützen, wo es möglich ist. Insbesondere wenn die Erde zuschlägt, sei es in Form von Erdbeben, Erdrutschen, Überschwemmungen und Vulkanausbrüchen wird das „Ich" auf einmal ganz klein und das „Wir" übernimmt die Führung. In der Not hält der Mensch zusammen und vergisst in der Regel auf sein Ego… Klar, selbst in der größten Krise findet sich noch der eine oder andere Täter, der gewillt ist, aus der Notlage Gewinn zu schlagen. Jedoch gilt dies nicht für die Mehrheit der Menschen – sie halten für gewöhnlich, wenn es sprichwörtlich eng wird, zusammen!

Die geistige Welt hilft dir, so paradox dies auch klingen mag, oftmals in Form von Schicksalsschlägen, damit du zu deiner wahren Essenz findest. Die Botschaft an dich ist, dich selbst nicht aufzugeben oder gar zu sehr zu verbiegen, um anderen zu gefallen. Nur über Ehrlichkeit und Authentizität findest du deinen wahren Weg. Kommst du davon ab, muss bzw. wird früher oder später wohl das Schicksal eingreifen – in Form von Unfällen, Krankheiten, Pleiten und größeren oder kleineren Katastrophen wie einer Trennung, Scheidung oder Kündigung etc. Passiert das eine oder andere Unglück in deinem Leben, hat es zwar vielleicht auf den ersten Blick rein gar nichts mit dir selbst zu tun. Auf den zweiten Blick zeigt sich jedoch immer ein anderes Bild: Alles, was in deinem Leben geschieht, hilft dir zu wachsen und mehr die Liebe in allem zu entdecken, in erster Linie die Liebe zu dir selbst.

Nur, wenn du dich selbst mit all deinen Ecken und Kanten annimmst und wertzuschätzen beginnst, bist du zur wahren Liebe auch im Außen fähig. Halte dir vor Augen: Alles geschieht immer zu deinem Besten, selbst im größten Schicksalsschlag verbirgt sich letzten Endes immer eine positive Botschaft für dich. Du magst diese auf den ersten Blick zwar nicht immer gleich erkennen, oftmals zeigt sie sich erst hinterher. So verlierst du zum Beispiel deinen Job und bist verärgert und gibst den äußeren Umständen – Arbeitskollegen, deinem Chef, der wirtschaftlichen Situation die Schuld. Letzten Endes stellt sich dann vielleicht heraus, dass etwas Besseres bereits auf dich gewartet hat und du findest dann erst zu deiner wahren Berufung... Das Universum ist immer auf deiner Seite, niemals gegen dich!

Die Frage bleibt, wie du auf solche Schicksalsschläge reagierst. Ziehst du dich zurück und resignierst du in der Überzeugung, nichts an deiner schier ausweglosen Situation ändern zu können oder siehst du sie als Chance, etwas in deinem Leben zum Positiven verändern zu können!? Als eine Möglichkeit, dein wahres Potenzial endlich zum Ausdruck zu bringen!?

Spontanheilungen geschehen immer nur, wenn Menschen damit beginnen, einen anderen Weg als bisher einzuschlagen und sie sich von nichts und niemand mehr aufhalten lassen, ihre insgeheimsten Träume zu realisieren. In jeder auch noch so unguten Situation liegt immer auch die Möglichkeit zur Veränderung zum Positiven verborgen. Selbst im aussichtslosesten Kampf lebt noch immer die Chance eines kleinen Wunders!

Beginne, Ausschau nach diesen Wundern in deinem Leben zu halten! Erblicke in jedem Menschen, der dich verletzt einen „Arschengel", der dich – zwar über Schmerzen und Verletzungen – ein Stückchen auf deinem Seelenweg weiterbringt und dich so immer mehr zu dir selbst führt. Herausforderungen sind immer wohlgemeinte Aufrufe, genauer hinzuschauen und etwas zu verändern, niemals Fausthiebe, die dich zu Boden werfen wollen. Es liegt an dir, ob du in die Knie gehst oder wieder aufstehst, dein Krönchen richtest und weitermarschierst...

In deinem Lebensthema liegt die Möglichkeit, dein Leben mit all deiner Kraft und Stärke nicht nur zu deinem, sondern zum Wohle aller zu leben. Schaffst du es, diesen Energiehund an die Leine zu nehmen und er folgt dir aufs Wort, seid ihr beide ein unschlagbares Team, das es – gemäß dem Potenzial, was in dieser Zahl innewohnt – überaus weit bringen kann.

Dein Lebensthema ist immer eine Zahl zwischen 2 und 43. Die genaueren Infos über deine persönliche Zahl entnimm bitte dem diesbezüglichen Kapitel im Teil 2 des Buches.

Die Körperzahl – wie dich dein Umfeld wahrnimmt

Diese Zahl entspricht deiner Körperebene und ergibt sich aus deinem Geburtsjahr. Bist du zum Beispiel im Jahr 1962 geboren, ist deine Körperzahl die 18 (1962: 1+9+6+2=18). Hast du erst im Jahr 2004 das Licht der Welt erblickt, hast du hingegen die Körperzahl 6 (2004: 2+0+0+4=6).

Der Körper ist das Gefährt, in dem deine Seele unerkannt – quasi hinter verdunkelten Scheiben im Auto – sitzt. So gesehen fährt jeder Jahrgang dasselbe Auto. Nur wenige von uns werden mit einem Porsche geboren, sondern wohl eher mit einem Fiat Seicento... So oder so, es kommt im Grunde nicht auf das Gefährt an sich an, sondern wie du damit Gas gibst. Der eigene Fahrstil ist ausschlaggebend und hängt insbesondere von der Umsetzung deiner Geist- und Seelenzahl ab. Wie du in Kombination beider ins Leben gehst, das macht den eigentlichen Unterschied aus und hebt dich von den anderen ab. So kannst du auch mit einem Porsche zeitlebens auf der Bremse stehen und keinen Meter weiterkommen. Dieses Bild würde dem des Opfers entsprechen, dass sich nicht traut Eigenverantwortung zu übernehmen und sich zeitlebens vor Konfrontationen scheut. Stattdessen lieber gute Miene zum bösen Spiel macht und sich verbiegt und verdreht, um ja nicht anzuecken.

Opfergehabe ist von der geistigen Welt genauso wenig erwünscht wie ihr Gegenteil, das großspurige Gehabe eines Täters, der über andere hinwegfegt wie ein Tsunami.

Die Körperzahl zeigt, wie du dich in der Konfrontation mit anderen verhältst, wie du ins Leben gehst, wie du auftrittst. So und nicht anders nimmt dich dann dein Umfeld wahr und reagiert entsprechend. Als Opfer wirst du weiterhin klein gemacht, aber auch als Täter wirst du deine Ping-Pong-Partner zur rechten Zeit finden...

In der Körperzahl erkennt man wie der Name bereits suggeriert, auch körperliche Eigenschaften und Charakterzüge. Mit diesem gehst du hinaus in die Welt und zeigst dich. Der Körper ist so gesehen immer eher der Ausdruck des Egos und des Verstandes, niemals wirklich der Seele. Diese sitzt ja wie gesagt quasi als blinder Passagier auf der Rückbank deines Autos... Nochmals, die Autotype ist weniger von Bedeutung als dein Fahrstil, mit dem du auf Situationen und Menschen im Außen reagierst. Selbst mit einem Ferrari kannst du dich verschalten und den Motor abwürgen, hingegen kannst du auch mit dem kleinsten und langsamsten Personenwagen sicher und gemächlich ans Ziel kommen. Halte dir dies bitte immer vor Augen, selbst, wenn deine Körperzahl dir auf den ersten Blick nicht positiv erscheinen mag!

Im Grunde gibt es keine schlechten Zahlen, liegt doch jeder Zahl eine archetypische Information inne, die immer äußerst positiv gelebt und umgesetzt werden kann. Es ist immer eine Frage, was du aus dem ihr innewohnenden Potenzial machst und herausschöpfst. So kannst du zu Höhenflügen starten oder doch eher eine Bruchlandung hinlegen... nochmals, auf Seelenebene überhaupt kein großes Dilemma, bist du als Seele – im Gegensatz zum Körper – ja unsterblich.

Deine Körperzahl ist immer eine Zahl zwischen 2 und 28. Die näheren Informationen für deine Körperzahl schlag bitte im diesbezüglichen Kapitel im Teil 2 des Buches nach.

Die Lebenszahl – dein Ziel

Auch, wenn es auf Seelenebene keinen Wettkampf gilt zu gewinnen, kannst du diese Zahl so als eine Art Ziellinie sehen, die es in diesem deinen Leben zu erreichen gilt. Mit all deinen Talenten und Fähigkeiten, Hürden und Hindernissen (Kombination aus deinen anderen Hauptzahlen) willst du dorthin gelangen und dein selbstgewähltes Ziel so intakt wie möglich erreichen. Es ist kein Wettkampf, den du bestreiten willst, sondern Erfahrungen, die du als Seele in einem Körper sammelst und in einer menschlichen Hülle – so gut wie eben möglich – meistern willst. So, als ob du wüsstest, dass viele Augen aus der geistigen Welt dich bei deinen Entscheidungen und auf deinem Weg begutachten und mustern... Die gute Nachricht dabei ist: Die geistige Welt urteilt und richtet nicht über dich, sondern schüttelt höchstens mal mit dem Kopf, wenn du wiederum mit deinem Sturschädel durch die Wand willst oder zumindest fest gegen die Wand stößt...

Es gilt nicht, am Ende des Lebens als der Beste/die Beste dazustehen, sondern wie du deinen Weg gegangen bist. Beschreitest du ihn zeitlebens in Respekt und Liebe für dich selbst und die anderen, wirst du deine Ziellinie unbeschadet und voller Kraft und Stärke erreichen. Dein Motto sollte heißen *„Ich füge weder mir, noch jemand andern Schaden zu!"* Beherzigst du diese Worte und bemühst dich, ein Leben in Liebe und Respekt zu leben, näherst du dich sicher deinem Ziel und erreichst es mit Leichtigkeit. Folgst du hingegen deinem Ego, das dir einzureden versucht, besser und schneller als die anderen sein zu müssen, kann es sein, dass du vor der Ziellinie auf die eine oder andere Weise strauchelst und außer Atem kommst. Selbst ein paar Meter vor der Ziellinie kann dir noch der Atem ausgehen... Also achte, dass du tief Luft holst und deine Entscheidungen im Leben – falls möglich – immer auf der Herz- und nicht einzig und allein auf der Verstandesebene fällst.

Nur dein Herz kennt den wahren und einzig richtigen Weg für dich, das Ego und der Verstand sind in Wahrheit oftmals nur eine Hürde zu deinem Ziel. Dies gilt es zu erkennen und dementsprechend die Segel auszurichten. Es gilt im Leben Vertrauen zum Herzen zu finden und den Mut zu haben, ihm zu folgen, egal wie die Konsequenzen auch auf den ersten Blick erscheinen mögen.

Antoine de Saint-Exupéry hat es perfekt mit seinen Worten in *„Der kleine Prinz"* ausgedrückt: *„Man sieht nur mit dem Herzen gut. Das Wesentliche ist für die Augen unsichtbar."* Übernimmt dein Herz das Kommando in deinem Leben, wirst du deine Lebenszahl perfekt umsetzen und dabei auch noch etwas Gutes für deine Mitmenschen erreichen.

Dein eigentliches Ziel im Leben ergibt sich durch Addition deines gesamten Geburtsdatums und kann dementsprechend nur eine Zahl zwischen 2 und 10 sein. Bist du zum Beispiel an einem 8.5.1972 auf die Welt gekommen ist dein Ziel die 5 in diesem Leben (8+5+1+9+7+2=32, 3+2=5). Hast du an einem 10.02.1960 das Licht der Welt erblickt ist dein Lebensziel die 10 (10+2+1+9+6+0=28, 2+8=10). Dein Ziel ergibt sich immer aus deiner persönlichen Karma Zahl. In obigen Beispielen wäre das die 32 bzw. die 28.

Auch, wenn ich in diesem Buch nicht auf alle möglichen Karma Zahlen (insgesamt 71) eingehen möchte, nur so viel: Die Karma Zahl zeigt auf, wo du im Vorleben bereits zumindest einmal gestrauchelt bist, was du also an karmischer Last noch mit dir mitschleppst. Diese Information sitzt nach wie vor in deiner Aura und ist so eine Art Alarmglocke in deinem System, die unmerklich aufzuschrillen beginnt, wenn du dich wieder mal auf alten Trampelpfaden wiederfindest, die dich bisher immer in die falsche Richtung geführt haben.

In diesem Leben möchtest du es eben besser machen, weder zu sehr nach rechts, noch zu sehr nach links von deinem Weg abdriften. Du möchtest weder zum Täter, noch zum Opfer tendieren, sondern deinen Weg in Liebe beschreiten. Falls deine persönliche Karma Zahl höher als 43 ist, reduziere sie und lies bei den jeweiligen Kapiteln nach. Bei einer persönlichen Karma Zahl von zum Beispiel der 49 schlage bei der Zahl 4, 9 als auch der 13 (4+9=13) nach, um einen ungefähren Anhaltspunkt zu bekommen, woran es im Vorleben gehapert hat.

Besteht ein tieferes Interesse von deiner Seite melde dich für eines meiner Webinare oder Seminare an. Nähere Infos findest du auf meiner Homepage www.sonjawinkler.at unter der Rubrik „Veranstaltungen".

In diesem Kapitel möchte ich dir nur einen sehr kurzen Überblick über die wichtigsten Themen deiner persönlichen Lebenszahl geben. Die genaueren Informationen entnimmst du bitte im Teil 2 des Buches.

Ist deine Ziellinie eine 2, möchtest du weder alles besitzen wollen, noch allzu altruistisch durchs Leben gehen.

Mit einer 3 willst du nicht zum Quassler mutieren, jedoch auch nicht sprachlos deinen Weg beschreiten. Du hast in der Tat viel zu sagen und solltest dies im rechten Augenblick auch immer angemessen tun!

Die 4 fordert dich auf, weder zum Menschenhasser zu werden, geschweige denn zur Oberglucke. Beides wäre fatal für ein glückliches Leben.

Als 5 hast in diesem Leben eigentlich genug vom „Lebemann-Dasein", möchtest jedoch auch nicht antriebslos enden.

Die 6 möchte in diesem Leben nicht mehr unzufrieden zu sein, sieht sich jedoch auch nicht als Glücklichmacher der Nation.

Mit einer 7 möchtest du den Stolz und die Arroganz in diesem Leben endgültig ablegen, jedoch den eigenen Wert dabei erhalten und dich keinesfalls wertlos fühlen.

Die 8 fordert dich auf, weder Macht über andere zu erlangen und auszuüben, noch ohnmächtig und hilflos an der Hand genommen zu werden.

Mit einer 9 im Gepäck möchtest du in diesem Leben eigentlich nicht mehr zum „Kelomat" werden, sprich zeitlebens unter Druck stehen, sondern motiviert und gelassen deinen eigenen Weg beschreiten.

Die 10 ist quasi das Ende eines Zyklus. Mit dieser Zahl möchtest du nicht zum Selbstdarsteller und „Poser" werden, dich jedoch auch in der Gesellschaft nicht mehr unwert fühlen. Deine eigentliche Aufgabe in diesem Leben liegt darin, deinen gesunden Selbstwert (wieder) zu finden.

Eines ist sicher, so schwer sich deine Aufgaben im Leben auch manches Mal anfühlen mögen, sei dir gewiss, dass du immer die erforderlichen Werkzeuge mit im Gepäck hast, um dein Ziel auch sicher und geborgen zu erreichen. Gehen musst du halt allein, den Weg wird dir keiner abnehmen, du hast jedoch die richtigen Wanderschuhe an, die zwar öfters Blasen verursachen, die jedoch, wenn du darauf vertraust, Wind und Wasser abhalten und dich selbst durch den größten Matsch tragen. Vertrau deinem Schuhwerk – vertraue dir und deinen Fähigkeiten!

Die Lebensflusszahl – die Kernaufgabe im Leben

Addierst du die einzelnen Zahlen deines Geburtsdatums, kommst du auf die Lebensflusszahl, die eine Zahl zwischen 4 und 35 sein kann. Ist dein Geburtstag der 2.5.2002 rechnest du wie folgt: 2+5+2+0+0+2= 11. Auf deinem 2er Weg solltest du dich also vor allem mit den Themen der 11 auseinandersetzen. Erziehst du diesen Energiehund gut, wirst du dein Ziel sicher und wohlbehalten erreichen. Bist du an einem 26.4.1976 geboren rechnest du folgend: 2+6+4+1+9+7+6=35 Die Lebenszahl 8 hat dann also unter anderem das Thema der Lebensflusszahl 35 zu lösen.

Hast du hingegen am 14.11.1978 das Licht der Welt erblickt, ist die 32 das Thema hinter der Lebenszahl 5: 1+4+1+1+1+9+7+8=32 usw. Diese Zahl zeigt dir die eigentlichen Lernthemen auf, um die es bei der Zielerreichung in dieser Inkarnation geht. Ich persönlich nenne sie gerne das Lebenshintergrundthema. Sie ist quasi der Fluss, der Pfad, der dich schnurgerade ins Ziel bringt. Konzentriere dich auf deinem Weg also auch besonders auf die mit dieser Zahl verknüpften Aufgaben, denn deren Themen begleiten dich dein gesamtes Leben.

Schaffst du es, die mit dieser Zahl in Verbindung stehenden Energien in der Mitte zu leben, wirst du die Ziellinie auch sicher und wohlbehalten erreichen. Bitte behalte entsprechend auch immer diese Zahl – neben der Geist-, Seelen-, Körperzahl und deinem Lebensthema im Hinterkopf. Sie hilft dir, deine Aufgaben in diesem Leben noch besser zu erkennen. Klarerweise fallen dir die damit verknüpften Themen in deren Umsetzung nicht immer leicht bzw. manches Mal erscheinen sie dir vielleicht sogar unmöglich... Im Grunde jedoch liegen genau in dieser Zahl deine ganz individuellen Fähigkeiten und dein eigentliches Potenzial verborgen! Bringst du diese Energien in Ausgleich, stehen dir alle Türen offen, deinen Seelenplan bestmöglich zu erfüllen.

Dies bedeutet, dass es beim Erreichen deines eigentlichen Ziels, deiner Lebenszahl hauptsächlich darum geht, diesen besonderen Energiehund zu besänftigen. Die Hürde liegt also genau in diesem Bereich, die eigentlich zu lösenden Aufgaben sind genau in dieser Zahl zu finden. Lies dir also zusätzlich auch immer die Themen dieser Zahl genau durch. Dann erkennst du sofort, wo deine ganz persönlichen Hindernisse bzw. aber auch Talente und Fähigkeiten liegen. Diese Zahl ist das Pool, aus dem du schöpfen kannst, um dein Ziel in dieser Inkarnation auch gut zu erreichen.

Teil 2
Die Kabbala Zahlen
von 1 bis 43

Wer nicht weiß, wohin er will, der darf sich nicht wundern,
wenn er ganz woanders ankommt.
Mark Twain

Jeder ist ein Mond und hat eine dunkle Seite,
die er niemandem zeigt.
Mark Twain

Wir kommen aus dem Nichts und wir gehen ins Nichts.
Dazwischen machen wir viel Lärm um nichts.
Sonja Winkler

1: Egospiele

Bist du an einem Ersten oder im Jänner auf die Welt gekommen setzt du dich zeitlebens – zumindest unbewusst – mit Egothemen auseinander. Die 1 lernt nur über das Ego und die Verletzung dessen, in die Liebe zu finden. Dieses wird dementsprechend mal anständig aufgeplustert, mal bekommt es jedoch von außen (oder doch gar immer nur von dir selbst!?) einen kleinen Dämpfer und schrumpft zusehends... 1er haben manches Mal im Leben das Gefühl der/die Größte zu sein und manchmal empfinden sie sich selbst hingegen als allzu klein und unscheinbar. Das Leben scheint ein ewiges Auf und Ab auf der Ego-schiene zu sein.

So liegen Täter- und Opferseite oft untrennbar miteinander verbunden. Es muss Gott sei Dank nicht immer durch Gewalt passieren, dass die 1 einen Dämpfer von außen erfährt. Lektionen dieser Art, wo das Ego jedoch in der einen oder anderen Form sprichwörtlich niedergetrampelt wird, gehören quasi wie das Amen im Gebet zum Leben dieser Zahl dazu. Insbesondere, wenn das Ego zu übermächtig wird, bekommt es im Außen früher oder später einen Denkzettel – quasi zum Wachrütteln – verpasst...

„Ich bin der/die Größte! Ich bin der/die Beste! Mir steht alles zu. Ich nehme mir alles, was ich kriegen kann. Ich stehe im Zentrum des Geschehens. Ich bin schließlich wer!" Sätze wie diese könnten von einer 1 sein, die gerade ihre Tä-terseite vollends auslebt. Überragt der Täter, dann gibt das Ego den Ton an und Egoismus ist die einzige Überlebensform im Universum.

1er geborene Kinder kristallisieren sich oft schon in jungen Jahren zeitweise als Täter heraus. So schlagen und trommeln sie bevorzugt mit ihren kleinen Fäustchen am Boden, schreien und toben, um schließlich das zu bekommen, was sie wollen. Meistens jedoch sind sie in jungen Jahren den Erwachsenen noch haushoch unterlegen und werden so gezwungenermaßen bereits relativ früh in die Rolle des Opfers gedrängt.

Phasenweise rebellieren sie jedoch schon in diesem zarten Alter und ma-chen lautstark auf sich aufmerksam. Selbst wenn die Eltern verzweifeln haben diese doch generell den längeren Atem und 1er-Kinder müssen sich früher oder später doch noch fügen. Das Ego, bereits von klein auf unter Beschuss und gekränkt, schlägt in späteren Jahren dann oftmals doppelt so hart zurück und holt sich das, was ihm einst verwehrt worden ist.

Egospiele in der einen oder anderen Form dominieren zeitlebens den Alltag der 1. Als Erwachsene wirft sie sich dann vielleicht doch nicht mehr auf den Boden, um das zu bekommen, was sie gerne möchte. Jedoch zeigt sie nichtsdestoweniger nach wie vor auf ihre ganz besondere Art knallhart, wenn die Egogrenzen – wenn auch nur scheinbar – überschritten werden. Dann kommt der kleine Tyrann von damals in geballter Form wieder zum Vorschein und lässt seine Egomuskeln spielen...

Das heißt jedoch keineswegs, dass Menschen mit einer 1 im Geburtsdatum zeitlebens mit einem großen Ego gesegnet wären und vor lauter Selbstvertrauen und Egoismus nur so strotzen würden. Wie immer gibt es auch eine zweite Seite, weswegen die 1 nicht selten – zumindest phasenweise – mit einem allzu geringen Selbstwertgefühl zu kämpfen hat. Allzu oft wird das geringe Selbstwertgefühl durch großartiges Gehabe nach außen eben nur kaschiert.

Nicht selten ist jedoch von Egogehabe wirklich keinerlei Spur vorhanden und 1er geben sich im Außen so, wie sie sich im Innern fühlen: klein und unscheinbar. Diese Menschen fühlen sich oftmals wirklich nichtssagend und winzig, leben ein bescheidenes Leben, sind charakterschwach, nachgiebig und abhängig von der Meinung und dem Gutdünken anderer. Sie lassen sich ausbeuten, sind willensschwach und bringen selber nicht viel in Bewegung, sondern lassen eher mit sich geschehen. Schüchtern und farblos marschieren sie dann durchs Leben, wollen häufig gar nicht erst gesehen und wahrgenommen werden... *„Nur nicht auffallen!"* ist dann die Devise, die die 1 als Opfer am Leben erhält.

Dabei fehlt es ihr nicht an Elan, sondern eher an der Anerkennung sich selbst gegenüber. Diese verweigert sie sich unter Umständen sogar zeitlebens, je nachdem wie das Ego in Kindesbeinen bzw. bereits in Vorleben unterdrückt wurde bzw. sich gar aufgeblasen hat...

In der Tat, die Außenwelt übersieht die 1 häufig, sie nimmt sie nicht wahr, sondern geht über sie hinweg, negiert und ignoriert sie. Ignoranz ist jedoch die größte Strafe für das Ego einer 1, welche doch immer nur in ihrem tiefsten Inneren gesehen und wahrgenommen werden möchte und förmlich das ganze Leben lang nur nach Anerkennung schreit. Zuerst nach der Anerkennung der Eltern, dann der Lehrer, des Arbeitgebers, der Lebensgefährten…

Der Schrei wird so zu einer nie enden wollenden Geschichte, dieser Schrei nach Liebe und Wertschätzung, der im schlimmsten Fall zeitlebens jedoch gar unerhört bleibt. Lebt die 1 eher auf der Opferseite lässt sie sich benützen, unterdrücken, von jedermann schlecht behandeln. Angewiesen auf andere lebt sie ihre Eigenständigkeit nicht und lässt sich stattdessen von anderen tyrannisieren.
Weit entfernt also von *„Ich bin der Größte!"* und trotzdem nur die Kehrseite ein und derselben Medaille. So nah liegen Glück und Unglück oftmals beieinander. Solange sich die 1 nicht auf dem Mittelweg befindet, sondern noch zu sehr links oder rechts vom richtigen Weg abkommt und diesen entlang marschiert, ist und bleibt sie von anderen abhängig. Selbst, wenn der Wille vorhanden ist, in Erscheinung zu treten fehlt es ihr oft an der erforderlichen Kraft, auf sich und die eigenen Bedürfnisse aufmerksam zu machen. Das Ego ist irgendwann geknechtet worden und hat klein beigegeben…

Dabei hätte die 1 ja wahrlich das Potenzial, es zu wahrer Größe im Leben zu bringen! Würde sie sich nur selbst immer mit den Augen der Liebe betrachten und als das sehen, was sie in Wahrheit ist: eine außerordentliche Seele, die von Haus aus schon groß genug ist und diesbezüglich eigentlich gar kein Zutun mehr von außen braucht. Eine Einheit aus Körper, Geist und Seele, die in sich selbst schon so perfekt ist, dass sie sich im Außen weder beweisen, noch darstellen, geschweige denn zu klein machen muss! Sie darf leuchten und anderen dadurch zur Fackel werden. Dies immer unter der Voraussetzung, sie lässt dabei die Gemeinschaft nicht außer Acht, sondern respektiert und akzeptiert diese zeitlebens. Stets im Vertrauen, dass schließlich Gott, der existiert und allumfassend wirkt, letztlich allein die Geschicke lenkt und sie selbst nur ein kleines, wenn auch wichtiges Rädchen im Getriebe ist.

Die 1 sollte und möchte in diesem Leben lernen, den Wert in sich selbst und letztlich die eigene Persönlichkeit zu finden. Sie möchte lernen, die eigene Größe – ohne sich dabei selbst aufzuplustern oder gar andere kleinmachen zu müssen – zu finden, diese anzuerkennen und in Demut zu leben. Sie möchte für andere und nicht nur für sich selbst groß sein und werden. Die 1 sollte sich zeitlebens hüten, sich selbst zu groß bzw. zu klein im Leben zu machen. Sie hat dies im Grunde nicht nötig. Sobald sie begreift, wertvoll zu sein – so und wie sie gerade ist – und sich selbst diese Wertschätzung in Demut geben und diese auch allen anderen entgegenbringen kann, befindet sie sich auf der geraden Ziellinie. Ab diesem Moment erübrigen sich Lektionen von außen und die 1 lebt einen ruhigen Lebensabend, eins mit sich und der Welt.

Fazit: Du hast dir in der geistigen Welt die 1 ausgesucht, um dich in diesem Leben tiefgründiger mit Egothemen auseinanderzusetzen. Das Ziel dieser Inkarnation liegt darin, dir selber den Wert zu geben, der dir im Grunde bereits von Geburt an gebührt. Anerkenne dich als wertvolle Persönlichkeit in der Gemeinschaft und bringe nicht nur dir selbst, sondern auch deinen Mitmenschen stets Liebe, Mitgefühl, Anerkennung, Wertschätzung und Respekt entgegen. Sei mitfühlend, wenn es um deren Eigenheiten und Bedürfnisse geht – lerne diese nicht nur wahrzunehmen, sondern auch zu schätzen. Gehe aufrecht, mit einem gesunden Selbstwert und offenem Herzen durchs Leben. Sobald du dies umsetzt, hast du die Lebensaufgabe der 1 erfüllt!

Beispiel Nr. 1:

Der Sohn meiner Jugendfreundin (geboren am 1.4.) war eines Abends mit seinem Freund zu Fuß nachhause unterwegs. Als beide gerade einen Zebrastreifen überqueren wollten, bremste ein Autofahrer vor ihnen abrupt. Der Sohn meiner Freundin begann alsbald eine heftige Auseinandersetzung mit dem Lenker des Fahrzeuges und kritisierte lautstark dessen ungebührliches Verhalten. Daraufhin stieg der Autofahrer aus und schlug ihm mit der Faust ins Gesicht, dass er zu Boden ging und danach sogar kurz ins Krankenhaus musste...

Beispiel Nr. 2:

Die Zahlen scheinen auch für unsere geliebten Vierbeiner Gültigkeit zu haben. Jedenfalls wurde Ecco, unser Familienhund am 16.1. geboren. Bereits in seinen ersten Lebensmonaten kam sein Egoverhalten (verstärkt durch die 16) zutage. So schubste uns dieser kleine Kerl bewusst zur Seite und machte sich selber größer und wichtiger, als er war. Ecco nahm sich einfach ohne zu fragen den Raum, den er glaubte zu Recht beanspruchen zu können: Jedes Mal, wenn ich auf der Stiege beim Hauseingang mit meinem Caffè Latte in der Hand die Morgensonne genoss, gesellte er sich dazu, setzte sich neben mich und begann mich zur Seite zu drängen... er war bereits von Anfang an ein regelrechtes Alphatier! Erst mit den Jahren änderte sich sein Verhalten und er hatte es nicht mehr nötig, sich größer zu machen – er war innerlich gewachsen.

Empfehlungen:

Hast du eine 1 in deinem Geburtsdatum bemühe dich, einen gesunden (wohlgemerkt dein Augenmerk sollte auf „gesund" liegen!) Selbstwert aufzubauen und authentisch zu sein. Über die Anerkennung und den Respekt deinen Mitmenschen und dir selbst gegenüber lernst du, deinen 1er Energiehund in den Griff zu bekommen. Liebe und anerkenne deine Mitmenschen für das, was sie sind: eigenständige und bedürftige Menschen auf ihrem ganz persönlichen Weg. Bemühe dich, ein Teil der Gesellschaft zu sein, der die anderen akzeptiert, ohne sich dabei jedoch selbst jemals aufzugeben. Dies mag zugegeben oft eine Gratwanderung für dich sein, je nachdem welche zusätzlichen Energiehunde sich noch mit in dein Rudel mischen. Respekt und Wertschätzung sind in Wahrheit jedoch der für dich einzig richtige Weg!

Wenn du deinem 1er Energiehund beibringst, dass er gut genug ist, so wie er nun mal gerade ist, hast du ihn auf deiner Seite. Wenn du ihm klarmachst, dass es nicht auf sein Äußeres, auf seine Größe, sondern immer nur auf sein Inneres ankommt wird er dir treu und ergeben folgen und sich mit dir gemeinsam durchs Leben schlagen. Erkenne dich als das an, was du bist: Eine Seele in einem Körper, die über Egospielchen im Grunde bereits weit erhaben ist!

Fragen, die du dir mit dieser Zahl stellen solltest:
- Welches Bild habe ich von mir?
- Gehe ich aufrecht durchs Leben?
- Wann bin ich zu aufgeblasen?
- Wann mache ich mich zu klein?
- Suhle ich mich in Selbstmitleid?
- Wie steht es um meinen Selbstwert?
- Vergleiche ich mich oft mit anderen?
- Stehe ich zu mir und zu meiner Persönlichkeit?
- Wo bin ich gar willensschwach?
- Habe ich Respekt anderen gegenüber?

- Fühle ich mich manchmal klein und hilflos?
- In welchen Situationen fühle ich mich unscheinbar?
- Bin ich mit mir und meinem Leben zufrieden?
- Konkurriere ich offen oder unbewusst mit anderen Menschen?
- Bin ich egoistisch?
- Überschreite ich Grenzen?
- Folge ich in Wahrheit meinem Ego oder meinem Herzen?

Gesundheitliche Themen und seelische Störungen:

Wirbelsäulenprobleme, Knochenbrüche, geistige Kraftlosigkeit, Blockaden vorrangig im Solarplexus- und Wurzelchakrabereich, Selbstzweifel, Minderwertigkeitsgefühle, Depression, Selbstzerstörung in Form von Süchten, Unfällen etc.; emotionale Ausnahmesituationen (Wut, Zorn, Ärger...)

Karmische Muster und Prägungen:

Sklavenjochprogrammierung, Bußgelübde, Obrigkeitsgelübde, Ordensgelübde, Pranger, Kränkung, gewaltsamer Tod wie Köpfen, Erhängen, Erschießen usw., Gefangenentrauma, Fesselungen

Folgende Übungen können helfen:

Im Blog meiner Homepage www.sonjawinkler.at findest du zahlreiche Tipps und Übungen, die dir helfen können. Lies dir insbesondere die Artikel der Rubrik „Üben Sie sich in Selbstliebe" genauer durch. Suche dir auch die eine oder andere für dich stimmige Übung in der Rubrik „Die Veränderung beginnt in Ihnen!" aus und praktiziere sie täglich.

Streiche „Ich kann nicht." und „Ich bin es nicht wert." aus deinem Wortschatz. Übe dich stattdessen in Selbstliebe, Demut und Dankbarkeit. Schreibe doch ein Dankbarkeits-ABC bzw. schließe Frieden mit all deinen Ecken und Kanten, indem du dir zum Beispiel angewöhnst, regelmäßig Ho'oponopono oder Spiegelarbeit zu praktizieren. Die diesbezüglichen Anleitungen findest du alle in meinem Blog in der Rubrik „Verzeihen und Dankbarkeit – Ihr Schlüssel zum Glück". Segne bewusst deine Vergangenheit und verzeihe dir und jedem, der dich bereits in der Vergangenheit verletzt hat! Löse dich unbedingt von einst geleisteten Eiden und Gelübden – eine genaue Anleitung, wie du das machen kannst findest du im entsprechenden Blogartikel in der Rubrik: „Mehr Energie = mehr Lebensfreude". Diese können selbst heute noch deinem Informationsfeld anhaften und dich nach wie vor – wenn auch unbewusst – in deinem Leben einschränken. Näheres zu den karmischen Mustern und Prägungen findest du wie gesagt in meinem Blog in der Rubrik „Mehr Energie = mehr Lebensfreude".

Suche dir Unterstützung bei einem Aurachirurgen (bzw. kannst du diesbezüglich auch mich kontaktieren), um festzustellen, ob bei dir eventuell noch eine Sklavenjochprogrammierung aktiv ist und löse diese dann gegebenenfalls mit dessen Hilfe auf.

Was es bei der Arbeit mit Affirmationen zu beachten gilt, lies bitte im Artikel „Mittels Affirmationen zu mehr Ausgeglichenheit" in der Rubrik „Jede Veränderung beginnt in Ihnen" nach.

Affirmationen:
- Ich liebe mich selbst und werde geliebt.
- Ich bin gut so, wie ich bin.
- Ich habe einen gesunden Selbstwert.
- Ich respektiere und liebe mein Gegenüber.
- Ich kann mich jederzeit und zeitlebens auf mich verlassen.
- Ich nehme mich so an wie ich bin.
- Ich gebe mir den Wert, der mir zusteht.
- Ich erkenne die wahren Werte im Leben.
- Das Leben ist Liebe und Liebe umgibt mich auf all meinen Wegen.
- Ich schätze und respektiere mich und mein Umfeld.

2: Das Spiel mit der Materie

Die 2 will im Grunde immer besitzen und haben. Nur dann fühlt sie sich halbwegs behütet und aufgehoben in dieser Welt – zumindest, wenn sie diese Energie eher auf der Täterseite auslebt. Alles, was schlichtweg greifbar ist, gibt ihr dann das Gefühl der Sicherheit und Geborgenheit. *„Einzig Besitz und Eigentum bringen dauerhaft Zufriedenheit und Glück!"* So zumindest der Glaubenssatz eines 2er Täters, den es jedoch zeitlebens mit dieser Zahl im Geburtsdatum zu hinterfragen gilt...

Die eigenen Triebe sollen zur vollsten Satisfaktion befriedigt werden. Dazu zählen unter anderem neben der Besitzanhäufung auch die Sexualität (Fortpflanzung) und das Essen. Mit dieser Zahl im Gepäck schlägt man sich zeitlebens eben mit materiellen Themen herum, sei es in Form von Besitzstreitigkeiten, Verlust oder auch Besitzanhäufung: Der eigene Wert wird nur an Besitz und Eigentum gemessen. Desto mehr man davon nachhause bringt, umso besser! Hat man nichts, so ist man nichts...

Die Anhäufung von Materie und Geld hat somit zeitlebens höchste Priorität. Schließlich dreht sich letztlich alles im Leben um die Befriedigung der Selbsterhaltungstriebe. Alles, was auf dieser Welt dem Element Erde zugeordnet ist, somit handfest, angreifbar und greifbar ist, vermittelt der 2 das Gefühl des Angekommenseins. Selbst Schenkel, die man beim Sex zwischen den Händen halten kann, gehören im weitesten Sinn dazu. Es geht immer und überall um Haben, Besitz und Eigentum, Herzensangelegenheiten kommen dabei oftmals zu kurz.

Die 2 wertet und urteilt gern, auch wenn sie es nicht gerne offen zugibt. Um Letzteres einzugestehen ist sie meistens noch nicht aufmerksam genug im Leben unterwegs. Bewerten, anklagen, verurteilen gehören bei diesem Energiehund – lebt dieser sein Potenzial und seine vorhandene Energie noch nicht bewusst genug – eigentlich zur Tagesordnung. Der Wert eines Menschen wird dann einfach durch Geld (haben oder nicht haben) bestimmt. In einer Partnerschaft zeigt sich das gelegentlich, dass die Konten getrennt geführt werden. Es wird also genau geschaut, wer, was, wann, wo einkauft und dann wird genauestens abgerechnet – auf Groschen genau! Mit einer 2 teilt man – zumindest als

Täter – äußerst ungern sein Erspartes und differenziert dementsprechend lieber in „deines" und „meines".

Teilen ist für eine 2, wenn noch nicht in der goldenen Mitte gelebt, nicht gerade selbstverständlich. Materie bietet schließlich die einzige Sicherheit im Leben, an der es sich festzuklammern gilt. Wer will diese scheinbare Sicherheit schon freiwillig aufgeben!? Dieser gilt es nachzujagen, sie in den eigenen Alltag so gut wie möglich zu integrieren, immer unerkannt in der Angst, letztlich selber zu kurz zu kommen. Nur mit handfesten Dingen ist das Lebensziel schließlich erreicht und das Leben halbwegs erfüllt. So zumindest der Glaubenssatz einer unausgeglichenen 2. Im Hintergrund lauert immer die eigene Angst, zu kurz zu kommen und auf der Strecke zu bleiben…

Als 2 ist man oft getrieben vom Gedanken, seine Ziele eins zu eins umzusetzen und vergisst dabei allzu gern auf das Eigentliche im Leben: Auf das Herz und dessen Weisheit!

Das andere Extrem der 2, sprich die extreme Opferrolle liegt darin, auf Materie in egal welcher Form zu verzichten. So kenne ich persönlich eine Frau, die ganz stolz ist, mit einer Flasche Shampoo mehr als ein Jahr lang auszukommen… Verzicht ist die große Stärke einer 2, die diese Energie eher auf der Opferseite auslebt. Als Opfer braucht sie nichts. Nein, sie hat erst gar nichts zu haben – Reichtum gilt als nahezu unredlich, er gebührt ihr einfach nicht! *„Ich darf nichts besitzen, um glücklich zu sein… andere haben schließlich auch nichts…"*

Im Grunde ihres Herzens gestehen sich diese Menschen den Wert, etwas besitzen zu dürfen noch nicht selber zu. Sie verteufeln oft andere, denen es besser geht als ihnen und finden mit ganz wenig ihr Auskommen. Sie verschenken lieber alles, jedoch niemals wirklich aus Selbstlosigkeit. Geld besitzt in ihrem Leben einfach keinen großen Stellenwert. Die Folge ist oft ein eigenes Dasein in Armut oder knapp an der Armutsgrenze, weil am Ende des Monats kaum etwas für sie selber mehr übrig bleibt. Im tiefsten Innern wird dies sogar als erstrebenswert erachtet. *„Vielleicht finde ich mich letzten Endes so!?"* Menschen mit dieser Zahl geben ihren Wert quasi an andere weiter, um vor sich selbst erst bestehen zu können.

Allzu oft braucht die 2 ein Input von außen, wenn es um Entscheidungen im Leben geht. Sie fragt oft gern und meistens auch zu viel, da sie der eigenen Intuition nicht vertraut bzw. gar gewahr ist. Dies gilt insbesondere bei mehr als einer 2 im Geburtsdatum. Diese Energiehunde haben im Grunde vor nichts mehr Angst als im kompletten Nichts zu enden. Sie fürchten sich vor nichts mehr als vor der Besitzlosigkeit, sind Besitz, Eigentum und Habseligkeiten doch die einzige Quelle der Sicherheit und des Glücks! Besitzlosigkeit ist ident mit dem Nicht-Greifbaren, Spirituellem, und das macht der 2, die ihren Energiehund noch nicht an der Leine hat, regelrecht Angst. Alles, was nicht angreifbar und somit beweisbar ist, existiert nicht im Weltbild einer 2, einzig und allein die Materie zählt!

Wir alle sind noch – egal, ob wir es nun aus astrologischer Sicht (Jupiter und Saturn waren die letzten 200 Jahre im Erdelement zuhause) oder vom Maya Kalender her betrachten – im Zeitalter des Erdelements aufgewachsen. Langsam aber sicher lassen wir dieses jetzt jedoch hinter uns. Das Element Erde ist schwer und greifbar. Allmählich treten wir jetzt jedoch in das Luftelement ein, für das dies nicht mehr gilt.

Luft ist bekanntlich nicht greifbar und sehr volatil. Spannender-weise ist auch das Herzchakra dem Element Luft zugeordnet. Unser Herz kann grundlos Freude empfinden und sehnt sich nach Leichtigkeit im Leben. Das Luftelement will uns auch genau dies lehren: Grundlos Freude zu empfinden und gleichzeitig von der Materie loszulassen. Das Leben mit all seinen Hürden leicht zu nehmen. Luft wirbelt von einem Moment zum anderen alles durcheinander. Letztlich bleibt nichts über, außer das, worauf es eigentlich im Leben ja immer ankommt: Der von Gott gewollten Gesetzmäßigkeit, die hinter allem steckt, was lebt und das sich bedingungslose Liebe nennt. Das Herz denkt nicht in Trennung, sondern in der Einheit. Entsprechend sind die Aufgaben, die die Luftepoche an uns stellt andere: Das Miteinander und Gemeinsame rückt langsam in den Vordergrund und lässt die Gier und das Konkurrenzdenken Schritt für Schritt vermehrt in den Hintergrund treten.

Die Folgen des noch nicht zur Gänze überwundenen Erdepoche sind jedoch nach wie vor spürbar und für uns alle allzu deutlich. Wir alle wurden erzogen, dass einzig und allein Besitz und Eigentum die wahre Sicherheit im Leben bieten, nach der es zeitlebens zu streben lohnt. Der Sinn des Lebens ist bzw. war, sich ein Haus zu bauen, Besitz anzuhäufen, ein tolles Auto zu fahren und sollte der Nachbar auf die Idee kommen, sich einen Swimmingpool zu kaufen, sich selber einen in den Garten zu stellen… Die Devise des Erdelements war und ist entsprechend noch immer spürbar: *„Schaffe dir einen sicheren Sockel in Form von Geld und Besitz und vergiss auf deine wahren Herzenswünsche, geschweige denn deine Intuition! Letztere helfen dir nicht sonderlich auf deinem Weg zum Glück weiter."* Nur: Heutzutage kann es sich die Jugend nicht mehr leisten, sich ein Eigenheim zu schaffen. Sie entdeckt andere Werte für sich und zieht es vor, mit dem Laptop unterm Arm die Brücken schnell mal wo abzubauen, um sich woanders niederzulassen, wo sie sich besser aufgehoben fühlt. Wo sie zum Beispiel die Freizeit wetterbedingt besser genießen kann. Die alten, vormals wichtigen Werte verschwinden im Zeitalter der Luftepoche zusehends.

Auch, wenn Intellekt, Verstand, Ego und Materie weiterhin das Leben und Glück aller zu beherrschen scheinen. Das sind zumindest die noch großteils vorherrschenden Muster der materiellen Welt… Die Zukunft der Menschheit sieht jedoch anders aus und zeigt sich jetzt bereits in Form von Preissteigerungen und Geldentwertung. Geld verliert sprichwörtlich an Bedeutung und macht anderen Dingen im Leben Platz. Die Welt entdeckt gerade alte Werte neu.

Das weltweite Bewusstsein hat sich in den letzten Jahren schlagartig verändert. Corona & Co. haben dabei den Vorgang nur beschleunigt. Es gilt weiterhin, die Verführbarkeit des schnöden Mammons zu entlarven und die Bewertung *„Du hast Geld, du bist also etwas wert."* und *„Du bist arm, du zählst also nichts."* endgültig hinter sich zu lassen. Im Grunde hat die gesamte Menschheit noch immer Angst, nicht mehr zur Gemeinschaft dazuzugehören und fürchtet sich vor nichts mehr, als von anderen verurteilt und in weiterer Folge ausgestoßen zu werden. Die Angst, nichts mehr zu besitzen und dementsprechend niemand mehr zu sein, ist in der westlichen Welt nach wie vor besonders groß. Wie viele haben den Freitod gewählt, anstatt sich mit der Pleite des eigenen Unternehmens bzw. Partnerschaft näher auseinanderzusetzen!?

Hast du eine oder sogar mehrere 2er in deinem Geburtsdatum geht es in deinem Leben vorrangig darum, dass du deiner inneren Stimme Gehör verleihst, ihr vertrauen lernst und endlich die Angst vor dem Nicht-Greifbaren, scheinbar Nicht-Existenziellen endgültig abwirfst. Der Ruf deiner inneren Stimme, ihr in jeder Situation zu folgen und darauf zu vertrauen, immer und überall über das

Notwendige verfügen zu können, um gut leben zu können, ist laut. Folge ihr endlich und uneingeschränkt!

Mit einer 2 in deinem Geburtsdatum bist du aufgefordert, dieser Stimme endlich gerecht zu werden. Werfe alle diesbezüglichen Ängste endgültig über Bord, nimm die Materie als das an, was sie ist: Ein Mittel zum Zweck, um freudig im Fluss des Lebens zu schwimmen. Selbst, wenn du genussvoll in der Materie schwimmst, heißt dies nicht augenblicklich, dass du überheblich wärst oder andere ausnützen würdest. Das Credo dabei ist: Es ist immer und zu aller Zeit genug für alle da und jeder hat das Recht auf einen guten Teil davon. Es gilt, das große Ganze außerhalb des greifbaren Bereichs zu entdecken – wiederzufinden – und auch zu genießen. Denn eine 2 im Geburtsdatum heißt nicht augenblicklich, sich total von allem Irdischen entsagen zu müssen. Nein, ganz im Gegenteil: Du darfst in Saus und Braus leben, nur du solltest einen gesunden Zugang zur Materie finden!

Fazit: Erkenne die Verführbarkeit des schnöden Mammons und streife deine Angst vor der Besitzlosigkeit endgültig ab. Status und Besitz bestimmen nicht deinen Wert, sondern bereichern dein Leben auf völlig natürliche Art und Weise, sobald du lernst, deiner inneren Stimme vertrauensvoll zu folgen. Es ist für uns alle genug zum Leben da – auch und insbesondere für dich! Nimm die Materie an, lass dich jedoch nicht von ihr bestimmen und leiten, sondern folge vorrangig deinem Herzen und deiner Intuition.

Beispiel Nr. 1:

Werner wurde im Feber geboren. Momentan liegt seine ganze Aufmerksamkeit bei seinem Ersparten: Aus Angst, durch die Inflation alles zu verlieren, dreht sich bei ihm derzeit alles um das Thema Geldanlage. Fragen wie diese kreisen ständig in seinem Kopf: *„Was mache ich mit meinem Geld, dass ich es nicht verliere? Kaufe ich mir eine Wohnung? Verkaufe ich eine meiner Wohnungen und investiere in ein größeres Projekt? Was mache ich, wenn das Geld auf einmal nichts mehr wert ist?"* Er ist sich unschlüssig und hat bis heute noch keine zufriedenstellende Lösung gefunden. Er muss erst lernen, seiner inneren Stimme zu vertrauen und die Angst vor dem Verlust abzulegen.

Beispiel Nr. 2:

Klaus hat im Zuge seiner Scheidung alles verloren und lebte über mehrere Jahre lang vom Existenzminimum. Nichtsdestoweniger hat er es geschafft, wieder wie ein Phönix aus der Asche aufzuerstehen und hat sich ein kleines Vermögen angespart, das er in eine Wohnung investiert hat. Er gönnt sich oftmals eine Auszeit unter der Woche und jedes Jahr ein, zwei Urlaube, um aufzutanken. Mittlerweile hat er einen gesunden Zugang zum Thema Materie, jedoch nimmt sie nach wie vor eine gewisse Vorrangstellung in seinem Leben ein.

Empfehlungen:

Mit einer 2 in deinem Geburtsdatum solltest du im Laufe deines Lebens zu hinterfragen beginnen, ob wahrlich allein im Greifbaren, Materiellen für dich persönlich immer nur der einzige Reichtum auf Erden verborgen liegt. Du solltest deine Angst vor dem Nicht-Sichtbaren, Nicht-Greifbarem komplett ablegen. Stattdessen soll-test du dich auf diesen unsichtbaren, jedoch nichtsdestoweniger existierenden Bereich im Leben konzentrieren.

Öffne dein drittes Auge, öffne deine Sinne für die anderen Ebenen, lege deine Verlustängste ab, gehe positiv ins Leben, in der Überzeugung, dass dich das Universum immer beschenkt und niemals beschränkt. Du verfügst zu jeder Zeit über alles, was du benötigst! Zur rechten Zeit fliegt dir alles zu, wenn du schließlich lernst, deine eigenen Unsicherheiten in den Griff zu bekommen. Lass dich auf das Spiel ein. Höre auf, einzig und allein der Materie hinterherzujagen und du wirst vom Universum trotzdem reich beschenkt werden. Reichtum lässt sich nicht einzig und allein mit einem entsprechenden Bankkonto berechnen. Schaffst du es, diese Einheit in dir selbst zu leben, dich nicht nur als Körper, sondern auch als Geist, Seele und ewiges Bewusstsein zu begreifen, legst du die Fesseln der Materie endgültig ab.

Dann öffnest du dich für den unsichtbaren und letztlich für dich äußerst zufriedenstellenden Bereich. Also weg mit den Verlust- und Existenzängsten und rein in den wahren Fluss des Lebens!

Fragen, die du dir mit dieser Zahl stellen solltest:

- Habe ich das Gefühl, immer zu wenig zu besitzen?
- Habe ich Verlust- bzw. Existenzängste?
- Horte ich deswegen zu viel?
- Habe ich eine Sammelleidenschaft?
- Folge ich meiner Intuition bzw. folge ich den Ruf meiner inneren Stimme?
- Bin ich sexsüchtig bzw. triebgesteuert?
- Lehne ich Sexualität im tiefsten Inneren ab?
- Verurteile und beurteile ich ständig mich und andere?
- Habe ich Angst, ausgeschlossen zu werden?
- Will ich mich gegen alles absichern?
- Habe ich Angst vor Neuem?
- Behandle ich alle Menschen gleich oder nach ihrem Status?
- Bin ich ein Groschenzähler oder gar Geizkragen?
- Wie kreativ bin ich und lebe ich meine Kreativität eigentlich?

Gesundheitliche Themen und seelische Störungen:

Nieren- und Blasenprobleme, Zysten, Erkrankungen der Gebärmutter bzw. des Gebärmutterhalses, Eierstockentzündung, Arthritis, Arthrose, Gelenksbeschwerden, Knochenleiden, Impotenz, Prostataprobleme, sexuelle Unlust, Abortus, Anorgasmie, vorzeitige Ejakulation; Unfähigkeit, das Leben anzunehmen und zu genießen, mangelnde Kreativität, Kritiksucht, Gier, Fresssucht, Magersucht, Mangel an Vertrauen, Ängste – insbesondere Zukunfts- und Existenzängste, alle Themen des Wurzelchakras, Frustration, Überforderung, Leistungsdenken, Perfektionismus

Karmische Muster und Prägungen:

Verlust, Keuschheitsgelübde, Armutsgelübde, Ordensgelübde, Obrigkeitsgelübde, Selbstkasteiungsgelübde, Gefangenentrauma, Fesselungen

Folgende Übungen können helfen:

Im Blog meiner Homepage www.sonjawinkler.at findest du zahlreiche Tipps und Übungen, die dir helfen können. Wähle ganz instinktiv eine Rubrik aus und beginne dort zu lesen – bestimmt findet sich bereits in diesem Artikel ein nützlicher Hinweis für dich. Lies insbesondere den Blogartikel „Wer loslässt, hat zwei Hände frei", den du in der Rubrik „Jede Veränderung beginnt in Ihnen" findest.

In der Rubrik „Verzeihen und Dankbarkeit – Ihr Schlüssel zum Glück" findest du unter anderem die Anleitung für ein Dankbarkeits-ABC. Blättere auch in den Rubriken „Mehr Energie = mehr Lebensfreude" und „Üben Sie sich in Selbstlie-be": Suche dir eine oder zwei Übungen, die dich beim Durchstöbern meiner Blogartikel auf Anhieb ansprechen aus und integriere sie in deinen Alltag, sprich praktiziere sie täglich.

Singe zum Beispiel das Mantra VAM, trage die Farben Rot/Orange, stärke insbesondere dein erstes und zweites Chakra.

Mache einen Schaufensterbummel und stell dir vor, was du dir mit deinem Bankkonto alles kaufen und leisten könntest. Bestenfalls machst du diese Übung sonntags, wenn alle Geschäfte geschlossen sind und die Versuchung dementsprechend gering ist. Sobald du etwas erblickst, was dir gefällt und es dein Kontostand zulassen würde, stell dir vor, es zu kaufen und es zu genießen. Du kannst dir alles leisten, was dein Herz begehrt! Schlage zu, kaufe virtuell ein. Das stärkt deinen Selbstwert ungemein und hilft dir letztlich unabhängiger von den scheinbaren Bedürfnissen des Egos zu werden.

Übe dich im Loslassen bzw. lege deine Erwartungshaltung ab. Beginne zu meditieren und stärke dein drittes Auge. Übe dich in Selbstliebe und stärke deinen Selbstwert. Unterschreibe die Urkunde zum Lösen von Eiden und Gelübden, die du in der Rubrik „Mehr Energie = mehr Lebensfreude" findest. So können zum Beispiel ein noch aktives Armuts- bzw. Selbstkasteiungsgelübde dich in diesem Leben davon abhalten zu Reichtum zu gelangen – er zerfließt dir sprichwörtlich immer zwischen den Fingern. Näheres zu den karmischen Mustern kannst du insbesondere im Artikel „Eide, Gelübde & Co" nachlesen, den du in der Rubrik „Mehr Energie= mehr Lebensfreude" findest.

Manifestiere deine Ziele gemäß des VAKOG-Prinzips. Eine Anleitung findest du in der Rubrik „Erreichen Sie Ihre Ziele" im Artikel „Ihr Körper reagiert auf Ihre Gedanken – machen Sie sich das bei Ihrer Zielumsetzung zunutze".

Was es bei der Arbeit mit Affirmationen zu beachten gilt, lies bitte im Artikel „Mittels Affirmationen zu mehr Ausgeglichenheit" in der Rubrik „Jede Veränderung beginnt in Ihnen" nach.

Affirmationen:

- Ich nehme meinen Körper und meine Sinnlichkeit liebevoll an.
- Ich genieße das Leben mit all meinen Sinnen.
- Ich bejahe das Leben - ich sage Ja zum Leben.
- Die geistige Welt führt mich.
- Ich vertraue mich dem Fluss des Lebens an.
- Das Universum liebt und sorgt für mich.
- Ich habe immer alles, was ich brauche zur rechten Zeit.
- Alles fliegt mir zu, was mit wichtig ist.
- Ich darf so sein, wie ich bin.
- Ich zeige meinen Wert im Außen.
- Ich bin wertvoll und werde allzeit wertgeschätzt.
- Alles im Leben kommt zu mir mit Leichtigkeit, Freude und Herrlichkeit.

3: Kommunikationsprobleme

Vieles im Leben einer 3 dreht sich um die Kommunikation. Auf der Täterseite heißt dies, dass sie ohne Unterlass reden kann. Ohne Punkt und Komma sagt sie dabei im Grunde jedoch immer herzlich wenig aus. Sie erzählt nichtsdestotrotz liebend gern und hört sich selber gerne sprechen. Falls sie nicht unterbrochen wird, kann sie stundenlang von ihren noch so unsagbaren Erlebnissen berichten. Dabei kann sich das Gespräch selbst um Menschen drehen, die sie gar nicht persönlich kennt, wie Prominente, Politiker etc. Dieses Blablabla… kann für den Zuhörer jedoch mehr als ermüdend sein, vor allem, weil sich die 3 auch mit Folgendem äußerst schwertut: Zuhören! Das ist etwas, was sie dann nicht so einfach zuwege bringt, ihr fehlt diesbezüglich oftmals leider noch jegliches Bewusstsein. Tratsch und Klatsch prägen den Alltag einer 3, wenn sie die Energie als Täterin auslebt. Oberflächliche und belanglose Gespräche gehören dann zum Tagesablauf dazu wie das Amen im Gebet. Dabei bleibt es oft beim Reden. Wenn es nämlich darum geht, dass dem Reden Taten folgen, ja, da kann man bei einer 3 unter Um-ständen lange warten…

„Viel zerreden, nichts tun…", das könnte quasi die gelebte Devise einer 3er-Täterin sein. Hinzu kommt, dass sich diese Zahl besonders schwertut, alleine zu sein. Alleine sein geht nämlich gar nicht. Wie sollte es auch – wer spricht schon in Wahrheit gerne mit seinem eigenen Spiegelbild!?

Die Sprache wird von diesem Energiehund auf vielerlei Arten missbraucht: Einerseits durch Tratsch und Klatsch – 3er wissen es einfach halt oft besser, oder glauben zumindest, es besser zu wissen als die anderen. Hinzu kommt, dass die 3 die Sprache allzu oft bevorzugt als Waffe nutzt: Sei es, dass sie mit Worten das Gegenüber angreift, es lächerlich macht oder verletzt. Sie schießt mit ihren Worten allzu gern unter die Gürtellinie und merkt es leider in den seltensten Fällen, dass dem so ist.

„Wortgreiflichkeit" wäre wohl das passende Attribut hierfür (anstelle von Handgreiflichkeit, das ist die 3 nämlich generell ganz und gar nicht, außer es gesellen sich entsprechende Energiehunde dazu). Die 3 setzt als Waffe gerne und bevorzugt „nur" die Zunge ein. Weh tun kann das jedoch nichtsdestoweniger allemal! Nicht nur dem Adressaten dieser unliebsamen Worte, sondern auch der 3 selbst. Die Worte schießen oftmals so schnell aus ihr heraus, dass sie nachher bereut, sie gewählt zu haben. Auch, wenn ich persönlich glaube, dass das Universum schon dafür sorgt, dass auch das Gegenüber in solch einem Fall immer dazulernt und der gerade richtige Adressat für diese Wortattacke ist...

Der Haken bei der Sache ist, dass sich die 3 ihrer Schwächen, eben die eigene Kommunikation betreffend, in den seltensten Fällen bewusst ist. Es mit der Wahrheit nicht so genau nehmen und das Blaue vom Himmel erzählen gehört zu einer 3 oftmals genauso dazu wie klatschen und tratschen.

Wer mit einer 3 bereits eine Partnerschaft lebt, wird vermutlich schon auf die eine oder andere Art festgestellt haben, dass sich dieser Energiehund gerne selber alle Freiräume nimmt, diese jedoch ungern dem anderen, sprich dem Partner bzw. der Partnerin zubilligt. Partnerschaft ist in der Tat oft ein heikles Thema für eine 3. So erwartet sie von ihrem Herzallerliebsten unbedingte Treue und dauernde Abrufbarkeit. Am Schönsten wäre es wohl, der Partner würde zu jeder Tages- und Nachtzeit Habacht stehen! Selber will sie jedoch ihre Freiheit um keinen Preis aufgeben. So pocht sie auf ihre eigene Wohnung, ihre eigenen vier Wände, zu denen sie ihrem Partner manchmal äußerst ungern Zugang gewährt. Auch lässt sie ihn ungern wissen, wann sie denn selbst mal wieder vorbeischauen wird bzw. – lebt sie bereits mit ihrem Partner unter einem Dach – nachhause kommt. Sollte da etwa ein anderer Termin dazwischenkommen, vergisst sie schon mal ganz gern, dem Partner rechtzeitig darüber Bescheid zu geben.

Partnerschaft ist somit meistens ein großes Lernthema, an dem es noch zu wachsen gilt. Sie möchte für sich die völlige Freiheit haben, andererseits ist sie völlig von den Socken, wenn der eigene Partner dann nicht immer abrufbereit zur Stelle ist und springt, wenn sie es gerade möchte. In die Tiefe gehen, die Oberflächlichkeit ablegen, auf das Gegenüber offen zugehen, das sind die wahre Lernthemen einer jeden 3er Täterin.

Natürlich kann sie diese Energie auch auf völlig andere Art, sprich auf der Opferseite ausleben: Dann bekommt sie schwer den Mund auf und schweigt. Selbst, wenn von ihr eine Stellungnahme gefordert ist. Stattdessen presst sie die Lippen aufeinander, sogar und insbesondere in Momenten, wenn es gerade äußerst wichtig für sie wäre, etwas zu sagen: um zum Beispiel etwas ein für alle Mal aus der Welt zu schaffen bzw. zu klären.

Die 3 auf der Opferseite ausgelebt hat das Gefühl, nichts zu sagen zu haben. Innerlich davon überzeugt nichts Mitteilenswertes in die Welt bringen zu können, schweigt sie lieber gleich von vornherein. Sie selber ist vermutlich der inneren Überzeugung, dass sowieso schon alles Wichtige besprochen wurde...

Dabei wäre es gerade für sie wichtig, sich im rechten Augenblick auch zu behaupten und zu artikulieren! Die 3 ignoriert dabei völlig, dass Schweigen manches Mal sogar verletzender sein kann, als die schlimmste Wahrheit auf den Punkt zu bringen. Sie vergisst allzu gern, dass ihr Gegenüber keine Ahnung von ihren inneren Dialogen hat, demzufolge beim besten Willen gar nicht imstande ist, sie nachzuvollziehen...

Eine 3 hat entsprechend oftmals Schwierigkeiten, ihre eigenen Herzenswünsche zum Ausdruck zu bringen. Stattdessen sagt sie lieber gar nichts, weil sie dem Gegenüber nicht auf den Schlips treten will. Es kommt ihr halt so manches nicht so leicht über die Lippen, wie manch anderer Zahl...

„Was soll's ... seufz..., es hört mir ja sowieso niemand zu. Es ist sowieso schon alles Nennenswerte gesagt worden." ist oft die eigentliche innere Einstellung eines 3er-Opfers. Stottern, lispeln, räuspern, Halsweh etc. sind zwar nicht immer nur Themen dieser einen Zahl, passen jedoch sehr gut in ihr Spektrum. Als 3 auf der „Opferseite" ist man auch das komplette Gegenteil von oberflächlich, sondern versucht im Gegensatz immer und überall für den Partner da zu sein, umsorgt ihn geradezu dienend und äußerst liebevoll.

Das sind dann auch die großen „Kümmerer", die besonders tief graben, um an die eigentlichen Themen heranzukommen und dabei auch mal sich selbst vergessen. Tiefgang ist da angesagt, sie hört viel lieber ihrem Gegenüber/Partner zu, anstelle selber etwas zu sagen oder sich auszudrücken.

Oft ist dies aber in Wahrheit nur eine Ausrede, um nicht selber sprechen zu müssen oder gar Stellung zu beziehen. Für sich selbst einstehen und den Mund zur rechten Zeit aufzumachen hat ja bekanntlich auch viel mit Eigenverantwortung übernehmen zu tun. Da drückt sich die 3 gegebenenfalls lieber davor. Klarheit im sprachlichen Ausdruck fällt ihr besonders schwer, entweder redet sie um den Brei herum, oder erzählt das Blaue vom Himmel oder schweigt halt wie ein Grab. Die eigentliche Wahrheit kommt dabei nur selten an die Oberfläche. Die

Wahrheit zu hören, das fällt ihr nicht gerade leicht, davor fürchtet, drückt sie sich lieber. Lieber so tun, also ob alles gesagt und ausgesprochen wäre. Morgen ist schließlich auch noch ein Tag, den Mund endlich aufzumachen, und falls nicht schon morgen, übermorgen...

Manches Mal vermischen sich beide Extreme auch miteinander und die 3 ist gleichzeitig Täter, als auch Opfer: Dann schweigt sie zwar im rechten Moment, bleibt jedoch oberflächlich und freiheitsliebend. Ein weiteres Attribut, das dieser Zahl zugeschrieben werden kann, ist ihr Hang zum Luxus: Luxusbedürftig wie sie ist, sind bekannte Marken das Zielobjekt ihrer Begierde. Dann tun es nicht ein paar einfache Unterhosen, sondern nur solche, auf denen zumindest Hugo Boss oder Calvin Klein vermerkt ist...

Fazit: Begreife die Macht der Sprache und Worte und setze sie allzeit liebevoll ein. Mache sie dir zunutze, indem du quasi dein Herz auf der Zunge trägst! Übernimm Verantwortung für deine Wortwahl und lerne im rechten Zeitpunkt zu sprechen und zu schweigen. Du hast der Welt viel zu sagen, tue dies jedoch immer auf mitfühlende, verständnisvolle und einfühlsame Art und Weise. Höre zu und stelle Fragen zur rechten Zeit – werde zu einem aufmerksamen und einfühlsamen Zuhörer, werde zum Sprachrohr Gottes!

Beispiel Nr. 1:

Edith, eine Märzgeborene, spricht unaufhörlich von Prominenten und Politikern, die sie jedoch zeitlebens allesamt gar nicht persönlich kennengelernt hat. Jedes Gespräch ist in ihrer Hand, sie spricht ohne Punkt und Komma, scheinbar ohne Luft dazwischen holen zu müssen. Dabei streift das Gespräch immer nur wenig mehr als die Oberfläche, geht niemals in die Tiefe. Eigene Themen werden so gut wie möglich ausgeklammert und umschifft. Nur nichts preisgeben ist die Devise und stattdessen immer gute Miene zum bösen Spiel machen! Worüber sie nicht spricht, existiert quasi nicht in ihrer Welt bzw. lässt sie es nicht zu, dass es existiert...

Beispiel Nr. 2:

Max schwindelt, was das Zeug hält. Er ist im März auf die Welt gekommen und nimmt es mit der Wahrheit des Öfteren nicht so genau. In seiner Familie wird er deswegen schon „Baron Münchhausen" genannt… Er liebt es zu prahlen, baut Luftschlösser, die jedoch nie realisiert werden – es bleibt beim Reden. Wenn er Ärger verspürt, wird er zwar nie handgreiflich, seine Worte werden jedoch zu Waffen, die das Gegenüber unter der Gürtellinie treffen.

Beispiel Nr. 3:

Kurt auf einem 3er Weg hat zeitlebens nicht wirklich gelernt, zuzuhören. Die Meinung der anderen interessiert ihn im Grunde auch nicht sonderlich. Bei Tratsch und Klatsch ist er jedoch jedes Mal begeistert dabei. Ansonsten hat er bereits in frühen Jahren gelernt, in Gesprächen geistig abzuschalten und sich komplett auszuklinken. Bei Treffen mit der Familie und Freunden geht er niemals sonderlich auf deren Themen ein, sondern plaudert vorwiegend selbst: Er liebt es, stundenlang von seiner eigenen Vergangenheit zu erzählen.

Sein Körper zeigt es ihm seit Jahren, dass er eine große Herausforderung mit dem Zuhören hat, leidet er doch an Tinnitus. Außerdem braucht er seit geraumer Zeit ein Hörgerät, welches er jedoch untertags, bei Gesprächen mit Freunden und Bekannten und der Familie gar nicht benützt, sondern nur abends, alleine vor dem Fernseher… Zuhören war zeitlebens nie eine seiner großen Stärken und interessiert ihn auch im hohen Alter noch nicht.

Empfehlungen:

Wenn eine 3 dein Leben bestimmt, sei dir gewahr eben zwei Ohren und nur einen Mund zu besitzen: Hör gut zu, was dein Gegenüber dir zu sagen hat und gib nur deinen Senf dazu, wenn es wirklich angebracht und nützlich ist. Lerne im rechten Moment zu schweigen. Rede nicht, um dich zu beweisen und zu spüren, sondern um dich aus deinem tiefsten Inneren mitzuteilen. Mach deinen Mund auf, um deine Herzenswünsche zum Ausdruck zu bringen und deinem Gegenüber wissen zu lassen, wie es in deinem tiefsten Innersten aussieht. Oberflächliches Geschwafel schadet nicht nur dir selbst, sondern zieht auch dein Gegenüber runter: So bemühe dich stets, in deinen Gesprächen in die Tiefe, anstatt in die Breite zu gehen gemäß der Devise: *„Ich habe zwei Ohren und nur einen Mund!"*

Fragen, die du dir mit dieser Zahl stellen solltest:

- Kann ich zuhören oder rede ich selber oft zu viel, um mir Gehör zu verschaffen?
- Gehe ich auf mein Gegenüber ein bzw. interessiert es mich überhaupt?
- Bin ich gar oberflächlich?
- Höre ich auf meine innere Stimme?
- Bin ich zu fürsorglich und kümmere mich zu sehr um andere?
- Stehe ich für mich selbst ein?
- Sind meine Worte liebevoll oder verletze ich mit diesen meine Familie/Freunde/Partner etc. regelmäßig?
- Wie steht es um meinen Selbstwert?
- Spreche ich das aus, was mir am Herzen liegt oder schweige ich im falschen Moment?
- Worüber sollte ich offen reden bzw. was sollte ich zum Ausdruck bringen?
- Wann setze ich mich zu wenig für mich ein?
- Verschaffe ich meiner inneren Stimme Gehör?
- Sage ich das Richtige in der korrektenTonart?

Gesundheitliche Themen und seelische Störungen:

Blockaden im Hals- und Stirnchakra, Sprachfehler, Sprechstörungen wie Stottern, Lispeln etc., Schluckbeschwerden, Halsweh, Verschleimungen, Husten, Räuspern, Ohrenschmerzen, Tinnitus, Gehörlosigkeit, Schwerhörigkeit, Schilddrüsenerkrankungen, Mangel an Wahrheit, Notlügen, großes Mitteilungsbedürfnis, Hemmungen, Schüchternheit, Verzweiflung, Hang zum Selbstmord, Suizidgedanken, Kehlkopfkrebs

Karmische Themen und Prägungen:

Schweigegelübde, Keuschheitsgelübde, Sklavenjoch, Pranger, Ersticken, Erhängen, Obrigkeitsgelübde, Gefangenentrauma, Schock jeglicher Art, traumatischer Tod, Suizid, Unterdrückung, Verzweiflung

Folgende Übungen können helfen:

Im Blog auf meiner Homepage www.sonjawinkler.at findest du zahlreiche Tipps und Übungen, die dir helfen können. Suche dir eine oder zwei Übungen aus Artikeln aus, die dich instinktiv ansprechen. Praktiziere sie regelmäßig und integriere sie in deinen Alltag.

Singe und trällere, und sei es nur unter der Dusche. Belege einen Sprachkurs bzw. absolviere ein Sprechtraining. Arbeite bewusst mit der Farbe Blau an deinem fünften Chakra – so kannst du zum Beispiel dein Hakschakra bereits mit einem blauen Halstuch unterstützen.

Meditationen, Atemübungen und Achtsamkeitsübungen helfen dir, bei dir zu bleiben und in die Stille zu gehen. Diverse Meditationsanleitungen findest du in meinem Blog in der Rubrik „Üben Sie sich in Selbstliebe", Anleitungen für Atemübungen unter anderem im Artikel „Atmen Sie sich frei und glücklich" in der Rubrik „Mehr Energie = mehr Lebensfreude". Der Blogartikel „Angst und Achtsamkeit" gibt dir Tipps, wie du achtsamer durchs Leben gehen kannst – du findest ihn in der Rubrik "Jede Veränderung beginnt in Ihnen".

Singe bzw. chante den Laut HAM... all das sind Möglichkeiten, sich der 3 langsam, aber sicher auf optimale Weise zu nähern.

Praktiziere die Spiegelgesetzmethode nach Christa Kössner, willst du in deinem Innern etwas aufräumen: Alles, was dir im Außen sauer aufstößt, ist immer ein Spiegel deines eigentlichen Inneren, das dir gleichzeitig dein noch nicht gelebtes Potenzial aufzeigt! Du findest die entsprechende Anleitung in meinem Blog in der Rubrik „Jede Veränderung beginnt in Ihnen".

Beschäftige dich intensiv mit deinem inneren Kind. Gehe raus in die Natur, um deine Batterien aufzuladen (siehe den Artikel „Nutzen Sie die Kraft der Natur für sich" in der Rubrik „Mehr Energie = mehr Lebensfreude") und beginne ganz bewusst die Geräusche der Natur wahrzunehmen. Lerne zuzuhören und mit wenig dein Auskommen zu finden – genieße den Luxus, mit dir zu sein, du brauchst in Wahrheit nicht mehr!

Unterschreibe die Urkunde zum Auflösen von Eiden und Gelübden, die du in meinem Blog in der Rubrik „Mehr Lebensenergie = mehr Lebensfreude" im Artikel „Lösen Sie sich von ehemals geleisteten Eiden und Gelübden" findest, um ein eventuell vorliegendes karmisches Schweigegelübde und Keuschheitsgelübde endgültig aufzulösen. Nähere Infos zu noch etwaig anderen vorhandenen karmischen Mustern und Prägungen findest du insbesondere im Artikel „Karmische Muster und Prägungen: Eide, Gelübde & Co" in derselben Rubrik.

Was es bei der Arbeit mit Affirmationen zu beachten gilt, lies bitte im Artikel „Mittels Affirmationen zu mehr Ausgeglichenheit" in der Rubrik „Jede Veränderung beginnt in Ihnen" nach.

Affirmationen:

- Ich öffne mich für die Kraft der Wahrheit.
- Ich nutze die Macht des Wortes, um Gutes zu bewirken.
- Es fällt mir von Tag zu Tag leichter zu sagen, was ich denke und fühle.
- Reden ist Silber, Schweigen ist Gold. (Mit dieser Affirmation solltest du nicht arbeiten, wenn es dir schwerfällt, dich im rechten Augenblick zu äußern!)
- Ich spreche das aus, was mir am Herzen liegt.
- Mein Herz liegt auf der Zunge.
- Ich bin ein guter Zuhörer/eine gute Zuhörerin.
- Ich gebe meinen Worten Bedacht und Liebe.
- Dankbar und friedvoll spreche ich das aus, was gesagt werden will.
- Ich drücke mich mit all meinen Sinnen authentisch aus.

4: Leide weiterhin oder lerne, dich abzugrenzen!

Bei Menschen, die im April geboren sind oder sonst wo eine 4 im Geburtsdatum aufweisen, dreht sich Vieles in ihrem Leben um Gefühle. In ihrem Innersten sind sie genau auf dieser Ebene äußerst verletzlich und empfindsam. Mit einer 4 im Gepäck hast du auf die eine oder andere Art immer mit Gemütsbewegungen zu kämpfen. Das heißt jetzt keineswegs, dass 4er keine Gefühle hätten, auch wenn es von außen betrachtet oft den Anschein hat. Ganz im Gegenteil: Sie haben sie, und wie! Die Herausforderung dieser Zahl liegt jedoch darin, mit diesen Gefühlschaos im Laufe des Lebens gut umgehen zu lernen. Der richtige Umgang mit Gemütsregungen ist ihr nämlich nicht gerade in die Wiege gelegt worden. Gefühle machen ihr ganz tief drinnen in Wahrheit so richtig Angst und wehe jemand anders erkennt diese, dann ist sie im Außen noch leichter angreifbar...

Hast du als Kind „Heidi" von Johanna Spyri gelesen und erinnerst du dich noch an den Almöhi? Dann hast du das Paradebeispiel für eine 4 auf der Täterseite vor Augen: Heidis Großvater, enttäuscht von den Mitmenschen, hat sich komplett von der Gemeinschaft zurückgezogen und lebt seither ein einsames Leben auf der Alm. Stur und bockig lässt er keinen mehr an sich heran.

Ja, das ist eine beliebte Verteidigungsstrategie einer jeden 4! Nehmen bei ihr nämlich die Gefühle überhand, zieht sie sich augenblicklich in ihr Schneckenhaus zurück, zu dem sie dann niemanden mehr Zutritt gewährt. Dann bleibt sie lieber einsam auf weiter Flur, leidet leise vor sich hin, hält andere auf Abstand und lässt niemanden an sich heran. Sie unternimmt alles ihr Mögliche, um ja nicht mehr verletzt zu werden... Unter Umständen wird sie dabei sogar selbst zum regelrechten Menschenhasser. Jedoch: Außen harte Schale, innen weicher Kern! Der Panzer dient logischerweise als Schutz vor all dem Gefühlskram, mit dem sie nichts mehr zu tun haben will und der sie außerdem ja noch ordentlich schmerzt. Besser, sie hat damit erst gar nichts mehr am Hut! Distanz ist ihre bevorzugte Waffe, die unweigerlich einhergeht mit Gefühlskälte. Ob die Rechnung aufgeht, steht jedoch auf einem anderen Blatt...

Mit Gefühlen offen umzugehen und sie auf einem gesunden Nenner auszuleben, das will im Leben einer 4 erst noch gelernt werden. So zieht sie es lieber vor, ihre Gefühle erst gar nicht zu zeigen. Schließlich möchte sie um jeden Preis verhindern, vom Gegenüber durchschaut und erkannt zu werden. Wenn das passiert, wird sie einerseits erpressbar und wirkt außerdem ja noch peinlich auf die anderen... Tja, wenn diese Rechnung nur in der Realität der Zwischenmenschlichkeit aufgehen würde! Die Empfindungen holen sie früher oder später immer wieder ein, solange, bis sie es lernt, die eigenen Gefühle von denen der anderen klar abzugrenzen und sie gut zu verdauen.

Eine weitere große Hürde, die eine 4 lernen sollte im Laufe des Lebens zu nehmen, ist die irrtümliche Ansicht, selbst immer Recht zu haben. Nur die eigene Meinung ist von Gewicht, die der anderen zählt nicht und wird nicht anerkannt. Bei jeglichem Widerspruch zieht sie sich schnell verletzt und gekränkt zurück, wird und wirkt kalt und abweisend, vorher oftmals jedoch noch unerwartet laut aufschreiend.

Auch, wenn es nichts Schlimmeres gibt, als die eigene Contenance zu verlieren, tut das die 4 dann doch ziemlich oft: wenn die Gefühle wieder überhandnehmen, sie sich in die Ecke gedrängt fühlt, die Nerven mit ihr durchgehen und sie sich im Nebel der Gefühlswelt komplett verliert. Kritik kann sie oftmals nicht positiv nutzen, dafür ist sie leider in der Regel noch viel zu stur und rechthaberisch. Es könnte überaus peinlich werden, eigene Fehler einzugestehen, schließlich möchte sie ja immer alles richtig machen und wer ganz ehrlich, möchte bitte schön freiwillig gern peinlich auf andere wirken!?

Sie lässt sich im Grunde ihres Herzens halt ungern etwas sagen und zieht es lieber vor, nichts dazuzulernen, sondern wird stattdessen unter Umständen im schlimmsten Fall sogar – wie im Falle Heidis Großvater – zum Menschenhasser und -verachter.

Jede 4 ringt letzten Endes auch nur um Anerkennung und Liebe, sie möchte allem und jedem – falls möglich – gerecht werden. Wehe, da kommt jemand daher und zweifelt die eigene Meinung an, missversteht das eigene Verhalten und verletzt die tiefsten, im Innersten versteckten Gefühle... In solch einem Fall kann die 4 relativ schnell unbequem, laut, sogar gehässig und regelrecht wütend werden. Sie fährt gefühlsmäßig zu Hochtouren auf, die das Gegenüber dann nicht mehr so schnell vergisst.

Auf der anderen Seite kann eine 4 äußerst überfürsorglich sein, sie hilft und unterstützt, wo sie nur kann und lebt ihr Helfersyndrom gerne freiwillig auf allen Ebenen vollkommen aus. Sie fühlt halt einfach, was das Gegenüber braucht und tut alles, um dessen Bedürfnisse nach Gutdünken zu erfüllen. Sich vom Gegenüber klar abzugrenzen, das fällt ihr unheimlich schwer. Schlüpft sie doch quasi in ihr Gegenüber rein und liest in ihm wie in einem offenen Buch, ohne dann wirklich unterscheiden zu können, *wo bin ich und wo beginnt der andere… Was gehört mir und was übernehme ich bereits vom anderen?* Fragen über Fragen, auf die die 4 unter Umständen zeitlebens keine Antworten findet. So steckt sie dann im Dilemma, gefühlsmäßig mal wieder komplett überfordert zu sein und stößt dabei schnell an ihre eigenen Grenzen.

Demzufolge fühlt sich diese Zahl von Haus aus in Gruppen nicht besonders wohl und aufgehoben. Viel zu viele Gefühle, die es da zu verdauen gibt und die ihr überdies außerdem große Angst machen!

Erst, wenn sie lernt mit Gruppenenergien gut umzugehen, ist sie auf einem guten Weg. Erst, wenn sie lernt sich vom Außen komplett abzugrenzen und trotzdem ihr Mitgefühl nicht zu verlieren, hat sie gewonnen. Bis dahin liegt oft viel verspürtes Leid und auch Distanz. Distanz in erster Linie zu den Menschen, die sie scheinbar verletzt haben, jedoch auch oftmals Distanz zu sich selbst. Diese braucht sie, um letztlich wieder zu sich selbst zu finden und die Segel neu zu setzen. Distanz ist nötig, um vom Gefühlskarussell wieder runter zu hüpfen und sich neu zu erden. Gefühle wollen gelebt werden, jedoch nicht im kranken Übermaß.

Gefühle sind da, um hinzusehen, wo es noch etwas aufzuräumen gilt, jedoch nicht, um an ihnen zu zerbrechen. Diesen Unterschied zu erkennen, damit tut sich die 4 leider oftmals zeitlebens schwer. 4er sollten sich das Beispiel eines Igels nehmen: In gefährlichen Situationen formt er sich zur Kugel und fährt die Stacheln aus und ist auf diese Weise wunderbar geschützt vor Angriffen von außen. 4er müssen lernen, die Stacheln immer mitzuhaben und sie nicht zuhause zu vergessen, wenn es gefühlsmäßig mal wieder heiß hergeht… nichts schlimmer, als in bestimmten Situationen nackt, ohne Schutz dazustehen und unnötig zu leiden!

Fazit: Bringe deine Herzmauern zum Schmelzen und übernimm Fürsorge nicht nur für dich, sondern auch für die anderen, ohne dich dabei jedoch unnötig in den Gefühlen zu verlieren. Sie sind letztlich da, damit du dich mit der Zeit selber besser kennen und vor allem lieben lernst! Das Leben ist nicht peinlich und du schon gar nicht – erkenne deine eigene Verletzlichkeit an, öffne dich und dein Herz und beginne ihm wieder vertrauensvoll zu folgen. Lege deine Sturheit ab und lerne zu dir und deinen Gefühlen zu stehen, setze dabei jedoch gesunde Grenzen! Sobald dir dies gelingt, hast du deine Lebensaufgabe erfüllt.

Beispiel Nr. 1:

Der Almöhi aus Johanna Spyris Roman „Heidis Lehr- und Wanderjahre" ist das beste Beispiel für eine 4 auf der Täterseite. Er ist nach außen hin zumindest der geborene Menschenhasser, der sich einsam auf seine Almhütte zurückgezogen hat, weil er einst von den Menschen verletzt wurde. Seither lässt er keinen mehr an sich ran, bis es seine Enkelin doch schafft, seinen Panzer aufzulösen und sein Herz zu erwärmen.

Nach außen hin wirkt er kalt und gefühllos, im Innern jedoch ist er weich wie Zuckerguss. Die tiefen Verletzungen haben ihn eine Eisschicht aufbauen lassen und ihn in die Distanz zu Menschen gezwungen.

Beispiel Nr. 2:

Susi hat im April das Licht der Welt erblickt. Schon von klein auf hatte sie die Angewohnheit, gefühlsmäßig in ihr Gegenüber reinzuschlüpfen: So verspürte sie schon als Kind das Leid ihrer Eltern immer am eigenen Leib. Sie konnte sich damals nicht abgrenzen und selbst bis heute ist es ihr immer noch nicht ganz gelungen, diese Gewohnheit im Familienbereich bzw. zu Menschen, die ihr am Herzen liegen, ganz abzulegen. Susi schafft es wunderbar mit ihren Kunden/Kundinnen, jedoch noch immer nicht hundertprozentig mit ihr nahestehenden Personen. Dann wird sie nach wie vor noch zum Igel ohne Stacheln und leidet mit bzw. geht gefühlsmäßig zu sehr auf Distanz.

Empfehlungen:

Bemühe dich, dich von der Außenwelt, insbesondere von den Menschen, die dir am Herzen liegen gefühlsmäßig abzukoppeln. Das heißt nicht gefühlskalt zu werden, sondern einen gesunden Abstand einzunehmen: Jeder ist seines eigenen Glückes Schmied. Du bist nicht für das Glück der Deinen verantwortlich, genauso wenig wie sie für das deine. Dies halte dir bitte immer vor Augen: Mitfühlen ist OK, mitleiden jedoch nicht!

Hör auf, dir das Leid deines Umfelds auf die eigenen Schultern zu laden. Gefühle gehören zum Leben dazu, sie wollen gelebt und niemals unterdrückt werden. Jedoch solltest du lernen, einen gesunden Tanzabstand einzuhalten und nicht alles immer an deine eigene Haut zu lassen.

In der gefühlsmäßigen Abgrenzung liegt dein eigentliches Ziel: Schaffst du es mitzufühlen und nicht mehr mitzuleiden, bist du auf dem richtigen Weg. Nimm dir das Beispiel eines Igels: In Gefahrenzeiten rollt er sich zusammen und zeigt seine Stacheln, er ist also perfekt für die Angriffe von außen geschützt. Solch ein Igel leidet nicht, sondern übernimmt Eigenverantwortung und schützt sich, so gut wie er kann, ohne selber unter einer Situation leiden zu müssen. Werde zum Igel und zeige deine Stacheln, wenn es angebracht ist, ohne dich jedoch zu verstecken oder die Stacheln gar freiwillig abzustreifen bzw. sie gegen andere einzusetzen!

Fragen, die du dir mit dieser Zahl stellen solltest:
- Ist mir Anerkennung wichtig?
- Bin ich emotional unabhängig?
- Wo bin ich gefühlskalt?
- Wo bzw. in welchen Situationen verschließe ich mich /mache ich zu?
- Ziehe ich gesunde Grenzen oder lasse ich andere über meine Grenzen gehen?
- Welche Emotionen der anderen belasten mich selbst?
- In welchen Situationen bzw. wann grenze ich mich zu wenig ab?
- Habe ich wirklich immer recht?
- Wie reagiere ich bei gefühltem Widerstand?
- Wie gehe ich mit Kritik um?
- Was macht mich wütend/kränkt mich?
- Unterstütze ich im Übermaß?
- Kann ich wahre Nähe zulassen?
- Habe ich Beziehungsängste bzw. Angst vor Nähe?
- Wann und in welchen Situationen ziehe ich mich gefühlsmäßig zurück?

Gesundheitliche Themen und seelische Störungen:

Verdauungsprobleme, Störungen insbesondere im Solarplexuschakrabereich, Situationen nicht bewältigen bzw. verarbeiten können, Allergien, Nahrungsmittelunverträglichkeiten, Akne, Ekzeme, generell Probleme mit der Haut, Gefühl der Einsamkeit, Depression, Wutausbrüche, emotionale Dysbalance, Beziehungsängste, Angst vor Nähe

Karmische Muster und Prägungen:

Bußgelübde, Schweigegelübde, Keuschheitsgelübde, Ordensgelübde, Selbstkasteiungsgelübde, Miasma der Syphilis, Bauchschuss, Gluckhennen-Beziehung, Sucht, Verlust, Folter, Fesselungen

Folgende Übungen können helfen:

Im Blog meiner Homepage www.sonjawinkler.at findest du zahlreiche Tipps und Übungen, die dir helfen können. Suche dir eine oder zwei Übungen aus Artikeln (vorzugsweise aus der Rubrik „Jede Veränderung beginnt in Ihnen" bzw. „Mehr Energie = mehr Lebensfreude") aus, die dich auf den ersten Blick gleich ansprechen. Praktiziere sie regelmäßig und integriere sie in deinen Alltag.

Insbesondere Atemübungen helfen dir, dir den eigenen Raum zu geben, indem du dich bewusst auszudehnen beginnst und gleichzeitig Grenzen setzt. Dehne deine Aura aus, kappe alle Solarplexus-Schnüre, wende die Strichmännchen-Technik nach Jaques Martel an, schütze dich bewusst vor Energievampiren (du findest die diesbezüglichen Anleitungen in meinem Blog in der Rubrik „Mehr Energie = mehr Lebensfreude"), stärke deinen Selbstwert... Bezüglich des Selbstwerts findest du ein paar nützliche Tipps in der Rubrik „Üben Sie sich in Selbstliebe".

Meditiere regelmäßig, um einen besseren Zugang zu deinem Inneren zu erlangen und resilienter gegenüber den Verletzungen von außen zu werden. Diesbezügliche Anleitungen findest du vor allem in der Rubrik „Üben Sie sich in Selbstliebe".

Unterschreibe die Urkunde zum Auflösen von Eiden und Gelübden, die du in meinem Blog in der Rubrik „Mehr Lebensenergie = mehr Lebensfreude" im Artikel „Lösen Sie sich von ehemals geleisteten Eiden und Gelübden" findest. Nähere Infos zu noch etwaig anderen vorhandenen karmischen Mustern und Prägungen, als auch miasmatischen Prägungen findest du insbesondere in den Artikeln „Eide, Gelübde & Co" und „Miasmatische Prägungen" in derselben Rubrik.

Übe dich im Verzeihen und der Dankbarkeit. Es nützt weder dir noch anderen, wenn du deine Verletzungen ewig mit dir rumschleppst und nachtragend bist. Lass sie los! (Lies den Artikel „Wer loslässt, hat zwei Hände frei" in der Rubrik „Jede Veränderung beginnt in Ihnen".) Sei dankbar für all die Gefühle, die du bisher wahrnehmen konntest. Insbesondere, wenn negative im Spiel waren, hast du in Wahrheit immer große Schritte nach vorne gemacht. Sei dir dessen bewusst, dass mit jedem gefühlten Leid eine Schicht deines Egos abgefallen ist und du so ein Stück näher an deine Herzensweisheit gelangt bist. Sei mutig und zeige dich – nackt und ungeschminkt – der Außenwelt: Du kannst dabei nur gewinnen! Schreibe ein Dankbarkeits-ABC. Nähere Infos findest du in der Rubrik „Verzeihen & Dankbarkeit – Ihr Schlüssel zum Glück".

Praktiziere die Übung, die dir in meinem Blog als Erstes ins Auge sticht ab sofort regelmäßig. Verlasse bewusst die Opfer- bzw. Täterseite, indem du lernst, dein Herz zu öffnen und dabei gleichzeitig deine Grenzen wahrst.
Was es bei der Arbeit mit Affirmationen zu beachten gilt, lies bitte im Artikel „Mittels Affirmationen zu mehr Ausgeglichenheit" in der Rubrik „Jede Veränderung beginnt in Ihnen" nach.

Affirmationen:
- Ich lasse meine Gefühle frei fließen.
- Ich verdaue alles mit Leichtigkeit.
- Ich bin bereit, mich zu öffnen und mich zu verändern.
- Ich lasse Nähe zu.
- Ich bin vor äußeren Einflüssen geschützt.
- Ich schütze mich vor dem Gefühlskarussell der anderen.
- Ich behalte einen gesunden Abstand.
- Ich gebe mir selbst die Liebe und die Anerkennung, die ich brauche.
- Ich lasse die Trauer los.
- Ich entscheide mich jetzt und heute leicht, freudig und unbeschwert durchs Leben zu gehen!

5: Auf in die Freiheit!

Maigeborene kann man schon in ihren Kindheitstagen gut erkennen. Sie mal still sitzen zu sehen ist eine Seltenheit, irgendetwas an ihnen ist immer in Bewegung und selbst, wenn sie nur mit den Zehen ununterbrochen wackeln... Die 5 ist halt von klein an eher ein Zappelphilipp, der immer in Bewegung sein muss. Stillzusitzen ist die größte Strafe bzw. eine unlösbare Herausforderung; wird sie hingegen dazu gezwungen, wird sie oftmals sogar krank.

5er sind auch im Erwachsenenalter noch oft hyperaktiv, sie zum Meditieren zu zwingen wäre ein fataler Fehler, kommen sie doch eher durch Bewegung in die Ruhe, so verrückt das auch auf den ersten Blick klingen mag. Sie möchten nichts auslassen im Leben, wollen am liebsten mit einer Pobacke auf 10 Kirchtagen gleichzeitig tanzen. Pure Lebenssucht treibt sie an. Sie möchten alles auskosten, erreichen und bekommen. Ihr Alltag gestaltet sich entsprechend intensiv und abwechslungsreich.

Stille und Ruhe machen ihnen Angst, hierfür ist nach dem Tod schließlich noch genügend Zeit, oder!? So sind sie von Anfang an meistens von Rastlosigkeit gezeichnet. Nichts fürchten sie mehr, als eingesperrt zu sein. In den Augen eines 5ers heißt Stillstand schließlich Tod bzw. zumindest Krankheit.

5er hatten oft keine leichte Kindheit, oft gab es bereits in jungen Jahren viele emotionale Hochs und Tiefs, unter Umständen haben sie in ihren jungen Jahren sogar körperliche Gewalt erfahren müssen. Ein 5er findet nur über die Kreativität seine Freiheit (zurück). Kinder mit einer 5 im Geburtsdatum zum Stillsitzen zu zwingen bringt rein gar nichts, vielmehr sind deren Eltern dazu angeregt, ihrem Kind mit einer 5 im Geburtsdatum die eigene Kreativität ausleben zu lassen. Nur über diese finden sie zur eigenen Ruhe und Gelassenheit.

Insbesondere, wenn sich diese Zahl zeitlebens nicht traut, das in ihr innewohnendes kreative Potenzial umzusetzen prägen negative Emotionen ihren Alltag. Lustlosigkeit, Frust, Ärger, Wut und Aggressionen bis hin zu Hass sind dann unter Umständen ihre ständigen Begleiter; das Leben wird manches Mal eben äußerst dramatisch wahrgenommen.

In der Tat stecken in einem 5er viele verborgene Talente und Fähigkeiten. Diese hat er selbst in zahlreichen Vorleben niemals richtig ausgelebt, sondern völlig ignoriert und sich stattdessen lieber der Lebenssucht hingegeben. Sucht ist dementsprechend dann auch in diesem Leben gar noch ein großes Thema. Welche Sucht genau, ist dabei irrelevant.

Bevor die 5 dann in diesem Leben endlich in die Gänge kommt und etwas anpackt kann es also etwas dauern... Lieber drückt sie sich davor, wie ein Pferd, das im Stall stehen bleibt und einfach nicht ins Traben kommt. Trabt das Pferdchen jedoch endlich einmal los, ist es dann nicht mehr zu bremsen. Doch bevor es soweit ist, werden noch viele Stunden vor dem Fernseher, Computer, leeren Wein-gläsern etc. verbracht. In diesem Leben gilt es diese Suchtneigung endlich hinter sich zu lassen und sich den eigenen Emotionen auf positive Weise anzunähern. Die tief innen sitzenden Talente wollen endlich ausgelebt werden und drängen an die Oberfläche. Bist du eine 5, machst du wahrscheinlich alles selbst zuhause, hast dir vielleicht schon deine eigene Sauna gezimmert oder tüftelst an etwas anderem herum. Es gibt in der Tat wenig, was die 5 handwerklich nicht bewerkstelligen könnte. In ihr liegt diese Kreativität tief verborgen, sie ist handwerklich sehr geschickt und äußerst einfallsreich.

Worauf es jedoch in diesem Leben besonders ankommt ist, dass diese Zahl lernt die Materie loszulassen: Eine 5 kann und darf alles besitzen, nur darf sie es nicht unbedingt haben wollen. Loslassen sollte die lebenslange Devise einer jeden 5 sein! Und dies fällt diesem Energiehund natürlich nicht immer gerade leicht. Im Grunde gilt es ja mit dieser Zahl, die wahre Freiheit im Leben zu finden. Damit ist nicht allein die Freiheit gemeint, die sie vielleicht kurzfristig auf einem Motorrad spürt, wenn ihr der Fahrtwind entgegenbläst...

Die dauerhaft gespürte Freiheit erlangt sie nur über körperliche und geistige Beweglichkeit. Auf der materiellen Ebene heißt dies nichts anderes, als sich geistig von Besitz und Luxusgütern zu lösen. Das hat Gott sei Dank nicht zur unmittelbaren Folge, dass diese Zahl arm unter einer Brücke enden muss, um letztlich ihre eigene Freiheit zu finden. Nein, ganz im Gegenteil! Selbst eine 5 kann Millionärin werden, jedoch nur, wenn sie oben genannten Prinzipien folgt.

Loslassen sollte zu ihrem Lebensmantra werden: Je mehr sich diese Zahl von allem befreit, desto eher sind ihre Chancen selber reich beschenkt zu werden. Je mehr sie an Materie, Dingen, Personen und Gedankenkonstrukten festhält oder gar regelrecht klammert, desto größer ist hingegen die Gefahr, alles zu verlieren. Körperliche und geistige Beweglichkeit sind das eigentliche Ziel einer jeden 5. Daran sollte sie zeitlebens festhalten. In der stetigen Veränderung und Beweglichkeit liegt ihre eigentliche Kraft. Die Freiheit liegt wahrlich immer im Auge des Betrachters...

In anderen Worten: Du bist ein Mensch mit vielen Talenten und Fähigkeiten. Setze diese im Alltag bestmöglich ein und verleihe deiner Kreativität in der noch so kleinsten Tätigkeit Ausdruck. Du willst in diesem Leben nicht mehr davonlaufen, sondern dich jetzt endlich verwirklichen! Es ist ein Irrglaube, wenn du denkst etwas Wichtiges zu versäumen. Bemühe dich, dieses trügerische Gefühl endgültig loszulassen, denn wahre Freiheit findet nicht in Form von zahlreichen Freizeitaktivitäten statt, sondern immer nur in deinem Kopf.

Fazit: Bleibe zeitlebens nicht nur körperlich, sondern vor allem geistig in Bewegung! Deine Emotionen weisen dir dabei den Weg: Treten sie vermehrt zutage, sind sie ein untrügliches Indiz dafür, dass du dein kreatives Potenzial noch nicht vollständig auslebst und zu sehr in der Lethargie verharrst. In dir steckt ein kleiner Philosoph, der sogar das Potenzial eines Heilers in sich trägt. Beginne, diese Qualitäten anzunehmen und zeige sie der Welt, dann ist deine Lebensaufgabe erfüllt.

Beispiel:

Anneliese auf einem 5er-Weg (Lebenszahl 5) hat sich zeitlebens schwer mit dem Loslassen getan: Sie klammerte sich ihr ganzes Leben an ihren einzigen Sohn und machte ihm sogar noch, als er die 50 bereits weit überschritten hatte, Vorhaltungen und Vorschriften. Als sie dann ihre Villa verkauft und in weiterer Folge in eine kleinere Wohnung umzieht (noch immer über 80m² groß), blieben viele ihrer Habseligkeiten über, die sie jedoch allesamt nicht schafft zu entsorgen oder zu verkaufen. Stattdessen packt sie den ganzen Kram und sperrt ihn für Jahre in zwei Lagerräume ein. Den Erlös vom Verkauf der Villa (1,2 Millionen Euro!) schafft sie innerhalb eines Jahrzehnts zu verprassen...

Fazit: Je mehr der 5er klammert, desto weniger bleibt von der Materie übrig. Das Universum hilft und unterstützt immer, wo es kann und sendet entsprechende Zeichen, die es jedoch gilt zu erkennen. Anneliese leidet seit Jahrzehnten an Polyarthritis und kann ohne fremde Hilfe nicht einmal mehr ein Glas in der Hand halten. Ihr Körper spiegelt ihr bereits seit Jahren wider, was sie befolgen sollte: Loslassen!

Empfehlungen:

Hast du selbst eine 5 in deinem Geburtsdatum, bemühe dich in Bewegung zu bleiben. Tätige regelmäßig Sport, insbesondere bei einem oder gar mehreren 50er Energiehunden auf deinem Lebensweg wie folgendes Beispiel illustriert:

26.12.1956   26+12=38+1=39+9=48+5=53, 53+6=59, 5+9=14, 1+4=5

Bei diesem Geburtsdatum finden sich zwei 50er Energiehunde auf dem Lebensweg und eine 5 als Lebenszahl.

Menschen mit viel 5er und vor allem 50er Energien sind dazu angeraten, sich regelrecht auszupowern. Langsames Radfahren oder Spazierengehen sind ihnen eindeutig zu wenig. Besser wäre es für sie, für einen Marathon oder gar Triathlon zu trainieren! So habe ich einmal eine Frau getroffen, die, als sie gerade mit 48 Jahren in die erste 50er Phase in ihrem Leben eingetreten ist, genau damit begonnen hat. Sie hat dies ganz instinktiv richtig gemacht! Auspowern bzw. ein Training, bei dem man anständig ins Schwitzen kommt, gibt Menschen mit diesen Energiehunden erst die richtige Kraft, die sie brauchen, um ruhig und gelassen ihren Lebensweg gehen zu können. Insbesondere bei einer oder mehreren 50er Zahlen auf dem Lebensweg ist diese Regel besonders zu beachten.

Allen anderen 5ern reicht im Grunde eine gemäßigtere Art von Sport zu betreiben. So oder so, sich bewegen ist für diese Menschen wichtig, dann halten sie es untertags sogar länger auf einem Schreibtischsessel aus und gehen nicht mehr bei der kleinsten Kleinigkeit emotional in die Höhe...

Fragen, die du dir mit dieser Zahl stellen solltest
• Hänge ich zu sehr an materiellen Dingen?
• Wo bin ich gar faul?
• Wovor drücke ich mich?

- Wo habe ich das Gefühl, etwas zu versäumen?
- Welche Fähigkeiten schlummern in mir?
- Was ist mein größter Traum, könnte ich ihn verwirklichen?
- Wie gehe ich mit negativen Emotionen um?
- Wann bzw. in welchen Situationen steigt in mir der Ärger hoch bzw. ärgere ich mich jedes Mal aufs Neue?
- Wann ärgere ich mich über mich selbst bzw. wann bin ich über mich selbst wütend, hasse mich gar?
- Was passiert, dass bei mir die Sicherungen durchgehen?
- Wer oder was bringt mich zur Weißglut?
- Wie gehe ich in stressigen Situationen um, z. B. in einem Stau, mit Kritik, mit Stress, mit unerwünschten Situationen...?
- Was bedeutet für mich frei zu sein?
- Fühle ich mich frei?
- Bin ich emotional bereits ausgeglichen oder bringt mich noch jemand bzw. etwas regelmäßig aus dem Gleichgewicht?
- Was fällt mir schwer loszulassen?

Gesundheitliche Themen und seelische Störungen:

Bewegungseinschränkungen in Form von Arthritis, Polyarthritis, Rheuma etc., Wirbelsäulenbeschwerden, Knie- und Hüftprobleme, Parkinson, Multiple Sklerose, Gier, Alkoholsucht, Spielsucht, Lustlosigkeit, Horten und krankhaftes Sparen, Geld zerfließt zwischen den Fingern, Fixierungen, Stagnation, Aggressionen, Wut, Ärger, Verzweiflung, Zweifel an eigenen Entscheidungen; Situationen zu seinem Vorteil ausnützen

Karmische Muster und Prägungen:

Armutsgelübde, Rachegelübde, Ordensgelübde, Obrigkeitsgelübde, Sklavenjochprogrammierung, Pfählung, Gefangenentrauma, Gier, Suizid, Verlust, Verlassenwerden, Fesselungen, Miasma der Sykose

Folgende Übungen können helfen:

Im Blog auf meiner Homepage www.sonjawinkler.at findest du zahlreiche Tipps und Übungen, die dich auf deinem Weg unterstützen können. Beginne als

Erstes in der Rubrik zu lesen, zu der es dich auf Anhieb hinzieht. Bestimmt findet sich bereits dort der eine oder andere interessante Artikel mit hilfreichen Tipps für dich.

Übe dich im Loslassen, indem du zum Beispiel zweimal jährlich deinen Kleiderkasten aussortierst, alte Bücher weggibst, deine CDs ausmistest etc. Beginne ganz bewusst Dinge jeden Tag etwas anders zu machen bzw. anzupacken. So putz dir mal mit der linken Hand die Zähne, nimm einen anderen Weg in die Arbeit, greife beim nächsten Einkauf zu anderen Lebensmitteln... Selbst, wenn du nur bei scheinbar kleinen Dingen flexibel bleibst, fällt es dir bei großen Entscheidungen im Leben umso leichter eine andere Perspektive einzunehmen. Du wirst dann insgesamt flexibler und biegsamer – ein unbedingtes Muss, willst du frei und beweglich bleiben.

Trainiere also täglich bewusst – nicht nur körperlich, sondern auch geistig biegsam zu sein und zu bleiben. Stärke insbesondere dein Wurzelchakra, indem du zum Beispiel visualisierst, wie dir jeden Tag Wurzeln von deinen Fußchakren in die Erde wachsen. Es nützt dir nichts, ohne richtige Bodenhaftung beweglich zu sein. Du brauchst zuallererst eine gute Verankerung, um dann richtig „fliegen" zu können! Im Blog wende dich vorrangig dem Artikel „Wer loslässt, hat zwei Hände frei" zu, den du in der Rubrik „Jede Veränderung beginnt in Ihnen" findest. Loslassen will im Leben erst gelernt sein, zu oft klammern wir an Althergebrachtem!

Praktiziere regelmäßig die Klopftechnik – klopfe dir deine negativen Emotionen weg. Wie genau das funktioniert, erfährst du in meinem Blog in der Rubrik „Jede Veränderung beginnt in Ihnen" im Artikel „Klopfen Sie Ihren Stress doch einfach weg".

Mache regelmäßig die Metta-Meditation (Rubrik „Üben Sie sich in Selbstliebe") oder praktiziere mehrmals täglich Achtsamkeits-, Entspannungs- oder Atemübungen – am besten, während du dich körperlich bewegst... In meinem Blog findest du zahlreiche diesbezügliche Anleitungen, blättere bevorzugt in den Rubriken „Mehr Lebensenergie = mehr Lebensfreude" und „Jede Veränderung beginnt in Ihnen".

Siehe insbesondere den Artikel „Wie Sie lernen zu entschleunigen und dadurch Stress abbauen" in der Rubrik „Jede Veränderung beginnt in Ihnen" oder „Mithilfe des Body Scans zu mehr Ausgeglichenheit und Entspannung" in der Rubrik „Mehr Energie = mehr Lebensfreude". Lies dir in letzterer unbedingt auch den Artikel „Nützliche Anti-Ärger-Strategien" durch. Praktiziere eine oder zwei der dort beschriebenen Übungen regelmäßig, wenn du mit negativen Emotionen zu kämpfen hast.

In dir liegen versteckte Talente, vor denen du dich gar noch immer drückst, sie zu leben. Setze dir also bewusst neue Ziele in deinem Leben! Entsprechende Anleitungen findest du in meinem Blog in der Rubrik „Erreichen Sie Ihre Ziele".

Auch können dich ätherische Öle hilfreich unterstützen. Zypresse ist das Öl der Bewegung, damit du nicht in der Stagnation verbleibst und wieder in Fluss kommst. Zitronenöl hilft dir bei mentaler Erschöpfung, Energiemangel und mangelnder Freude, dich selbst wiederzufinden.

Dille unterstützt dich, die Langeweile hinter dir zu lassen und die eigene Motivation wiederzufinden. Du siehst, es gibt zahlreiche Möglichkeiten, deine Freiheit im Alltag zu leben und zu fühlen – sie findet sich nicht nur immer im nächsten Kaffeehaus oder in der nächsten Bar um die Ecke!

Unterschreibe auch unbedingt die Urkunde zum Auflösen etwaig noch vorhandener karmischer Muster und Prägungen. Du findest sie im Artikel „Lösen Sie sich von ehemals geleisteten Eiden und Gelübden" in der Rubrik „Mehr Energie = mehr Lebensfreude". Ebendort kannst du auch einiges Wissenswertes über karmische und miasmatische Muster und Prägungen nachlesen.

Was es bei der Arbeit mit Affirmationen zu beachten gilt, lies bitte im Artikel „Mittels Affirmationen zu mehr Ausgeglichenheit" in der Rubrik „Jede Veränderung beginnt in Ihnen" nach.

Affirmationen:
- Ich erkenne, dass ich das Leben mit der Energie des Herzens wahrnehmen muss.
- Ich lasse meine Gefühle frei fließen.

- Ich übe mich in Toleranz.
- Ich verändere mich in Liebe.
- Ich lasse alles los, was mir nicht guttut.
- Ich stehe zu meiner Meinung.
- Ich entwickle mich ständig weiter.
- Ich bin und vertraue dem Fluss des Lebens.
- Ich bin in egal welcher Situation entspannt und gelassen.
- Alles geschieht zur rechten Zeit.
- Mein Leben ist harmonisch.
- Ich habe ein unbegrenztes Potenzial. Vor mir liegt nur Gutes.
- Ich verfüge über ungeahnte Möglichkeiten und nutze sie.
- Es bieten sich mir überall unglaubliche Chancen.

6: Finde die Zufriedenheit!

Der Weg einer 6 ist oft ein steiniger, wird er in diesem Leben doch hauptsächlich auf der körperlichen Ebene ausgetragen. Im Grunde kann sich die Seele ja immer nur über den Körper bemerkbar machen. Der Körper ist ja quasi das Sprachrohr der Seele. Schreit er schmerzerfüllt auf, dann, weil sich die Seele in ihm nicht mehr sonderlich wohlfühlt und eine Veränderung herbeiführen möchte. Dies gilt jedoch insbesondere für jede 6, sie lernt hauptsächlich über körperliche Zipperlein die goldene Mitte in ihrem Leben zu finden und das zu erkennen, was wirklich wichtig ist. Menschen inkarnieren mit einer 6 im Geburtsdatum, um auf der tiefsten Ebene der Materie, und das ist eben die des Körpers, früher oder später doch noch die eigene Zufriedenheit zu finden.

Bis es soweit ist, schippert sie unzufrieden – immer auf der Suche nach mehr Glückseligkeit – auf der Oberfläche dahin, ohne jedoch jemals in die Tiefe gehen zu wollen. Lebt die 6 die Energie eher als Täter aus, nörgelt sie ständig herum und begrenzt sich selbst, indem sie immer ein Haar in der Suppe findet. Nichts genügt ihr dann. Nörgeln und alles schwarz sehen gehören zum Alltag eines 6er-Täters einfach dazu. Im Grunde will diese Zahl ja alles erreichen und dabei die absolute Freiheit finden. Die Frage ist und bleibt, ob ihr das denn auch immer und allzeit gelingt!? Kein Wunder, dass sie dann so viel zu bekritteln hat...

Oftmals übersieht sie gerne andere auf ihrem Weg, dass auch sie Bedürfnisse und Wünsche haben. Der eigene Druck ist so groß, dass derlei erst gar nicht wahrgenommen werden kann.

Partnerschaftssüchtig, wie jede 6 unter Umständen sein kann, sucht sie den eigentlichen Kick auch gerne mal in der bzw. über die Sexualität zu finden. Die 6 lernt im Grunde noch immer am besten über die Partnerschaft, wie unzufrieden sie im Grunde doch mit sich allein, auf sich selbst gestellt ist. Der Partner spiegelt ihr das – meistens auf sehr gekonnte Weise – wider; solange, bis sie schließlich selbst aufwacht und zu reflektieren beginnt...

Falls doch nicht, beginnt sie Antidepressiva zu schlucken und fragt sich weiterhin, was falsch in ihrem Leben läuft. *Warum sind die anderen immer nur so kompliziert und geben Grund zur Klage!?* Das Leben könnte doch so schön sein, wären da nicht die Familie, Kinder, Partner, Arbeitskollegen, Nachbarn, kläffende Hunde in der Nachbarschaft, die den gesunden Mittagsschlaf stören…

Nichts passt im Leben eines 6ers, bis er kapiert, dass im Grunde immer nur er selbst es ist, der unzufrieden ist mit sich und der Welt, unabhängig von was auch immer im Außen passiert. Das Außen wird ihn sowieso niemals zufrieden, geschweige denn glücklich machen können. Dies zu begreifen, dauert oftmals allzu lange und hat auch einige Partnerwechsel zur Folge. Was man in einem nicht findet, hofft man im anderen endlich zu entdecken…

Falls überhaupt ein Partner im Leben vorhanden ist, spiegelt dieser der 6 die eigentlich hausgemachten Themen jedenfalls perfekt wider. Das Leben mit einem Partner gestaltet sich für eine 6 in der Regel   äußerst kompliziert. Der Haken bei der Sache ist folgender: Ist der Partner unzufrieden, ist die 6 es vermutlich auch. Ist der Partner zufrieden, ist sie es selber oft nicht und umgekehrt. Warum!? Junigeborene bzw. Menschen mit einer 6 im Geburtsdatum kommen oft erst gar nicht auf die Idee, den Partner zu fragen, was er eigentlich braucht und haben möchte. Sie nehmen sich einfach das, was sie selber wollen und setzen es um, ohne Rücksicht auf Verluste. Auf den Gedanken, dass das Gegenüber andere Bedürfnisse haben könnte, kommen sie meist erst gar nicht. Dadurch begrenzen sie sich jedoch im Grunde immer nur selbst: Sie müssen erst erkennen, dass, wenn der Partner unzufrieden ist, sie selber auch nicht wirklich das große Glück finden werden, geschweige denn zufrieden sein können…

Wir sind alle eins, das gilt auch für die 6. Ist sie selber unglücklich, zieht sie den Partner runter. Ist dieser unzufrieden, macht sich das auch bei ihr selbst auf negative Art und Weise bemerkbar. Wir sind alle offene Systeme, im andauernden energetischen, informatorischen und zwischenmenschlichen Austausch. Niemand von uns ist eine einsame Insel oder gar nach außen hin abgeschottet. Dies gilt natürlich oder vielleicht sogar insbesondere für jede 6.

Lebt die 6 die Energie eher als Opfer aus, bleibt sie hingegen oft zu lange in einer unglücklichen Beziehung stecken. Sie bleibt selbst dann noch in einer Partnerschaft, wenn diese schon längst in die Brüche gegangen ist und sie im Grunde eigentlich so rein gar nichts mehr am Gegenüber hält.

Menschen mit dieser Zahl haben oftmals die Tendenz, regelrecht „unterschlupfsüchtig" zu sein. Das kann im Grunde auch nur funktionieren, weil sie sich Dinge und Situationen eben gerne schön-reden. Die 6 ist eine wahre Meisterin darin: Die rosarote Brille wird dann, einmal aufgesetzt, so schnell nicht wieder abgelegt. Mit ihr schaut die Welt ja gleich um so vieles bunter und angenehmer aus... Auf der rosaroten Wolke schwebt es sich besonders gut! Solange, bis die 6 dann doch endlich eines Tages aufwacht und diese Grautöne wahrzunehmen beginnt. Anfängt zu hinterfragen, was eigentlich so alles schiefläuft oder bereits schiefgelaufen ist in ihrem Leben...

Nur, falls sie doch nicht aufwacht und dieses Verhalten, sich alles schönzureden zeitlebens beibehält, weiterhin mit der rosaroten Brille spazieren geht, macht sie in Wahrheit keinen einzigen Schritt vorwärts. Dann bleibt sie in der eigenen Unzufriedenheit und Begrenzung gefangen. Wie immer liegen Opfer- und Täterseite nah beieinander: Wäre das eigene Leben wirklich so schön, müsste sie es ja nicht durch die rosarote Brille betrachten!

Niemand kann sich das eigene Leben dauerhaft oder langfristig schönreden, wenn es eben alles andere als schön und rund ist. Früher oder später holt jeden die Wahrheit ein. Auch eine 6. Das Universum findet letztlich Mittel und Wege, sie endlich zum Aufwachen, zum Hinschauen zu bewegen. Und das Aufwachen kann dann im schlimmsten Fall mit unangenehmen Schmerzen und körperlichen Qualen vonstatten gehen...

Der eigentliche Austragungsort, den goldenen Mittelweg im Leben letztlich doch noch zu finden, ist für die 6 eben hauptsächlich der eigene Körper: Häufig lernt sie erst über eine Krankheit, die Zufriedenheit in sich selbst zu finden. Die Krankheit wird dabei, zumindest auf Seelenebene, selbst gewählt bzw. vielleicht auch nur im Außen gelebt. Dann eben trägt der Partner, die Partnerin die Krankheit aus und spiegelt die eigenen Themen der 6 par excellence.

Da es um körperliche Themen geht, wählt eine 6 deswegen oft bereits ganz intuitiv den richtigen Beruf: Als Krankenschwester, Arzt oder Pfleger oder im Sozialbereich als Lebens- und Sozialberater oder beim AMS. Eine Beschäftigung im Gesundheits- oder Sozialbereich, wo man täglich mit Leid, Krankheit und Tod konfrontiert ist, ist eben die beste Bühne für die 6, um ihren 6er-Energiehund gut zu erziehen. Nur durch den alltäglichen Schmerz im Außen schult sich die 6, die Zufriedenheit früher oder später in sich selbst zu finden. Zufrieden zu sein mit dem, was ist und was sie hat.

Vor allem im Kontakt mit kranken und leidenden Menschen lernt sie oftmals schneller, dass das Leben für keinen von uns die besten Voraussetzungen bietet. Dadurch erspart sie sich oft das eigene körperliche Leid. Letztlich ist immer Demut vor dem Geschenk des Lebens das Schlüsselwort. Demut und Akzeptanz von allem, was ist. Nur über die Akzeptanz dessen, was ist, steht ihr der Weg in die Zufriedenheit frei!

6er möchten in diesem Leben mit jeder Faser ihres Körpers lernen, das Leben so anzunehmen wie es ist. Im Grunde ihres Herzens weiß diese Zahl, dass zum Leben oftmals Leid und Krankheit dazugehören wie das Amen im Gebet. Die 6 möchte begreifen, dass im Grunde immer ein anderer die eigentlichen Fäden im Hintergrund zieht und sie es nur teils selber in der Hand hat, was genau passiert. Jedoch kann sie immer dazu beitragen, wie sie letztlich durchs Leben geht – zufrieden mit dem, was gerade ist oder eben immer auf der Suche nach etwas, was sie letzten Endes doch nie finden wird...

Die 6 muss begreifen, dass Nörgeln und Klagen ihr nichts bringen. Ein negatives Verhalten hat noch nie jemals etwas zum Guten verbessert, ganz im Gegenteil, es schränkt nur sie selbst und andere ungeheuer ein. Im Grunde, was nützt es auch, zu klagen und zu nörgeln!? Die Situation wird dadurch nicht besser, sondern fühlt sich nur noch schlimmer und unerträglicher an. Die 6 möchte aber in Wahrheit die Zufriedenheit, in egal welcher Situation auch immer, finden und erhalten. Ihre Devise sollte sein, das Leben in Demut und der Gewissheit zu leben, dass es für niemand die besten Voraussetzungen bietet. Jede 6 sollte früher oder später verinnerlichen, dass man sich diese immer erst selber erschaffen muss. Lernt die 6 schließlich, den Körper als das anzunehmen, was er ist, nämlich das Gefährt der Seele und beginnt sie, diesen zu ehren und zu achten, ist sie auf ihrem Seelenweg schon ein ganzes Stück weitergekommen!

Fazit: Dein Körper ist ein Geschenk, das es zu ehren gilt. Gehe achtsam mit ihm um, bewege ihn und finde Freude an ihm, jedoch akzeptiere auch, wenn er mal in Form von Schmerzen aufschreit. Manchmal ist es unnötig im Leben zu versuchen, etwas zu verändern – es ist, wie es ist! Es ist unnötig, wenn du mit dem Schicksal haderst und dich darüber aufregst. Je schneller du lernst, dein

Leben in Demut anzunehmen und erkennst, dass es eine höhere Macht gibt, die letztlich den Ausschlag gibt, desto leichter und unbeschwerter wird dein Alltag sich anfühlen. Dann findest du die Zufriedenheit in egal welcher Lebenssituation und hast deine Lernaufgabe bestmöglich erfüllt.

Beispiel:

Harry ist im Juni auf die Welt gekommen. Zeitlebens war er bemüht, sich und vor allem seinen Vater (ein Familienkarma findet sich oftmals in der 6!) zu beweisen, wie gut und erfolgreich er ist. Er hat sein ganzes Leben versucht, seinem eigenen Ideal hinterherzulaufen und hat dabei des Öfteren seine Familie und die Bedürfnisse seiner eigenen Kinder vergessen, jedoch vor allem sich selbst. Letztlich hat er die Zufriedenheit nur in Form von Antidepressiva, und nicht einmal mit diesen, finden können...

Empfehlungen:

Setze dich mit deinem Körper, mit Themen wie Gesundheit und Wohlbefinden näher auseinander. Lerne ihn zu achten, gib ihm die Lebensmittel, die ihm guttun und trainiere ihn mit ein wenig Sport und Bewegung. Über die Bewegung lerne die Freude an deinem Körper in diesem Leben kennen und beginne ihn als das zu achten, was er ist: Das Sprachrohr deiner Seele, das dir immer treu dient und dein bester Begleiter ist.

Schätze nicht nur deinen Körper, sondern respektiere auch die anderen, ohne immer beweisen zu müssen, wie gut du bist und wie du alles selber immer besser machen kannst... Werde liebevoll und sei nicht lieblos, weder zu dir, noch zu deinem Umfeld. Sieh deinen Köper als das, was er wahrlich ist: Ein Geschenk der geistigen Welt, dich im Umfeld der Polarität und Dualität zurechtzufinden und deinen Weg in deinem Tempo zu gehen.

Du hast die Akzeptanz im Außen nicht nötig. Gib sie dir selbst, höre auf damit, dich selber durch deine lieblose Art und Verhaltensweise einzuschränken und begegne auch anderen mit Gleichmut und Verständnis. Dann stehen dir alle Türen offen und du brauchst nicht mehr zu beweisen, wer du eigentlich bist! Öffne dein Herz für die anderen und diene der Allgemeinheit, indem du dich sozial engagierst. Hör auf damit, nur dir selbst dienlich zu sein und die anderen dabei zu vergessen und sieh das Leben als das, was es ist: Eine Möglichkeit, über dich selbst hinauszuwachsen!

Fragen, die du dir mit dieser Zahl stellen solltest:

- Wo begrenze ich mich selbst?
- Bin ich meinem Partner gegenüber wirklich offen und ehrlich?
- Lebe ich in Eigenverantwortung?
- Ist der Kick für mich beim Sex ausschlaggebend oder die Gefühle?
- Brauche ich den Kick im Sport?
- Wer oder was regt mich auf?
- Wo laufe ich meinen eigenen Idealen hinterher?
- Wer oder was macht mich glücklich?
- Was brauche ich, um zufrieden durchs Leben zu gehen?
- Wo beschränke ich mich selber durch meine Glaubenssätze?
- Was glaube ich in diesem Leben erreichen zu müssen? Und macht mich das Erreichen dieses Zieles dann auch wirklich glücklich und zufrieden?
- Wo will ich in meinem Leben nicht hinsehen?
- Wo habe ich gar die rosarote Brille auf?

Gesundheitliche Themen und seelische Störungen:

Lungen-, Herz- bzw. Hautprobleme, Krebserkrankungen, Depression, Schmerzen, Rücken- bzw. Wirbelsäulenprobleme

Karmische Muster und Prägungen:

Keuschheitsgelübde, Treuegelübde, Blendung, Fremdprogramme, Suizid, Gier, Gefangenentrauma, Sklavenjoch, schwerer traumatischer Tod, verlassen werden, Verlust

Folgende Übungen können helfen:

Im Blog auf meiner Homepage www.sonjawinkler.at findest du zahlreiche Tipps und Übungen, die dir helfen können. Suche dir eine oder zwei Übungen aus Artikeln (vorzugsweise aus der Rubrik „Jede Veränderung beginnt in Ihnen" bzw. „Mehr Energie = mehr Lebensfreude") aus, die dir gleich ins Auge stechen. Praktiziere sie regel-mäßig und integriere sie in deinen Alltag.

Insbesondere im Artikel „6 einfache Wege, wie Sie Ihr Herzchakra stärken können" in der Rubrik „Üben Sie sich in Selbstliebe", findest du viele Anleitungen und Tipps, die dir das Leben insgesamt leichter machen können.

Schreibe ein Dankbarkeits-ABC (Rubrik: „Verzeihen & Dankbarkeit – Ihr Schlüssel zum Glück") und lies es an „schlechten Tagen" mehrmals durch. Gewöhne es dir an, jeden Tag zufrieden zu beschließen, indem du dich für drei Situationen, Dinge, Menschen etc., die dir im Laufe des Tages begegnet sind, bedankst.

Betreibe bewusst Gedankenhygiene und lass den Tag Revue passieren. Unangenehme Situationen, Gespräche etc. schreibe einfach um, solange, bis sie dir gefallen. Schreibe dir unangenehme Situationen nach der Clemens Kuby Methode von der Seele. Falls du dich dabei ertappst, negativ zu denken, sage sofort STOP zu dir selbst und fokussiere dich stattdessen auf etwas Positives. Wie das garantiert funktioniert, kannst du im Artikel „Stoppen Sie Ihr negatives Gedankenkarussell und beginnen Sie ein neues Leben!" in der Rubrik „Jede Veränderung beginnt in Ihnen" lesen. Über-schreibe so deine inneren Negativbilder mit der Zeit.

Wende die Strichmännchen-Technik nach Jaques Martel an („Mehr Energie = mehr Lebensfreude"). Unterschreibe die Urkunde zum Auflösen von ehemals geleisteten Eiden und Gelübden, die du im gleichnamigen Artikel ebenso in der Rubrik „Mehr Energie = mehr Lebensfreude" findest.

Was es bei der Arbeit mit Affirmationen zu beachten gilt, lies bitte im Artikel „Mittels Affirmationen zu mehr Ausgeglichenheit" in der Rubrik „Jede Veränderung beginnt in Ihnen" nach.

Affirmationen:
- Ich fließe mit dem Strom des Lebens und lasse mich tragen.
- Es ist gut so wie es ist.
- Ich erkenne in allem das Positive.

- Ich konzentriere mich auf das Schöne im Leben.
- Ich achte auf meine Bedürfnisse.
- Ich verschenke mich meinem Partner und werde beschenkt.
- Ich treffe selbst meine Entscheidungen, damit nicht über mich entschieden wird.
- Ich achte und liebe meinen Körper.
- Ich habe Freude an meinem Körper.
- Ich lebe meine Sexualität mit Liebe und in Freude.
- Ich liebe das Leben und das Leben liebt mich.
- Ich schaue gut auf mich und meine Liebsten. Wir sitzen alle im gleichen Boot.
- Ich achte auf meine Ernährung.
- Ich achte und höre auf meinem Körper. Ich kann mich auf mich und meinen Körper verlassen.

7: Überwinde deinen Stolz!

Juligeborene wissen es oft besser als die anderen. Sie gehen stolz durchs Leben, immer auf der Suche nach dem Besten, das ihnen sowieso immer zusteht. Sie kleiden sich gerne schick und wenn möglich teuer, suchen sich auch im Umfeld alles, was Rang und Namen hat. Stolz und Verstand dominieren den Alltag: Nur keine Fehler und Schwächen zugeben oder gar dem Gegenüber zu erkennen geben!

Vor lauter „Außen" vergessen sie dabei ganz gerne einmal auf das „Innen": Der wahre Reichtum findet sich jedoch nie im Außen, sondern immer nur im Inneren... Die Herzqualität hierfür muss im Leben einer 7 in der Regel jedoch erst entwickelt werden. Bis es dann soweit ist, bleibt sie manches Mal lieber weiterhin auf Distanz und in der linken Gehirnhälfte gefangen. Eben da, wo der Intellekt und nicht das Herz zuhause ist. Wo alles perfekt sein muss, um bestehen zu können.

Gefühle sind da eben auch nicht gerade willkommen. Sie haben da schwerlich Platz, verursachen sie doch letztlich immer nur Angst und verunsichern ungemein. Das ist wahrlich etwas, was die 7 so gar nicht gebrauchen kann. Gefühle machen bekanntermaßen angreifbar und verletzlich, schränken ein und schwächen. Oh Gott, eine 7 möchte damit nichts zu tun haben, Schwäche zu zeigen ist ein komplettes No-Go im Leben dieser Zahl. Das Schlimmste, was passieren kann, ist – in einer Metapher gesprochen – sich vor Publikum bis auf die Haut nackt auszuziehen. Genau auf dieser Gefühlsebene ist einst die Verletzung passiert, ob in Vorleben oder erst in diesem sei dahingestellt. Die 7 hat sich von den Gefühlen abgekappt, sich abgetrennt, aus Angst, Schmerz und vor lauter Verletzung. Sie möchte keinesfalls wieder eine Angriffsfläche bieten, also lieber nach außen hin den Schein wahren und lächeln, was das Zeug hält. Sie ist ja außerdem sowieso der Meinung, dass jeder für sein eigenes Glück, als auch Unglück verantwortlich ist. In 7ern steckt oft die indische „Kastenmentalität": Wenn jemand in der Gosse landet, muss es hierfür wohl einen guten Grund geben... Als Täter stehen sie automatisch höher in der Hierarchie: *"Was glaubst du überhaupt, wen du vor dir hast!?"* Der Stolz verbietet es ihr regelrecht, sich mit anderen auf eine Stufe zu stellen.

Die 7 kann nicht nur gefühlsmäßig, sondern generell ein richtiger Kontrollfreak sein. *Nur, wer die Kontrolle behält, hat alles im Griff und ist nicht angreifbar.* So zumindest der Glaube im tiefsten Inneren dieser Zahl. Beginne nicht, dich mit einer 7 zu streiten, du könntest den Kürzeren ziehen. Analysieren und Rechthaben sind nämlich ihre großen Stärken. Sie zerlegt dich mit ihrem messerscharfen Verstand in Sekundenschnelle. Die 7 durchschaut dich oft mit nur einem Blick.

Anders gestaltet es sich jedoch, wenn diese Energie eher als Opfer gelebt wird. In diesem Fall dominiert zwar noch immer der Stolz, nur dieses Mal hindert er daran, die eigene Größe, das bereits Vorhandene anzunehmen. Die Bescheidenheit wird demzufolge zur Tugend, die sie klein und unscheinbar werden lässt. *„Ich brauche nichts Großartiges, um glücklich zu sein. Mir reicht ganz wenig".* Andere hingegen, die sich ohne schlechten Gewissen nehmen, was ihnen zusteht, werden dann von der 7 regelrecht verteufelt und verdammt. *„Man hat nichts zu haben, geschweige denn damit zu prahlen. Das Leben gestaltet sich nur gut, wenn es in einem gewissen, rühmlichen Rahmen abläuft…"*

Tja, das Leben mit einer 7 im Geburtsdatum kann sich manchmal äußerst kompliziert gestalten! Die Hürde ist geschafft, wenn sie den Weg vom Verstand zum Herzen findet: *„Mit dem Herzen denken!"* sollte zur Devise einer jeden 7 werden. Wenn ihr das letztlich gelingt, heilt sie sich selbst und unter Umständen sogar die ganze Welt, oder zumindest ihre unmittelbare Umgebung.

Nur bis dahin, kann es je nach zusätzlichen Kabbala Zahlen im Gepäck noch etwas länger dauern… Die 7 braucht unter Umständen lange, bis sie erkennt, worauf es wirklich ankommt im Leben: Diese Zahl muss erkennen, dass wir alle im selben Boot sitzen und jeder einzelne von uns so gut er eben kann rudert. Dies zu begreifen und nochmals – nicht nur mit dem Verstand, sondern und vor allem mit dem Herzen – das ist die große Aufgabe jeder 7 hier auf Erden. Hat sie dies jedoch einmal verinnerlicht, lebt sie glücklich und vereint Herz mit Verstand auf optimale Weise in jeder Situation. Dann wird sie zum Heiler für sich selbst und in weiterer Folge auch für die anderen. Also ein großes Potenzial, das in ihr steckt und auch gelebt werden möchte!

Fazit: Das Leben findet nicht in deinem Kopf statt; das wahre und erfüllende Leben findet immer nur in deinem Herzen statt! Wie hat es Dan Ariely so schön ausgedrückt: *„Denken hilft zwar, nützt aber nichts!"* Im Grunde dreht sich alles in deinem Leben darum, das Leben nicht einzig und allein mit dem Verstand zu begreifen, sondern mit dem Herzen zu fühlen. Bemühe dich Stillstand und Ruhe in deinem Kopf einkehren zu lassen und gib stattdessen deinem Herzen die Zügel in die Hand. Setze deinen Intellekt für dich und die Allgemeinheit positiv ein, indem du lernst, ihn dem Herzen unterzuordnen.

Sobald du dein Denken und dadurch letztlich deine negativen Gedanken, Prägungen und Programmierungen ausschaltest und deinem Herzen Vorrang einräumst, hast du deine Lernaufgabe erfüllt!

Beispiel:

Gerti ist an einem 25. 9. geboren, in anderen Worten hat sie als Geist- und Lebenszahl jeweils eine Potenz der 7 (25: 2+5=7, 25+9=34, 3+4=7). Pragmatisch und analytisch wie sie einmal ist, folgt sie ihr ganzes Leben lang vorrangig ihrem Verstand, wobei das Herz allzu oft zu kurz dabei kommt. Dies äußerst sich insofern, als sie ungern ihre Gefühle zeigt. Nach außen wirkt sie stark und unangreifbar, ihr fehlt es jedoch an Wärme und Zärtlichkeit im Alltag. Im Grunde ist dies jedoch nur ein Spiegel ihres Innersten: Sie muss erst lernen, sich selbst mit den Augen der Liebe zu betrachten, ihr Leben weniger zu analysieren und damit aufhören, es mit dem Verstand begreifen zu wollen. Erst dann wird ihr auch mehr Wärme im Außen begegnen. Aufgrund ihrer Unfähigkeit, ihr Gedankenkarussell abzustellen, leidet sie zeitlebens an Schlaflosigkeit und regelmäßig wiederkehrenden Migräneattacken.

Empfehlungen:

Die Welt kann nicht mit dem Verstand kontrolliert werden, sondern nur mit dem Herzen begriffen. Jede 7 sollte lernen nicht nur mit dem Verstand zu agieren, sondern mit dem Herzen zu denken! Dazu gehört unweigerlich das Spüren und Fühlen, und nicht das Analysieren, Aufgliedern und Rechthaben. Hinspüren und Hinfühlen will stattdessen gelernt sein!

Eine 7 sollte damit beginnen, sich regelmäßig folgende Frage zu stellen: *„Wie fühle ich mich dabei?"* Im Finden einer Antwort auf diese Frage lernt sie mit der Zeit, ihren Stolz zu überwinden und sich gefühlsmäßig aufzumachen.

Sich anderen zu öffnen, ohne dabei das Empfinden zu haben, sich bloßzustellen. Nur über das Zulassen der Gefühle kann die 7 zu sich selbst und zu ihrem wahren Potenzial, das ihr inne liegt, finden. Jede 7 sollte damit aufhören allzu pragmatisch durchs Leben zu gehen und immer mit dem Verstand eine Lösung finden zu wollen.

Oftmals ist es hilfreicher, wenn Sie sich selbst oder Ihr Gegenüber einfach nur in den Arm nimmt und tröstet, das Herz sprechen lässt. Eine einfache Umarmung zu schenken, ohne zu viel darüber nachzudenken, zu analysieren und gleich eine Lösung für alles parat haben zu müssen, kann für diese Zahl zwar eine immense Herausforderung sein, ist jedoch bereits ein wichtiger und bedeutender Schritt zu ihrem wahren Ich!

Fragen, die du dir mit dieser Zahl stellen solltest:
- Wann habe ich mein Herz verschlossen und warum?
- Wer oder was hat mich so sehr verletzt, dass ich meinen Gefühlen nicht mehr traue?
- Welche Werte vertrete ich?
- Was ist für mich wichtig?
- Bin ich immer ehrlich zu mir selbst?
- Was fühle ich?
- Was macht mir Angst?
- Wovor laufe ich weg?
- Was verbietet mir mein Stolz zu sehen?
- Wo suche ich noch immer nach der Perfektion?
- Gehören Analysieren und Rechthaben zu meinen Stärken?

Gesundheitliche Probleme und seelische Störungen:
Migräne, Kopfschmerzen, Herzprobleme, Schlaganfall, Arteriosklerose, Schmerzen, Durchblutungsstörungen, Krampfadern, Nervenleiden, Gefühl wie „keiner versteht mich", Überheblichkeit, Neid, Gefühlskälte, Distanz schaffen, Missgunst, Unverständnis, Kontrollbedürfnis, Schlaflosigkeit, nie enden wollendes Gedankenkarussell, Fixierungen

Karmische Muster und Prägungen:

Selbstkasteiungsgelübde, Treuegelübde, Obrigkeitsgelübde, Kränkung, Fesselungen, Selbstwertthemen, Minderwertigkeitsgefühle, Sklavenjochprogrammierung

Folgende Übungen können helfen:

Im Blog meiner Homepage www.sonjawinkler.at findest du zahlreiche Tipps und Übungen, die dir helfen können. Suche dir eine oder zwei Übungen aus Artikeln (vorzugsweise aus der Rubrik „Üben Sie sich in Selbstliebe", „Verzeihen & Dankbarkeit – Ihr Schlüssel zum Glück" bzw. „Jede Veränderung beginnt in Ihnen!") aus, die dich sofort ansprechen. Praktiziere sie regelmäßig und integriere sie in deinen Alltag.

Zumindest praktiziere eine der Übungen aus dem Artikel „6 Wege, wie Sie Ihr Herzchakra stärken können", den du in der Rubrik „Üben Sie sich in Selbstliebe" findest.

Die Lösung für deine Herausforderungen findest du in Wahrheit immer nur auf der Herz- und niemals auf der Verstandesebene!

Eruiere, wann bzw. wer dich so verletzt hat, dass du innerlich zugemacht hast. Wende die Strichmännchen-Technik von Jaques Martel (Rubrik „Mehr Energie = mehr Lebensfreude") an, um dich energetisch von dieser Person, die dich einst so verletzt hat oder deinem Stolz etc. zu lösen.

Praktiziere Ho'oponopono, um mit dir selbst und deinem Umfeld in Frieden zu kommen. Schreibe ein Dankbarkeits-ABC, mache eine Herzatmung. Konzentriere dich auf den göttlichen Funken in deinem Herzen und lass ihn sich ausdehnen. Anleitungen hierfür findest du in meinem Blog in den Rubriken „Verzeihen & Dankbarkeit – der Schlüssel zu Ihrem Glück" und „Üben Sie sich in Selbstliebe", jedoch ist bestimmt auch die eine oder andere interessante Übung in den anderen Rubriken dabei – stöbere in meinem Blog und wähle ganz instinktiv einen Artikel aus!

Unterschreibe die Urkunde zum Auflösen ehemals geleisteter Eide und Gelübde, die du im Artikel „Lösen Sie sich von ehemals geleisteten Eiden und Gelübden" in der Rubrik „Mehr Energie = mehr Lebensfreude" findest. Du findest dort noch weitere Erklärungen und Erläuterungen zu karmischen Mustern und Prägungen. Liegen diese auch heute noch bei dir vor, können sie deine Willensfreiheit unbewusst nach wie vor immens einschränken. Aurachirurgie kann dir eventuell weiterhelfen, diese aufzulösen.

Was es bei der Arbeit mit Affirmationen zu beachten gilt, lies bitte im Artikel „Mittels Affirmationen zu mehr Ausgeglichenheit" in der Rubrik „Jede Veränderung beginnt in Ihnen" nach.

Affirmationen:
- Ich bin Licht und Liebe.
- Ich gehe mit offenem Herzen durch die Welt.
- Nur mit dem Herzen sieht man gut.
- Ich höre auf mein Herz.
- Ich folge meinem Herzen.
- Der Verstand denkt, das Herz lenkt!
- Wir sind alle eins!
- Das Leben liebt mich.
- Ich lasse die Vergangenheit hinter mir und gehe mit offenem Herzen in die Zukunft.
- Ich trachte nach Liebe und finde sie überall.
- Liebe ist das beste Heilmittel auf der Welt!
- Ich schenke mir und allen anderen Liebe.

8: Nimm deine Macht an!

Nicht nur Augustgeborene sind bekanntermaßen die geborenen Löwen, jede 8 trägt diesen Hang für das Überhebliche in sich: Laut und brüllend ziehen sie die Aufmerksamkeit auf sich und zwingen gerne mal dem Gegenüber ihren Willen auf. Stur wie sie sein können, wollen sie oft mit dem Kopf durch die Wand und glauben, alles besser zu wissen. *„Was willst du mir erzählen, was ich nicht sowieso schon weiß!?"* Da braucht es unter Umständen dann etwas länger zu begreifen, dass das „mit dem Kopf durch die Wand" meistens ziemlich viel eigenes Schädelweh verursacht... Letztlich kostet der ewige Widerstand, den die 8 Andersdenkenden gegenüber bevorzugt hegt nur ihr selbst auf Dauer sehr viel an Kraft und Energie.

Früher oder später sollte selbst die größte 8er-Täterin draufkommen, dass der bessere und gesündere Weg die Toleranz und Akzeptanz ist. Der Satz: *„Ich akzeptiere, dass..."* mit der zum jeweiligen Zeitpunkt richtigen Fortsetzung sollte zum Mantra einer jeden 8 werden. Nur durch die Akzeptanz dessen, was ist, erspart sie sich unnötigen Kraftverlust, der unweigerlich jedes Mal durch den eigenen Widerstand gegen Gott und die Welt entsteht. Mit jedem Widerstand verpufft unnötigerweise viel an Energie. Bis dies die 8 jedoch begreift, werden meistens noch öfters die Seiten gewechselt: Von der übermächtigen Position des Täters auf die Seite der (kompletten) Hilflosigkeit und Ohnmacht des Opfers. Eigenverantwortung wird dann oft zum Fremdwort und existiert im anderen Extrem der vollen Bandbreite einer 8 dann nicht mehr. Als Opfer wird sie plötzlich zum hilflosen Kind, das es an der Hand zu führen gilt. Meistens findet die hilflose 8 auch eben diese starke Hand, die sie dann durchs Leben führt. Lässt sie diese jedoch zu lange nicht mehr los, ist die Gefahr groß, dass sie die Opferseite gar nicht mehr verlassen will. Dies aus gutem Grund: Schließlich hat sie im tiefsten Innern ganz große Angst vor sich selber und eben ihrer eigenen Willensstärke und Power!

In den Zellen einer jeden 8 ist noch eingespeichert, dass sie mit eben dieser Kraft und diesem immens großen Willen in Vorleben bereits des Öfteren missbraucht hat, gar in die Zerstörung gegangen ist. Vielleicht sogar Atlantis in die Höhe gesprengt hat!? Wer weiß das schon... genau dieser ehemalige Machtmissbrauch bzw. die energetisch-informatorische Energie, die noch in ihrer Matrix gespeichert ist, hindert sie in diesem Leben nicht selten daran, das eigene

Leben in die Hand zu nehmen. So läuft sie stattdessen zeitlebens lieber vor ihrer eigenen Macht davon…

Dieses Verhalten hindert diese Zahl immer wieder daran, das Leben mit all seinen Möglichkeiten auszukosten und wahrlich in vorderster Front zu leben, mit all seinen Höhen und Tiefen… Sie bevorzugt es dann, lieber vor sich selbst davonzulaufen und stellt sich dumm und ohnmächtig. Keinesfalls möchte sie in diesem Leben wieder ihre Macht wie einst missbrauchen und anderen dadurch Schaden zufügen! Zu groß ist die Angst, übermächtig zu sein. Da macht sich die 8 doch vorzugsweise kleiner, als sie in Wirklichkeit ist…

Das Ziel dieser Zahl sollte es in dieser Inkarnation sein, die eigene Kraft und Power machtvoll für Dritte einzusetzen, andere auf ihrem Weg bestmöglich zu unterstützen und zu helfen. Mächtig für andere und eben nicht nur für sich selbst zu sein! Jede 8 trägt diesbezüglich bereits viel Wissen über Gerechtigkeit, aber auch gesundheitliche Belange in sich. Diese Menschen gehen selten und wenn doch, ungern zum Arzt. Aus gutem Grund, sind sie sich selbst doch der beste Heiler, da sie bereits instinktiv wissen, was ihnen guttut und was eben nicht, wie sie ihre Selbstheilungskräfte ankurbeln können und was ihnen hingegen schadet.

Aus diesem Grund finden sich unter 8ern viele Menschen, die beruflich in Gesundheitsberufen oder im Rechtswesen tätig sind. Als Richter, Anwalt, Arzt oder Krankenschwester können sie andere Menschen auf beste Weise unterstützen, setzen ihre Kraft und Power bereitwillig für das Allgemeinwohl ein. Außerdem werden sie in Folge gezwungenermaßen beruflich auch regelmäßig mit Situationen konfrontiert, die selbst sie nicht ändern können. Also die beste Schule für eine 8 zu lernen, das Gegebene in Demut anzunehmen und sich mit der vorhandenen Situation schnellstmöglich anzufreunden und das Beste aus ihr zu machen. Nur über die Akzeptanz dessen, was ist, lernt die 8 schließlich, wann es sich lohnt für etwas zu kämpfen und wann es besser ist, die eigenen Kräfte zu schonen.

Fazit: Es geht im Leben jeder 8 darum, das ewige Spiel zwischen Macht und Ohnmacht zu durchbrechen. Dies gelingt und kann nur über die gelebte Toleranz von allem, was ist, geschehen. In der Akzeptanz liegt der Schlüssel zum Glück und somit auch in die Unendlichkeit – der liegenden Acht. Sobald du dich jedoch zu wehren beginnst, folgt unweigerlich die Zerstörung. Sei also in diesem Leben bereit, nicht mehr vor dir selbst und deiner Schöpfermacht davonzulaufen, sondern nimm sie demütig an und setze sie konstruktiv für das Gemeinwohl ein. Werde machtvoll für andere, jedoch niemals übermächtig oder ohnmächtig! Wenn du beginnst, dies konstruktiv umzusetzen, hast du die Lernaufgabe der 8 erkannt und erfüllt.

Beispiel:

Sabina, mit dem Lebensthema der 26 (in der Basis eine 8) und zusätzlich noch auf einem 8er Weg leidet sehr unter den Coronamaßnahmen: Maskenzwang, drohende Impfpflicht, Lock-down regen in ihr heftigen Widerstand. Tagtäglich kann sie sich fürchterlich über die Coronasituation aufregen, verschlingt zahl-reiche Berichte der Alternativmedien und fühlt sich von Tag zu Tag schlechter und energieloser. Erst, als sie beginnt die Situation anzunehmen so wie sie ist und ihren inneren Widerstand aufgibt, merkt sie, wie die eigenen Kräfte zurückkommen. So bemüht sie sich, so gut es eben geht, ihr Leben ohne Maske und Coronatests weiterzuleben und merkt, wie es ihr von Tag zu Tag dadurch besser geht.

Empfehlungen:

Jede 8 sollte lernen, die eigene Sturheit aufzudecken und sich bemühen, insgesamt offener durchs Leben zu gehen, dann erspart sie sich auch viel Ärger. Sie sollte akzeptieren, dass eben mehrere Wege nach Rom führen und nicht nur der eigene: Auch andere wissen, was gut ist und wie sie ihr Leben gestalten möchten. Das sollte die 8 lernen zu tolerieren.

Besonders in Situationen, wo sie merkt, dass bei ihr negative Emotionen hochkommen, ist die 8 aufgefordert sofort in die Akzeptanz zu wechseln von allem, was eben gerade ist. Selbst, wenn es der Teufel persönlich ist, den es gilt zu akzeptieren! Nochmals, das Credo jeder 8 sollte sein: *„Ich akzeptiere, dass....!"*

Fragen, die du dir mit dieser Zahl stellen solltest:

- Bin ich offen für Veränderungen in meinem Leben?
- Wogegen hege ich Widerstand?
- Kann ich an dieser Situation, die mir gerade sauer aufstößt überhaupt etwas ändern?
- Wann mache ich mich zu klein bzw. laufe ich vor mir selber davon?
- Akzeptiere ich andere Meinungen zu hundert Prozent?
- Gehe ich – mit Worten oder Taten – über andere einfach hinweg?
- Kann ich einen Schritt zurücktreten und anderen die Vorfahrt lassen?
- Wo könnte ich „mächtig" für andere sein und sie bei ihren Projekten unterstützen?
- Bin ich in Akzeptanz von allem, was ist?

Gesundheitliche Themen und seelische Störungen:

Magen-, Leber- und/oder Gallenbeschwerden, generell Probleme im Verdauungsbereich, Hautprobleme bzw. Hautausschläge, Gelenksbeschwerden, Arthritis bzw. Polyarthritis, Rheuma, Unverträglichkeiten, Allergien, Depression, Sodbrennen, Schluckbeschwerden, Schmerzen aller Art, Rechthaberei, Prostatabeschwerden, Anorgasmie, Selbstbestrafungstendenz

Karmische Muster und Prägungen:

Obrigkeitsgelübde, Schweigegelübde, Keuschheitsgelübde, Sklavenjochprogrammierung, besondere Opferneigung, Kastration, Minderwertigkeit, Unterdrückung, Machtanspruchsprogrammierung

Folgende Übungen können helfen:

Im Blog auf meiner Homepage www.sonjawinkler.at findest du zahlreiche Tipps und Übungen, die dich unterstützen und dir helfen können. Suche dir eine oder zwei Übungen aus Artikeln (vorzugsweise aus der Rubrik „Jede Veränderung beginnt in Ihnen" bzw. „Mehr Energie = mehr Lebensfreude") aus, die dich auf den ersten Blick ansprechen. Praktiziere sie regelmäßig und integriere sie in deinen Alltag.

Löse deinen inneren Widerstand und finde in die Akzeptanz, indem du mittels Ritualen deine Erwartungen loslässt. Ein paar diesbezügliche Tipps findest du insbesondere im Artikel „Wer loslässt hat zwei Hände frei" in meinem Blog in der Rubrik „Jede Veränderung beginnt in Ihnen".

Wende die Strichmännchen-Technik von Jaques Martel an, um dich von Unerwünschtem in deinem Leben zu trennen. Du findest sie in der Rubrik „Mehr Lebensenergie = mehr Lebensfreude". Verbinde dich bewusst mit allem, was ist, indem du regelmäßig meditierst. Lerne weise zu sein – du musst nicht immer recht haben. *„Liebhaben, statt recht haben"* sollte deine Devise sein!

Sei dankbar für alles, was du hast, selbst für die schlimmsten Herausforderungen. Habe für schwierige Zeiten, in denen du wieder mit Gott und der Welt haderst am besten ein Dankbarkeits-ABC parat. Übe dich im Verzeihen und lerne dich selbst mithilfe der Spiegelarbeit nach Louise Hay besser kennen. Diesbezügliche Anleitungen findest du in der Rubrik „Verzeihen & Dankbarkeit – Ihr Schüssel zum Glück".

Gedankenhygiene ist äußerst wichtig für jede 8, will sie es in diesem Leben besser machen. Im Artikel „Stoppen Sie Ihr negatives Gedankenkarussell und beginnen Sie ein neues Leben!" (siehe Rubrik „Jede Veränderung beginnt in Ihnen!") erfährst du, wie du zum Meister über deine Gedanken werden kannst.

Mithilfe der Urkunde, die du im Artikel „Lösen Sie sich von ehemals geleisteten Eiden und Gelübden" in der Rubrik „Mehr Energie = mehr Lebensfreude" findest, befreie dich von noch etwaig vorhandenen karmischen Prägungen.

Mithilfe von Affirmationen fällt es dir leichter, in die Toleranz von allem, was ist zu finden. Was es bei der Arbeit mit Affirmationen zu beachten gilt, lies bitte im Artikel „Mittels Affirmationen zu mehr Ausgeglichenheit" in der Rubrik „Jede Veränderung beginnt in Ihnen" nach.

Affirmationen:
- Ich übe mich in Akzeptanz.
- Es ist, wie es ist!
- Ich bin offen für andere Ansichten und Meinungen.

- Wir alle sind gleichberechtigt.
- Ich nehme meine Fähigkeiten an und setze sie machtvoll um.
- Ich lebe mein Potenzial.
- Ich erkenne das Göttliche in allem, was ist.
- Ich lasse Änderungen zu.
- Ich sage „Ja" zu mir selbst und zum Leben.
- Ich helfe anderen, ihren Weg zu gehen.

9: Druck lass nach!

Insbesondere Septembergeborene und alle Menschen, die eine 9 im Geburtsdatum (als Geist- oder Lebenszahl) aufweisen, führen oft ein – wie ich es persönlich gerne nenne – „Kelomatdasein": Sie stehen meistens unter immensen Druck, oftmals knapp vorm in die Höhe gehen... Egal, ob sie diese Energie eher als Täter oder als Opfer ausleben, der Druck bleibt generell bestehen.

Diese Zahl kann sich als Täter ein Leben ohne Arbeit nicht vorstellen. Da wird geschuftet, Überstunden geleistet, gearbeitet, was das Zeug hält. Man treibt und sport Mitarbeiter an, es einem gleichzutun. Eine 9 als Chef zu haben ist wahrlich keine leichte Aufgabe, sie sind oftmals nämlich regelrechte Choleriker, die keinerlei Verständnis für Arbeitspausen und Ruhezeiten aufweisen. Das Pensum muss schließlich erfüllt werden, am besten wird gleich auch die Arbeit von morgen bereits heute miterledigt. Stillsitzen und Nichtstun ist schließlich reine Zeit- und Geldverschwendung! Man gönnt sich eben keine Auszeiten. Die Arbeit wird regelrecht zur Sucht, birgt andererseits jedoch auch die Möglichkeit, letztlich doch die eigene Weisheit zu finden und zu leben: Jede 9 lernt nur über die Arbeit und das Tun, in die eigene Mitte zu finden. Bis es soweit ist, erreicht jedoch der Blutdruck oft ungeahnte Höhen und die leise innere Stimme der Einsicht wird gar mit Alkohol oder Drogen betäubt und zum Schweigen gebracht...

Wird diese Energie jedoch als Opfer ausgelebt, mutiert die 9 zum Couch-Potato. Sie kann dann Tage, Wochen, Monate – wenn es ganz blöd zugeht sogar das ganze Leben – faul und bequem, sitzend oder liegend auf dem Sofa verbringen. Essen, Zeitung lesen, Fernsehen, in den Computer schauen täuschen über die innere Leere, die gefühlte Langeweile hinweg. Jedoch, auch wenn sich der Alltag „bequem" gestaltet, der innere Druck, der bleibt in den meisten Fällen trotzdem bestehen.

Wird die goldene Mitte nicht bis zur Lebenshälfte gefunden, zerfrisst dieser Druck Menschen mit einer 9 regelrecht von innen. Daher gilt es, diesen rechtzeitig abzubauen. Das macht diese Zahl dann oft auf eklatant cholerische Weise: So schreit und tobt sie, was das Zeug hält, schimpft über Gott und die Welt und kritisiert lautstark alles und jeden. Blöd halt nur, wenn sich genau in solchen Momenten auch noch jemand anderes im Zimmer befindet (gar eine verletzliche 4!), dann ist der nächste Streit, die nächste Auseinandersetzung vorprogrammiert und der Druck darf weiter wachsen...

Besser, dieser Energiehund sucht sich einen Ausgleich, indem er zum Beispiel alleine in den Wald schreien geht. Dieses Verhalten könnte zwar die Waldbewohner etwas irritieren, jedoch kommen diese sicherlich besser mit dem „Tarzan Geheule" zurecht als mancher ihrer zweibeinigen Zeitgenossen... Schreien, Toben, Singen sind wie bereits erläutert bewährte Hausmittel für jeden 9er-Geborenen, diesen immerwährenden Druck loszulassen und abzubauen, ohne dass die eigene Gesundheit darunter leiden muss.

Der Druck fordert die 9 geradezu auf, mal Innenschau zu halten, sich mit sich selber auf einer tieferen Ebene auseinanderzusetzen und endlich damit aufzuhören, vor sich selbst davonzulaufen. Das macht die 9 zeitlebens nämlich ganz gerne. Die Arbeitswut und das Suchtverhalten sind nur eine erfolgreiche Vermeidungsstrategie: Eine Taktik, um die Auseinandersetzung mit sich selbst tunlichst, gänzlich ohne Schuldgefühle und schlechtem Gewissen, zu vermeiden. Dann lieber sich ablenken, entweder mit Arbeit oder eben wie oben erwähnten „lustlosen Freizeitaktivitäten", alles ist besser, als sich mit sich selbst zu beschäftigen oder gar hinzusehen, wo es im Grunde mangelt....

Leider kann eine 9 nicht aus Büchern lernen, wie man das Leben zu leben hat und noch dabei glücklich wird... sie muss es quasi am eigenen Leib erfahren, um letztlich zu begreifen und selber weise zu werden. Die Ruhe, Gelassenheit und Leichtigkeit kann sie sich also nur selber „erarbeiten". Im Härtefall führt der Weg in die Heilung über eine Krankheit oder ein Burnout, um zu verstehen, was im Leben wirklich wichtig ist.

Die 9 ist aufgerufen zu begreifen, dass auch andere etwas beitragen können zum Erfolg, dass sie nicht alles selber machen muss: Auch ihr Glaube, nur sie allein wisse wie es geht, trägt immens dazu bei, dass der Druck in ihr stetig wächst. Insbesondere wenn es mit der Umsetzung ihrer Tätigkeit aus welchem Grund auch immer dann doch irgendwie nicht so recht klappen will...

Menschen mit dieser Zahl sollten also lernen, dass man seine Ziele auch mit Gelassenheit und Geduld erreichen kann, ohne sich dabei selber allzu sehr verausgaben zu müssen. Hektik und Druck bringen sie niemals ins Ziel, sondern treiben sie nur unnötigerweise an. Sie muss im Laufe ihres Lebens lernen, dass nur in der Ruhe & Gelassenheit die wahre Kraft und Stärke liegen.

Fazit: Die große Lernaufgabe einer jeden 9 liegt darin, im Laufe des Lebens Geduld und Verständnis für sich und die anderen zu entwickeln. Das vorrangige Ziel dieser Zahl sollte es sein, den Herausforderungen des Alltags ruhig und gelassen zu begegnen. Das ist jedoch für die 9 oftmals leichter gesagt, als getan! Nicht nur die Arbeit, das Tun macht diese Zahl weise, sondern auch die Sprache. Letztere ist eine Möglichkeit, mit dem zeitlebens vorhandenen Druck besser umgehen zu lernen. Sobald du ein gesundes Ventil für deinen inneren Druck findest, bist du auf dem richtigen Weg und hast deine Lebensaufgabe erfüllt!

Beispiel:

Manfred ist an einem 9. auf die Welt gekommen. Zeitlebens rackert er, was das Zeug hält. Er fährt von einer Messe zur anderen, zeigt sein Verkäufertalent und macht nebenbei noch jede Menge Geld damit. Seine Aufputschmittel sind Alkohol und Kokain. Erst, als er mit seinem Unternehmen Pleite macht, wendet sich das Blatt und er wird bequem und lustlos. Der Alkohol bleibt, der Zucker kommt, der Körper beginnt sich zu rühren und schreit nach Ruhe und Gelassenheit.

Die kann sich Manfred jedoch nicht eingestehen, angetrieben von der Sucht, sich selber beweisen zu müssen und frustriert von der Tatsache, dies nicht mehr bewerkstelligen zu können, dreht sich die Spirale nach unten, bis er endlich begreift, worauf es im Leben ankommt: Er beginnt, sich mit seiner eigenen Vergangenheit auseinanderzusetzen und räumt seine nicht verarbeitete Kindheit auf. So findet er letztlich zu sich selbst und lernt, mit seiner inneren Anspannung besser umzugehen.

Empfehlungen:

Insbesondere die 9 sollte sich frühestmöglich Entspannungstechniken zuwenden. Ob sie diese zeitlebens nur über die Sprache – Singen, Schreien, Toben – findet, oder doch über bestimmte Atemtechniken oder Entspannungsübungen sei dahingestellt. Wichtig, dass die 9 bereits in frühen Jahren lernt, einen passenden Ausgleich zu finden und das Leben gelassener, ruhiger und geduldiger angeht. Vor allem sollte sie lernen, geduldiger mit sich selbst und den eigenen Erwartungen umzugehen! *Wann muss ich agieren, und wann darf bzw. sollte ich sogar abwarten!?* Die 9 sollte lernen, rechtzeitig ein richtiges Gespür dafür zu bekommen. Findet sie kein gesundes Ventil für ihren inneren Druck, ist die Gefahr allzu groß, stattdessen in einer Form der Sucht einen ungesunden Ausgleich zu suchen.

Fragen, die du dir mit dieser Zahl stellen solltest:

- Was bringt mich aus der Ruhe?
- Was macht mir Druck?
- Wo will ich in meinem Leben nicht hinschauen?
- Was hilft mir, mich zu entspannen?
- Welche Erwartungen habe ich an mich und die anderen? Sind diese auch wirklich gerechtfertigt?
- Bin ich arbeitssüchtig?
- Bin ich der Überzeugung, nur ich allein könne alles richtig machen und bewerkstelligen?
- Wie denke ich generell über mein Umfeld?
- Ist mein Arbeitseinsatz in ausgewogener Balance zu meiner Freizeit?
- Wann bzw. wo bin ich zu lasch?
- Was könnte mich motivieren?

Gesundheitliche Themen und seelische Störungen:

Bluthochdruck, rasender Puls, Schwindel, Herzklopfen, Schweißausbrüche bzw. übermäßiges Schwitzen, Herzinfarkt, Druckgefühl im Brustraum, Lethargie, Suchtthemen (Alkohol, Drogen, Fernseh-, Computersucht etc.), innerer Druck; Gefühl, nicht zur Ruhe zu kommen, alles sofort anpacken müssen, Rastlosigkeit, Burnout, Magengeschwür, Sodbrennen, Diabetes, Depression, Melancholie, Nervosität, Gereiztheit, Angespanntheit, Schmerzen

Karmische Muster und Prägungen:

Ordensgelübde, Bußgelübde, Obrigkeitsgelübde, Sklavenjochprogrammierung, Pranger, missglückte Flucht

Folgende Übungen können helfen:

Atemtechniken und Entspannungsübungen wie Qi Gong, Yoga, Singen, Tai Chi etc. helfen der 9, die innere Ruhe zu entdecken und zu erhalten.

Im Blog meiner Homepage www.sonjawinkler.at findest du zahl-reiche Tipps und Übungen, die dich unterstützen können, die Ruhe zu finden. Suche dir eine oder zwei Übungen aus meinen Artikeln (vorzugsweise aus der Rubrik „Jede Veränderung beginnt in Ihnen" bzw. „Mehr Energie = mehr Lebensfreude") aus, die dich auf Anhieb ansprechen. Praktiziere sie regelmäßig und integriere sie in deinen Alltag, um leichter Entspannung zu finden.

So kannst du zum Beispiel den Druck mithilfe der Strichmännchen-Technik von Jaques Martel (Rubrik „Mehr Lebensenergie = mehr Lebensfreude") loslassen bzw. dir den inneren Druck auch wegklopfen. Eine diesbezügliche Anleitung findest du in meinem Blogartikel „Klopfen Sie Ihren Stress doch einfach weg", den du in der Rubrik „Jede Veränderung beginnt in Ihnen" findest.

Führe einen Dialog mit deinem inneren Kind und schicke dir selbst regelmäßig bedingungslose Liebe. Stärke dich in Selbstliebe und übe dich im Verzeihen. Suche dir eine passende Meditation aus, um bewusst in die Ruhe zu gehen. Diesbezügliche Tipps findest du insbesondere in den Rubriken „Verzeihen und Dankbarkeit – Ihr Schlüssel zum Glück" und „Üben Sie sich in Selbstliebe". Die gar noch unbewusst in dir wirkenden Eide und Gelübde löse bitte mit der Urkunde von Gerhard Klügl auf, die du in meinem Blogartikel „Lösen Sie sich von ehemals geleisteten Eiden & Gelübden" in der Rubrik „Mehr Energie = mehr Lebensfreude" findest.

Was es bei der Arbeit mit Affirmationen zu beachten gilt, lies bitte im Artikel „Mittels Affirmationen zu mehr Ausgeglichenheit" in der Rubrik „Jede Veränderung beginnt in Ihnen" nach.

Affirmationen:

- Ich bin Ruhe und Zuversicht.
- Ich entscheide mich hier und jetzt, mein Leben gelassener anzugehen.
- Ich entscheide mich hier und jetzt, Ruhe in meinen Alltag einkehren zu lassen.
- In der Ruhe liegt die Kraft.

- Stille ist in mir.
- Ich lasse los, was mir nicht guttut.
- Gelassen gehe ich meinen Weg.
- Geduld mit mir und anderen zeichnet mich aus.
- Mit jedem Atemzug bin ich entspannter.
- Alles kommt zur rechten Zeit.
- Ich bin voll Vertrauen.

10: Schätze dich selbst!

Die 10 ist inkarniert, um einen Zyklus zu vollenden – aus jeder 10 wird letzten Endes ja wieder eine 1. Menschen mit dieser Zahl sind besonders sensibel und angreifbar, fühlen sich bei jeder kleinsten Bemerkung sofort persönlich angegriffen und sind entsprechend schnell verletzt und eingeschnappt. Kein Wunder, sitzt ihr Selbstwertgefühl in der Regel doch im Keller. Logisch, dass sich dann vieles in ihrem Leben darum dreht, den eigenen Wert endlich zu erkennen bzw. anzuerkennen! Gerade das fällt einer 10 jedoch nicht gerade leicht. Insbesondere, da sich das Selbstwertthema immer irgendwie über die Beziehung zu Geld zeigt.

Der Zusammenhang ist offensichtlich, geben wir dem Geld auf materieller Ebene doch den Wert, den wir uns selbst nur in Form von Selbstwert zugestehen können. Diesen als 10er zu finden führt oft zur verzweifelten Suche im Außen: Die 10 macht alles, um die Anerkennung und das Lob von dritter Seite zu bekommen. Bleibt sie auf diesem Weg, wird dieser letzten Endes doch zu einem sehr steinigen, denn die Liebe und Anerkennung kann sie sich letztlich immer nur selbst geben. Findet sie sie nicht in ihrem Inneren, wird die Suche im Außen zu einer nie enden wollenden Odyssee. Mithilfe des Geldes schließlich lernt die 10 – manchmal halt über Umwege – dies zu begreifen.

So können sich diese Menschen vorwiegend nach außen besonders „darstellen" und zeigen, was sie bereits alles an Geld und Reichtum haben. Das Außen wird aufpoliert – das Sprichwort „in Gold aufwiegen" passt perfekt zum 10er Thema. Frauen zeigen gerne über Schmuck und Diamanten, wer sie im Innern eigentlich gerne sein möchten. Solange jedoch der eigene Selbstwert im Keller hockt, wird daraus leider nichts Dauerhaftes werden. Die 10 ist also hier, um früher oder später zum eigenen Wert und gesunden Ego zu finden. Auf diesem Ziel ist sie jedoch oft sehr verletzlich und angreifbar. *„Wieso erkennt nur niemand, wie wertvoll ich bin!?"* ist die Frage, die sich eine 10 zwar meistens nicht bewusst stellt, um die sich jedoch das ganze Leben in Wahrheit zu drehen scheint...

Sie identifiziert sich gerne über Materie und Geld. Diese Menschen horten das Geld oftmals lieber in der eigenen Brieftasche. Wird es dann ausgegeben, erfolgt dies auch nur unter Kontrolle, wer oder was dann das Geld eigentlich wert ist und es letztlich auch erhält. Wird diese Energie eher auf der Opferseite umgesetzt und gelebt, dann schenken 10er gerne im Übermaß, geben alles her, sodass letzten Endes nichts mehr für sie selber übrigbleibt... Die 10 tut dann zu viel des Guten, immer in der stillen Hoffnung, dadurch doch zumindest früher oder später die Anerkennung im Außen zu erhalten. Selber ist sie es ja gar nicht wert, so viel zu besitzen und ihr eigen zu nennen...

Jede 10 muss letzten Endes erkennen, dass sie im tiefsten Innern ein gewaltiges Selbstwertthema hat. Sie sollte endlich damit beginnen, die Suche nach dem eigenen Wert im Außen aufzugeben. Hört sie damit auf, sich einzig und allein über die Materie zu identifizieren und erkennt sie sich in ihrer Ganzheit – als Mensch mit Fehlern und Schwächen, Ecken und Kanten – an, hat sie schon gewonnen. Beginnt sie sich trotz all der eigenen Schattenseiten zu lieben und zu akzeptieren, beendet sie den Zyklus und wird augenblicklich zur gesunden 1: Die 10 wird damit von einem Moment zum anderen zu einer Art Schutzzahl!

10er-Wege sind dementsprechend für diejenigen oft hart und steinig, die sie gehen. Dabei wäre alles so einfach, würden diese Menschen von Anfang an die Liebe zu sich selbst entdecken und sie nicht immer am falschen Platz – nur im Außen suchen...

Hört die Suche im Außen jedoch nicht auf, wird das Universum nicht müde, immer mehr Lektionen und Situationen zu erschaffen, die die 10 noch mehr verzweifeln lassen. Das Universum macht dies jedoch nicht, um sie zu gängeln, sondern um diesem Energiehund ein für alle Mal die Augen zu öffnen! Sobald er nämlich die Lektion gelernt hat, wird aus dem steinigen ein überaus liebevoller und respektvoller Weg, auf dem die 10 natürlich auch zu irdischem Reichtum kommen kann.

Den 10er Weg erfolgreich zu meistern heißt nicht, mit nichts dazustehen, um den Selbstwert trotz der widrigen Umstände zu entdecken. Das eine schließt das andere Gott sei Dank niemals aus!

10er Seelen sind hypersensibel, dementsprechend sehr verletzlich und schnell angerührt. Schließlich sehen sie in allem immer einen persönlichen Angriff bzw. fühlen sich persönlich attackiert und missverstehen Situationen und Worte völlig falsch. Sie interpretieren das Verhalten anderer häufig auf irrtümliche Weise, da sie hinter allem und jeden eben in Wahrheit immer einen persönlichen Angriff wittern. Im Grunde reagieren sie nur verletzt, weil sie jede Kritik persönlich nehmen oder sich sofort bedroht fühlen, wo es im Grunde jedoch gar keine Attacke gibt. Sie müssen lernen, zu sich und ihren Werten zu stehen, sich selbst zu akzeptieren und zu lieben! Erst dann sind sie in der Lage, neutral auf vielleicht schon von Beginn an gutgemeinte Kritik zu reagieren.

Fazit: Die große Aufgabe der 10 ist es zu erkennen, dass sie, selbst wenn sie nackt ist, bereits mehr als wertvoll ist. Es kommt nicht auf die materiellen Werte in ihrem Leben an, diese sind immer nur Mittel zum Zweck. Diese Zahl sollte also nicht in die Falle tappen und sich einzig und allein über diese identifizieren. Die Lebensaufgabe ist erfüllt, sobald sie lernt das Geld im Fluss zu halten, sprich einerseits es nicht zu horten, andererseits es jedoch auch nicht maßlos bzw. zwanghaft auszugeben, um andere damit zu unterstützen. Geld sollte in ihrem Leben in Bezug auf ihren Selbstwert völlig nachrangig werden!

Beispiel:

Markus, auf einem 10er Weg, fühlt sich bei gefühlter Kritik von außen sofort zu Boden getrampelt und verletzt. Er hat immense Selbstwertprobleme, die er zwar durch eine 16 als Körperzahl oftmals nach außen gekonnt kaschiert, die jedoch durch die 16 letztlich noch verstärkt werden: Er macht mit seinem Unternehmen Pleite und geht in Konkurs. Er darf auf dem harten Weg lernen, dass er – obwohl sein Kontostand im Minus ist – ein überaus wertvoller Mensch ist, der das Herz am rechten Fleck hat!

Empfehlungen:

Die 10 sollte lernen, dass Geld eine Form von Energie ist, die – wenn im Fluss – sowieso immer wieder zurückkommt. Nicht das Horten von Geld macht die 10 wichtiger und unangreifbarer, sondern einzig und allein die Erkenntnis, dass Geld nur eine Form des eigenen Selbstausdrucks ist. Ist die 10 in Wahrheit klein und wertlos, zeigt sich das natürlich auch im Außen, da das Geldbörserl längerfristig nicht prall gefüllt bleibt. In solch einem Fall zerrinnt ihr das Geld zwischen den Fingern.

Ohne Schmuck und Firlefanz im Außen fühlt sich die 10 nicht gesehen und wertgeschätzt. Es gilt also, den Selbstwert mit allen Mitteln zu stärken, durch „Powerpositionen" (Schultern zurück, Brust raus, Bauch hinein), Aufräumen mit hinderlichen negativen Emotionen und einer gesunden Portion an Selbstliebe.

Wenn die 10 endlich aufhört, sich über die Werte im Außen zu identifizieren und damit beginnt, sich ihrer wahren Werte im Innern zu besinnen – auf die es im Leben ja eigentlich einzig und allein ankommt – ist sie ein gutes Stück weiter auf ihrem Lebens- und Seelenweg gekommen! Dann endet der Zyklus und sie wird zur gesunden 1. Lies dir bitte auch entsprechend die Ausführungen zur Zahl 1 genauer durch.

Fragen, die du dir mit dieser Zahl stellen solltest:
• Wann bin ich gar herz- bzw. lieblos?
• Wo gebe ich mir den Wert nicht, der mir zusteht?
• Identifiziere ich mich über meinen Kontostand?
• Wann bzw. warum fühle ich mich unsicher?
• Welche Ängste halten mich noch klein und wertlos, unscheinbar?
• Wann reagiere ich mimosenhaft?
• Wie gehe ich mit Kritik um?
• Wann bzw. warum fühle ich mich oft persönlich angegriffen?
• Wie gehe ich mit positiver Kritik um?

Gesundheitliche Themen und seelische Störungen:
Minderwertigkeitsgefühle, Selbstwertthemen, Unsicherheit, Herzbeschwerden, Depression, Kaufzwang, Geiz, Helfersyndrom, Aufopferungsgehabe, Suchtthemen, Weinerlichkeit, Selbstmitleid

Karmische Muster und Prägungen:
Armutsgelübde, Bußgelübde, Ordensgelübde, Sklavenjoch, Pranger, Streckbank, Gefangenentrauma, Fesselungen

Folgende Übungen können helfen:

Im Blog meiner Homepage www.sonjawinkler.at findest du zahlreiche Tipps und Übungen, die dir helfen können. Suche dir eine oder zwei Übungen vorzugsweise aus der Rubrik „Üben Sie sich in Selbstliebe" aus, die dich sofort ansprechen. Praktiziere sie regelmäßig und integriere sie in deinen Alltag.

Beantworte insbesondere die Fragen im Artikel „Wie steht es um Ihren Selbstwert?" und folge den dortigen Anleitungen, um deinen Selbstwert etwas anzuheben. Stärke dich in Selbstliebe und übe dich täglich im Verzeihen – verzeihe dir selbst!! Praktiziere regelmäßig Ho'oponopono und schreib ein Dankbarkeits-ABC (du findest diesbezügliche Anleitungen in der Rubrik „Verzeihen & Dankbarkeit – Ihr Schlüssel zum Glück").

Finde deine Balance, indem du deine Finger regelmäßig hältst. Den entsprechenden Artikel über „Jin Shin Jyutsu" findest du in der Rubrik „Mehr Energie = mehr Lebensfreude". Deinen Selbstwert kannst du unter anderem auch ankurbeln, indem du öfters bewusst eine Powerposition einnimmst...

Jede 10 sollte früher oder später beginnen, Spiegelarbeit nach Louise Hay (sieh in der Rubrik „Jede Veränderung beginnt in Ihnen") zu betreiben bzw. Wege zu finden, mit gefühlter Kritik im Außen gut umzugehen. Ein Weg wäre es sich den mit diesem Thema empfundenen Stress wegzuklopfen. Im Artikel „Klopfen Sie Ihren Stress doch einfach weg", den du in der Rubrik „Jede Veränderung beginnt in Ihnen" nachlesen kannst, findest du eine diesbezügliche Kurzanleitung.

Mithilfe der Strichmännchen-Technik gemäß Jaques Martel können Menschen mit dieser Zahl vom alten falschen Glaubenssatz, nichts wert zu sein, leichter ablassen. Wie diese Methode funktioniert kannst du im gleichnamigen Artikel in der Rubrik „Mehr Energie = mehr Lebensfreude" nachlesen.

Jeder 10 hilft es, den eigenen Selbstwert Schritt für Schritt zu entwickeln. Menschen mit dieser Zahl sollten lernen, sich selber für kleine Dinge des Alltags zu loben. Loslass-Übungen helfen der 10 außerdem, die Angst vor dem „Nichtsein" abzulegen. Wie du leichter loslassen kannst, lies insbesondere im Artikel „Wer loslässt, hat zwei Hände frei" in der Rubrik „Jede Veränderung beginnt in Ihnen" nach.

Du findest zahlreiche Anleitungen für alle vorhin genannten Techniken in meinem Blog, insbesondere in den bereits vorhin erwähnten Rubriken. Vergiss nicht, auch die Urkunde zum Auflösen noch etwaig vorherrschender Eide & Gelübde zu unterschreiben, die du in der Rubrik „Mehr Energie = mehr Lebensfreude" findest.

Was es bei der Arbeit mit Affirmationen zu beachten gilt, lies bitte im Artikel „Mittels Affirmationen zu mehr Ausgeglichenheit" in der Rubrik „Jede Veränderung beginnt in Ihnen" nach.

Affirmationen:

- Ich liebe mich selbst und werde geliebt.
- Ich bin ein Goldstück.
- Ich bin wertvoll.
- Ich erkenne den Wert in allem, was ist.
- Ich bin es wert, geliebt zu werden, so wie ich bin.
- Geld ist eine Form von Energie – die Energie muss fließen.
- Ich gestatte Veränderungen und Bewegung.
- Ich lebe selbstbewusst meine Schöpferkraft.
- Ich glaube an mich, das Leben und die Liebe.
- Ich werde allein dafür geliebt, dass ich bin.
- Ich weiß, dass Geld eine Energie ist, die ich zum Wertausgleich nutzen kann und die mir dienlich ist.
- Wenn ich Geld brauche, ist es immer vorhanden.
- Ich habe einen starken Selbstwert und lebe frei vom Einfluss anderer.

11: Öffne dich für die Spiritualität!

Triebbefriedigung – entweder aktiv ausgelebt oder zeitlebens negiert und abgelehnt – ist ein großes Thema einer jeden 11. Als Täter liebt diese Zahl ihren Körper, er ist ihr ganzer Stolz. Dieser wird gerne zur Schau gestellt und hergezeigt – figurbetonte Kleidung und Miniröcke gehören dann einfach zum normalen Outfit. Als 11 zeigt man her, was man hat und das ist in der Regel viel Haut und Muskeln. *„Wofür habe ich diesen schönen Körper denn sonst, außer um auf andere einen Eindruck zu machen und sie in meinen Bann zu ziehen!?"*

Eine 11 verfügt als Täter in der Regel über ein großes Ego und eine immens große Willenskraft. Sie selber liegt niemals falsch, das eine oder andere Mal setzt sie ihren Willen allzu oft auch gerne etwas manipulativ ein. Sie ist eine Meisterin im Verdrehen, sodass sie letztens Endes doch immer glänzt – falsch liegen generell nur die anderen. Fehler machen auch immer nur die anderen. Sie selber hat keine und ist niemals schuld. Die 11 erkennt sich selten bis gar nicht im eigenen Spiegelbild, hinschauen möchte sie im Grunde auch gar nicht so wirklich, zu sehr ist sie von ihrem eigenen Glanz geblendet...

Die 11 verfügt – auf der Täterseite – über eine große sexuelle Ausstrahlung, derer sie sich in der Regel auch mehr als bewusst ist. Kein Wunder, dass Menschen mit dieser Zahl im Geburtsdatum im Grunde immer darauf bedacht sind, ihre (Selbsterhaltungs-)Triebe auch tunlichst zu befriedigen. Und die 11 kann äußerst mächtig sein im Tun! Da werden alle Sexualpraktiken probiert und ausgekostet, bis zur Ekstase & Hemmungslosigkeit gelebt, Fremdgehen inklusive. Alleine fühlt sie sich, wenn ihr dies auch selten bewusst ist, eher einsam. Menschen mit dieser Zahl brauchen die Vereinigung mit einem anderen Menschen, weil sie sich alleine uneins fühlen, so als wenn noch nicht zuhause angekommen... Sie leben noch zu sehr in der Spaltung und Trennung, um die Verbundenheit mit allem, was ist, in sich selber finden zu können.

Wird die 11 hingegen eher auf der Opferseite gelebt, weiß und kann sie rein gar nichts mit ihrem Körper anfangen. Da wird dieser sogar gerne verhüllt – am besten in langen und wallenden Gewändern. Diese 11 geniert sich dann regelrecht für jedes Deka zu viel auf den eigenen Rippen. Am liebsten versteckt sie sich, nicht nur vor den eigenen Blicken, sondern auch vor allem den der anderen. Schamhaft wird dann oft sogar eine Art sexuelle Askese gelebt. *Sex, das habe ich hinter mir!"* oder *„Damit will ich nichts mehr zu tun haben!"* sind dann die Überzeugungen einer 11, die sich auf der extremen Opferseite wiederfindet. Sexuelle Freuden werden prüde, wie sie dann auch sein kann, mit voller Inbrunst abgelehnt, oftmals regelrecht verteufelt.

Lebt sie diese Energie jedoch so oder so ähnlich in einer aufrechten Partnerschaft, darf sie sich nicht wundern, wenn der eigene Partner an ihrer Stelle die Triebe ungehindert auslebt: Fremdgehen und sexuelle Freiheit stehen infolge beim Partner und nicht bei ihr selbst an der Tagesordnung. Die 11 sollte jedoch sich und ihre eigentlichen Bedürfnisse durch den Spiegel ihres Partners erkennen lernen – das ursächliche Thema liegt in Wahrheit immer bei ihr selbst.

Im Grunde will dieser Energiehund über die praktizierte oder doch zeitlebens eher (unbewusst) unterdrückte Triebbefriedigung die Erfahrung machen, die in einem menschlichen Körper gefühlte Trennung von der Urquelle allen Seins endgültig zu überwinden: Quasi von der untersten Etage zur obersten, sprich über das Wurzel- bzw. Sakralchakra zum Kronenchakra – zur Spiritualität und zurück in die Einheit und bedingungslose Liebe zu finden. Jede 11 sollte früher oder später sich dies bewusst machen und sich demgemäß ihrer eigenen Medialität und Intuition, der Spiritualität öffnen. In letzterer findet sie die Antworten auf all ihre Fragen und Begehren. Nur mithilfe der Spiritualität kann sie ihre eigenen Ängste enttarnen und ablegen. Verstehen, warum sie oftmals so manipulierend agiert und wovor sie im Grunde wegläuft. Sie sollte sich auf dieses unbekannte Terrain einlassen, sich diesbezüglich breites Wissen aneignen, um letztlich vom untersten Chakra auch das höchste erklimmen zu können: Vom körperlichen Orgasmus früher oder später auch zum spirituellen bzw. kosmischen zu finden!

Die 11 sehnt sich nach einem Gefühl der Vereinigung und Verbundenheit. Jeder Geschlechtsakt ist demnach nur ein Schrei nach genau dieser Einheit, an die sie sich unbewusst zwar noch erinnert, die sie sich selber zu geben jedoch nicht imstande ist bzw. zu sein glaubt. Solange sie sich abgetrennt und abgespalten fühlt und eigentlich gar nicht so recht weiß warum – weil ihr das entsprechende spirituelle Wissen hierfür fehlt – wird ihr Leben unter Umständen besonders auf der Partnerschaftsebene etwas kompliziert und anstrengend bleiben.

Aus spiritueller Sicht ist ein Orgasmus immer eine Entladung einer körperlichen Einheit und Verschmelzung. Die 11 möchte im Grunde ihres Herzens körperliches Begehren und Begierde mit dem Einheitsgefühl verbinden, um so quasi auf kosmischer Ebene wieder zu verschmelzen. So gesehen möchte jede 11 das Einheitsgefühl der höchsten Ebene bereits auf der tiefsten Ebene erfahren und bereits im menschlichen Körper, in der „Materie" ausleben. Deswegen gilt sie in der numerischen Kabbala auch als die erste Meisterzahl: Ihre Aufgabe liegt darin, über den menschlichen Körper das Tor zum Kosmos, zum Universum und zu Gott wieder zu finden und auch zu öffnen!

Eine körperliche Verschmelzung ist im Grunde der physische Ausdruck des „Einsseins", von dem wir hier auf Erden oftmals nicht einmal zu träumen wagen. Solange wir in der Polarität und Dualität leben ist es als Mensch schwierig, das Gefühl *„Wir sind alle eins und miteinander verbunden."* nachvollziehen zu können. Jede 11 möchte sich jedoch bereits hier auf Erden diesem göttlichen Prinzip annähern und macht diese Erfahrung mithilfe der eigenen Triebbefriedigung. Nur mit dieser gelangt sie früher oder später zu dem Schluss, dass der Körper allein nicht das höchste aller Gefühle ist, sondern es weit mehr zu erfahren und zu befriedigen gibt. Nicht umsonst gilt die 11 in der numerischen Kabbala als die erste Meisterzahl!

Dabei ist das ungehinderte Ausleben, als auch das prüde Negieren der eigenen Triebe niemals förderlich. Die Lösung liegt einzig und allein im Erkennen, dass der eigentliche Geschlechtsakt – in Liebe, Hingabe und Vertrauen vollzogen, in einem sich schenken und beschenkt werden – hier auf Erden der irdische Ausdruck der göttlichen Einheit ist. Erkennt diese Zahl, dass es weit mehr als nur einen Körper und Materie zu befriedigen gibt und beginnt sie, die Welt mit spirituellen Augen zu betrachten und integriert diese Erkenntnisse in ihren Alltag, ist sie bereits ein großes Stück auf ihrem Seelenweg weitergekommen.

Fazit: Die persönliche Lernaufgabe liegt für jede 11 vorrangig darin, ihr triebgesteuertes Ego rechtzeitig an die Leine zu nehmen. Indem sie lernt Intuition, Bewusstsein und Spiritualität in ihr Leben zu integrieren, lässt sie sich nicht mehr einzig und allein von körperlichen und sexuellen Bedürfnissen steuern. Sie darf und sollte natürlich körperlichen Genuss nach wie vor erleben, jedoch sollte dieser nicht ihr Leben bestimmen bzw. sollte sie diesbezüglich vorhandene Ängste auflösen.

Beispiel Nr. 1:

Anton mit der Seelenzahl 11 ist sehr stolz auf seinen Körper. Er sportelt regelmäßig, um sich körperlich fit zu halten und kein Gramm zu viel auf den Rippen zu tragen. Seit etlichen Jahren lebt er – unverheiratet – in einer Partnerschaft. Dies hindert ihn jedoch nicht, regelmäßig fremdzugehen und seine Freundin zu betrügen. Im Grunde ist er weiterhin Liebschaften ganz und gar nicht abgeneigt. Spiritualität ist für ihn gleichzusetzen mit Esoterik und die lehnt er vehement ab. Was in seinem Leben zählt ist in der Tat etwas handfester: ein guter Umsatz, gutes Essen und guter Sex!

Beispiel Nr. 2:

Kornelia mit der Seelenzahl 11 wächst in einer streng katholischen Familie auf. Dieser familiäre Hintergrund hindert sie nicht bereits in sehr jungen Jahren erste sexuelle Erfahrungen zu sammeln. Der Druck der Familie ist jedoch immens: Sie heiratet früh, um nicht alleinerziehende Mama zu werden. Ihr Mann betrügt sie, sie lässt sich daraufhin gegen den Willen ihrer Eltern scheiden. Seit ihrer Scheidung – die mittlerweile mehr als 20 Jahre zurückliegt – ist sie Männern gegenüber komplett abgeneigt und kleidet sich bevorzugt in langen, wallenden Gewändern.

Empfehlungen:

Jede 11 sollte sich früher oder später offenen Herzens spirituellen Themen zuwenden. Nur im Anerkennen dieses unsichtbaren Bereichs und dem Ablegen der Ängste vor dem Nicht-Greifbaren liegt der Schlüssel zum Glück jeder 11. Reine Triebbefriedigung allein macht sie auf lange Sicht gesehen nicht sonderlich glücklich. Diese Zahl sollte lernen, den körperlichen bzw. sexuellen Genuss mit reinem Bewusstsein und tiefer Liebe zu vereinen. Lässt sie sich weiterhin einzig und allein von den Trieben und dem Ego steuern, steht der Kurs nur kurzfristig gut, längerfristig herrscht jedoch Flaute…

Erst über das Aneignen spiritueller Weisheit – ob durch den Besuch von diesbezüglichen Seminaren oder dem Lesen einschlägiger Literatur sei dahingestellt – findet sie den Zugang zu höheren Sphären und Dimensionen (letztlich vielleicht sogar in die eigene Medialität) und somit auch ins persönliche Glück.

Lies dir zum besseren Verständnis auch die Ausführungen zu den Zahlen 2 und 1 genauer durch (1+1=2).

Fragen, die du dir mit dieser Zahl stellen solltest:
- Wo hat mein Ego noch die Oberhand?
- Wo bzw. wann bin ich triebgesteuert?
- Wovor fürchte ich mich?
- Folge ich immer meinem Herzen?
- Brauche ich die Befriedigung meiner Triebe, um mich selbst erst spüren zu können?
- Was bedeutet Sex für mich?
- Wie stehe ich zu meinem Körper?
- Schenke ich äußeren Werten – insbesondere meinem Körper – zu viel Beachtung?
- Wie könnte ich mich für die Spiritualität öffnen?
- Wie stehe ich zum Konzept Körper, Geist und Seele?
- Was passiert nach dem Tod?
- Habe ich Angst vor dem Tod?

Gesundheitliche Themen und seelische Störungen:
Übergewicht, Untergewicht bzw. Bulimie oder Anorexie, Frigidität, Abneigung gegen Sexualität, Beschwerden im Urogenitalbereich, Ängste, Depression, Sucht, Workaholic, Anorgasmie, Desinteresse anderen gegenüber, sexuelle Abstinenz, Sexsucht, gesteigertes Sexualverhalten, Nymphomanie, krankhaftes Fremdgehen, Angst vor dem Tod, Verlustängste, Selbstverliebtheit

Karmische Muster und Prägungen:
Keuschheitsgelübde, Ordensgelübde, Obrigkeitsgelübde, Armutsgelübde, Machthunger, sexuelle Triebhaftigkeit

Folgende Übungen können helfen:
Im Blog meiner Homepage www.sonjawinkler.at findest du zahlreiche Tipps und Übungen, die dir helfen können. Suche dir eine oder zwei Übungen vor-

zugsweise aus der Rubrik „Üben Sie sich in Selbstliebe" aus, die dich gleich auf den ersten Blick ansprechen. Insbesondere die dort angeführten Herzübungen helfen dir, dich fortan verstärkt auf das Wesentliche – dein Herz – zu konzentrieren. Praktiziere sie regelmäßig und integriere sie in deinen Alltag. Stärke ganz bewusst deine Selbstliebe Tag für Tag.

Unterschreibe die Urkunde zum Auflösen von Eiden und Gelübden, die du in der Rubrik „Mehr Energie = mehr Lebensfreude" findest, um etwaige noch vorhandene karmische Themen zu bereinigen.

Schenke deinem Stirnchakra ab sofort mehr Aufmerksamkeit, indem du zum Beispiel damit beginnst regelmäßig zu meditieren. Mache regelmäßig die Metta-Meditation oder schenke dir ein „inneres Lächeln". Du findest beide Anleitungen in meinem Blog auf meiner Webseite in der Rubrik „Üben Sie sich in Selbstliebe".

Die Übung „Body Scan" (lies die Anleitung in der Rubrik „Mehr Energie = mehr Lebensfreude") verhilft dir zu einem besseren Körpergefühl und zu mehr Lebensfreude in deinem Alltag.

Klopfe dir vorhandene negative Emotionen weg (siehe in der Rubrik „Jede Veränderung beginnt in Ihnen") bzw. löse sie mithilfe der Strichmännchen-Technik (siehe Rubrik „Mehr Energie = mehr Lebensfreude") auf.

Was es bei der Arbeit mit Affirmationen zu beachten gilt, lies bitte im Artikel „Mittels Affirmationen zu mehr Ausgeglichenheit" in der Rubrik „Jede Veränderung beginnt in Ihnen" nach.

Affirmationen:
- Ich liebe meinen Körper und segne ihn mit Liebe.
- Ich lebe eine ausgeglichene und erfüllte Sexualität.
- Ich nehme meine Sexualität in Liebe und Freude an.
- Ich freue mich über meine Sexualität.
- Ich höre auf mein Herz.
- Ich öffne mich für die Wunder des Lebens.
- Ich erkenne meine eigenen spirituellen Fähigkeiten.

- Ich vertraue meiner inneren Stimme.
- Ich lebe bewusst im Hier und Jetzt.
- Ich nehme die Sexualität glücklich und erfüllend wahr.
- Ich bin voll Vertrauen und Liebe.
- Ich nehme alle meine Unsicherheiten wahr und begegne ihnen mit Liebe.
- Ich weiß, dass ich eine unendliche Seele bin, die über den Körper hinausgeht.
- Mein Körper ist der Ausdruck meiner Seele.
- Ich bin eine Einheit aus Körper, Geist und Seele.

12: Bringe Geben und Nehmen in Ausgleich!

Die 12 möchte genau das lernen: einen gesunden Ausgleich zwischen Geben und Nehmen im Leben finden. Wer zu viel gibt und zu wenig erhält, wird auf Dauer sauer und unglücklich. Wer zu viel nimmt und rücksichtslos durchs Leben geht, wird letzten Endes auch nicht glücklich sterben, sondern erkalten. Genau dies sind die großen Themen jeder 12. Sie muss in diesem Bereich erst die richtige Balance finden. Sie soll sich in diesem Leben einerseits nicht mehr aufopfern und zu viel für andere tun, andererseits jedoch auch nicht zu einem rücksichtslosen Zeitgenossen mutieren. Mehr zu geben, als ihr guttut, geht nicht lange gut. Dann hat sie früher oder später das Gefühl, dass ihr das Leben etwas schuldet und die Waage schlägt bei ihr dann allzu leicht ins andere Extrem um: Sie wird rücksichtslos.

Auf der Opferseite hat die 12 immense Schwierigkeiten damit, sich abzugrenzen und die eigenen Bedürfnisse eben nicht hintanzustellen. Selbst dann ist sie noch rücksichtslos, wenn auch „nur" gegenüber sich selbst. Im Opferextrem gefangen vergisst sie allzu gern sich selbst. Lieber unterstützt sie andere und ist sofort zur Stelle, wann und wo auch immer gerade der Hut brennt.

Sie hilft gerne immer wieder aus, weil sie es in ihrem tiefsten Innern einfach nicht ertragen kann, wenn andere auf ihrem Weg ausgenützt werden und sie dabei zusehen muss. Jedoch vergisst und übersieht sie, dass es ihr im Leben oftmals ähnlich ergeht, ihr selber ja im Grunde das Gleiche passiert.

Manches Mal drängt sie ihre Hilfe anderen regelrecht auf. Dann hilft sie im Übermaß, sodass derjenige, dem ihre Unterstützung zuteil wird, oft gar nicht weiß, wie er sich revanchieren kann. Die 12 ist halt immer gerne zur Stelle, wenn sie gebraucht wird und greift unter die Arme. Falls die nötigen Mittel hierfür vorhanden sind, auch finanziell. Finanzielle Kompensation allein reicht jedoch nicht aus, den 12er Weg erfolgreich zu beschreiten. Jede 12 sollte letztlich lernen, in erster Linie aufrichtig, mit und aus dem Herzen zu geben.

Eine 12 ist regelrecht dazu prädestiniert, einen anderen Menschen zu pflegen, um konstruktiv an ihrem eigenen Thema zu arbeiten. Einen kranken Angehörigen zu pflegen bringt bei ihr sicherlich karmische Altlasten zum Schmelzen.

Sie sollte jedoch Wert darauf legen, einen gesunden Mittelweg einzuschlagen: Pflegen und umsorgen, ohne dabei sich selbst zu vergessen.

Auf der Täterseite kann eine 12 hingegen äußerst rücksichtslos ihren Mitmenschen gegenüber sein. Als Täter merkt sie gar nicht, wenn das Gegenüber in der Klemme sitzt und ihre Hilfe gut gebrauchen könnte. Zu sehr auf sich selbst und das eigene Leben konzentriert und luxusbedürftig, wie eine 12 eben auch sein kann (1+2=3), verschwendet sie dann keinen einzigen Blick auf ihre Umwelt. So stellt sie oft nicht einmal fest, dass es Menschen in Ihrem Umfeld unter Umständen gar nicht so gut geht und jemand dringend ihre Hilfe und Unterstützung brauchen würde.

Die 12 ist oft ein harter Knochen, eiskalt, oberflächlich und dem eigenen Ego verhaftet (1+2=3!). Das eigene Glück und Leben zählt, das des Gegenübers wird erst gar nicht wahrgenommen...

Die Aufgabe liegt nun darin, die goldene Mitte zu finden und zu lernen aus dem Herzen zu geben, bedingungslos, ohne Hintergedanken und ohne sich dabei selber zu verlieren.

Das ist die ewige Gratwanderung einer jeden 12. Unter Umständen wechselt sie vom rücksichtslosen Arschloch (sorry!) des Öfteren zum helfenden, jedoch ausgepowerten Englein hin und her, bis sie die gesunde Balance zwischen Geben und Nehmen endlich findet.

Niemand ist hier auf Erden inkarniert, um sich aufzuopfern. Zu helfen und unterstützen ja, jedoch nicht, um sich dabei selbst zu vergessen, oder gar dabei zu verlieren.

Jeder hat das Anrecht, glücklich zu sein und seinen eigenen freien Weg zu gehen und niemand sollte sich für jemand anders dabei aufopfern. Zwar kommt dieses Verhalten im Außen nach wie vor gut an, wenn jemand hingebungsvoll einen kranken Angehörigen pflegt, dabei noch seinem Beruf nachgeht und Haus und Kinder managt. Dieses Verhalten ruft in der Gesellschaft nach wie vor große Bewunderung hervor. Dass solch eine Person sich dadurch jedoch meistens selber komplett vernachlässigt und früher oder später emotional, mental und schließlich auch körperlich in eine Schieflage gerät, wird dann oftmals gerne übersehen...

Niemand sollte sich selbst aus reiner Nächstenliebe aufgeben. Eine 12 muss dies oft erst lernen, manchmal nahe an der Selbstaufgabe bzw. im anderen Extrem an der eigenen Unbarmherzigkeit.

Fazit: Die Lernaufgabe dieser Zahl liegt zweifelsfrei darin, Geben und Nehmen in einen gesunden Ausgleich zu bringen. Jede 12 fühlt sich in ihrem tiefsten Inneren dazu berufen, ihre Hilfe anderen zur Verfügung zu stellen. Sie sollte diese jedoch immer einzig und allein mit dem Herzen geben. Ist sie nämlich in der reinen Liebe, hegt sie keinerlei Erwartungen – weder an sich, noch an ihr Umfeld – und überschreitet auch nicht gesunde Grenzen. Selbstloses Dienen hat nie etwas mit sich aufopfern zu tun – das zu erkennen, ist die wahre Meisterschaft einer jeden 12!

Beispiel Nr. 1:

Dagmar ist im Dezember auf die Welt gekommen. Insbesondere ihre Großmutter hat sich immer liebevoll um sie gesorgt und Dagmar zeitlebens auch finanziell unterstützt. Obgleich es in ihrer Familie keinerlei große Diskrepanzen gegeben hätte, bricht sie von einem Tag auf den anderen den Kontakt zu ihrer Familie ab. So wechselt sie bis zu deren Tod kein einziges Wort mehr mit ihren Angehörigen. Ihre Großmutter stirbt nach Jahren im Altersheim, ohne dass Dagmar sie vorher noch besucht hätte.

Beispiel Nr. 2:

Robert mit einem 12er Lebensthema pflegt seine an Polyarthritis erkrankte Frau zeitlebens hingebungsvoll und vergisst dabei komplett sich selbst. Sein Leben besteht nur mehr aus der Hingabe zu seiner Ehefrau, die eigenen Bedürfnisse stellt er hintan. Als seine Frau vor ihm stirbt, fällt er in ein tiefes Loch. Er hat die letzten Jahre nur seiner Frau geopfert, dass er gar nicht mehr weiß, was ihn ausmacht und welche Herzenswünsche er selber hat.

Empfehlungen:

Jede 12 sollte lernen, die eigenen Bedürfnisse und Gefühle wahrzunehmen und in eine gesunde Balance mit denen der Außenwelt zu bringen. Den Mitmenschen dienen heißt, sich in Demut den Bedürfnissen anderer zuzuwenden, ohne dabei sich selber zu vergessen. Dies lernt diese Zahl am besten, wenn sie ihrem Herzen folgt. Das Herz kennt den richtigen Weg, deswegen sind diesbezügliche Übungen für jeden 12er von großem Vorteil.

Geben kann jeder von uns nur das, was ihm auch wirklich gehört – ein aufmunterndes Lächeln, ein nettes Wort, eine kleine Geste, eine zarte Berührung. Echte Gefühle und wahre Liebe sind die kostbarsten Geschenke, die auch eine 12 machen und geben kann.

Ist sie selber dankbar, wird sie sich all der Geschenke, die das Leben auch ihr Tag für Tag macht, besser gewahr. Erst in der Dankbarkeit sieht sie die Fülle, die sie tagtäglich umgibt und die auch ihr immer zur Verfügung steht. Nur, wenn sie aus echter Großzügigkeit und Liebe gibt, kann sie sich niemals verausgaben. Deswegen sollte sie sich immer zuerst fragen, warum sie eigentlich helfen will! Diese Zahl sollte vor allem zuerst sich selber reich beschenken – mit Fürsorge, Zeit, Toleranz, Liebe und Akzeptanz.

Lies dir auch die Ausführungen zu den Zahlen 3, 1 und 2 genauer durch, um die 12 noch besser zu verstehen.

Fragen, die du dir mit dieser Zahl stellen solltest:

- Wo gebe ich zu viel und fordere selber zu wenig für mich?
- Gebe ich aus Großzügigkeit oder erhoffe ich mir dadurch mehr Zuneigung und Akzeptanz?
- Gebe ich, um eine alte Wunde zu heilen?
- Bin ich im Mangeldenken gefangen?
- Wo überschreite ich meine eigenen gesunden Grenzen?
- Wo fahre ich über mein Gegenüber einfach drüber?
- Wann und wie kann ich noch feinfühliger werden?
- Nehme ich mein Gegenüber wirklich wahr?

- Wann bin ich zu oberflächlich?
- Gehe ich auf die Wünsche und Bedürfnisse meiner Familie wirklich ein?
- Lasse ich mich in der einen oder anderen Form ausnutzen?

Körperliche Themen und seelische Störungen:

Erschöpfungssyndrom, Depression, Selbstwertthemen, Rückenbeschwerden, Schmerzen, Parodontitis, Zahnprobleme, Schilddrüsenprobleme, Bauchspeicheldrüsenentzündung, Gelenksbeschwerden

Karmische Muster und Prägungen:

Sklavenjochprogrammierung, Obrigkeitsgelübde, Schweigegelübde, Keuschheitsgelübde, Ordensgelübde, Rachegelübde, Bußgelübde, Selbstkasteiungsgelübde, Pranger

Folgende Übungen können helfen:

Im Blog auf meiner Homepage www.sonjawinkler.at findest du zahlreiche Tipps und Übungen, die dir helfen können. Suche dir eine oder zwei Übungen vorzugsweise aus der Rubrik „Üben Sie sich in Selbstliebe" aus, die dir gleich von Beginn an ins Auge stechen.

Meditiere regelmäßig und lerne so zur Ruhe zu kommen, zum Beispiel mithilfe der Metta-Meditation oder der Sonnenmeditation. Du findest diesbezügliche Anleitungen in der bereits erwähnten Rubrik „Üben Sie sich in Selbstliebe".

Insbesondere die dort angeführten Herzübungen helfen dir, dich fortan verstärkt auf das Wesentliche zu konzentrieren. Praktiziere sie regelmäßig und integriere sie in deinen Alltag. Stärke ganz bewusst deine Selbstliebe Tag für Tag.

Herzübungen wie zum Beispiel die Herzatmung oder „Der Himmel bricht herein" helfen dir, wieder in die Mitte zu finden. Du findest diesbezügliche Anleitungen in meinem Blogartikel „3 Übungen, die Sie sofort mit positiver Energie aufladen" in der Rubrik „Mehr Energie = mehr Lebensfreude". Solltest du merken, dabei in Stress zu geraten, klopfe ihn dir doch wie im Blogartikel in der Rubrik „Jede Veränderung beginnt in Ihnen" beschrieben einfach weg.

Unterschreibe die Urkunde zum Auflösen von Eiden und Gelübden, die du in der Rubrik „Mehr Energie = mehr Lebensfreude" findest, um etwaige karmische Ursachen zu bereinigen.

Insbesondere im Blogartikel „Unbewusste Schuld: Häufig verbreitet, jedoch selten erkannt" in der Rubrik „Jede Veränderung beginnt in Ihnen" findest du Anleitungen, dich von diesbezüglichen falschen und einschränkenden Glaubensmustern zu lösen.

Definiere deine Ziele genau und fülle die entsprechende Urkunde aus. Näheres kannst du in zahlreichen Blogartikeln in der Rubrik „Erreichen Sie Ihre Ziele" nachlesen.

Die Spiegelarbeit nach Louise Hay und Ho'oponopono helfen dir, dir selbst und anderen zu verzeihen.

Ganz wichtig: Übe dich in Dankbarkeit und nimm dir die Zeit, ein Dankbarkeits-ABC zu verfassen. Folge den Anleitungen in der Rubrik „Verzeihen & Dankbarkeit – Ihr Schlüssel zum Glück".

Befreie dich endgültig aus der Opferrolle, wie und was du selber hierfür unternehmen kannst, kannst du in zahlreichen Blogartikeln insbesondere in der Rubrik „Jede Veränderung beginnt in Ihnen" nachlesen.

Indem du damit beginnst, all dein Handeln bildlich auf eine Waagschale zu legen und das, was du von außen erhältst – quasi deine „Ernte" – auf die andere legst, siehst du sofort, wenn sie nicht mehr ausgeglichen ist. Sobald dir das bewusst wird, beginne zu handeln und bringe sie wieder in Balance – sei es, dass du dein Herz anderen mehr öffnest, sei es, dass du auch lernst anzunehmen. Auch du bist es wert, geliebt und verwöhnt zu werden!

Was es bei der Arbeit mit Affirmationen zu beachten gilt, lies bitte im Artikel „Mittels Affirmationen zu mehr Ausgeglichenheit" in der Rubrik „Jede Veränderung beginnt in Ihnen" nach.

Affirmationen:

- Ich lebe ein Leben in Leichtigkeit.
- Ich achte auf meine Bedürfnisse.
- Geben und Nehmen sind in meinem Leben im Ausgleich.
- Ich gebe bedingungslos.
- Ich bin achtsam und liebevoll.
- Ich bin demütig und voller Liebe.
- Ich liebe bedingungslos und bin reine Liebe.
- Durch die bedingungslose Liebe zu mir selbst wird die bedingungslose Liebe zu anderen möglich.
- Ich liebe bedingungslos und werde bedingungslos geliebt.
- Ich bin frei und spüre deutlich meine Kraft.

13: Lass das Drama hinter dir!

Jeder 13 fällt es auf die eine oder andere Art und Weise schwer loszulassen. Jedoch wäre gerade dies die Lösung all ihrer Probleme, würde sie das eigentliche Thema erkennen und endlich beenden! Stattdessen klammert sie viel lieber und durchlebt das ewig gleiche Drama wieder und wieder, ohne sich oder etwas an der Situation zu verändern oder gar gewillt zu sein, eine Transformation zuzulassen. So wird sie oftmals zum Dramadarsteller auf der eigenen Theaterbühne: Jeden Tag dieselbe Aufführung, immer und immer wieder, mit jedoch jeweils für sie selber unbefriedigendem Ausgang...

Egoistisch und streitlustig wie die 13 eben sein kann, mutiert sie bevorzugt zur Besserwisserin und entwickelt dabei regelrecht eine Art Beratungsresistenz: *„Du hast ja gar keine Ahnung! Was willst du mir erklären, was ich nicht sowieso schon weiß!?"* Diese Zahl kann äußerst schulmeisternd und narzisstisch ihren Weg beschreiten, immer in der Ansicht, recht zu haben. Sie spart nicht mit Kritik und redet das Gegenüber auch gerne mal nieder. Alle haben Probleme, nur sie selbst hat keine!

In der Regel hält sie es nicht sonderlich lange mit ein und demselben Partner aus. In der Tat, lernt diese Zahl am meisten doch über Partnerschaften. Sexbesessen, wie sie unter Umständen auch sein kann, wechselt sie den Partner häufig. Der Haken bei der Sache: Lernt die 13 ihre Lektion nicht bereits beim ersten, wird es selbst mit dem zehnten Partner nicht unbedingt besser werden. Ganz im Gegenteil, mit der Zeit gestaltet sich die Sache in der Regel nur noch komplizierter...

Dabei ist der Partner der beste Spiegel für jede 13, nur leider erkennt sie sich selber äußerst selten bis ungern darin. Sie kritisiert stattdessen lieber, zeigt mit dem Finger nach außen, sieht die einzige Schuld beim Gegenüber und lebt so das eigene Drama fort. Im Grunde trägt sie immense Partnerschaftsgeschichten in ihrem Innersten aus, ohne jedoch wirklich im Außen eine befriedigende Lösung für diese zu finden. Im Außen lassen sich diese sowieso nie finden...

„Dramaqueen" könnte eine gute Umschreibung einer typischen 13 als Täterin sein. Das Drama lebt und bestimmt den Alltag. Selbst, wenn es schon Jahre zurückliegt wird es immer und immer wieder hervorgeholt. Jede 13 zerpflückt und analysiert immer wieder aufs Neue und sucht die Schuld für ihr eigenes Unglück, ihre Misere lieber bei all den anderen, als bei sich selbst. Sie wird allzu leicht zur Gefangenen ihres eigenen Glaubensmusters, ihrer eigenen Ansichten. Diese Zahl sollte beginnen, sich selber mehr zu hinterfragen und zu analysieren, wo ihr eigener Anteil am für sie selbst unerfreulichen Geschehen liegt. Sie sollte die eigenen Fehler erkennen und sich bemühen, diese in Liebe zu transformieren. Jede 13 sollte den Mut aufbringen, etwas zum Positiven zu verändern. Sie sollte vor allem vergessen und verzeihen lernen! Veränderung ist jedoch nicht gerade ein Lieblingswort im Wortschatz dieses Energiehundes, denn jede Veränderung bereitet ihm im Grunde immer große Angst.

Deswegen lieber Augen zu und am Althergebrachten – selbst wenn es noch so schmerzt – festhalten. Dies zumindest könnte die unbewusste Überzeugung sein, die Menschen mit einer 13 im Geburtsdatum daran hindert, etwas für das eigene Glück zu unternehmen. Dabei wäre es oftmals doch wirklich besser, auf neuen Wegen zu stolpern, als auf alten Trampelpfaden weiterhin auf der Stelle zu treten...

Auf der Opferseite zieht sie sich zurück, schweigt, passt sich zu sehr an und geht auf gefühlsmäßige Distanz (1+3=4). Nähe wird durch die eigene Verletzlichkeit zur unüberwindbaren Hürde und ist dann nicht mehr möglich. Jedoch selbst, wenn sie es in einer Partnerschaft nicht mehr aushält, sie im wahrsten Sinne des Wortes „nichts mehr hält", hält sie trotzdem an ihr fest. Lieber erträgt sie und lebt weiterhin ihr Drama fort – Tag für Tag, Jahr für Jahr... Dabei fragt sie gerne auch das eine oder andere Mal Dritte um Rat, nur schafft sie es in der Regel nicht, etwas an ihrer Situation zu ändern. Zu sehr ist sie selber in ihrem eigenen Ego verstrickt.

Im Loslassen liegt jedoch der erste und wichtigste Schritt jeder 13 zu einer positiven Veränderung! Loslassen ist somit ein unbedingtes Muss auf dem Lebensweg dieser Zahl, will sie die ihr vom Universum auferlegten Prüfungen meistern und im Leben leichter vorankommen. Das Leben ist stetige Veränderung! Schafft sie es, sich den Gegebenheiten anzupassen und mit Vergangenem abzuschließen, hat sie ihre Lebensaufgabe erfüllt. So gesehen, sollten Transformation und Loslassen gleichermaßen ihr Leben bestimmen. Auch wenn ihr Letzteres besonders schwerfällt, sollte sie sich darum bemühen zu lernen, alles in

Liebe anzunehmen und zu akzeptieren. Dazu gehört eben oftmals auch das sich Verabschieden von längst überholten Dingen!

Fazit: Der Lösungsweg für diese Zahl liegt darin, mit dem Herzen das anzunehmen, was gerade ist; in die Tiefe zu gehen und nicht nur an der Oberfläche zu kratzen. Sie sollte lernen, ihr Ego runterzuschrauben und die Demut zu finden. Einfach zu erkennen, dass das Leben, egal in welcher Form seine Berechtigung und seinen Sinn hat. Dass alles im Leben ein Aufruf zum eigenen Wachstum ist und nicht eine Hürde, die es zu überwinden gilt.

Beispiel Nr. 1:

Wilma mit einem 13er Lebensthema hat sich angewöhnt, alles, was sie zu sich nimmt, vorher energetisch auf die Verträglichkeit hin zu testen. Sie ist seither nicht mehr in der Lage, ihr Leben zu genießen, da sie bereits im Supermarkt alle Lebensmittel, bevor sie im Einkaufskorb landen, energetisch austestet und diesen Vorgang zuhause vor dem Kochen nochmals wiederholt. Anstatt einfach ihrem Gusto zu folgen, mit den Augen einzukaufen und zu vertrauen, dass ihr das Essen wohlbekommt, lebt sie in der ewigen Angst, ihrem Körper nicht etwas Gutes zu tun. Im Grunde leidet sie sehr unter diesem zwanghaften Austesten, schafft es jedoch nicht, damit aufzuhören. So erschafft sie sich ihr eigenes Drama jeden Tag unbewusst aufs Neue.

Beispiel Nr. 2:

Elfriede hat an einem 13. das Licht der Welt erblickt. Sie wurde in der Volksschule von ihrer Lehrerin insofern verletzt, als diese im Nachhinein ein bereits erteiltes „Sehr brav" einfach durchstrich. Heute, mit fast 50 Jahren denkt sie noch immer voller Gram daran zurück. Sie hat diese Erfahrung – selbst nach all den Jahren – gefühlsmäßig noch immer nicht verdaut.

Mehr als 40 Jahre danach ist sie noch immer nachtragend. Nach wie vor fühlt sie sich selbst heute noch verletzt und unverstanden. Elfriede ist unfähig, diese Begebenheit hinter sich zu lassen und dies als Erfahrung zu sehen, mehr Selbstbewusstsein zu entwickeln und nicht zu viel auf das Lob und die Anerkennung anderer zu geben. Anstatt darüber zu lachen, ist sie selbst heute noch immer in ihrem Selbstwert gekränkt und lebt das Drama stattdessen weiterhin fort.

Empfehlungen:

Begleitet dich die Energie der 13, beginne, dein Leben als eine Art Buch zu sehen: In jedem Buch gibt es Passagen bzw. ganze Kapitel, die dir unter Umständen nicht besonders gut gefallen. Die 13 ist aufgefordert, diese Kapitel nicht immer wieder aufs Neue durchzulesen, zu zerkauen und zu zerpflücken, sondern einfach mal umzublättern. Punkt. Umblättern und weiterlesen im Sinne von: Schließe mit dem, was geschehen ist ab und lasse die Vergangenheit und alles, was dich belastet endgültig hinter dir. Dies sollte die Devise für diese Zahl werden, will sie halbwegs zufrieden ihren Alltag meistern und glücklich voranschreiten.

Lies dir im zweiten Teil des Buches auch die Ausführungen zu den Zahlen 4, 1, und 3 durch, um die wahren Beweggründe der Zahl 13 noch besser zu verstehen.

Fragen, die du dir mit dieser Zahl stellen solltest:

- Welchen Ballast schleppe ich noch mit mir herum?
- Habe ich die Vergangenheit wirklich hinter mir gelassen?
- Bei welchen Personen stößt es mir in Gedanken noch (immer) sauer auf?
- Welche vergangenen Situationen lösen noch heute ein ungutes Gefühl in mir aus?
- Lebe ich bereits in der Liebe?
- Wo will ich nicht hinhören bzw. was will ich nicht hören?
- Ist mein Ego (noch) zu aufgeblasen?
- Welche Personen haben noch heute Macht über mich, da ich ihnen bis heute nicht verziehen habe bzw. verzeihen kann?
- Glaube ich, alles besser zu wissen?
- Bin ich streitlustig?
- Bin ich egoistisch?
- Woran halte ich unnötigerweise fest?
- Was spiegelt mir mein Partner?

Gesundheitliche Themen und seelische Störungen:

Beschwerden im Halsbereich, Rückenschmerzen, Last auf den Schultern tragen, Melancholie, Schulterbeschwerden, Promiskuität, Nymphomanie, Sexsucht, Gefühl der Leere, zu sehr angepasst, Schleimer, Unverträglichkeiten, Allergien, Verdauungsbeschwerden

Karmische Muster und Prägungen:

Keuschheitsgelübde, Bußgelübde, Obrigkeitsgelübde, Mundblrne, Pranger

Folgende Übungen können helfen:

Im Blog auf meiner Homepage www.sonjawinkler.at findest du zahlreiche Tipps und Anleitungen, die dich auf deinem Weg unterstützen können. Finde darin eine oder zwei für dich passende Übungen und integriere sie in deinen Alltag.

Klopfe regelmäßig deine negativen Emotionen weg wie im Artikel „Klopfen Sie Ihren Stress doch einfach weg" in der Rubrik „Jede Veränderung beginnt in Ihnen" beschrieben.

Die 13 kann im Ausnahmezustand schon ziemlich gemein und gehässig werden. Dementsprechend helfen ihr Anti-Ärger Strategien nach Vera Birkenbihl, wieder schneller in die goldene Mitte, sprich ihren Frieden zu finden. Du findest diesbezügliche Tipps insbesondere in den Artikeln „Nützliche Anti-Ärger-Strategien" und „Leben mit Wut, Ärger & Zorn" in der Rubrik „Jede Veränderung beginnt in Ihnen". Außerdem unterstützen dich Gelassenheitsübungen und Finger halten (siehe den Artikel über „Jin Shin Jyutsu" in der Rubrik „Mehr Energie = mehr Lebensfreude") bei diesem Vorhaben.

Praktiziere Spiegelarbeit nach Louise Hay (den gleichnamigen Blogartikel findest du in der Rubrik „Verzeihen & Dankbarkeit – Ihr Schlüssel zum Glück") bzw. wende die Spiegelgesetz-Methode nach Christa Kössner an (siehe in der Rubrik „Jede Veränderung beginnt in Ihnen"). Dadurch übst du dich im Verzeihen und findest im verletzenden Verhalten von außen zu deinem eigentlichen Potenzial. Diese Übungen helfen dir, dauerhaft mit dir selbst und deinem Umfeld Frieden zu schließen und die Welt mit anderen Augen zu betrachten.

Lerne zu verzeihen, indem du mittels Ho'oponopono in den inneren Frieden kommst. Du findest eine diesbezügliche Anleitung im Artikel „Das Hawaiianische Verzeihungsritual Ho'oponopono" in der Rubrik „Verzeihen und Dankbarkeit – Ihr Schlüssel zum Glück".

Stärke deinen Selbstwert und übe dich in Selbstliebe. Dies-bezügliche Tipps und Übungen findest du in der Rubrik „Üben Sie sich in Selbstliebe". Praktiziere Übungen, die deinen Selbstwert anheben und befreie dich von unbewusster Schuld wie im Artikel „Unbewusste Schuld: Häufig verbreitet, jedoch selten erkannt", den du in der Rubrik „Jede Veränderung beginnt in Ihnen" findest, beschrieben.

Was es bei der Arbeit mit Affirmationen zu beachten gilt, lies bitte im Artikel „Mittels Affirmationen zu mehr Ausgeglichenheit" in der Rubrik „Jede Veränderung beginnt in Ihnen" nach.

Affirmationen:
- Ich lasse alles los, was mich behindert.
- Ich streife jeglichen Ballast ab.
- Ich blicke positiv in die Zukunft.
- Ich lasse Vergangenes in der Vergangenheit ruhen.
- Ich sage Ja zu meiner Vergangenheit, segne sie und lasse sie in Dankbarkeit und Frieden los.
- Ich erkenne mich im Spiegel des anderen.
- Alles dient zu meinem Wachstum.
- Ich wachse mit jeder Erfahrung meines Lebens.
- Ich bleibe in jeder Situation ruhig und gelassen.

14: Lass jeden so sein, wie er ist!

Jede 14 wäre und ist gut aufgehoben in einem hierarchischen Gefüge: Entweder gibt sie selbst gerne die Befehle oder sie nimmt sie entgegen. Deswegen sind viele Menschen mit einem 14er Energiehund beim Bundesheer oder bei der Polizei zu finden. Diese Institutionen bieten ihnen die perfekte Bühne, um an ihren eigenen Lebensthemen – wenn auch meistens unbewusst – zu arbeiten.

Menschen mit einer 14 im Geburtsdatum sind Schwarz-Weiß-Denker, die Grautöne übersehen sie oft gerne bzw. nehmen sie erst gar nicht wahr. *„Das Leben hat so zu sein und nicht anders. Basta. Ich weiß, was richtig ist. Gott hat mir hierfür die Berechtigung gegeben!"* Das könnten die Worte eines 14er Energiehundes sein, vorausgesetzt, er findet sich selbst auf der extremen Täterseite wieder. Dann schafft er einfach an – letztendlich weiß er allein, wie der Hase läuft und das Gegenüber kann froh sein, dass es ihn hat! Er irrt nie, er liegt nie falsch. Zumindest nicht aus seiner eigenen Sicht...

Das Leben wird dogmatisch betrachtet, etwas ist so oder so, eben nicht anders. Schließlich hat dieser Kampfhund bereits in zahlreichen Vorinkarnationen sein Leben auf dem Schlachtfeld gelassen und in Kriegen bzw. Kreuzzügen seinen Standpunkt vehement vertreten und durchgesetzt. Damals hat er gelernt, sein Leben im Namen Gottes für eine Überzeugung zu opfern. Niemand geringerer als Gott hat ihm damals die Berechtigung hierfür gegeben. Diese Information ist nach wie vor in der Aura jeder 14 abgespeichert und gibt ihr auf der unbewussten Ebene die Kraft und Überzeugung, sich für ihre Ansicht groß zu machen.

Die Kirche spielt im Leben einer jeden 14 nach wie vor eine große Rolle: Sei es, dass sie selbst in diesem Leben sehr gläubig ist und regelmäßig Gottesdienste besucht, sei es, dass sie sich komplett von ihr abgewendet hat und schon längst aus der Kirche ausgetreten ist. Beides spiegelt alte, karmische Erfahrungen wider, die es in diesem Leben in Gleichklang zu bringen gilt.

Die 14 weiß, was richtig ist, alle anderen liegen falsch, da sie vom Glauben abgekommen sind. Demzufolge schwierig kann es sich gestalten, mit einer 14 über Gott und die Welt diskutieren zu beginnen – früher oder später brennen diesem Energiehund einfach die Sicherungen durch. Eine andere Sicht der Dinge kann bei solch einem karmischen Hintergrund eben auch in diesem Leben nach wie vor schwer akzeptiert werden.

Das Ego macht sich groß, die Emotionen kochen, die Gefühle werden gerne hinter der Mauer der sogenannten Berechtigung versteckt. Nur nicht klein beigeben, das könnte Schwäche bedeuten. Die hat man nicht, man hat ja das OK von ganz oben und kann dementsprechend gar nie falsch liegen…

Jede 14 ist aufgefordert, im Alltag mit ihren Mitmenschen mehr Wärme und Entgegenkommen zu zeigen. Nicht über den anderen hinwegzufegen, sondern auf ihn einzugehen. Zu erkennen, dass auch in einer anderen Meinung, aus einer anderen Perspektive, die eigentliche Wahrheit liegen kann.

Ich habe bei dieser Zahl immer das Bild von zwei Personen vor mir, zwischen denen eine 6, aufgemalt am Boden, zu sehen ist. Der Haken bei der Sache ist: Nur eine Person sieht die 6, die andere hingegen eine 9 und beide haben letztlich recht. Die 14 muss dies erst erkennen und lernen, gefühlvoll auf den anderen zuzugehen, ohne ihm seine eigene Meinung – so richtig sie ihr in diesem Moment auch erscheinen mag – überzustülpen. Es ist die Aufgabe jeder 14 damit aufzuhören, die eigene Macht übermächtig auszuüben und über andere einfach so hinwegzufegen.

Wenn diese Zahl hingegen zu sehr in die Opferrolle schlüpft, lässt sie zu viel mit sich selbst geschehen. Da wird sie ganz einfach zum willenlosen Befehlsempfänger, der ohne zu hinterfragen immer und überall Folge leistet und gehorcht. Jedoch wird solch ein Verhalten von der geistigen Welt auch nicht sonderlich wertgeschätzt. Schließlich geht es darum, das Leben zu lieben und die eigene Liebe im Alltag umzusetzen und zu leben. Dazu gehört auch, eine eigene Meinung zu haben und nicht beim kleinsten Gegenwind sofort klein beizugeben, sondern sie im gegebenen Anlass liebevoll zu vertreten. Die Betonung liegt auf liebevoll: Es ist völlig OK für sie einzustehen, jedoch ohne dabei einem anderen auf die Zehen zu steigen oder gar zu brüskieren!

Die Wahrheit hat niemand von uns gepachtet, sie liegt immer in den Augen des Betrachters, im Grunde jedoch immer in der Mitte zweier Meinungen. Niemand sollte dabei zur Marionette eines anderen werden und einfach so mitspielen. Jeder hat das Recht auf seine eigene Meinung, das Recht, seinen eigenen Weg im Leben einzuschlagen und auch zu gehen, immer vorausgesetzt, er verletzt dadurch keinen anderen.

Die eigenen auferlegten Dogmen behindern im Grunde nur den Lebensweg einer jeden 14. Dies zu erkennen erfordert jedoch sehr viel Einsicht und Weitsicht. Die eigenen Gefühle und Emotionen in den Griff zu bekommen, ohne dass man dadurch andere oder gar sich selbst verletzt, erfordert viel Einfühlungsvermögen und den Willen, an sich selbst zu arbeiten. Hierfür ist es erstmals nötig zu erkennen, dass man selbst doch eventuell falsch liegen könnte. In weiterer Folge heißt dies, eine zweite oder gar dritte Meinung anzuerkennen. Gelingt dies der 14, ohne dabei das eigene Gesicht zu verlieren, ist sie auf der richtigen Spur.

Jede 14 kann eine mächtige Mitstreiterin sein, nur sollte sie lernen ihre Macht liebevoll und gewissenhaft einzusetzen, ohne dabei anderen Schaden zuzufügen oder sie zu verletzen. Menschen mit dieser Zahl sollten lernen, die Liebe als einzige Berechtigung anzuerkennen und zwar nicht nur die zwischenmenschliche, sondern die bedingungslose. Nur, wenn ihnen dies gelingt, sind sie fähig sich selbst und ihr Umfeld ein großes Stück auf dem Weg zur Erleuchtung weiterzubringen.

Alles, was sie aus dem Herzen heraus machen, hat Bestand, der Rest ist Schall und Rauch. Die 14 sollte authentisch ihren Weg gehen und auch andere auf deren Weg unterstützen. Sie sollte den eigenen Widerstand aufgeben und andere mit dem Herzen führen lehren und sie in völliger Eigenverantwortung ihr Leben leben lassen. Keine leichte Aufgabe, jedoch jede 14 hat das Potenzial hierfür quasi in die Wiege gelegt bekommen!

Fazit: Das vorrangige Ziel einer jeden 14 liegt darin, im Laufe ihres Lebens konstruktiv mit Macht und Verantwortung umgehen zu lernen. In ihr stecken hervorragende Lehrer- bzw. Führungsqualitäten, die sie auch unbedingt klar und authentisch nützen sollte, ohne jedoch anderen dabei ihre Vorstellungen aufoktroyieren zu wollen. Menschen mit dieser Zahl können unglaublich Großes bewirken, wenn sie lernen auch den Willen der anderen zu akzeptieren. Gelingt ihnen dies, haben sie ihre Lernaufgabe erfüllt.

Beispiel:

Werner, geboren an einem 14.2. ist ein „gerader Michel", jedoch bringt er seine eigene Meinung – die er generell für die einzig richtige hält – allzu oft zu emotional und laut zum Ausdruck. Er sieht das Leben nur in Weiß oder Schwarz, Grautöne existieren für ihn einfach nicht. Auf diese Weise ist es ihm unmöglich, längerfristig glückliche Beziehungen, insbesondere zu Frauen aufzubauen, da er immer und überall seinen Willen lautstark zum Ausdruck bringt und dadurch seinen jeweiligen Partnerinnen die Luft zum Atmen nimmt. Er muss erst lernen, einen Schritt zurückzutreten und erkennen, dass selbst er nicht immer recht hat, sondern dass viele Wege nach Rom führen, eben nicht nur seiner!

Empfehlungen:

In jeder 14 steckt sehr viel an Kraft und Power. Diese Zahl ist aufgefordert, ihre Macht nicht gegen, sondern kreativ für andere einzusetzen. Ist sie fähig, dieses in ihr schlummernde Potenzial kreativ zu nutzen, stecken in jeder 14 ungeahnte Kräfte, mit den alltäglichen Hürden und Herausforderungen bestens umzugehen. Sie wird dann zum mächtigen Führer für andere und unterstützt sie dabei, ihren Weg ungehindert zu gehen.

Jede 14 sollte sich jedoch davor hüten, „Ermächtigungen" in Form von Einweihungen in diesem Leben zu erhalten. Diese wecken in ihr das Gefühl scheinbarer Macht, das es zu vermeiden gilt. Also Hände weg mit dieser Zahl von Inaugurationen jeglicher Art! Die 14 sollte ihr eigenes Licht nicht zu sehr scheinen lassen wollen und an-deren dadurch gar der Helligkeit berauben. Kreativität, Leichtigkeit und Humor sind die notwendigen Ingredienzen für ein Leben in Frieden und einem gegenseitigen Miteinander ohne ungesunde Machtansprüche. Der Alltag gestaltet sich für jede 14 um einiges einfacher und produktiver, sobald sie Gelassenheit, Verständnis und Geduld in ihr Leben einkehren lässt.

Lies dir zum besseren Verständnis auch die Kapitel zu den Zahlen 5, 1 und 4 durch, um ein genaueres Bild von den Beweggründen der 14 zu bekommen.

Fragen, die du dir mit dieser Zahl stellen solltest:

- Wo bin ich zu dogmatisch?
- Packe ich meine Mitmenschen ihrem Verhalten gemäß gleich in Schubladen?
  Wo bin ich zu engstirnig?
- Lasse ich meinem Gegenüber genug Freiraum?
- Setze ich meine Kraft „übermächtig" ein?
- Bin ich kreativ?
- Lebe ich wirklich alle meine Talente?
- Wie reagiere ich auf die Meinung anderer?
- Wann und warum werde ich emotional?
- Habe ich meine Emotionen im Griff oder sie mich?
- Was könnte ich tun, um in den Mokassins des anderen zu laufen?

Gesundheitliche Themen und seelische Störungen:

Probleme insbesondere im Hals-, Stirn- und Solarplexuschakrabereich, Schilddrüsenprobleme, Leber- und Gallenbeschwerden, hoher Puls bzw. Blutdruck, Nervosität, Nervenzusammenbruch, Burnout, Suchtthemen, emotionale Dysbalance

Karmische Muster und Prägungen:

Sklavenjochprogrammierung, Treuegelübde, Ordensgelübde, Obrigkeitsgelübde, Rachegelübde, Keuschheitsgelübde, Pranger, Fremdprogrammierungen

Folgende Übungen können helfen:

Lies dir den Blog auf meiner Homepage www.sonjawinkler.at durch. Beginne in der Rubrik zu lesen, zu der es dich auf Anhieb hinzieht – bestimmt enthält der eine oder andere Artikel für dich nützliche Hinweise, dein Leben in Zukunft insgesamt lebenswerter und weniger restriktiv zu gestalten.

Insbesondere der Artikel „Wer loslässt, hat zwei Hände frei" aus der Rubrik „Jede Veränderung beginnt in Ihnen!" zeigt dir nützliche Lösungswege auf. Du hast die Tendenz, die Welt in Schwarz und Weiß einzuteilen... öffne deinen Blickwinkel, indem du dich darin übst, von überholten Gedankenkonstrukten loszulassen. Klopfe dir regelmäßig deine negativen Emotionen weg wie im Artikel „Klopfen Sie Ihren Stress doch einfach weg" in der Rubrik „Jede Veränderung beginnt in Ihnen" beschrieben.

Schreibe deinen Ärger und deine Wut um. Folge den diesbezüglichen Anleitungen im Artikel „Nützliche Anti-Ärger-Strategien" und „Leben mit Wut, Ärger & Zorn", die du beide in der Rubrik „Jede Veränderung beginnt in Ihnen" findest.

Trainiere deine Selbstbeherrschung und praktiziere die Übung „Frage deinen Tod!" nach Vera Birkenbihl. Übe dich im Verzeihen und der Dankbarkeit (nähere Anleitungen findest du in der Rubrik „Verzeihen & Dankbarkeit – Ihr Schlüssel zum Glück"). Öffne dein Herz und reiße deine Herzmauern nieder. Erhöhe deine Herzschwingung, wie zum Beispiel im Artikel "6 einfache Möglichkeiten, wie Sie ihr Herzchakra stärken können" dargelegt. In der Rubrik „Üben Sie sich in Selbstliebe" finden sich bestimmt noch mehr nützliche Tipps für dich.

Die Spiegelgesetzmethode nach Christa Kössner (siehe in der Rubrik „Jede Veränderung beginnt in Ihnen!") zeigt dir deine verborgenen und in dir schlummernden Fähigkeiten auf.

Indem du regelmäßig Achtsamkeitsübungen (lies dir den Artikel „Angst & Achtsamkeit" in der Rubrik „Jede Veränderung beginnt in Ihnen" genauer durch) praktizierst, schulst du dich darin, leichter im Hier und Jetzt zu bleiben, die Spreu vom Weizen zu trennen und loszulassen.

Lass deiner Kreativität regelmäßig freien Lauf und finde in der Natur den Ausgleich, den du brauchst. Im Artikel „Nutzen Sie die Kraft der Natur für sich" in der Rubrik „Mehr Energie = mehr Lebensfreude" findest du diesbezügliche Tipps.

Die Strichmännchen-Technik nach Jaques Martel (auch in der Rubrik „Mehr Lebensenergie = mehr Lebensfreude" nachzulesen) kann dir dabei helfen, andere Meinungen leichter anzuerkennen und loszulassen.

Fülle die Urkunde zum Auflösen von Eiden & Gelübden aus, um dich von karmischen Mustern zu befreien und deine Ziele in Zukunft leichter zu erreichen. Du findest sie in der gleichen Rubrik im Artikel „Lösen Sie sich von ehemals geleisteten Eiden & Gelübden". Apropos Ziele: Schau dir doch den einen oder anderen Artikel in der Rubrik „Erreichen Sie Ihre Ziele" an.

Was es bei der Arbeit mit Affirmationen zu beachten gilt, lies bitte im Artikel „Mittels Affirmationen zu mehr Ausgeglichenheit" in der Rubrik „Jede Veränderung beginnt in Ihnen" nach.

Affirmationen:

- Ich folge meinem Herzen.
- Mein Herz kennt den richtigen Weg!
- Toleranz und Akzeptanz prägen meinen Weg.
- Leben und leben lassen.
- Ich öffne meinen Blickwinkel.
- Ich lege alle Dogmen ab, die mich und andere einschränken.
- Ich sehe und spreche mit dem Herzen.
- Mein Dogma ist die Liebe.
- Ich liebe und werde geliebt.
- Mein Leben ist harmonisch.
- Ich bleibe in jeder Situation ruhig und gelassen.

15: Fasse Vertrauen und hör auf zu manipulieren!

Manipulation, das ist die unsichtbare Waffe jeder 15. Sei es in Form eines betörenden Augenaufschlags, sei es mit Worten, die dem Gegenüber dann doch keine Wahl lassen… Auch Sexualität wird oft und gerne eingesetzt, um das zu erreichen, was man gerne möchte.

Das soll jedoch nicht heißen, dass jede 15 ein ausgewogenes und erfülltes Sexualleben hätte. Weit gefehlt: Über den reinen Sexualakt ohne jegliches Gefühl über pervertierte Sexualpraktiken, um den Kick zu finden zur reinsten Prüderie: *„Fass mich ja nicht an!"* ist bis zu einem Leben als „Heilige" in ihrem ganz persönlichen Spielraum alles möglich.

Sexualität ist ihr ein Mittel zur Macht, andere zu missbrauchen, zu manipulieren, sie von sich abhängig zu machen bzw. sich vor sich selber zu verstecken. Die Kundalinienergie wird oft und gerne – bewusst oder unbewusst sei dahingestellt – eingesetzt. Die Herzensenergie, auf die es dabei ja eigentlich ankommt, wird bevorzugt links liegen gelassen. Auf das Herz wird mit diesem Energiehund oft und gerne vergessen.

Jede 15 hat den Kontakt zu Gott bereits vor langer Zeit abgebrochen. Kein Wunder, passt zum Bild der 15er Energie doch das der verbrannten Hexe im Mittelalter: Wo war Gott, als sie einsam am Scheiterhaufen verbrannt ist!? Er hat sie damals im Stich gelassen, also muss sie auch heute noch alles selber zuwege bringen, ohne auf seine Hilfe zählen zu können. Glaubt die 15 zumindest…

Der Weg einer jeden 15 sollte jedoch von der Abspaltung von Gott wieder zurück in die Einheit führen. Das eigentliche Ziel einer jeden 15 ist es, wieder in das Urvertrauen zu finden und die Liebe und Herzensqualität zu leben. Bis es jedoch soweit ist, wird entweder das Gegenüber fleißig weiter manipuliert oder der Mund erst gar nicht mehr aufgemacht.

Auf der Opferseite ausgelebt heißt dies, dass die 15 sich immer anpasst, quasi zum schmierigen Schleimer wird, der sich alles gefallen lässt, sich das Leben so gut es eben geht schönredet.

Der Weg dieser Zahl kann oft ein steiniger sein. Auch, weil dieser Energiehund oft selbst gar nicht bemerkt, in welcher Sackgasse er eigentlich steckt – bzw. sich selber immer wieder verirrt. So überzeugt kann er von sich und seinen Taten sein...

Das Ego kann bis zum Platzen aufgeblasen sein, sodass es dieser Zahl erst gar nicht auffällt letzten Endes doch immer nur ein Spielball der anderen zu sein. So sehr kann sie von sich selbst überzeugt sein. In ihrem Inneren toben jedoch Emotionen, die jede 15 liebend gern ihrem Gegenüber in die Schuhe schieben möchte und es auch vorwiegend tut. Sie kann so manipulativ sein, dass sie zum Beispiel den eigenen Partner/die eigene Partnerin zu etwas überredet und dann diesen/diese allein für den Ausgang verantwortlich macht. Die 15 wäscht sich stattdessen die Hände in Unschuld: *„Ich wollte das ja gar nicht. Du warst das ja...!"*

Eine 15 bittet äußerst ungern um Hilfe, ihr wahres Motiv sollte tunlichst unerkannt bleiben. Es würde ihr nie im Leben einfallen zuzugeben, was sie gerne selber möchte... Das wiederum würde sie ja angreifbar machen und sie würde augenblicklich an Macht verlieren.

Die unausgeglichene 15 dreht und windet sich gern heraus, ohne je die Verantwortung übernehmen zu wollen. So sucht und findet sie immer einen Schuldigen. Im Leben jeder 15 gilt es, das Ego zu enttarnen und es in Demut und Herzenswärme zu verwandeln.

Dabei sollte sie nicht vergessen, dass – wenn sie manipulativ durchs Leben geht – sie sich im Grunde ja immer nur selbst belügt und augenblicklich von der Liebe abtrennt. Der Weg aus der Dunkelheit zurück ins Licht führt nur über die Ehrlichkeit zu sich selbst und dem Öffnen des Herzchakras. Dann erst ist wahre Heilung möglich. Selbst, wenn ihr dieser Weg ungeheuerlich große Angst macht! Es gilt, diese in dieser Inkarnation endlich überwinden zu lernen und sich mit den eigenen Fehlern und Schwächen konstruktiv auseinanderzusetzen.

Keine 15 möchte jedoch gerne freiwillig die eigenen Fehler offen auf den Tisch legen. Dieses offene Kartenspiel macht sie ja selbst ungeheuer angreifbar und verletzlich. Diese Zahl hasst nichts mehr, als wenn ihr das Gegenüber in die Karten blickt. In diesem Moment fühlt sie sich machtlos und überaus angreifbar.

Ein No-Go für jede 15, jedoch ein absolutes Muss, will sie wieder in die eigene erstrebenswerte Mitte finden.

Nur über die Ehrlichkeit, Feinfühligkeit, Offenheit und Demut, im Anerkennen einer höheren Macht meistert sie ihre 15er Lektion längerfristig. In Wahrheit kostet sie dieses ewige auf-der-Lauer-liegen sehr viel an Kraft und Energie, die sie manches Mal auch zum Energievampir werden lässt. Sie streckt ihre Fühler aus, um den anderen zu erspüren, zu erfassen, um so in jeder Situation gewappnet zu sein. Einer der großen Hürden, die es im Leben mit einer 15 also zu überwinden gilt, ist es immer wissen zu wollen, wo man gerade steht. Diese Zahl sollte den Kompass endlich mal über Bord werfen und stattdessen wieder der eigenen Weisheit und der Unterstützung Gottes vertrauen lernen!

Jede 15 sollte früher oder später lernen, wieder das Vertrauen in Gott zu finden, welches sie einst vor so langer Zeit verloren hat. Nur, wenn sie wieder Vertrauen in den Fluss des Lebens findet, wird sie wirklich frei von Manipulationen aller Art und ist fähig, ihren Seelenweg in Liebe und Demut zu beschreiten. Solange sie sich von Gott abtrennt, bleibt sie weiterhin angreifbar und manipulierbar und letzten Endes ein Spielball für die anderen.

Fazit: Die Lösung für diese Zahl liegt vor allem darin, ihr Gottvertrauen wiederzufinden. Findet sie den Weg und die Weisheit zu Gott (Urquelle, Schöpfer...) wieder, fällt es ihr entsprechend leichter, sich in egal welcher Situation auch immer wieder sicher und geborgen zu fühlen. Eine immense Hilfe hierfür ist es für sie, wenn sie die Herzqualität in ihren Alltag integriert, ihr Leben vollständig nach dem Herzen ausrichtet. In jeder 15 steckt im Grunde, wenn auch manches Mal gut versteckt, ein sehr feinfühliger Mensch, der seine Mitmenschen lieben und achten möchte.

Beispiel Nr. 1:

Sieglinde hat im Jahr 1950 das Licht der Welt erblickt. Sie war zwar lange Zeit verheiratet, jedoch war ihr Mann zeitlebens mehr dem anderen Geschlecht zugeneigt. Ihr kam das nur gerade recht, konnte sie mit diesem Thema nie sonderlich viel anfangen.

Wenn sie etwas haben möchte, redet sie solange auf diejenige Person ein, bis diese letztlich klein beigibt. Sie vermeidet es jedoch tunlichst direkt auszusprechen, was ihr eigentlich am Herzen liegt. Ihre wahren Motive versucht sie gekonnt hinter einem entwaffnenden Lächeln zu verstecken. Sie nützt äußerst gerne ihren Augenaufschlag als Waffe, um ihr Gegenüber zu betören und hörig zu machen, obwohl sie letztlich doch nie den Schritt Richtung Sexualität wagt.

Beispiel Nr. 2:

Helmut mit der 15 als Lebensthema schaut sich auf seinem Computer immer wieder gerne Kinderpornos an. Er selbst ist der Überzeugung, nichts falsch zu machen: Schließlich schaut er seiner Ansicht ja nur zu und legt selber keine Hand an... erst, als er verhaftet wird, beginnt er langsam zu begreifen, was er eigentlich getan hat und gesteht sich ein, ein Riesenproblem zu haben. Er gesteht alles und beginnt mithilfe Psychologen und Psychotherapie einen neuen, gesunden Weg einzuschlagen.

Empfehlungen:

Lerne deine Sexualität maßvoll zu leben und setze sie nicht als Waffe ein. Meditiere, um in Kontakt zu deinem Innersten zu treten und den dir innewohnenden göttlichen Funken wiederzufinden. Verbinde dich bewusst mit deiner Herzensenergie und gehe mit deinen Worten achtsam und fürsorglich um. Wenn du etwas haben willst, lerne es offen und ehrlich zum Ausdruck zu bringen. Wenn du Hilfe brauchst, bitte darum, du vergibst dir dadurch nichts! Übernimm Verantwortung für dein Leben und höre auf, mit dem Finger nach außen zu zeigen. Die Schuld liegt niemals im Außen – du findest den Anteil von allem, was ist, in dir und dort liegt auch die Lösung all deiner Probleme und Herausforderungen im Leben!

Lies dir zum besseren Verständnis auch die Ausführungen zu den Zahlen 6, 1 und 5 genauer durch.

Fragen, die du dir mit dieser Zahl stellen solltest:
• Lebe ich aus dem Herzen oder aus dem Verstand?
• Respektiere ich die Meinung meines Gegenübers?

- Habe ich den Zugang zu Gott (Schöpfer, Urquelle, Allmacht, Höherer Intelligenz...) verloren?
- Sage ich wirklich, was ich will oder druckse ich herum, solange, bis ich es bekomme?
- Habe ich Druck, den Kick in der Sexualität zu finden?
- Lebe ich eine gesunde und liebevolle Sexualität?
- Manipuliere ich mich und andere?
- Muss ich immer alles unter Kontrolle haben?
- Was macht mir Angst?
- Wovor laufe ich davon?

Körperliche Themen und seelische Störungen:

Selbstherrlichkeit, Egomanie, Nymphomanie, Angst, sich zu blamieren, Suchtthemen, überwiegend Beschwerden im Hals- und Sakralchakrabereich, perverse sexuelle Praktiken, sexuelle Askese

Karmische Muster und Prägungen:

Sklavenjochprogrammierung, Keuschheitsgelübde, Ordensgelübde, Rachegelübde, Geschlechterwechsel, ungehemmtes Ausleben der Sexualität im Vorleben, Machthunger bzw. erfahrene Unterdrückung im Vorleben

Folgende Übungen können helfen:

Lies dir den Blog auf meiner Webseite www.sonjawinkler.at durch und beginne mit einem Artikel in der Rubrik, die dich am meisten anspricht. Bestimmt findet sich dort bereits die eine oder andere Übung, die dir den Alltag erleichtert und dich bei deinem Weiterkommen unterstützt.

Stärke insbesondere deine Herzensweisheit, lies diesbezüglich den Artikel „6 Wege, um Ihr Herzchakra zu stärken" und stärke deine Selbstliebe wie in den Artikeln in der Rubrik „Üben Sie sich in Selbstliebe!" dargestellt. In derselben Rubrik findest du unter anderem auch zahlreiche Meditationsanleitungen. Meditiere regelmäßig, praktiziere zum Beispiel die Herz-, Sonnen- oder Metta-Meditation, um die innere Ruhe und Gelassenheit zu finden.

Schaue gut auf dich und deinen Körper, indem du ihn zum Beispiel mit einer Ölziehkur unterstützt. Eine diesbezügliche Anleitung findest du in der Rubrik „Körperliches Wohlbefinden stärken".

Ho'oponopono und Spiegelarbeit nach Louise Hay helfen dir dabei, den inneren Frieden zu finden. Diesbezügliche Anleitungen findest du in der Rubrik „Verzeihen & Dankbarkeit – Ihr Schlüssel zum Glück". Dir helfen auch die im Artikel „Nützliche Anti-Ärger-Strategien" (siehe Rubrik „Jede Veränderung beginnt in Ihnen") dargestellten Übungen.

Mach dich frei von deiner Vergangenheit und lass sie los! Segne sie und wende die Strichmännchen-Technik nach Jaques Martel an. Du findest sie in der Rubrik „Mehr Lebensenergie = mehr Lebensfreude".

Karmische Muster löse mithilfe der im Artikel „Lösen Sie sich von ehemals geleisteten Eiden & Gelübden" beigefügten Urkunde. Du findest diesen Blogartikel in der Rubrik „Mehr Energie = mehr Lebensfreude". Fülle die Urkunde aus und unterschreibe sie.

Lade deine Batterien regelmäßig in der Natur auf – sie bietet dir in Wahrheit alles, was du brauchst. Im Artikel „Nutzen Sie die Kraft der Natur für sich" in der Rubrik „Mehr Energie = mehr Lebensfreude" findest du ein paar nützliche Anregungen, wie du deine Batterien mithilfe von Bäumen, Steinen, den 4 Elementen etc. aufladen kannst.

Was es bei der Arbeit mit Affirmationen zu beachten gilt, lies bitte im Artikel „Mittels Affirmationen zu mehr Ausgeglichenheit" in der Rubrik „Jede Veränderung beginnt in Ihnen" nach.

Affirmationen:
- Ich gehe aufrichtig durchs Leben.
- Ich bin direkt und liebevoll. Das eine schließt das andere nicht aus.
- Ich lebe meine Herzensenergie.
- Mein Partner ist gleichwertig und verdient meinen Respekt und meine aufrichtige Liebe.
- Ich erlebe eine glückliche und erfüllte Sexualität.

- Ich bekomme jederzeit die Hilfe, die ich brauche.
- Ich bitte mit offenem Herzen um Hilfe.
- Ich sage klar und deutlich, was ich möchte.
- Ich respektiere die Freiheit der anderen.
- Ich achte gesunde Grenzen.

16: Gehe in Demut deinen Weg!

Jeder 16 wohnt im Grunde ihres Herzens ein Hang zur Überheblichkeit inne. Dies kommt nicht von ungefähr, sondern ist karmisch bedingt, hat sie doch einst mithilfe ihres Körpers und ihrer Schönheit ihre Machtposition gehörig missbraucht: Die Mätresse am königlichen Hof, die sich hofieren hat lassen und dabei sogar über Leichen gegangen ist, um das zu erreichen, worauf sie „als Schönste und Beste" sowieso von Anfang an ein Anrecht hatte...

Auch in diesem Leben sind Menschen mit dieser Zahl nach wie vor oft dem Glauben verhaftet, dass ihnen von Geburt an eigentlich ja alles zusteht. Eben nur das Beste ist gut genug für sie! So ist zumindest die Sichtweise dieser Zahl auf der Täterseite: Sie will immer das Erstklassige für sich selbst, nur die beste Qualität ist ihr gerade gut genug! Dies gilt auch für ihre Partnerwahl – solange diese Energie nicht in der Balance gelebt wird, nimmt sie sich bevorzugt nur den, der Rang und Namen hat, „zum Herzeigen" ist und sie auf ihrem Weg irgendwie weiterbringt. Partner werden dann aus Kalkül und nicht aus Liebe gewählt.

Letzterer wird dann auch insofern missbraucht, als Menschen mit einer 16 im Geburtsdatum die Tendenz haben, anderen die Energie abzuziehen, sie zu schwächen, ohne es selber überhaupt zu bemerken. Das Ego kann so mächtig und aufgeblasen sein, dass es über sein Gegenüber einfach hinwegfegt, ohne es jedoch in irgendeiner Weise zu erkennen.

Je größer das Ego, desto tiefer jedoch der Absturz, der früher oder später unweigerlich kommen muss, wenn von dieser Selbstherrlichkeit nicht doch noch Abstand genommen wird.

Das abrupte Aufwachen findet dann meistens in Form von Verlusten und Konkursen, Scheidungen und Trennungen, eben auf die harte Tour statt. Schließlich will bzw. muss das Ego in diesem Leben gekippt werden. Dies funktioniert bei der 16 langfristig jedoch nur über den selbst erlebten und tief empfundenen Schmerz. Erst dann ist sie zu wahren Gefühlen fähig. Erst dann findet sie letztlich zu sich selbst. Mit jeder Katastrophe wird quasi Schicht für Schicht das Ego abgelöst, bis von ihm nichts mehr überbleibt außer tiefes Mitgefühl, Verständnis und Demut. Je mehr an karmischen Ballast diesbezüglich noch im eigenen Informationsfeld aufzuräumen ist, desto heftiger können die diesbezüglichen Lektionen ausfallen.

Der eigene Körper wird auch im jetzigen Leben oft benützt, um letztlich die Beute zu bekommen, der dieser Energiehund gerade hechelnd nachläuft. Der Körper ist der ganze Stolz jeder 16. Altern ist dementsprechend eine große Herausforderung für diese Zahl: Zuzusehen, wie der eigene Körper verfällt macht insbesondere ihr keinen sonderlichen Spaß... Da wird jede Veränderung an der eigenen äußeren Hülle, die noch so kleinste Falte, sofort misstrauisch beobachtet und begutachtet und unter Umständen versucht mit egal welchen Wässerchen, Tinkturen, Wundermitteln und Methoden auszubügeln.

Das Leben einer 16 kann sich insofern äußerst kompliziert gestalten: Vom *„Rollt mir den roten Teppich aus, ich komme!"* bis zur gelebten Demut liegen oft mehrere über- und erlebte kleine und große Katastrophen. Jede Katastrophe dient jedoch der 16 dazu, ihr Ego zu hinterfragen und letztendlich in die Demut, in die Liebe und letztlich das Gefühl zu finden. Die ihr innewohnende 7 (1+6=7) will schließlich in dieser Inkarnation (endlich!) gänzlich besiegt werden!

Hat sich die 16 in Vorleben bzw. auch in diesem Leben allzu oft alles genommen – im Irrglauben, es stehe ihr sowieso zu – schlägt das Schicksal in diesem Leben mit voller Wucht zu. Die 16 wird dann früher oder später zum Unglücksraben und Mitläufer, der sich nichts mehr alleine zutraut und sein Dasein lieber im Hintergrund fristet. Diese Zahl erhält ihre Niederschläge, um an ihnen zu wachsen. Um festzustellen, dass das Leben weit mehr ist, als nur Schall und Rauch. Vielleicht pusht sie dann ja sogar in ihrer eigenen Erleuchtung den einen oder anderen auf seinem Weg, sie jedoch bleibt dann lieber im Hintergrund...

Weder das eine, noch das andere Extrem ist für eine 16 das eigentlich erstrebenswerte Ziel. Dieses liegt wie in allem immer in der Mitte: Diese Zahl sollte lernen, endlich ihren Herzenszielen zu folgen, unbeirrt ihren eigenen Weg zu gehen, diesen jedoch immer in Liebe, Ehrfurcht und Demut beschreiten. Das Ego sollte lernen, sich dem Herzen unterzuordnen. Ist die 16 schließlich in der Lage, dies zu tun und umzusetzen, steht ihr ein schönes und zufriedenes Leben bevor. Das Traurige ist, dass diese Zahl leider oftmals bis ins hohe Alter nur über selbsterlebte und handfeste Katastrophen lernt. Wenn sie die Lektion nicht in diesem Leben lernt, dann jedoch bestimmt im nächsten...

Mit einer 16er Energie im Geburtsdatum wird gerne mit dem Finger nach außen gezeigt und der Schuldige oft im eigenen Familien- und Bekanntenkreis gesucht und auch gefunden. Selber einen Anteil an der einen oder anderen Misere zu haben, das kann und will sich diese Zahl nicht eingestehen: Dafür ist sie schließlich zu perfekt und zu einzigartig, nur all die anderen sind eben „Trottel" und „Vollidioten"...

Jede 16 muss früher oder später lernen, Verantwortung zu übernehmen und selber die Zügel in die Hand zu nehmen, um etwas im Leben zu erreichen. Eigenverantwortung, das ist jedoch etwas, wovor sich die 16 gerne drückt. Je weniger sie bereit ist, etwas auf ehrliche und demütige Weise für sich selbst zu unternehmen, desto schwerer wird sie es haben, desto mehr Schicksalsschläge werden sie ereilen. Dann jagt sie von einer Katastrophe in die nächste, das Bankkonto schrumpft, inklusive dem eigenen Selbstwert. Sie wird dann zum Unglücksraben, der das Unglück an allen Ecken und Enden regelrecht anzuziehen scheint...

Jedoch, nach jeder Katastrophe wieder aufzustehen, das ist die große Stärke jeder 16: Sie sollte keinesfalls liegenbleiben, sondern ihre Kräfte sammeln und ihr Krönchen richten in der Überzeugung, dass auch andere leuchten dürfen!

Fazit: Die Lösung liegt für diese Zahl darin, ihr Ego zu enttarnen und stattdessen ins Gefühl zu finden (1+6=7). Zu lernen, ihr Ego an die zweite Stelle zu setzen und stattdessen ihrem Herzen den Vorrang einzuräumen. Ihre Aufgabe ist erfüllt, sobald sie sich selber besiegt, versteht, verzeiht und vergibt. Jede 16 braucht ein Ziel vor Augen, welches sie ohne zu zögern in Liebe, mit Demut und Respekt vor den anderen unbedingt verfolgen sollte. Dazu gehört jedoch auch, dass sie ihren oftmals schweren Weg unbeirrt annimmt und in jedem Seelenschmerz die eigentlichen Machtspiele ihres Egos erkennt und entsprechend auflöst.

Beispiel Nr. 1:

Max ist 1960 auf die Welt gekommen. Er war in jungen Jahren sowohl privat, als auch geschäftlich sehr erfolgreich. Er hatte reiche Freundinnen, einen guten, toll bezahlten Job, war mit sich eins und auch äußerst überzeugt von sich selbst. Erst mit den Jahren zeigt sich, dass sein Ego überhandgenommen hat: Er macht mit seinem Unternehmen Pleite, sucht den Fehler in der Misswirtschaft der EU, anstatt bei sich selber. Max vernachlässigt außerdem seine Partnerin, nützt sie aus und schwächt sie zusehends mit seinen unbegründeten Schuldzuweisungen.

Er hadert mit seinem Schicksal, anstatt zu reflektieren und sich einzugestehen, bisher doch etwas überheblich durchs Leben gegangen zu sein. Letztlich droht ihm eine Räumungsklage. Erst dann beginnt er zu begreifen, woran es im Leben wirklich ankommt und ergreift die Initiative. Er nimmt sein Leben sprichwörtlich wieder in die Hand und hört auf damit, seiner Familie und Umwelt die Schuld für seine eigene Misere in die Schuhe zu schieben. Er steuert sein Leben ab sofort in eine andere, positivere Richtung, siedelt um und beginnt frohen Mutes sein Leben von vorn.

Beispiel Nr. 2:

Siegfried ist ein erfolgreicher Koch und schreibt zahlreiche Kochbücher. Er leitet ein angesehenes Restaurant, mit dem er jedoch Pleite macht. Kokain und Alkohol prägen seither seinen Alltag. Völlig am Ende und nahe dem Ruin bekommt er nochmals eine Chance umzudenken und eine andere Richtung einzuschlagen: Er besinnt sich seiner eigentlichen Werte und erkennt in Demut, was er eigentlich im Leben hatte und welche Freunde er noch immer hat. Motiviert schreibt er ein neues Kochbuch und beginnt wieder als Koch zu arbeiten. Der Erfolg ist jedoch von kurzer Dauer – zu sehr lastet die Vergangenheit noch auf seinen Schultern, die er glaubt ohne Alkohol nicht loslassen zu können.

Empfehlungen:

Jede 16 sollte sich im Laufe ihres Lebens in Dankbarkeit üben: Nichts ist selbstverständlich im Leben, nichts wird einem umsonst geschenkt, schon gar nicht, wenn einem die Demut hierfür fehlt. Der Weg zum eigenen Glück lässt sich nur finden, wenn die 16 lernt, sich selbst und allen anderen zu verzeihen. Diese Zahl sollte sich verstärkt um ihren Seelenzugang bemühen und auf das Drumherum im Außen keinen großen Wert mehr legen. Freundschaften und Partnerschaften sollten einzig und allein aus Liebe geschlossen werden und nicht, um dem Ego einen Gefallen zu tun.

Sobald die 16 ins Gefühl, in die Herzqualität findet, ihr Ego enttarnt, sich selber zu begreifen beginnt und sich auch ihre Fehler verzeiht, hat sie bereits einen großen Schritt in die Seelenheilung getan. Dann stehen ihr wahrlich alle Türen offen!

Lies dir zum besseren Verständnis auch die Kapitel über die Zahlen 7, 1 und 6 genauer durch.

Fragen, die du dir mit dieser Zahl stellen solltest:

- Bestimmt mein Ego oder mein Herz?
- Wo mache ich mich zu klein und bleibe zu sehr im Hintergrund?
- Was traue ich mir nicht zu?
- Wo lebe ich ohne Gefühl?
- Verletze ich durch mein Gehabe andere?
- Was will mir mein Scheitern (Konkurs, Scheidung, Verlust etc.) sagen?
- Wo bzw. wann nehme ich mich selbst zu wichtig?
- Zeige ich gerne mit dem Finger nach außen und suche die Schuld bei anderen?
- Wann bin ich mitfühlend? Immer, oder nur, wenn es mir gar selber schlecht geht!?

Körperliche Themen und seelische Störungen:

Alkoholismus, Süchte, Egomanie, Herzbeschwerden, Probleme im Solarplexuschakrabereich, Durchblutungsstörungen, Arteriosklerose, Venenprobleme, Krampfadern, Gefühl des Versagens bzw. Versagensängste, Zweifel und Ängste, Verzagen, Unsicherheit, Überheblichkeit, Unverständnis, Neid, Missgunst, Schmerzen im Bereich der Wirbelsäule bzw. Extremitäten

Karmische Muster und Prägungen:

Miasma der Syphilis, Selbstkasteiungsgelübde, Treuegelübde, Obrigkeitsgelübde, Kränkung, Fesselungen, Streckbank, Vierteilung, Machtausübung, Sklavenjochprogrammierung, Pranger

Folgende Übungen können helfen:

Lies dir den Blog auf meiner Webseite www.sonjawinkler.at durch und beginne mit einem Artikel in der Rubrik, die dich am meisten anspricht. Bestimmt findet sich dort bereits die eine oder andere Übung, die dir den Alltag erleichtert und dich bei deinem Weiterkommen unterstützt.

Finde Frieden und in die Demut – schreibe ein Dankbarkeits-ABC. Folge der Anleitung im Blogartikel „Ein Dankbarkeits-ABC hilft in schlechten Zeiten", den du in der Rubrik „Verzeihen & Dankbarkeit – Ihr Schlüssel zum Glück!" findest.
Formuliere deine Ziele und setze sie Schritt für Schritt um. Manifestiere sie mithilfe der Urkunden, die du in der Rubrik „Erreichen Sie Ihre Ziele!" findest.

Befreie dich auch unbedingt von unbewussten Schuldthemen. Was genau ich damit meine und wie das funktioniert kannst du im Artikel „Unbewusste Schuld – häufig verbreitet, jedoch selten erkannt!" in der Rubrik „Jede Veränderung beginnt in Ihnen!" nachlesen. Stärke deine Herzenergie, hebe deinen Selbstwert an und übe dich in Selbstliebe. Diesbezügliche Tipps findest du insbesondere in der Rubrik „Üben Sie sich in Selbstliebe".

Praktiziere regelmäßig Ho'oponopono und wende die Spiegelarbeit nach Louise Hay an. Diesbezügliche Anleitungen findest du in zahlreichen Artikeln in der Rubrik „Verzeihen & Dankbarkeit – Ihr Schlüssel zum Glück!". All das zusammen kann der 16 helfen, ihren Weg in Frieden und Verständnis zu gehen. Mittels Herzübungen und Herzöffnung findet sie schließlich zu sich selbst und ihrem ureigenen Gefühl.

Schenke dir selbst und anderen regelmäßig bedingungslose Liebe. Insbesondere, wenn du selbst im größten Leid gefangen bist, hilft es dir, dich zu fragen, wer da draußen noch mehr Hilfe als du selbst benötigt. Schenke dieser Person ein Lächeln, eine Geste, Liebe – ganz ohne Hintergedanken und Kalkül – und du wirst selber reich beschenkt werden.

Betreibe Abendhygiene (siehe den Artikel „Was nehmen Sie abends mit ins Bett?" in der Rubrik „Jede Veränderung beginnt in Ihnen!") und nimm doch eine „Powerhaltung" ein, falls du gerade mal wieder zum Mitläuferdasein tangierst. Bleibe jedoch gleichzeitig in der Demut und in der Liebe, dann lernst du mit der Zeit die goldene Mitte zu finden und dort auch langfristig zu bleiben. Insbesondere in der Rubrik „Üben Sie sich in Selbstliebe" findest du zahlreiche Tipps und Übungen, die dir mit einer 16 im Geburtsdatum helfen können.

Die 16 lernt nur über Verlust und Niederlagen, sie kann sich jedoch die eine oder andere im Leben ersparen, wenn sie sich auf das besinnt, was wirklich wichtig ist: Liebe, Demut, Vergebung und Dankbarkeit!

Was es bei der Arbeit mit Affirmationen zu beachten gilt, lies bitte im Artikel „Mittels Affirmationen zu mehr Ausgeglichenheit" in der Rubrik „Jede Veränderung beginnt in Ihnen" nach.

Affirmationen:
- Ich kenne mein Ziel und verfolge es in Liebe und Demut.
- Ich gehe meinen Weg ohne andere zu verletzen.
- Ich bin gut so wie ich bin.
- Ich weiß, was ich kann und wer ich bin und muss es nicht im Außen beweisen.
- Demütig folge ich meinem Herzen.
- Mein Herz allein kennt den richtigen Weg.
- Ich vertraue meinem Gefühl.
- Alles, was ich anpacke, wird ein Erfolg.
- Ich schaffe alles, was ich mir vornehme.
- Ich habe das Recht, erfolgreich und glücklich zu sein.

17: Verbinde dich mit der geistigen Welt!

Im Grunde ist diese Zahl eine schöne: Ist und bleibt sie doch zeitlebens eine Schutzzahl. Wünsche und Hoffnungen erfüllen sich in der Regel auch. Dies heißt jedoch beileibe nicht, dass die 17 immer glücklich und zufrieden durchs Leben schreitet, keineswegs! In Vorleben hatte sie bereits Zugang zur kosmischen Welt. Aus welchen Gründen auch immer hat sie diesen einst jedoch missbraucht. Damals hat ihre Gier nach Macht (1+7=8) überhand genommen und sie von ihrem Herzensweg abkommen lassen...

Seither plagen sie entsprechend große Zweifel: Diese Angst, auch in diesem Leben wieder in die Negativität abzurutschen, hindert sie heute oftmals unbewusst daran, aufrecht und voller Taten-drang durchs Leben zu gehen. Sie fühlt sich stattdessen hilflos und im Stich gelassen. Dies ist im Grunde nur ein Ausdruck hierfür, dass sie sich damals bewusst von der geistigen Welt abgetrennt hat. Dabei wäre es für jede 17 im Grunde doch so einfach: Sie braucht nur bewusst den Kontakt zur geistigen Welt suchen und (wieder) herstellen! Siebzehn Engel stehen allzeit bereit, um ihr auf ihrem Weg zur Seite zu stehen, ihr bei allem zu helfen und sie bei all ihren Projekten zu unterstützen. Sie machen dies sogar ungefragt...

Die Hilfe kann spürbar immer und überall vorhanden sein, nur merkt es diese Zahl nicht, wenn sie die Energie eher auf der Opferseite auslebt: Dann hat die 17 das Gefühl, alles alleine stemmen zu müssen und empfindet einen Mangel an Unterstützung in ihrem Umfeld. Große Zweifel plagen sie dann. Sie zaudert und ersucht andere um Antworten auf all ihre Fragen – insbesondere fragt sie dann gerne spirituelle Berater um Rat. Dabei trägt sie doch all die nötigen Zugänge für dieses Wissen in sich selbst!

Die Lösung liegt für diese Zahl darin, sich wieder bewusst für die geistige Welt zu öffnen, sich wieder ganz bewusst an die Urquelle anzubinden und den kosmischen Gesetzen zu folgen. So findet sie langsam das Vertrauen wieder – zu sich selbst und der Welt – und kann es entsprechend positiv im Alltag umsetzen und leben.

Einsam und hilflos ist und bleibt sie nur, solange sie sich selber von der Urquelle abtrennt und abspaltet. Niemand von uns ist in Wahrheit jemals von der geistigen Welt abgeschnitten. Sie ist immer da und bereit, uns zu unterstützen. Der Schlüssel zum Vertrauen ist wie immer im eigenen Herzen zu suchen und auch zu finden. Diese Zahl fühlt sich nur ungeliebt und einsam, solange sie noch im Verstand (7!) und noch nicht im Herzen zuhause ist.

Hilfe ist demzufolge auch für jede 17 immer da, sie braucht nur darum zu bitten und es wird getan. Wie heißt es so schön auch in der Bibel, im Buch Matthäus Vers 7: *„Bittet, so wird euch gegeben; suchet, so werdet ihr finden; klopfet an, so wird euch aufgetan."* Dies gilt insbesondere für die 17!

Fazit: Diese Zahl hat es sich in diesem Leben zur persönlichen Lernaufgabe gemacht zurück in die Liebe, in die Einheit und Verbundenheit zu finden. Das Gefühl der Einsamkeit und Trennung kann sie nur ereilen, wenn sie sich von der geistigen Welt abgespalten hat. Menschen mit dieser Zahl sollten also beginnen, wieder ganz bewusst – in Liebe und Dankbarkeit – den Kontakt zu Engeln und der geistigen Welt herzustellen und zu suchen.

Beispiel Nr. 1:

Konrad mit einem 17er Lebensthema fällt mit 24 in eine Gletscherspalte, aus der er sich – trotz zahlreicher gebrochener Brustwirbel und lädierter Schulter – wieder von alleine befreien kann. Dies ist das perfekte Beispiel für eine 17 auf der Täterseite: Alles funktioniert und geht letztlich immer gut aus und findet somit ein positives Ende!

Beispiel Nr. 2:

Kornelia mit einer Körperzahl 17 verzweifelt an ihrer Situation und glaubt, immer alleine im Regen zu stehen. Erst als sie beginnt, bewusst mit den Engeln zu kommunizieren und sie um Hilfe bittet, wird ihr Leben um einiges leichter und sie schafft es, Schritt für Schritt immer mehr zur inneren Ruhe zu finden. Erstmals in ihrem Leben macht sie die Erfahrung, dass sie auch in ihrer Familie einen wahren Halt hat.

Empfehlungen:

Jeder 17 ist angeraten, bewusst mit ihrem Geistführer bzw. Schutzengel kommunizieren zu beginnen und die geistige Welt um Hilfe zu bitten. Über Herzübungen lernt diese Zahl, wieder zu vertrauen und zu realisieren, dass alles miteinander verbunden ist und sie im Grunde ja immer die nötige Unterstützung findet, die sie gerade braucht.

Lies zum besseren Verständnis dieser Zahl auch die Kapitel über die 8,1, und 7 genauer durch.

Fragen, die du dir mit dieser Zahl stellen solltest:
- Habe ich das Vertrauen zu Gott (zum Schöpfer, zur Urquelle...) verloren?
- Glaube ich an Engel?
- Bin ich wirklich allein, um alles meistern zu müssen?
- Wo bzw. wann und wieso habe ich mich von Gott getrennt?
- Vertraue ich meiner inneren Stimme?
- Wen könnte ich um Hilfe bitten?
- Gebe ich mir selbst die Unterstützung, zu der ich fähig bin?
- Fühle ich mich einsam und ungeliebt?
- Bin ich wirklich so einsam und verlassen, wie ich glaube!?

Körperliche Themen und seelische Störungen:

Bandscheiben-, bzw. Wirbelsäulenprobleme, Osteoporose, Schmerzen, Depression, Ängste, Unsicherheit, Adipositas, Zahnausfall bzw. Zahnbeschwerden

Karmische Muster und Prägungen:

Sklavenjochprogrammierung, Obrigkeitsgelübde, Verschwiegenheitsgelübde, Armutsgelübde, Ordensgelübde, Pranger, Machtüberanspruch

Folgende Übungen können helfen:

Lies dir den Blog auf meiner Webseite www.sonjawinkler.at durch und beginne mit einem Artikel in der Rubrik, die dich am meisten anspricht. Bestimmt findet sich dort bereits die eine oder andere Übung, die dir das Leben erleichtert und dich in deinem Alltag, bei deinem Weiterkommen unterstützt.

Die Hauptaufgabe der 17 liegt darin, sich selbst und dem Universum Vertrauen zu schenken. Dies schafft sie am besten, wenn sie täglich meditiert und sich bewusst mit der geistigen Welt verbindet – durch Gebet, in der Natur, mithilfe von Meditationen oder Atemübungen.

Lies dir insbesondere die Anleitungen zur Metta-Meditation, der Herzmeditation und wie du dein Herzchakra stärken kannst in der Rubrik „Üben Sie sich in Selbstliebe" durch.

Im Blogartikel „3 Übungen, die Sie sofort mit positiver Energie aufladen" findest du weitere hilfreiche Übungen für dich. Unter-schreibe auch die Urkunde zum Auflösen karmischer Muster und Prägungen im Blogartikel „Lösen Sie sich von ehemals geleisteten Eiden & Gelübden". Beide Artikel findest du in der Rubrik „Mehr Energie = mehr Lebensfreude".

Praktiziere ein oder zwei der im Artikel „Mit dem richtigen Start gut in den Tag" aus der Rubrik „Körperliches Wohlbefinden stärken" beschriebenen Übungen regelmäßig.

Was es bei der Arbeit mit Affirmationen zu beachten gilt, lies bitte im Artikel „Mittels Affirmationen zu mehr Ausgeglichenheit" in der Rubrik „Jede Veränderung beginnt in Ihnen" nach.

Affirmationen:

- Alles kommt zu mir zur rechten Zeit.
- Ich bekomme immer die Unterstützung, die ich brauche.
- Mir wird geholfen.
- Ich erfahre die richtige Unterstützung zum richtigen Zeitpunkt.
- Zum richtigen Zeitpunkt wird mir geholfen.
- Siebzehn Engel beschützen mich Tag und Nacht.
- Ich bin sicher und geborgen.
- Hilfe wird mir immer und überall zuteil.
- Mir wird immer und überall die Unterstützung zuteil, die ich gerade brauche.

- Alles findet ein gutes Ende.
- Ich lege mein Leben vertrauensvoll in Gottes Hände.
- Ich bin ein Teil von Allem, was ist.
- Das Leben liebt mich. Es unterstützt und fördert mich auf jede nur mögliche Weise.

18: Sei authentisch!

Die 18 tanzt zeitlebens auf der Bühne der Lüge, Manipulation und des Betrugs. Auf der Täterseite ausgelebt heißt dies, dass diese Zahl gerne andere hinters Licht führt. Sie lügt und betrügt wie gedruckt, nimmt es mit der Wahrheit nicht allzu genau, dreht und wendet Geschehnisse so, wie sie es gerne hätte, um letzten Endes selber immer gut dazustehen. Der eigene Vorteil ist wichtig und das Ego ist immens groß. Die 18 fühlt sich mächtig und im Recht. Den vorhandenen inneren Druck löscht sie dann gerne mal mit dem einen oder anderen Gläschen oder greift gar zu Drogen.

Aufrichtigkeit und Authentizität sind Fremdworte, wenn auch die 18 sich selten bewusst ist, es nicht zu sein. Schließlich ist sie meistens von dem überzeugt, was sie so alles von sich gibt und sich selten bis gar nicht bewusst, es mit der Wahrheit nicht allzu genau zu nehmen bzw. nicht authentisch zu sein...

Selbst auf der Opferseite wird die Wahrheit weiterhin verschleiert, in dem sich diese Zahl Dinge eben gerne schönredet. Sie erschafft sich ihre eigene Realität, die mit den gegebenen Umständen nicht immer übereinstimmt. Sie lebt in der Illusion, konstruiert sich mit ihrer Fantasie eine Traumwelt, aus der sie nicht mehr aufwachen will. Sieht Zeichen, wo es gar keine gibt. Interpretiert Sachen in das Verhalten der anderen, die nicht der Wahrheit entsprechen. Zu sehr schmerzt sie das eigene Leben, ihr Alltag, in dem sie gefangen ist und dem sie so entfliehen möchte. Sie will bzw. kann der Wahrheit nicht ins Auge blicken. Diese scheint hinter einem undurchdringbaren Nebel geradezu verschleiert... Neptun lässt grüßen.

Je unaufrichtiger sie durchs Leben geht, desto wahrscheinlicher hat sie selbst mit Streitigkeiten vor Gericht und Behörden zu tun. Die 18 führt oft lange Prozesse vor Gericht, um für ihr Recht zu kämpfen, oftmals jedoch auf verlorenen Posten, je nachdem, wie sie die Zahl letztendlich selber umsetzt bzw. in Vorleben gehandhabt hat. Menschen mit dieser Zahl werden, auch wenn sie selber nichts mit Betrug am Hut haben, selbst oft bestohlen, betrogen und ausgeraubt.

Beginnt dieser Energiehund jedoch, der eigenen Wahrheit tapfer ins Gesicht zu blicken und diese – wenn es auch manchmal unangenehm erscheint – offen und ehrlich auszudrücken, beginnt sich das Blatt langsam zu wenden. Hinweise in Form von Anklagen und Diebstählen etc. sind dann nicht mehr vonnöten, das eigene Lernthema endlich zu erkennen und positiv umzusetzen.

Auch die 18 trägt – wie jede andere Zahl – ebenso die Kraft zur positiven Umsetzung in sich. Beginnt sie die eigene Aufrichtigkeit Tag für Tag zu leben und authentisch zu agieren, stehen ihr ab diesem Moment alle Türen offen, ein von Betrug und Gerichtswesen fernes Leben zu führen. Hört sie auf, andere hinters Licht zu führen und sich selber etwas vorzumachen, wird sie umgekehrt selbst nicht mehr manipuliert und betrogen werden.

Sie hat dann das Potenzial – mit der 1 und der 8 im Gepäck – machtvoll für andere zu sein. Krankenschwester, Pfleger, Arzt, Richter, Kriminalbeamter, Drogenfahnder, Feuerwehrmann etc. sind berufliche Möglichkeiten für jede 18, sie auf die richtige Spur zu bringen: Mithilfe des passenden Berufs kann sie sich von karmischen Altlasten befreien und ihr eigenes Leben gestaltet sich automatisch etwas leichter.

Betrüger, Krimineller, Heiratsschwindler, Drogendealer etc. wären nur die Kehrseite der Medaille und der Ausdruck eines extremen 18er-Täters. Entscheidet sie sich für diese Seite, wird sich ihr Leben bestimmt alles andere als langweilig gestalten, nur der vorhandene Druck wird dann vermutlich in einem noch größeren Alkohol- und Drogenkonsum und früher oder später im eigenen Scheitern enden...

Egal, auf welcher Seite die 18 gerade marschiert, die Lösung für sie liegt darin, zur eigenen Wahrheit zu finden und auch zu stehen. Zu lernen, diese – in egal welcher Situation und welchen Umständen auch immer – mutig zum Ausdruck zu bringen, ohne Rücksicht auf Verluste. Dies bedeutet letztlich Eigenverantwortung zu übernehmen, für all ihre Gedanken und Handlungen. Beginnt die 18 ehrlich zu sein und bleibt sie es auch, hat sie bereits alles gewonnen.

Um dies jedoch zu erreichen, sollte sie beginnen zu hinterfragen, was sie letztlich daran hindert, zur eigenen Wahrheit zu stehen. *Ist es die Angst, bloßgestellt zu werden, die Verlustangst oder die Angst, verletzt bzw. bestraft zu werden? Die Angst, andere zu verletzen und auf den Schlips zu treten oder gar die „Harmonie" zu stören?*

Nur durch Klärung dieser Fragen ist diese Zahl in der Lage, die vorhandene Angst abzustreifen und zu sich selbst stehen zu lernen. Als Opfer sucht sie die Schuld oftmals am falschen Ort, nämlich bei sich selbst... Im Grunde möchte diese Zahl ja wahrhaftig sein, nur fällt ihr das Aussprechen der Wahrheit oftmals mehr als schwer. Letzteres bedeutet nämlich, dass sie Verantwortung für sich, ihre Worte und Taten übernimmt. Davor drückt sich die 18 jedoch oft und gerne, will sie sich doch keinesfalls selbst angreifbar machen und ins Zentrum des Geschehens rücken. Also hält sie manches Mal doch lieber den Mund, schaut weg und flüchtet sich gar in die Sucht, die scheinbar alles besser macht...

Freundschaften sind ein weiteres Lernthema dieser Zahl: Übergerecht und ehrlich wie sie sein kann, verlangt sie ihrerseits Ehrlichkeit und authentisches Verhalten. Das kann sie die eine oder andere Freundschaft kosten, wenn sie es damit zu sehr auf die Spitze treibt. Sie sollte stattdessen lernen, bei sich selbst nach diesen blinden Flecken zu suchen und sie wird bestimmt auch da fündig werden! Jedes unehrliche und ungerechte Verhalten im Außen ist nur ein Spiegel ihres eigenen inneren Defizits, das es noch zu lösen gilt. Es wäre keine Lösung, die ihr präsentierte Unehrlichkeit einfach kommentarlos lächelnd zu übergehen. Oftmals liegt diese eben doch in einer gesunden Konfrontation, jedoch sollte sie immer auch sich selbst dabei im Spiegel betrachten...

Jede 18 hat in vergangenen Leben andere durch ihr falsches und unehrliches Verhalten verletzt bzw. sogar zu Tode kommen lassen. In diesem Leben möchte sie es um einiges besser machen, selbst, wenn ihr authentisches und wahrheitsliebendes Auftreten noch immer nicht gerade leichtfallen.

Fazit: Die große Lernaufgabe dieser Zahl liegt vor allem darin, der (eigenen) Wahrheit zum Ausdruck zu verhelfen, sie ohne Angst zu leben und den Selbstbetrug aufzugeben. Es gilt, diesen blinden Fleck im Leben, der sie immer wieder von der Wahrheit trennt, zu finden und die dahinterstehende Angst aufzulösen. Dann ist sie fähig, authentisch zu sich zu stehen und ohne Furcht vor Konfrontation die richtigen Entscheidungen zu treffen und entsprechende Handlungen zu setzen.

Beispiel Nr. 1:

Edith mit der Körperzahl 18 lebt schon seit Jahren in einer eher unglücklichen Beziehung. Ihr Partner trinkt, was besonders zu Vollmondzeiten für sie zur großen Last wird, da sich dann der Alkoholkonsum ihres Freundes ins Unermessliche steigert und er infolge zu Mr. Hyde mutiert. Sie ist jedoch nicht fähig einen Schlussstrich zu ziehen und die Beziehung zu beenden, da sie sich schuldig fühlt und sich einredet, dass er es doch eines Tages schaffen wird, mit dem Trinken aufzuhören...

Beispiel Nr. 2:

Sabine, geboren 1953 ist bereits seit einiger Zeit Dauerkundin beim Schönheitschirurgen. Die Frage, ob sie sich in ihrem Leben bereits Schönheitsoperationen unterzogen hätte oder Botox gespritzt sei, negiert sie sofort und behauptet, dass an ihr „alles echt" wäre.

Empfehlungen:

Jede 18 sollte lernen, selbst in scheinbar bedeutungslosen Situationen wahrhaftig zu sein. Menschen mit einer 18 haben die Tendenz, die Wahrheit nicht aussprechen zu wollen, sei es um andere nicht zu brüskieren oder zu verletzen. Dabei vergessen sie, dass gerade ihr authentisches Verhalten oft auch ein überaus hilfreicher Weckruf für das Gegenüber sein kann.

Wenn also das nächste Mal der Kellner beim Abräumen höflich fragt, ob es geschmeckt hat, ist die 18 aufgerufen, ehrlich zu antworten und nicht automatisch mit einem „Ja!" zu antworten. Sie sollte lernen, dass man auch auf freundliche und angenehme Art und Weise ehrlich sein kann, ohne andere automatisch durch ihre Kritik verletzen zu müssen. Kritik kann in Wahrheit auch äußerst konstruktiv sein!

Lies dir zum besseren Verständnis auch die Ausführungen zu den Zahlen 9, 1 und 8 genauer durch.

Fragen, die du dir mit dieser Zahl stellen solltest:

- In welchen Situationen schaffe ich es nicht, die Wahrheit auszusprechen?
- Bin ich wahrhaftig?
- Wo will ich der Wahrheit nicht ins Auge blicken?
- Wovor habe ich im Innersten große Angst?
- Spreche ich immer das aus, was mir am Herzen liegt?
- Welche Ängste blockieren mich?
- Wann bzw. wem gegenüber fühle ich mich schuldig?
- Wann setze ich die rosarote Brille auf?
- Was lasse ich nicht an mich heran?
- Wovor laufe ich im Grunde weg?

Körperliche Themen und seelische Störungen:

Gelenksprobleme (Knie, Hüften, Schulter...), Arthritis, Rheuma, Polyarthritis, Verstauchungen, Augenprobleme, Suchtthemen, Hörprobleme, Blutdruckbeschwerden

Karmische Muster und Prägungen:

Schweigegelübde, Blendung, Vierteilung, Gliedmaßen abschlagen, Köpfen, Erstechen, Erschießen...

Folgende Übungen können helfen:

Lies dir den Blog auf meiner Webseite www.sonjawinkler.at durch und beginne mit einem Artikel in einer beliebigen Rubrik, der dich als Erstes anspricht. Bestimmt finden sich dort bereits die einen oder anderen Übungen, Anregungen und Hinweise, dein Leben zum Positiven zu verändern.

Insbesondere die Spiegelarbeit nach Louise Hay (du findest sie in der Rubrik „Verzeihen & Dankbarkeit – Ihr Schlüssel zum Glück") und die Spiegelgesetz-Methode nach Christa Kössner (siehe in der Rubrik „Jede Veränderung beginnt in Ihnen!") helfen dir, den eigenen blinden Fleck zu erkennen.

Diese Zahl sollte sich im Verzeihen (lies dir den entsprechenden Artikel über Ho'oponopono in der Rubrik „Verzeihen & Dankbarkeit – Ihr Schlüssel zum

Glück!" durch) üben und damit in erster Linie bei sich selbst anfangen. Herz-übungen helfen ihr, sich auf das zu besinnen, worauf es wirklich im Leben an-kommt: Das Herz liebt bedingungslos und lügt niemals! Es kennt die Wahrheit und setzt sich auch für sie ein. Du findest entsprechende Tipps und Übungen in der Rubrik „Üben Sie sich in Selbstliebe".

Wende die Strichmännchen-Technik nach Jaques Martel (siehe gleichnami-gen Artikel in der Rubrik „Mehr Energie = mehr Lebensfreude") an, um dich be-wusst von der Lüge und dem Betrug in deinem Leben und Alltag abzukappen.

Befreie dich von unbewusster Schuld. Der Artikel: „Unbewusste Schuld: häu-fig verbreitet, jedoch selten erkannt!" in der Rubrik „Jede Veränderung beginnt in Ihnen" gibt dir nähere Aufschlüsse, was darunter gemeint ist und wie du sie loswerden kannst. Löse den inneren Druck, indem du von falschen Mustern los-lässt (Lies insbesondere den Artikel: „Wer loslässt, hat zwei Hände frei" in der Rubrik „Jede Veränderung beginnt in Ihnen!") und stärke deinen Selbstwert. Wie du das machen kannst, erfährst du in zahlreichen Artikeln in der Rubrik „Üben Sie sich in Selbstliebe".

Beginne jeden Tag damit, Morgenseiten zu schreiben wie im Artikel „Mit dem richtigen Start gut in den Tag" in der Rubrik „Körperliches Wohlbefinden stärken" erläutert und werde dir dadurch mit der Zeit über deine innersten Be-dürfnisse und Herzenswünsche klar. Finde mithilfe der Natur in die Ruhe und Kraft. Entsprechende Hinweise findest du im Artikel „Nutzen Sie die Kraft der Natur für sich!", den du in der Rubrik „Mehr Energie = mehr Lebensfreude" nachlesen kannst.

Besinnt sich die 18 auf diese Werte und bemüht sie sich selbst in den kri-tischsten Momenten ehrlich zu sein, wird sie sich emotional ausgeglichener füh-len und leichter ihren Weg beschreiten.

Was es bei der Arbeit mit Affirmationen zu beachten gilt, lies bitte im Artikel „Mittels Affirmationen zu mehr Ausgeglichenheit" in der Rubrik „Jede Verände-rung beginnt in Ihnen" nach.

Affirmationen:

- Ich bin wahrhaftig und ehrlich.
- Liebevoll bringe ich die Wahrheit zum Ausdruck.
- Geradlinig gehe ich meinen Weg.
- Ich spreche mutig aus, was mir am Herzen liegt.
- Ich bin frei von Angst.
- Ich denke und spreche aus bzw. mit dem Herzen.
- Das Herz liegt mir auf der Zunge.
- Ich bin ehrlich zu mir selbst und zu den anderen.

19: Trau dich, groß zu sein!

Die 19 hat es eigentlich gut auf Erden und im Grunde keinen Grund zur Klage. Kein Wunder, ist diese Zahl auch eine Schutzzahl. Ihr Leben gestaltet sich in der Regel äußerst positiv, egal, was sie anpackt, sie hat Erfolg damit. Intelligent, wie sie ist, kann sie sich auf sich selbst verlassen. Sie ist – wie wir alle – hier, um aus der vom Universum immer und jedem zur Verfügung gestellten Fülle zu schöpfen. Sie schafft dies auch, indem sie ihre Kreativität nutzt. Und die 19 ist sehr kreativ, sie hat immer neue Ideen und findet für jedes Problem eine passende Lösung. Sie kann auf jede Situation positiv reagieren und auch das Beste aus jeder Situation hervorholen. Deswegen fehlt ihr auch jegliches Verständnis für diejenigen, die nicht so erfolgreich durchs Leben gehen können. Der Erfolg ist ihr eben sicher. Soweit die Täterseite.

Oft fehlt ihr jedoch das richtige Augenmaß für ihre Leistungen, ihre Ansprüche sind hoch und oftmals kann sie sich nicht eingestehen und sehen, was sie schon alles geleistet und vollbracht hat. Dann bleibt sie unzufrieden zurück, unzufrieden mit sich selbst und der Welt.

Dieser Energiehund kann sehr dominant sein. Geldsorgen hat er in der Regel nicht, denn das nötige Geld ist in den allermeisten Fällen vorhanden und auch gleichzeitig Ausdruck des Selbstwerts, der ihm in den wenigsten Fällen gänzlich fehlt.

Der einzig große Fehler der 19 liegt also darin, trotz aller Fülle unzufrieden durchs Leben zu gehen bzw. die eigene Fülle erst gar nicht zu leben. Dies passiert zum Beispiel, wenn sie sich von anderen, insbesondere einem Partner bzw. Ehemann abhängig macht. Geschieht Letzteres, wird und kann diese Zahl keine Erfüllung finden, selbst dann nicht, wenn sie weiterhin aus dem Vollen schöpfen kann und der Partner sie auf Händen trägt.

Menschen mit dieser Energie sind dazu aufgerufen, ihre eigenen Brötchen zu backen und sich nicht den Reichtum über einen Partner oder Dritten zu holen. In anderen Worten, gelangt die 19 zum Beispiel über eine Heirat zu Wohlstand, ohne jedoch selber Geld zu verdienen, wird und kann sie auf Dauer nicht ihr Glück finden. Es wird ihr im tiefsten Inneren immer etwas fehlen. Sie braucht die Anerkennung (1+9=10), die sie sich nur geben kann, wenn sie selbst sich die

Fülle erschafft. Traut sie sich diesen Schritt in die eigene Unabhängigkeit und Größe hingegen aus welchem Grund auch immer zeitlebens nicht zu, kann sie selbst ihren schönsten Lebensabend nicht richtig genießen.

Die Fülle ist im Grunde für uns alle vorhanden, sie sollte jedoch insbesondere von der 19 kreativ genützt und umgesetzt werden!

Selbst, wenn die 19 finanzielle Krisen erleidet, gehört sie zu den ersten, die wieder positiv daraus hervorgehen können: Diese Zahl hat nämlich den nötigen Ideenreichtum und die Kraft, ihre Ziele zu verwirklichen und in die Tat umzusetzen. Die einzig große Hürde besteht eben darin, dies einfach anderen zu überlassen und nicht ins eigene Tun, in die Eigenverantwortung zu kommen. Übernimmt diese Zahl jedoch Verantwortung, stehen ihr alle Türen offen und einem Leben in Wohlstand & Glück nichts im Wege!

Diese Zahl ist nicht umsonst eine Schutzzahl: Im Grunde mangelt es ihr zeitlebens an nichts, ob sie sich dessen bewusst ist oder nicht, sprich, ob sie die Fülle auch wirklich erkennt und leben kann, steht jedoch auf einem anderen Blatt.

Fazit: Die Lösung einer jeden 19 liegt darin, Verständnis – für sich und die anderen – aufzubringen. Sie kann nur aus dem Vollen schöpfen, wenn sie sich bewusst ist, was sie alles leistet und zu tun imstande ist. Erst dann findet sie Zufriedenheit. Letztere ist ein unbedingtes Muss, um ihren immensen Ideenreichtum konstruktiv umzusetzen. Bleibt sie hingegen innerlich unzufrieden, blockiert sie sich nur selbst und hadert unnötigerweise mit dem Schicksal.

Beispiel Nr. 1:

Sieglinde hat die Körperzahl 19. Sie heiratet in jungen Jahren. Ihr Mann vergöttert sie und lässt sie über alle Geldmittel frei verfügen. Im Laufe der ersten Ehejahre trägt sie sich mit den Gedanken, eine Lehre zu beginnen bzw. Zahnärztin zu werden. Es bleibt jedoch beim Wunschgedanken, da diese zeitlebens von ihr nicht realisiert werden. Mit zunehmendem Alter kann sie das Leben immer weniger genießen und wird depressiv.

Beispiel Nr. 2:

Robert ist auf einem 19. auf die Welt gekommen. Er ist sehr flexibel und kreativ und findet für jede noch so herausfordernde Situation eine passende Lösung. Geldmangel hat er keinen, weil er offen für Neues ist und jede Chance gleich ergreift und nützt.

Empfehlungen:

Beginne verständnisvoller in die Welt zu blicken, denn nicht jeder bringt die gleichen Voraussetzungen im Leben mit. Übe dich in Dankbarkeit und stärke dadurch deine innere Zufriedenheit. Vertraue dem Fluss des Lebens und deinem Potenzial, das dir gottgegeben ist und nutze es auch kreativ. Verdiene dein eigenes Geld, backe deine eigenen Brötchen – Kopien gibt es schon zu genüge auf der Welt: Du bist ein Unikat und solltest dies der Welt auch zeigen!

Lies zum besseren Verständnis auch die Kapitel über die Zahlen 10, 9 und 1 genauer durch.

Fragen, die du dir mit dieser Zahl stellen solltest:

- Wo mache ich mich selber zu klein?
- Lebe ich mein volles Potenzial?
- Wo will ich nicht hinsehen?
- Bin ich zu bequem/faul?
- Gebe ich mir selbst den Wert, der mir zusteht?
- Brauche ich die Anerkennung von außen?
- Schätze ich mich selbst?
- Blicke ich geringschätzig auf „Loser" herab?

Körperliche Themen und seelische Störungen:

Minderwertigkeitskomplexe, Suchtthemen, Schmerzen, Unfälle, Selbstwertthemen, Helfersyndrom

Karmische Muster und Prägungen:

Sklavenjochprogrammierung, Armutsgelübde, Bußgelübde, Ordensgelübde, Obrigkeitsgelübde, Pranger

Folgende Übungen können helfen:

Beginne im Blog auf meiner Webseite www.sonjawinkler.at zu stöbern und starte mit einem Artikel in einer beliebigen Rubrik, der dich sofort anspricht. Bestimmt findet sich dort bereits die eine oder andere Übung, Anregungen und Hinweise, deinen Lebensweg ab sofort leichter zu gestalten.

Stärke deinen Selbstwert (siehe in der Rubrik „Üben Sie sich in Selbstliebe") und arbeite mit entsprechenden Affirmationen. Was es bei der Arbeit mit Affirmationen zu beachten gilt, lies bitte im Artikel „Mittels Affirmationen zu mehr Ausgeglichenheit" in der Rubrik „Jede Veränderung beginnt in Ihnen" nach.

Im Artikel „Klopfen Sie Ihren Stress doch einfach weg" in derselben Rubrik erfährst du, wie einfach das möglich ist, sich von negativen Emotionen zu befreien. Du kannst diesbezüglich auch die Strichmännchen-Technik nach Jaques Martel nutzen. Was es mit dieser Methode auf sich hat und wie genau sie funktioniert kannst du in der Rubrik „Mehr Energie = mehr Lebensfreude" nachlesen.

Setze dir bewusst neue Ziele. Näheres darüber findest du in der Rubrik „Erreichen Sie Ihre Ziele!". Unterschreibe zudem die Urkunde Gerhard Klügls, um karmische Muster loszuwerden (Details hierfür findest du im Artikel „Lösen Sie sich von ehemals geleisteten Eiden & Gelübden" in der Rubrik „Mehr Lebensenergie = mehr Lebensfreude").

Lasse deine Erwartungen los, zum Beispiel mithilfe des Wassers. Entsprechende Tipps bekommst du im Artikel „Wer loslässt, hat zwei Hände frei" in der Rubrik „Jede Veränderung beginnt in Ihnen".

Du kannst stattdessen auch mit der bereits oben erwähnten Strichmännchen-Technik nach Jaques Martel arbeiten, indem du Negatives abkoppelst. Erschaffe dir selbst ein Leben, mit dem du zufrieden bist und auf das du stolz sein kannst!

Affirmationen:

- Ich bin wertvoll.
- Kreativität hilft mir aus jeder noch so verzwickten Situation!
- Ich bin ein Magnet für Reichtum und Wohlstand.
- Ich schöpfe aus der unendlichen Quelle.
- Ich habe zu jeder Zeit das, was ich brauche.
- Alles, was ich anpacke wird zu Gold.
- Alles, was ich anpacke, wird ein Erfolg.
- Das Geld liegt auf der Straße, ich brauche es nur aufzuheben.
- Ich ziehe Reichtum in jeder Form an.
- Ich schaffe alles, was ich mir vornehme.
- Ich habe das Recht, erfolgreich und glücklich zu sein.
- Ich bin es wert, ein Leben in Reichtum, Liebe, Freude und Glück zu führen.

20: Befreie dich von deinen Verlustängsten!

Die Chancen, mit einer 20 im Geburtsdatum zu sammeln und zu horten sind immens groß. Schließlich hat jede 20 in ihrem Innersten regelrechte Angst davor, gar nichts mehr zu besitzen. Da wird als Kompensation schnell mal bei einem Angebot zugeschlagen. Es finden sich entsprechend viele Schnäppchenjäger mit dieser Zahl als Lernthema. Sie kaufen dann nicht nur ein T-Shirt, sondern gleich mehrere auf einmal. Falls die Finanzlage eine bessere ist, stehen gleich mehrere Porsche oder Harleys in der Garage...

Im Hintergrund lauert eben diese Angst, zu wenig zu haben und im Leben generell zu kurz zu kommen. Hinter dieser Versorgungsangst steht jedoch in Wahrheit die eigentliche Angst vor dem Tod: Wer nichts mehr zu beißen hat, der stirbt früher oder später an Hunger... So sind die Kästen und Vorratsschränke, falls es die eigene Geldbörse eben zulässt, immer gut gefüllt.

Im anderen Extrem lebt die 20 zu sehr in der Zuversicht, dass ihr alles zur rechten Zeit – quasi von allein – zufällt. Wie eine Klosterschwester, die einzig durch Beten alles zu erreichen glaubt. Die 20 muss dabei nicht unbedingt religiös durchs Leben gehen, jedoch finden sich mit dieser Zahl viele Menschen, die im tiefsten Vertrauen in den Tag hineinleben und keinerlei Bedürfnis haben, sich mit Materie – in Form von Gegenständen und Besitztümern – zu umgeben. Die Folge ist oft ein karges Leben, wie das einst eines Klosterbruders oder einer Klosterschwester.

Bleibt die 20 hingegen auf der Täterseite stecken, zeigt sie oft das Verhalten eines Messies: Nichts wird weggeworfen, alles gehortet und im eigenen Keller, Dachboden, Garage, Werkstatt bzw. Scheune verstaut, bis alles förmlich überquillt. Der Grund ist wie vorhin bereits erklärt, dass im Unterbewusstsein die große Angst herrscht, alles zu verlieren und eines Tages völlig nackt dazustehen.

Wird diese Verlust- und Versorgungsangst zeitlebens nicht überwunden, zerrinnt ihr jedoch – oder gerade deswegen – sprichwörtlich das Geld zwischen den Fingern. Pleiten, Konkurse, ein Minus auf dem Spar- bzw. Gehaltskonto sind dann quasi vorprogrammiert. Die Aufgabe liegt darin verstehen zu lernen, dass das Universum im Grunde immer alles reichlich zur Verfügung stellt und somit jeder – mit ein wenig persönlichem Einsatz – Zugang dazu hat.

Im Grunde hat jede 20 ein gutes Gespür, denn ihr Instinkt und ihre Intuition arbeiten in der Regel auf Hochtouren. Oftmals verstummt jedoch diese innere Stimme bzw. wird der erste – richtige Gedanke – später dann vom Verstand zum Schweigen gebracht. Diese Zahl sollte lernen, auf ihre innere Stimme zu horchen und ihr zu vertrauen, dem ersten Impuls zu folgen und nicht den späteren Zweifeln nachzugeben. Sie ist aufgefordert, das Himmlische mit dem Irdischen zu verbinden: Die innere Stimme – die ihres höheren Bewusstseins – in der Materie zu verwirklichen und umzusetzen.

In anderen Worten sollte diese Zahl zeitlebens lernen, das Göttliche in ihr auf der materiellen Ebene zum Ausdruck zu bringen, fest verwurzelt auf der Erde sich dem Himmlischen zu öffnen. Die Verbindung vom Kronen- zum Wurzelchakra vereint beides auf wunderbare Weise. Geld ist dabei nichts anderes als eine Form von Energie, die im Fluss bleiben sollte. Diese Zahl sollte damit aufhören zu horten und lernen loszulassen und sich dem Fluss des Lebens hingeben, auf die innere Stimme vertrauend. Dies in der Gewissheit, dass sie es immer schaffen wird, gut für sich selber zu sorgen. Jede 20 ist im Grunde ein sehr intuitiv veranlagter Mensch, der die Gabe hat, die richtige Balance im Leben zwischen dem Irdischen und dem Geistigen zu finden. Die 20 ist inkarniert, um zu erkennen, dass es trotz all der Materie auch eine geistige, höhere Macht bzw. Führung gibt, der es gilt mit jeder Faser ihres Wesens zu folgen. Wenn sie dies dann wirklich auch aus dem Herzen heraus macht, stehen ihr alle Türen und Tore offen, ein Leben in Zufriedenheit und auch Wohlstand zu leben.

Fazit: Die 20 hat im Grunde die Gabe, den Himmel bereits auf die Erde zu bringen, ihre Ideen in der Materie umzusetzen. Hierfür sollte sie lernen, wieder ihrer inneren Stimme, ihrer Intuition zu vertrauen. Dein erster Gedanke ist richtig – lerne mit dieser Zahl ihm wieder vollends zu vertrauen und zu folgen, selbst wenn sich danach Zweifel regen: Bleibe bei deinem ersten Gedanken und setze ihn in die Tat um!

Beispiel:

Hans hat die Körperzahl 20. Er ist bei seinen Freunden und Bekannten sehr beliebt, da er immer, wenn es ums Ausmisten und Ausräumen geht gerne freiwillig zur Stelle ist, um alles einzusammeln und mitzunehmen. In seiner Scheune stapeln sich so alte Lampen, Kästen, Tische, Stühle und dergleichen… Hans schafft es beim besten Willen nicht, etwas wegzuwerfen oder herzugeben. Er selber ist auf das Notstandsgeld angewiesen, da er es zeitlebens verabsäumt hat, für seine Pension vorzusorgen.

Empfehlungen:

Jede 20 hat im Grunde zu viel von allem zuhause. Sie sollte sich einerseits im Loslassen üben, andererseits ihr drittes Auge stärken. Mithilfe diverser Atem- und Meditationstechniken sollte sie ihre Aufmerksamkeit vermehrt ihrem dritten Auge schenken, um ihre Intuition zu verbessern und ihre eigene innere Stimme lauter zu vernehmen.

Selbst Würfeln hilft ihr, die für sie richtigen Entscheidungen im Leben zu treffen: Sobald der Würfel fällt, spürt sie sofort, ob die entsprechende Antwort (gerade Zahl: Ja, ungerade Zahl: Nein) sie auch wirklich befriedigt. Falls nicht, weiß sie, dass sie falsch liegt und eine andere Entscheidung für ihre Frage bzw. Anliegen gefordert ist. Es geht also nicht darum, die Antwort zu „erwürfeln", sondern den eigenen unbewussten Gefühlen, die mit jeder getroffenen Entscheidung verknüpft sind, auf die Spur zu kommen!

Lies dir zum besseren Verständnis auch das Kapitel über die Zahl 2 genauer durch.

Fragen, die du dir mit dieser Zahl stellen solltest:
- Bin ich im Vertrauen?
- Habe ich Angst vor Verlust?
- Habe ich Angst vor dem Tod?
- Wie gehe ich mit dem Thema Tod in Wahrheit um?
- Kann ich loslassen?
- Was gibt mir ein Gefühl der Sicherheit und Geborgenheit?
- Welche Bedeutung hat für mich Materie?
- Geben mir Gegenstände ein Gefühl der Sicherheit?
- Was sagt mir mein Bauchgefühl?
- Horche ich auf mein Bauchgefühl bzw. meine innere Stimme?

Körperliche Themen und seelische Störungen:

Lungenprobleme, Dickdarm- bzw. Darmbeschwerden, Ängste – vorrangig Existenz- und Verlustängste und Angst vor dem Tod, Süchte, Sammelleidenschaft, Messiedasein, Gelenksbeschwerden (vorrangig an den Fingergelenken), Augenprobleme, unausgeglichenes Wurzelchakra, Wirbelsäulenbeschwerden, Rücken-schmerzen, Gefühl der Last auf der Schulter, Gefühl der Einsamkeit und Vernachlässigung

Karmische Muster und Prägungen:

Armutsgelübde, Obrigkeitsgelübde, Keuschheitsgelübde, Ordensgelübde, Selbstkasteiungsgelübde, miasmatisches Muster der Tuberkulose

Folgende Übungen können helfen:

Beginne im Blog auf meiner Homepage www.sonjawinkler.at zu lesen und lies als Erstes in der Rubrik, zu der es dich auf Anhieb hinzieht. Wähle dir einen oder zwei Artikel aus. Bestimmt findest du dort die eine oder andere Übung bzw. Anleitung, die du gut in deinen Alltag integrieren kannst.

Klopfe dir auftretenden Stress weg wie im Artikel „Klopfen Sie Ihren Stress doch einfach weg" beschrieben. Du findest ihn in der Rubrik „Jede Veränderung beginnt in Ihnen!".

Finde mithilfe der Herzmeditation oder Metta-Meditation wieder in deine Mitte zurück. Die entsprechenden Anleitungen findest du in der Rubrik „Üben Sie sich in Selbstliebe!".

Loslass-Übungen wie im Artikel „Wer loslässt, hat zwei Hände frei" (Rubrik „Jede Veränderung beginnt in Ihnen!") helfen dir, den Alltag insgesamt lockerer zu nehmen. Diesbezüglich lies dir insbesondere auch die Artikel über die Selbstliebe in der Rubrik „Üben Sie sich in Selbstliebe!" durch.

Fülle und unterschreibe einerseits die Urkunde zum Erreichen deiner Ziele (du findest mehrere Artikel zu diesem Thema in der Rubrik „Erreichen Sie Ihre Ziele!"), als auch die Urkunde zum Auflösen von Eiden & Gelübden. Letztere hilft dir, einiges an informatorisch-energetischen Ballast loszuwerden. Du findest sie im Artikel „Lösen Sie sich von ehemals geleisteten Eiden & Gelübden" in der Rubrik „Mehr Energie = mehr Lebensfreude".

Verfasse ein Dankbarkeits-ABC. Eine diesbezügliche Anleitung findest du in der Rubrik „Verzeihen & Dankbarkeit – Ihr Schlüssel zum Glück!". Sei dir der Fülle in deinem Leben Tag für Tag bewusst.

Stärke deine Chakren, arbeite mit Visualisierungsübungen und bleibe im Vertrauen, dass das für dich Richtige Immer geschieht und dir immer alles, was du brauchst, früher oder später auch zuteilwird.

Was es bei der Arbeit mit Affirmationen zu beachten gilt, lies bitte im Artikel „Mittels Affirmationen zu mehr Ausgeglichenheit" in der Rubrik „Jede Veränderung beginnt in Ihnen" nach.

Affirmationen:
- Ich finde die Sicherheit in mir selbst.
- Es ist alles zur rechten Zeit vorhanden.
- Ich gebe mich dem Fluss des Lebens hin.
- Ich bin Körper, Geist und Seele und erschaffe mir meine Wirklichkeit jeden Tag neu.
- Ich bin sicher und geborgen.
- Ich bin dankbar.
- Ich entwickle mich ständig spirituell weiter.
- Mein Geist leuchtet.
- Ich übernehme die Verantwortung für mich, mein Leben und meine Entscheidungen.
- Alles, was ich brauche, kommt zur rechten Zeit zu mir.
- Ich verfüge über ungeahnte Möglichkeiten.
- Es bieten sich mir überall unglaubliche Chancen.
- Ich bekomme immer die Unterstützung, die ich gerade brauche.

21: Glück im Unglück

Glück im Unglück, ja das hat diese Zahl eigentlich immer. Nicht umsonst ist die 21 eine Schutzzahl. Menschen mit dieser Zahl haben quasi ein paar Pluspunkte in dieses Leben mitgebracht bzw. sich vielleicht im Vorleben gar so unbeholfen angestellt, dass ihnen in diesem Leben besondere Hilfe und Unterstützung von der geistigen Welt zuteilwird. Stellt sich die 21 in dieser Inkarnation nicht allzu ungeschickt an, bleiben ihr diese Pluspunkte zeitlebens erhalten, im anderen Fall muss sie aufpassen, sie nicht ganz aufzubrauchen...

Im Laufe ihres Lebens kann die 21 in ungute, sogar gefährliche Situationen gelangen, aus denen sie jedoch im Grunde immer mit einem blauen Auge davonkommt. Da kann ihr etwa durch eine Gasexplosion das eigene Haus um die Ohren fliegen, die 21 überlebt jedoch wie durch ein Wunder mit einer nur kleinen Schramme am Unterkiefer, so wie es meiner ehemaligen Buchhalterin in jungen Jahren wirklich passiert ist.

Die 21 hat eben Glück im Unglück. Das muss jedoch Gott sei Dank nicht bedeuten, dass sie von einer Krise zur nächsten eilt und von einem Unglück zum nächsten, nein keineswegs. Das Leben kann für diese Zahl auch in ruhigen Bahnen ablaufen.

Die einzige Gefahr besteht darin, dass man mit dieser Energie immer ein wenig unzufrieden bleiben kann. Sei es, weil dieser Energiehund dann einfach gar nicht wahrnimmt, wie gut es ihm bereits geht und was er eigentlich alles sein Eigen nennen darf. Sei es, weil Menschen mit dieser Zahl oft das Vertrauen verloren haben, mit ihrem Glück hadern und glauben, sie hätten eben Unglück.

Dabei kann jede 21 eines ganz sicher sein: Sollte bei ihr etwas nicht gleich auf Anhieb klappen, meint es das Schicksal keineswegs schlecht mit ihr, sondern hat meistens noch etwas Besseres für sie in petto. Sie sollte lernen, im Vertrauen zu bleiben, dass eben etwas Lohnenderes auf sie wartet. Oftmals fehlt ihr jedoch gerade dieses Gottvertrauen, dann macht sich bei ihr die Unzufriedenheit breit. Unzufriedenheit kann ein Thema sowohl für den 21er Täter, als auch das 21er Opfer, somit für beide Seiten sein.

Dabei wäre es für diese Zahl hingegen so leicht, in der Zuversicht zu bleiben und alle Erfahrungen und Begebenheiten erwartungs- und hoffnungsvoll anzunehmen. Diese Zahl sollte lernen, alles in Gottvertrauen anzunehmen und mit offenem Herzen, in Demut und Freude ihren Weg zu beschreiten.

Fazit: Zugegeben, das Leben mit deiner 21 gestaltet sich um einiges leichter, als mit manch anderer, jedoch warten selbst auf sie noch Aufgaben. Hast du eine 21 in deinem Geburtsdatum, löse dich bewusst von falschen Begrenzungen, bleibe im Vertrauen und nimm Rückschläge dankbar und erwartungsvoll an. Dann offenbart sich dir die Freiheit und der Reichtum deines Lebens und du hast deine persönliche Lernaufgabe erfüllt!

Beispiel:

Wilfried ist an einem 10. November auf die Welt gekommen, hat somit die 21 als Lebensthema. Er ist vom Gemüt her ein Optimist und eine Frohnatur. Er sieht das Leben positiv und fällt auch immer auf die Butterseite: Wenn seine Kollegen keine Umsätze machen, schafft er es trotzdem immer lukrative Kunden anzuziehen. Er lebt diese Zahl in der goldenen Mitte und passt sich jeder Situation erwartungsvoll und optimistisch an.

Empfehlungen:

Wenn es für diese Zahl mal nicht so hervorragend läuft, ist die 21 aufgefordert trotzdem ruhig und im Vertrauen zu bleiben. Sie sollte nichts überstürzen und einfach abwarten. Vor allem, wenn es um materielle Belange geht, sollte sie zur Überzeugung gelangen, allzeit versorgt zu sein. Indem sie es schafft, ihre diesbezüglichen Begrenzungen abzulegen, findet sie automatisch in den inneren Frieden und die Freiheit. Die 21 reist für ihr Leben gern und lernt gern fremde Länder kennen. Ist ihr dies aus welchem Grund auch immer nicht möglich, bleibt ihr noch die Möglichkeit für Astralreisen: Wohl kaum eine andere Zahl ist prädestinierter für außerkörperliche Erfahrungen als die 21, zumindest hat sie diese Gabe quasi schon in die Wiege gelegt bekommen.

Lies dir zum besseren Verständnis auch die Ausführungen zu den Zahlen 3, 2 und 1 genauer durch.

Fragen, die du dir mit dieser Zahl stellen solltest:

• Bin ich oberflächlich?
• Was macht mich zufrieden?
• Lege ich zu großem Wert auf materielle Dinge im Leben?
• Nehme ich alles (zu) selbstverständlich?
• Wo bin ich selber gar überheblich?
• Was träume ich bzw. erinnere ich mich an meine Träume?

Körperliche Themen und seelische Störungen:

Magen- und Darmprobleme, Beschwerden der Wirbelsäule, Beschwerden im Stirn- und Kronenchakrabereich, Nierenprobleme, Blasenbeschwerden

Karmische Muster und Prägungen:

Schweigegelübde, Ordensgelübde, Keuschheitsgelübde, Fremdprogrammierungen, Miasma der Tuberkulose

Folgende Übungen können helfen:

Beginne im Blog auf meiner Homepage www.sonjawinkler.at zu lesen und beginne als Erstes in der Rubrik, zu der es dich auf Anhieb hinzieht. Wähle dir einen oder zwei Artikel aus. Bestimmt findest du dort die eine oder andere Übung, die dich auf deinem Lebensweg unterstützt.

Insbesondere im Artikel „Mit dem richtigen Start gut in den Tag" in der Rubrik „Körperliches Wohlbefinden stärken" findest du zahlreiche Hinweise, die du in deinen Tagesablauf einbauen kannst, um dich insgesamt wohler zu fühlen: Beginne doch damit, Morgenseiten zu schreiben.

Lade deine Batterien regelmäßig in der Natur auf, meditiere täglich, verbinde dich bewusst mit Himmel und Erde. Eine Anleitung zu letzterer Übung findest du im Artikel „3 Übungen, die Sie sofort mit positiver Energie aufladen" in der Rubrik „Mehr Energie = mehr Lebensfreude".

Meditationen und viel mehr findest du in der Rubrik „Üben Sie sich in Selbstliebe!". Weitere nützliche Tipps und Übungen kannst du insbesondere im

Artikel „6 einfache Möglichkeiten, wie Sie Ihr Herzchakra stärken können" nachlesen. Du erfährst, wie du in Zukunft wieder mehr auf dein Herz und weniger auf deinen Verstand hören kannst.

Ist Unzufriedenheit gerade ein Thema in deinem Leben, löse sie mittels der Strichmännchen-Technik nach Jaques Martel auf (siehe in der Rubrik „Mehr Energie = mehr Lebensfreude") bzw. klopfe sie dir wie im Artikel „Klopfen Sie Ihren Stress doch einfach weg" in der Rubrik „Jede Veränderung beginnt in Ihnen" beschrieben, einfach weg.

Was es bei der Arbeit mit Affirmationen zu beachten gilt, lies bitte im Artikel „Mittels Affirmationen zu mehr Ausgeglichenheit" in der Rubrik „Jede Veränderung beginnt in Ihnen" nach.

Affirmationen:

• Alles, was mir im Leben zuteilwird, ist gut für mich.
• Ich bin voll Vertrauen und Liebe.
• Vertrauensvoll gehe ich meinen Weg.
• Ich verdiene es, glücklich und zufrieden zu sein.
• Ich bin zufrieden und Zufriedenheit ist in mir.

22: Sei nicht arrogant!

Jede 22 ist im Grunde eine alte Seele, die in zahlreichen Vorleben schon viel gesehen und erlebt hat. Diese Zahl trägt viel Licht, jedoch auch viel Schatten in sich. Sie war in vorherigen Inkarnationen schon ganz weit oben, im Licht zuhause, also quasi auf spirituellen Höhenflügen unterwegs, sie ist danach jedoch auch wieder ganz tief, in die absolute Dunkelheit gefallen... Somit kennt sie beides, Licht und Schatten gleichermaßen. In vielen Leben hat sie sich eine große Menge an (spirituellem) Wissen angeeignet. In diesem hat sich die 22 vorgenommen, dieses alte Wissen endlich „auf die Erde zu bringen". Jede 22 möchte so gesehen geistiges Wissen quasi „materialisieren", es in die Tat umsetzen und anwenden. In jeder 22 steckt somit ein geistiger und spiritueller Lehrer. In der Tat war die 22 in Vorleben schon oftmals selbst Kabbalistin.

Leider glaubt jedoch manche 22 die Weisheit regelrecht mit dem Schöpflöffel gefressen zu haben. Dann kann sie äußerst arrogant, hochmütig und anderen gegenüber ziemlich geringschätzig sein. Mit ihrem verächtlichen Lächeln, das klar und deutlich zum Ausdruck bringt, wie dumm ihr Umfeld eigentlich ist, macht sie sich selbst nicht immer zu einer der angenehmsten und gern gesehenen Zeitgenossinnen. Jedoch kann diese Zahl, falls sie selber gerade bestens gelaunt ist, äußerst charmant erzählen. In solchen Situationen sprudelt es nur so aus ihr heraus und sie baut dann auch bevorzugt das eine oder andere Luftschloss dabei.

Wenn sie niemand davon abhält, so schwelgt sie in ihren gigantischen, meist nicht sonderlich wahrheitsgetreuen Vorstellungen und Erinnerungen. Sie kreiert sich allzu gerne eine Scheinwelt, aus der sie selbst am allerwenigsten aufwachen möchte. Generell hat diese Zahl die Tendenz, sich selbst das eine oder andere Mal allzu groß darzustellen. Dann schlägt sie wie ein Pfau ihr Rad oder wird zum aufgeblasenen Truthahn. Dementsprechend angeberisch und prahlerisch wirkt sie dann auf ihre Zuhörer, die sie oftmals peinlich berührt zurücklässt. Nur, sie selbst merkt es so ganz und gar nicht peinlich zu sein – die ewige Närrin, die einfach nicht erwachsen werden will.

Bereits in vergangenen Leben hat sie mit ihrer Arroganz und ihrem Hochmut gespielt, es sogar gewagt, sich selbst über Gott zu stellen! Schon allein der Gedanke zu wissen, wer oder was Gott ist, ist äußerst arrogant und verwerflich.

Diese Zahl kommt jedoch erst gar nicht auf die Idee, dass dies falsch sein könnte und sie nicht recht haben könnte. Sie ist eben der Überzeugung, immer alles zu wissen bzw. wissen zu müssen und macht ihr Umfeld diesbezüglich gerne kleiner als es in Wahrheit ist. Nur sie weiß und kann letztlich alles!

In jeder 22 lebt von Geburt an die Neigung zur Opposition: *„Was wagst du mir zu erzählen, was ich nicht selbst bereits besser weiß!?"* Deshalb muss sie sich auch immer wieder aufs Neue beweisen... Solange, bis sie begreift, dass auch andere über viel Wissen verfügen, es oftmals sogar besser als sie wissen! Bis jedoch diese Erkenntnis in ihr heranreift, kann sich diese Zahl im Leben manches Mal schwertun: Sie wird dann vermehrt in Situationen gelangen, wo sie genau auf diesem ihren schwachen Punkt persönlich angegriffen wird. Lernt sie schließlich auch andere anzunehmen und hört sie damit auf, immer glänzen zu müssen, ist sie bereits einen guten Schritt weiter im Leben gekommen.

Sie sollte ihr Wissen nicht auf besserwisserische und belehrende Art und Weise weitergeben, sondern in der Überzeugung, dass selbst sie bis zu ihrem letzten Atemzug immer noch jeden Tag etwas Neues dazulernen kann und wird. Menschen mit dieser Zahl müssen begreifen, dass nicht alles zu wissen nicht automatisch heißt, im Außen nicht zu bestehen oder gar das eigene Gesicht zu verlieren. Etwas nicht zu können bzw. zu wissen, macht sie nicht kleiner, sondern im Gegenteil nur noch größer. Dies muss jedoch jede 22 erst im Laufe ihres Lebens auf die eine oder andere Art und Weise verinnerlichen. Falls sie dabei zu stur und störrisch durchs Leben marschiert, lernt sie es eben unter Umständen auf die harte Tour.

Bei jeglichem Widerspruch von außen kann die 22 ziemlich jähzornig werden und beginnen, laut zu schreien. Auf diese Weise schafft sie es unbewusst, sich das unangenehme *„besserwisserische Gegenüber, das im Grunde ja doch von nichts eine Ahnung hat"* leichter auf Distanz zu halten. Sie agiert insbesondere so, wenn jemand von außen beginnt, ihr gefühlsmäßig auf die Zehen zu treten.

Lernt die 22 jedoch im Laufe ihres Lebens ihre Lektionen, kann sie diese zweite Meisterzahl konstruktiv umsetzen: Sie beginnt, andere Menschen mit ihrem geballten Wissen und ihrem Einfühlungsvermögen auf bestmögliche Weise zu unterstützen. Menschen mit einer 22 im Geburtsdatum werden generell gerne um Rat gefragt, strahlen sie es doch – zumindest auf der unbewussten Ebene – aus, über alles und jeden immer genauestens Bescheid zu wissen. Haben sie ein offenes Ohr für andere und urteilen nicht sofort über ihre Mitmenschen, sondern lassen sie so sein, wie sie eben sind, können sie zu ungemein hilfsbereiten Mitbürgern heranreifen.

Bleibt die 22 jedoch zeitlebens stur, will sie im Grunde ja nur ihre eigenen Gefühle damit verstecken. Gefühle sind bei dieser Zahl (2 + 2 = 4) immer mit Angst behaftet. Letztere versteckt sie durch ihre impulsive Art gern und geschickt. Schreianfälle sind ein probates Mittel für jede 22, die eigenen Gefühle zu negieren. Gefühle machen sie eben äußerst unsicher und ängstlich. Bleibt diese Zahl in der Opferrolle stecken, behindert sie dadurch ihr eigenes Wachstum: Sie geht dann – falls sie selbst verletzt und gekränkt wird – zwar arrogant wie immer ihren Weg weiter, jedoch sofort beleidigt auf Distanz. So oder so, wird die Zahl nicht in der Mitte gelebt, leidet jede 22 selber am meisten darunter. Das Leben mit dieser Zahl kann dann unter Umständen auch ziemlich einsam sein.

Fazit: Die 22 sollte sich und ihre Gefühle nicht weiterhin hinter dem Mantel der Sturheit verstecken, sondern diese beizeiten bereitwillig ablegen. Gelingt ihr dies, wartet als Lohn ein größeres Bewusstsein auf sie. Die 22 möchte das bereits in ihr vorhandene Wissen in die Welt tragen, Sturheit und Hochmut bringen sie da keinen großen Schritt weiter. Bemühe dich also mit dieser Zahl im Geburtsdatum dein bereits vorhandenes Wissen konstruktiv, zum Wohle aller, in die Tat umzusetzen. Lebe es, vermittle es anderen – gib es weiter, trage es in die Welt, jedoch lasse ab von dem Gedanken, dadurch allen anderen immer überlegen sein zu müssen. Gib stattdessen jedem den Raum, der ihm gebührt. Es macht dich selbst kein bisschen kleiner, im Gegenteil!

Beispiel:

Konrad hat die Körperzahl 22. Gerne prahlt er mit seiner Vergangenheit, was er so alles bewerkstelligt hat, was ohne ihn nie funktioniert hätte. Falls er auf Gegenwehr trifft, zeigt er ein spöttisches Lächeln auf den Lippen, dass seinem Gegenüber sofort auf unmissverständliche Art und Weise klarmacht, was er im Grunde seines Herzens von ihm hält – nämlich rein gar nichts. Nur er hat schließlich recht!

Leider bemerkt er nicht, dass andere sein prahlerisches Verhalten längst durchschaut haben und hinter seinem Rücken bereits mitleidig die Augen verdrehen... Konrad ist sich dessen nicht bewusst und führt sich bei jeder ihm bietenden Gelegenheit weiterhin als aufgeblasener Truthahn auf.

Empfehlungen:

Jede 22 ist dazu aufgerufen, den ihr angeborenen Hochmut zu enttarnen und in diesem Leben endgültig abzustreifen. Hochmut bringt diese Zahl keinen Schritt weiter.

Die 22 hat die Gabe, in andere Menschen hineinblicken zu können und sollte beginnen, dieses Talent – vielleicht sogar beruflich – auszuüben: Jede 22 ist im Grunde fürs Channeling prädestiniert oder sollte in einer Beratungstätigkeit anderen hilfreich zur Seite stehen bzw. sie auf deren Seelenweg unterstützen.

Bei solch einer Tätigkeit sollte sie jedoch unbedingt lernen, sich beizeiten gefühlsmäßig vom Gegenüber abzukapseln, sprich nicht mitzuleiden, sondern nur mitzufühlen (2+2=4).

Zum besseren Verständnis lies dir insbesondere auch die Kapitel über die Zahlen 4 und 2 genauer durch.

Fragen, die du dir mit dieser Zahl stellen solltest:

- Wo reagiere ich noch übermäßig laut?
- Glaube ich, besser als die anderen zu sein?
- Muss ich mich künstlich aufblasen, um vor mir selber und den anderen bestehen zu können?
- Gebe ich anderen den Raum, der ihnen zusteht?
- Verstecke ich mich (meine Sturheit) hinter emotionalen Gefühlsausbrüchen?
- Wie könnte ich anderen durch meine Erfahrungen und mein Wissen eine Hilfe sein?
- Bin bzw. wirke ich auf andere gar arrogant?

Körperliche Themen und seelische Störungen:

Minderwertigkeitsprobleme, Selbstwertthemen, emotionales Ungleichgewicht, Richtergehabe, ständiges Urteilen und Bewerten, Gelenksprobleme, Knochenprobleme, Verdauungsbeschwerden, Allergien, Unverträglichkeiten, Bindungsängste

Karmische Muster und Prägungen:

Schweigegelübde, Bußgelübde, Obrigkeitsgelübde, Keuschheitsgelübde, Fremdprogrammierungen, Missbrauch der Macht, Vierteilung

Folgende Übungen können helfen:

Beginne im Blog auf meiner Homepage www.sonjawinkler.at zu lesen und wähle ganz instinktiv eine Rubrik aus, zu der es dich auf Anhieb hinzieht. Bestimmt wirst du dort die eine oder andere Übung finden, die dir hilft, deinen Alltag leichter zu bewältigen.

Beginne doch damit, morgens zu meditieren – praktiziere zum Beispiel regelmäßig die Metta-Meditation oder Sonnenmeditation bzw. mache vor dem Zubettgehen noch eine Herzatmung, halte dir die Finger oder sprich ein Mantra. Diesbezügliche Tipps und Anleitungen findest du insbesondere in den Rubriken „Üben Sie sich in Selbstliebe!" und „Mehr Energie = mehr Lebensfreude".

Ho'oponopono hilft dir, mit dir selbst und deinem Umfeld in Frieden zu kommen. Beginne bewusst damit, mehr Empathie zu entwickeln, indem du zum Beispiel ein Dankbarkeits-ABC schreibst. Anleitungen für beide Techniken findest du in der Rubrik „Verzeihen & Dankbarkeit – Ihr Schlüssel zum Glück".

Morgenseiten helfen dir, dich selbst mit der Zeit besser kennenzulernen. Du findest eine diesbezügliche Anleitung im Artikel „Mit dem richtigen Start gut in den Tag" in der Rubrik „Körperliches Wohlbefinden stärken".

Konzentriere dich verstärkt auf dein 3. Auge, tanke regelmäßig Kraft in der Natur und beginne dich und all die anderen als Teil von allem, was ist zu betrachten. Arroganz und Distanz haben da keinen Platz, denn alles ist immer mit allem verbunden und völlig gleichwertig.

Klopfe dir aufkommende negative Emotionen regelmäßig weg (siehe den Artikel „Klopfen Sie ihren Stress doch einfach weg" in der Rubrik „Jede Veränderung beginnt in Ihnen") bzw. trenne dich von ihnen mithilfe der Strichmännchen Technik nach Jaques Martel. Wie diese Methode genau funktioniert, kannst du im gleichnamigen Artikel in der Rubrik „Mehr Energie = mehr Lebensfreude" nachlesen.

Löse dich von etwaig noch vorhandenen karmischen Gelüben, indem du die Urkunde unterschreibst, die du im Artikel „Lösen Sie sich von ehemals geleisteten Eiden & Gelübden" ebenfalls in der Rubrik „Mehr Energie = mehr Lebensfreude" findest.

Was es bei der Arbeit mit Affirmationen zu beachten gilt, lies bitte im Artikel „Mittels Affirmationen zu mehr Ausgeglichenheit" in der Rubrik „Jede Veränderung beginnt in Ihnen" nach.

Affirmationen:
- Wir sitzen alle im selben Boot.
- Ich begegne meiner Umwelt auf Augenhöhe.
- Ich bin emotional ausgeglichen.
- Ich habe einen gesunden Zugang zu meinen Gefühlen und lasse sie frei fließen.
- Liebevoll gehe ich auf mein Gegenüber zu.
- Ich lerne von Tag zu Tag dazu.
- Ich gebe mein Wissen auf Augenhöhe mit dem Herzen weiter.
- Demütig gehe ich meinen Weg.
- Liebe und Verständnis zeichnen mich aus.

23: Lerne Hilfe anzunehmen!

Die 23 bittet ungern jemanden um Hilfe, lieber macht sie alles selbst. Schließlich weiß sie auch als Einzige, wie es richtig geht!

Frauen mit dieser Zahl mutieren gerne zu Übermüttern bzw. zu Oberglucken, die alles an sich reißen und sich von niemanden ins Handwerk pfuschen lassen wollen. Sie führen diesbezüglich zu Hause – oder auch am Arbeitsplatz – ein hartes Regiment. Obwohl weiblich gebaut, zeigt die 23er Frau männliche Qualitäten, indem sie selbst immer alles im Griff haben will und an sich reißt.

Jede 23 hat generell die Tendenz, herrisch und dominant durchs Leben zu gehen. Dabei brüskiert sie oft ihr Umfeld, ohne sich dessen jedoch bewusst zu sein. Die Folge sind dann nicht selten schwierige Beziehungsverhältnisse innerhalb der Familie oder am Arbeitsplatz. Auf letzterem wird diese Zahl aufgrund ihres Auftretens auch gerne mal gemobbt. Nur sie selbst hat dann keine Ahnung warum überhaupt...

Niemand lässt sich gerne von irgendjemand dirigieren, nur der 23 ist ihr Gehabe oftmals so gar nicht bewusst. Fährt sie auf diesem Weg fort, kommt sie schließlich immer öfter selbst in Situationen, wo sie nicht mehr weiterweiß und in eine Sackgasse gerät. Dann hilft es ihr nichts, wieder mal den Arbeitsplatz zu wechseln oder den Partner, wenn sie das eigentliche Grundproblem nicht erkennt. Insbesondere jede Frau mit dieser Zahl sollte weicher und gefühlvoller werden.

Gottseidank ist die 23 eine Schutzzahl, in anderen Worten wird ihr doch immer Hilfe zuteil, wenn auch manches Mal erst 5 nach und nicht schon vor 12. Das Sprichwort: *„Wenn du glaubst es geht nicht mehr, kommt von irgendwo ein Lichtlein her!"* könnte wahrlich für die 23 verfasst worden sein! Hilfe kommt zwar meistens erst im allerletzten Moment, jedoch sie kommt. Die 23 steht diesbezüglich unter guten Sternen, wirkt sie doch zeitlebens als Schutzzahl.

Jede 23 gibt generell gerne, etwas selber anzunehmen fällt ihr hingegen äußerst schwer. Sich keine Gedanken machen und das Leben auf die leichte Schulter nehmen will mit dieser Zahl erst noch gelernt werden. Stattdessen hadert sie oft und gerne mit ihrem Schicksal und sieht in allem erstmal das Negative. Dieser Zahl fehlt diese angeborene Leichtigkeit, sie nimmt Dinge oft schwerer als sie in Wahrheit sind. In ihrem Innersten erwartet sie regelrecht das Negative. Deswegen zählt die 23 nicht gerade zu den unbekümmertsten Frohnaturen auf der Welt. Jedoch, auch sie kann im Laufe des Lebens dazulernen…

Jede 23 hat ein bestimmtes Bild im Kopf, wie Dinge zu erledigen sind. Eisern und beharrlich folgt sie ihren eigenen Vorstellungen. Dass sie sich dabei des Öfteren etwas umständlich, um nicht zu sagen dumm anstellt, obwohl es eigentlich ja auch leichter gehen könnte, ist ihr keineswegs bewusst.

Der Lernweg einer 23 kann unter Umständen ein ziemlich steiniger sein, sie braucht halt für alles etwas länger als die anderen, lernt oftmals nur langsam. Oft wirkt diese Zahl auf ihre Umwelt eben sehr umständlich und unbeholfen. Dann hat sie zwei linke Hände, die alles, was sie angreifen, nicht zu Ende bringen. Dabei wäre es jedoch so einfach: Die 23 bräuchte nur endlich ihren Mund aufzumachen und um Hilfe zu bitten! Obwohl wie vorhin bereits erwähnt, diese wird ihr dann in allerletzter Minute sowieso meistens von ganz alleine gewährt. Diesbezüglich ist sie ja in der Regel wahrlich ein Glückspilz.

Die 23 sollte unbedingt lernen, mehr Leichtigkeit in ihren Alltag einfließen zu lassen, das Leben nicht immer so schwerzunehmen. Sie sollte auch die ihr angeborene Umständlichkeit endlich hinter sich lassen. Das Leben gestaltet sich nicht immer so kompliziert, wie es diese Zahl oft zu glauben meint! Sobald sie dies begreift und verinnerlicht, stehen ihr augenblicklich alle Türen weit offen. Ab diesem Moment findet sie die Balance zwischen Geben und Nehmen und marschiert zufrieden durchs Leben.

Jede 23 hat eben so ihre Art, Dinge anzupacken, die sie meistens für die einzig richtige betrachtet. Sie sollte lernen, dass jedoch nicht nur ihr persönlich eingeschlagener, sondern immer mehrere Wege nach Rom und somit auch zum Ziel führen. Auf dem Weg dorthin sollte sie nicht vergessen, insbesondere auch ihrem Umfeld den entsprechenden Raum zu geben.

Sobald sie die Leichtigkeit in ihr Leben einlädt und die Schwere von ihren Schultern abfallen lässt, wird sie merken, wie schön und unbeschwert es sich doch eigentlich mit dieser Schutzzahl leben lässt.

Fazit: Die Lernaufgabe liegt für die 23 vorrangig darin, die Leichtigkeit in ihr Leben einzuladen; zu lernen, das Leben insgesamt nicht allzu schwer zu nehmen. Hilfe ist immer und überall vorhanden, wenn man um sie bittet – die Tage lassen sich mit dieser Zahl auch genießen und nicht nur sorgenvoll verbringen... Entsprechend sollte die 23 lernen im rechten Augenblick zuzupacken, jedoch auch loszulassen und vor allem ihren Mitmenschen die Möglichkeit zu geben, die Dinge auf ihre Art und Weise zu erledigen.

Beispiel:

Susanna ist an einem 13.10 auf die Welt gekommen, hat also die 23 als Lebensthema. Sie arbeitet als Ärztin am AKH in Wien. Sie ist noch nicht lange dort tätig, hat jedoch bereits nach sehr kurzer Zeit wieder Probleme mit ihren Kollegen und den Krankenschwestern. Susanna merkt einfach nicht, wie herrisch sie über ihre Kollegen hinwegfegt und sich deswegen keine Freunde macht. Dies ist nicht das erste Mal in ihrem Leben, dass ihr dies passiert. Sie hat bereits mehrmals aus Mobbinggründen den Arbeitsplatz wechseln müssen.

Solange sie jedoch nicht lernt, weicher zu werden; solange sie nicht begreift, was es heißt, sich einem Team unterzuordnen, wird ihr dies vermutlich noch des Öfteren widerfahren...

Empfehlungen:

Lerne das Leben leichter zu nehmen. Suche dir ein Symbol, was für dich Leichtigkeit repräsentiert, wie zum Beispiel eine Feder und stecke diese in deine Hosentasche, oder hänge sie für dich sichtbar in der Wohnung bzw. im Büro auf. Jedes Mal, wenn du die Feder erblickst, mache eine kleine Atemübung und atme die Schwere und das, was dich gerade belastet über dein Solarplexuschakra aus. Atme die Leichtigkeit und Freude über dein Herzchakra ein. Bringe Geben und Nehmen in Ausgleich.

Besonders als Frau solltest du mit diesem Energiehund an der Leine darauf achten, weicher und liebevoller zu werden. Beginne doch mit der Kleidung: Lass deine Jeans doch mal bewusst im Kasten hängen und wähle stattdessen einen Rock oder ein Kleid. Betone deine Weiblichkeit. Werde dir gewahr, dass du als Frau auch mal weich, nachgiebig und schwach sein darfst. Du musst nicht immer deinen Mann stehen! Manchmal ist es im Leben sogar besser, sich ein- bzw. sogar auch mal unterzuordnen...

Als Mann lerne nicht immer alles mit deiner Ratio zu zerpflücken und zu zergliedern, lass deinen Verstand doch auch mal zurücktreten und gib deinem Herzen die Vorfahrt.

Lies dir zum besseren Verständnis auch die Kapitel der Zahlen 5, 2 und 3 genauer durch.

Fragen, die du dir mit dieser Zahl stellen solltest:
- Lasse ich Hilfe zu?
- Denke ich, alles besser als die anderen zu wissen?
- Wo gehe ich zu kompliziert und umständlich an Dinge und Situationen heran?
- Wo nehme ich das Leben zu schwer?
- Wie könnte ich mehr Leichtigkeit in meinen Alltag bringen?
- Als Frau: Bringe ich meine Weiblichkeit zum Ausdruck?
- Glaube ich, alles selber machen zu müssen?
- Ist in meinem Leben Geben und Nehmen im Ausgleich?

Körperliche Themen und seelische Störungen:
Mobbingopfer, Unverständnis für Herangehensweise anderer führt zu psychischen Problemen wie Burnout, Depression, Melancholie etc.; Kniebeschwerden, Hüftprobleme, Rücken- oder Schulterschmerzen, Bandscheibenprobleme, Schlafstörungen, Nervosität, Unruhe, Aggression

Karmische Muster und Prägungen:
Sklavenjochprogrammierung, Obrigkeitsgelübde, Schweigegelübde, Keuschheitsgelübde, Ordensgelübde, Bußgelübde, Pranger, Selbstkasteiungsgelübde

Folgende Übungen können helfen:
Beginne im Blog auf meiner Homepage www.sonjawinkler.at zu lesen und wähle ganz instinktiv eine Rubrik aus, die dich sofort anspricht und stöbere dort

in den Artikeln. Suche dir eine oder zwei Übungen aus und integriere sie in deinen Alltag.

Wirf deine Sorgen und deinen Ballast bewusst ab. Mache dies zum Beispiel in einem Ritual. Im Artikel „Wer loslässt hat zwei Hände frei" (du findest ihn in der Rubrik „Jede Veränderung beginnt in Ihnen") findest du entsprechende Anleitungen, die dir dabei helfen können.

Praktiziere regelmäßig die Spiegelgesetz Methode nach Christa Kössner (siehe in der Rubrik „Jede Veränderung beginnt in Ihnen!") bzw. wende die Spiegelarbeit nach Louise Hay an. Ho'oponoppono hilft dir dabei, den inneren Frieden wieder herzustellen. Anleitungen zu beiden Techniken findest du in der Rubrik „Verzeihen & Dankbarkeit – Ihr Schlüssel zum Glück".

Formuliere deine Ziele und nutze hierfür die entsprechenden Urkunden, die du in diversen Artikeln in der Rubrik „Erreichen Sie Ihre Ziele!" findest. Öffne bewusst dein Herz, suche dir hierfür zum Beispiel eine Übung aus dem Artikel „6 einfache Möglichkeiten, wie Sie Ihr Herzchakra stärken können" aus. Steigere deinen Selbstwert und übe dich vermehrt in Selbstliebe. Zahlreiche diesbezügliche Tipps findest du in der Rubrik „Üben Sie sich in Selbstliebe".

Auch die Natur kann dir hierfür ein überaus guter Lehrmeister sein! Lies zum Beispiel den Artikel „Nutzen Sie die Kraft der Natur für sich", den du in der Rubrik „Mehr Energie = mehr Lebensfreude" findest.

Was es bei der Arbeit mit Affirmationen zu beachten gilt, lies bitte im Artikel „Mittels Affirmationen zu mehr Ausgeglichenheit" in der Rubrik „Jede Veränderung beginnt in Ihnen" nach.

Affirmationen:
- Liebevoll gehe ich auf mein Gegenüber zu.
- Ich darf auch weich sein.
- Es ist völlig OK, wenn ich um Hilfe bitte.
- Ich bin stark, auch und sogar, wenn ich um Hilfe bitte.
- Andere wissen es oft besser als ich und das ist gut so.
- Weich und liebevoll gehe ich meinen Weg.

- Wenn ich mal nicht weiterweiß, bitte ich um Hilfe.
- Ich verdaue alles mit Leichtigkeit.
- Mein Leben ist leicht wie eine Feder.
- Mein Leben wird mit jedem Tag schöner.
- Ich bekomme immer die Unterstützung, die ich brauche.
- Das Universum liebt und sorgt für mich.

24: Bringe Ying und Yang in dir in Ausgleich!

Frauen – insbesondere mit einer 24 als Körperzahl – sind oft sehr männlich gebaut, sodass man sie erst oft auf den zweiten Blick als Frau erkennt. Sie wollen alles selber machen und lassen sich ungern etwas vorschreiben. *„Wofür brauche ich einen Mann!? Ich kann das selbst, sogar noch um einiges besser!"*

Männer mit dieser Körperzahl hingegen tragen oft sehr weibliche Züge und haben in der Tat weibliche Attribute. So sind sie oft die besseren Hausfrauen und Mütter, jedoch möchten sie diese Gabe bestmöglichst kaschieren. Deswegen neigen sie dazu, ihre Männlichkeit mit „männlichem Gehabe" unter Beweis zu stellen: Schwere Motorräder und das Antrainieren von Muskeln gehören dann ebenso dazu wie ein aggressives Verhalten nach außen an den Tag zu legen. Letzteres ist jedoch oft nur ein Ausdruck der eigenen inneren Hilflosigkeit und Feigheit.

In der Tat, die 24 hat zwar oft ein großes Ego und kann mitunter auch äußerst stur sein, jedoch neigt sie dazu, Entscheidungen lieber anderen zu überlassen. Menschen mit dieser Zahl übernehmen äußerst ungern Verantwortung. Dies führt bei dieser Zahl zu einem inneren Zwiespalt, der oft in Aggression mündet. Im Grunde richtet sich diese letzten Endes ja doch immer nur gegen sie selbst... Die Ursache dieser Aggressivität ist jedoch nie im Außen zu suchen, sondern findet sich immer in ihrem Inneren: Zorn ist der emotionale Ausdruck, dass es ihr in Wahrheit an innerer Stärke fehlt und sie dies mit lautem Geschrei einfach nur kaschieren will.

Jede 24 tut sich in diesem Leben auf die eine oder andere Art schwer mit Beziehungen, sei es partnerschaftlich oder gar die Beziehung zu den eigenen Kindern, Eltern oder Arbeitskollegen, die sich schwierig gestaltet. Oftmals fällt es ihr schwer, konstruktive und vor allem freundschaftliche Partnerschaften einzugehen. Das Prinzip Freundschaft will mit dieser Zahl oftmals erst erkannt werden. Kein Wunder, ist diese Zahl unter anderem auch auf die Welt gekommen, um sich mit dem Thema Freundschaft näher auseinanderzusetzen, das Freundschaftsprinzip zu erkennen, es zu leben. Freundschaft heißt immer zu geben und anzunehmen. Zu Letzterem ist diese Zahl hingegen oftmals nicht in der Lage.

Menschen mit einer 24 im Geburtsdatum sollten lernen, mehr Klarheit und Ehrlichkeit, als auch Gelassenheit in ihr Leben zu bringen und den anderen so sein zu lassen wie er ist. Eigentlich sollten sie in erster Linie lernen, sich selber anzunehmen!

Jede 24 neigt in Wahrheit gewaltig zum Einzelgängertum. Das Leben sollte jedoch nicht auf einer einsamen Insel verbracht werden... Dies zu erkennen bedarf einiges an Selbstreflexion und Umdenken. Stur wie sie sein kann, dauert es bei der einen oder anderen 24 etwas länger, bis der Groschen endlich fällt... Fällt er jedoch, sind Menschen mit dieser Zahl die gefühlvollsten Mitbürger, die man sich wünschen kann. In ihnen liegt das Potenzial verborgen, sich in das andere Geschlecht gut hineinfühlen und verstehen zu können.

Sobald sie aufhören, über ihr Gegenüber einfach so hinwegzufegen, es klein zu machen – weil sie der Ansicht sind, es selber besser zu machen – öffnen sie sich selbst Tür und Tor für ein liebevolles Miteinander auf Herzensebene. Sie müssen lernen, jeden leben zu lassen wie er ist und am besten gleich damit bei sich selber anfangen.

Die eigentliche Lernaufgabe liegt darin, als Frau weicher zu werden und lernen zuzulassen. „Frau" muss nicht alles selber können und sich immer wieder beweisen müssen. Sie darf auch mal zwei Schritte zurückweichen und sich ihrer eigentlichen Rolle als Frau, ihrer weiblichen Urkraft besinnen. Sie sollte verinnerlichen, dass nicht alles selber bewerkstelligen können nicht unweigerlich gleichbedeutend ist mit dem Fakt, dem schwachen Geschlecht anzugehören!

Männer hingegen sollten lernen, die eigene Weichheit, sprich Weiblichkeit anzunehmen, sich jedoch nichtsdestoweniger gleich-zeitig bemühen „ihren Mann zu stehen". Damit ist gemeint, dass jeder Mann mit einer 24 sich aneignen sollte, die innere Unsicherheit endgültig abzulegen und selber Entscheidungen zu treffen. Er sollte sich antrainieren, seine eigentliche Rolle anzunehmen und in diesem Leben damit beginnen, auf eigenen Füßen zu stehen und sich selbst zu versorgen. Insbesondere 24er Männer haben nämlich zeitlebens die Neigung, Entscheidungen lieber anderen zu überlassen und sich vor Herausforderungen zu drücken, sich zu fügen. Dies sollten sie sich in diesem Leben jedoch tunlichst abgewöhnen!

Homosexualität ist mit dieser Zahl oft ein großes Thema. Sei es, dass diese Menschen im Vorleben einst selber homosexuell waren oder sogar das Geschlecht gewechselt haben, sei es, dass sie in diesem Leben sich eher zum gleichen Geschlecht hingezogen fühlen. Oftmals wird die Homosexualität nicht selbst ausgelebt, sondern es finden sich viele homosexuelle Bekannte im näheren Umfeld. Die Chance jedoch, in diesem Leben selber schwul zu sein steigen immens, wenn zwei und mehr 24er Energiehunde im Geburtsdatum zu finden sind (wie z.B. 18.6.1959: 18+6=24, 1+9+5+9=24 oder 23.1.1986: 23+1=24, 1+9+8+6=24 etc.).

So oder so, im Leben einer 24 dreht sich halt vieles darum, die männlichen und die weiblichen Energien liebevoll in Einklang zu bringen!

Fazit: Die Hauptaufgabe dieser Zahl besteht darin, die in ihr innewohnenden männlichen und weiblichen Energien in einen konstruktiven Einklang zu bringen. Klarheit und Zufriedenheit sollten erlernt werden. Dazu gehört es auch, Schwächen zu akzeptieren und Verantwortung zu übernehmen. Dann kann die 24 die Rolle, die ihr in diesem Leben zugeteilt wurde, bestmöglich erfüllen!

Beispiel:

Alfred, geboren am 17.7.1968 (17+7= 24, 1+9+6+8=24 – Alfred hat also 2x eine 24 in seinem Geburtsdatum) ist schwul. Er kocht gerne, backt selber Brot und schaut gerne Kochsendungen im Fernsehen an. Er zeigt also wahrlich weibliche Attribute. Innige Freundschaften sind ein Fremdwort für ihn, er ist und bleibt eher ein Einzelgänger, auch wenn er mehrere oberflächliche Bekanntschaften pflegt. Selbst heute hat er noch Schwierigkeiten, sich selber so anzunehmen, wie er ist, insbesondere verheimlicht er noch heute gerne den Fakt, dass er homosexuell ist.

Empfehlungen:

Jede 24 ist aufgerufen, mehr Klarheit ins eigene Leben zu bringen. Sie sollte sich klar werden, wie sie im Innersten fühlt und diese Gefühle nicht unterdrücken, sondern ausleben lernen. Die Basis jeder 24 ist die 6, weswegen sich diese Zahl, wenn auch meistens unbewusst, mit den Themen Unzufriedenheit – Zufriedenheit auseinandersetzt.

Sie sollte sich besinnen, was sie bereits alles im Leben erreicht hat und ihr Eigen nennen darf. Selbstliebe stärkt sie auf diesem Weg: Mittels Herzöffnungsübungen und Dankbarkeitsritualen lernt sie besser, die innere Zufriedenheit auch dauerhaft zu finden und zu erhalten.

Lies dir zum besseren Verständnis auch die Kapitel über die Zahlen 6, 2 und 4 genauer durch.

Fragen, die du dir mit dieser Zahl stellen solltest:

- Was bedeutet für mich Freundschaft?
- Wann glaube ich, alles besser zu wissen?
- Lebe ich meine wahre Stärke?
- Wo kaschiere ich meine Schwäche mit machtvollem Gehabe im Außen?
- Wo und wann verstecke ich mich noch?
- Bin ich – was meine sexuelle Neigung betrifft – offen und ehrlich zu mir selbst und anderen?
- Kann ich mich so annehmen wie ich bin?
- In welchen Situationen reagiere ich aggressiv?
- Möchte bzw. muss ich mich gar beweisen?
- Wo weigere ich mich, Verantwortung zu übernehmen?
- Lebe ich eigenverantwortlich?

Körperliche Themen und seelische Störungen:

Selbstzweifel, Unsicherheiten, Partnerschaftsschwierigkeiten, Gefühl der inneren Zerrissenheit, Selbstverleugnung, Herzbeschwerden, Probleme mit der Schulter bzw. Gelenken, Krebs, Schmerzen, Hüftprobleme, Schilddrüsenprobleme, Bauchspeicheldrüsenthemen

Karmische Muster und Prägungen:

Keuschheitsgelübde, Bußgelübde, Ordensgelübde, Armutsgelübde, Obrigkeitsgelübde, Selbstkasteiungsgelübde, Kastration

Folgende Übungen können helfen:

Beginne im Blog auf meiner Homepage www.sonjawinkler.at zu lesen und wähle ganz instinktiv eine Rubrik aus, die dich sofort anspricht und stöbere dort in den Artikeln. Suche dir eine oder zwei Übungen aus und integriere sie in deinen Alltag.

Insbesondere in der Rubrik „Üben Sie sich in Selbstliebe!" findest du in den diversen Blogartikeln zahlreiche Anleitungen und Tipps, wie du dein Selbstbewusstsein ankurbeln und was du selbst unternehmen kannst, wenn du dich mal überfordert fühlst.

Es geht im Leben nicht darum, immer recht zu haben, sondern vielmehr einander lieb zu haben: Praktiziere regelmäßig Ho'oponopono und schreib ein Dankbarkeits-ABC (siehe in der Rubrik „Verzeihen & Dankbarkeit – Ihr Schlüssel zum Glück").

Klopfe dir den Stress wie im Artikel „Klopfen Sie Ihren Stress doch einfach weg" beschrieben (du findest ihn in der Rubrik „Jede Veränderung beginnt in Ihnen") einfach weg. Formuliere deine Ziele und manifestiere sie mithilfe der Urkunde. Du findest hierfür nützliche Tipps insbesondere in der Rubrik „Erreichen Sie Ihre Ziele".

Praktiziere regelmäßig Herzübungen, mache zum Beispiel die Metta-Meditation – nicht nur für dich selbst, sondern auch für deine Familie und Freunde und falls möglich sogar „Arschengerl" auf deinem Lebensweg. Eine genaue Anleitung für diese Meditation findest du in der Rubrik „Üben Sie sich in Selbstliebe".

Was es bei der Arbeit mit Affirmationen zu beachten gilt, lies bitte im Artikel „Mittels Affirmationen zu mehr Ausgeglichenheit" in der Rubrik „Jede Veränderung beginnt in Ihnen" nach.

Affirmationen:
- Ich bin gut, so wie ich bin.
- Als Frau: Ich erlaube mir schwach sein zu dürfen.

- Als Mann: Ich akzeptiere meine Weichheit und kann trotzdem gleichzeitig stark sein.
- Ich übernehme Verantwortung für mein Leben und Glück.
- Die Welt ist ein Spiegel meiner selbst.
- Ich sehe klar in nah und fern.
- Ich akzeptiere, was ist.
- Ich bin Zufriedenheit, und Zufriedenheit ist in mir.
- Ich liebe und werde geliebt.
- Mein Leben wird mit jedem Tag schöner.
- Ich kann mich auf mich verlassen.

25: Zeige deine Gefühle!

Die 25 erscheint auf den ersten Blick als angenehme Zeitgenossin. Wehe jedoch, jemand reizt sie zu sehr. Dann kann es passieren, dass sie von einer Sekunde auf die andere komplett ausrastet und die Beherrschung verliert, zu schreien und zu brüllen beginnt. Ihre Wutausfälle können so extrem und heftig ausfallen, dass sie ihr Gegenüber betreten und verdattert zurücklässt. So heftig wie der Ausbruch jedoch gekommen ist, ist er dann meistens auch gleich wieder vorbei…

In jeder 25 steckt eben ein Wolf im Schafpelz – gut getarnt, jedoch immer auf der Lauer. Das Leben mit einer 25 zeigt sich auf der emotionalen Ebene manches Mal äußerst heftig. Diese Zahl hat die Neigung, Emotionen viel zu lange Zeit zu unterdrücken und zu verstecken. Sie macht stattdessen gute Miene zum bösen Spiel, schluckt viel runter und redet es sich schön… ist die Grenze jedoch überschritten, kann sie gar nicht anders, als zu explodieren.

Die 25 erinnert mich persönlich immer an einen Kelomat – wird ihr der Druck zu hoch, muss er eben so schnell wie möglich raus. Da fliegt schnell gerne mal etwas in die Luft, inklusive ihr selbst… Menschen mit dieser Zahl haben ein großes Ego, das befriedigt werden möchte. Sie wollen alles perfekt machen bzw. haben. Sie können und vor allem wollen sich selbst keine Fehler und Schwächen eingestehen. Letztere passen nämlich so gar nicht zu ihrer selbsterschaffenen Identität. Das eigene Ego und der Verstand verhindern oft, dass sie die Fehler bei sich selbst zu suchen beginnen, sondern stattdessen vermuten sie sie lieber beim Gegenüber.

Besser man fängt erst gar nicht mit diesem Energiehund zu streiten an, die Chancen der Unterlegene in einer Konfrontation zu sein sind nämlich immens hoch. Diese Zahl benützt Worte in emotional hochgeladenen Situationen regelrecht als Waffe und setzt diese auch dementsprechend vernichtend ein. Jede 25 verletzt andere, ohne sich dessen jedoch oftmals selber bewusst zu sein… So schreckt sie selbst vor Rache nicht zurück. Wenn ihr jemand auf den Schlips tritt, schnappt ihr Ego blitzschnell zu. Dann heißt es *„Auge um Auge, Zahn um Zahn!"*. Nachgeben und Verzeihen gehören nicht unbedingt zu ihren Stärken, sondern wollen erst erlernt werden. Wurde die 25 jemals in ihrem Leben von jemand beleidigt, trägt sie diese Verletzung oft noch Jahre mit sich mit und wirft sie bei nächster Streitgelegenheit demjenigen wieder vorwurfsvoll vor die Füße. Sie selbst hingegen kann jedoch äußerst verletzend, regelrecht erbarmungslos über ihr Gegenüber hinwegfegen, ohne sich dessen bewusst zu sein. *„Wie du mir, so ich dir!"* könnte die Devise einer jeden 25 sein.

Dabei dreht sich im Grunde doch alles in ihrem Leben um Gefühle. Die eigene Gefühlswelt macht der 25 in Wahrheit große Angst. Gefühle werden daher besser ignoriert, runtergeschluckt, verdrängt, schöngeredet. Der einzige Haken bei der Sache: Sie bleiben halt doch vorhanden, zumindest unbewusst und irgendwann müssen sie raus, sonst platzt dieser Energiehund regelrecht... Diesbezüglich hat er aber einen starken Filter eingebaut: Gefühle zeigen, dazu ist er in den seltensten Fällen fähig. Stattdessen möchte er lieber unerkannt und unangreifbar bleiben.

Im Grunde ist diese Zahl jedoch keine schlechte oder gar böse Zeitgenossin, um Himmelswillen nein. Sie hat oft ein großes Herz. Dann tut und gibt sie alles für andere, jedoch in den meisten Fällen nur, wenn es mit ihrem eigenen – überaus starken – Willen übereinstimmt. Diesbezüglich kann die 25 das eine oder andere Mal regelrecht manipulativ sein: Sie beeinflusst ihr Umfeld dann äußerst bewusst, um das zu bekommen, was sie gerne möchte. Was nicht in ihr eigenes Bild passt, wird von ihr gering geschätzt...

Sowohl das Leben als Täter – immer zum Angriff positioniert und die Worthülsen zum sofortigen Abschuss bereit – als auch das Leben als Opfer – immer angepasst und lächelnd – führen bei ihr zu innerer Unzufriedenheit, die früher oder später ihren Ausdruck auch im Außen finden muss.

Jede 25 ist inkarniert, um sich mit dem Thema Gefühle näher auseinanderzusetzen. Sie hat sich als Lernthema ausgesucht, diese rechtzeitig zu erkennen und zu artikulieren. Rechtzeitig bedeutet, bevor ihr erneut alles zu viel wird und sie nur wieder mit einem heftigen emotionalen Ausbruch reagieren kann. Für Menschen mit dieser Zahl ist es jedoch eine große Herausforderung in diesem Leben, ihre Gefühle anzunehmen, ohne sich dabei schwach und hilflos zu fühlen. *„Gefühle hat man nicht zu haben, sie machen einem ja nur das Leben schwer! Besser ignorieren und so tun, als wäre nichts gewesen..."*

In der Basis ist jede 25 ja eine 7: Dieser Energiehund redet diesen Menschen ununterbrochen ein, dass Gefühle unangebracht sind und dass sie immer besser als die anderen zu sein haben. Andernfalls können sie nicht vor sich selbst bestehen. *„Gefühle machen schwach und gehören einfach nicht dazu…"* Weit gefehlt: Sich mit diesen konstruktiv auseinanderzusetzen ist der einzige Weg aus der Misere für diese Zahl, will sie dauerhaft ausgeglichen und zufrieden leben.

Jede 25 sollte reflektieren lernen, sich ihrer eigenen Gefühle klarwerden. Diese Zahl sollte wahrnehmen lernen, wann sie verletzt ist und dies dann auf ruhige Art auch zum Ausdruck bringen. Sie sollte aufhören immer perfekt sein zu müssen und zu glauben – falls sie eben nicht perfekt ist – unweigerlich auf der Verliererspur unterwegs zu sein. Diese Zahl sollte sich stattdessen aneignen, ruhig und sachlich zu diskutieren, anstatt immer gleich – wenn auch nur aus Selbstschutz – in die Höhe zu gehen. Sie sollte beginnen, die eigene Herzensweisheit zu erkennen und zu leben, ohne Rücksicht auf Verluste bzw. der Angst, sich gar selber lächerlich zu machen…

Die Natur und die Bewegung können ihr helfen, den Ausgleich und die innere Ruhe zu finden. Sie sollte beides konstruktiv nützen, um auf ihrem Weg weiterzukommen! Ein Waldspaziergang kann ihr den nötigen Abstand geben, sich in Ruhe mit den eigenen Themen auseinanderzusetzen, ohne die Schuld immer beim anderen zu suchen und auch zu finden. Jede 25 sollte beginnen, sich im anderen zu erkennen, sie sollte die Welt als eigenen Spiegel sehen.

Lebt diese Zahl die eigene Aggression hingegen nicht selbst aus, sondern unterdrückt sie diese zeitlebens, hat dies oft zur Folge, dass die Energie ihren Weg findet und das Gegenüber sie dann an ihrer Stelle auslebt. Ist dies der Fall, erfährt die 25 im Spiegel des anderen, wie es in ihr selbst in Wahrheit eigentlich aussieht.

Löst die 25 diesen gordischen Knoten, wird sie zur Heilerin, nicht nur für sich selbst, sondern unter Umständen auch für ihr gesamtes Umfeld. Bis dahin kann es jedoch unter Umständen ein langer und emotionsgeladener, regelrecht explosiver Weg sein…

Fazit: Die große Hürde im Leben dieser Zahl liegt darin, sich der eigenen Gefühle gewahr zu werden. Sie sollte also unbedingt lernen, diese rechtzeitig zu erkennen und sie auch zum Ausdruck zu bringen. Es nützt ihr nichts, wenn sie immer alles runterschluckt, nur um freundlich und nett zu sein. Es bringt dieser Zahl jedoch ebensowenig, wenn sie erst spricht, wenn ihr wieder alles zu viel geworden ist! Sie sollte lernen, sich im rechten Moment zu äußern, den Mund aufzumachen, sobald ihr etwas gegen den Strich geht und sie verletzt ist. Dazu gehört auch, dass sie begreift, dass das Anerkennen von eigenen Fehlern und Schwächen sie nicht kleiner, sondern hingegen nur größer macht!

Beispiel:

Sabina ist an einem 25. auf die Welt gekommen. Sie ist die liebenswürdigste Person, immer hilfsbereit und guter Dinge. Wehe jedoch, sie stößt auf Gegenwehr oder fühlt sich auf den Schlips getreten. Dann wird sie zur Giftschlange, die plötzlich aus dem Nichts auftaucht, zuschnappt, ihr Gift verspritzt und sich dann wieder seelenruhig zurückzieht. Ihre Gefühlsausbrüche schüchtern insbesondere ihre Kinder in jungen Jahren ein. Im Laufe des Lebens werden die Gefühlsausbrüche immer weniger. Sie schweigt, anstatt ihren Gefühlen Ausdruck zu verleihen. Ihre aggressive Grundhaltung jedoch bleibt und wird von ihrer Familie erkannt: Oftmals gehen ihre Töchter oder ihr Ehemann an ihrer Stelle in die Höhe...

Empfehlungen:

Die 25 sollte sich in Gelassenheit üben. Die Natur, aber auch Tai-Chi und Yoga wären unter anderem eine gute Möglichkeit, zur Ruhe zu kommen und sie in sich selbst zu entdecken. Gelassenheit setzt jedoch auch voraus, dass sich diese Zahl früher oder später ihres eigenen emotionalen Innenlebens gewahr wird. Sie sollte versuchen, sich gefühlsmäßig zu öffnen und ihre diesbezüglichen Ängste annehmen und sie transformieren lernen. Erst dann ist sie in der Lage, im richtigen Moment den Mund aufzumachen und ihre wahren Gefühle auf liebevolle Art und Weise dem Gegenüber, das sie gerade – warum auch immer – verletzt hat, mitzuteilen.

Keine leichte Aufgabe für die 25, jedoch der einzige Weg, will sie in Frieden leben und in die Heilung gehen.

Fragen, die du dir mit dieser Zahl stellen solltest:
- Wann fühle ich mich eigentlich auf den Schlips getreten und hilflos?
- Was versteckt sich in Wahrheit hinter meinen Gefühlsausbrüchen?
- Habe ich eigentlich immer recht?
- Vor welchen Gefühlen habe ich Angst und laufe davon?
- Wo sollte ich früher meinen Mund aufmachen?
- Was schlucke ich schon (zu) lange Zeit hinunter?
- Was liegt mir am Herzen?
- Liebe ich mich trotz meiner Fehler und Schwächen?
- Wie gehe ich mit Kritik um?

Körperliche Themen und seelische Störungen:
Bluthochdruck, Leber- und Gallenprobleme, Gallensteine, Schilddrüsenprobleme, hoher Puls, Augeninnendruck, Depression, Schlafstörungen, geringer Selbstwert, Unsicherheit

Karmische Muster und Prägungen:
Schweigegelübde, Rachegelübde, Fremdprogrammierungen, gewaltsamer Tod im Vorleben

Folgende Übungen können helfen:
Beginne im Blog auf meiner Homepage www.sonjawinkler.at zu lesen und wähle ganz instinktiv eine Rubrik aus. Bestimmt wirst du dort den einen oder anderen Artikel finden, der dir hilft, deinen Alltag leichter und auch gelassener zu bewältigen.

Finger halten wie im Artikel „Jin Shin Jyutsu – durch Finger halten das seelische Gleichgewicht wiederfinden" beschrieben (du findest ihn in der Rubrik „Mehr Energie = mehr Lebensfreude"), hilft dir im Alltag leichter mit deinen Emotionen zurechtzukommen.

Insbesondere im Artikel „Nützliche Anti-Ärger-Strategien" findest du ein paar Anleitungen und hilfreiche Tipps, wie du in Zukunft mit negativen Emotionen wie Ärger und Wut leichter umgehen kannst. Den damit verbundenen

Stress kannst du dir auch wie im Artikel „Klopfen Sie Ihren Stress doch einfach weg" beschrieben wegklopfen. Beide Anleitungen stehen in der Rubrik „Jede Veränderung beginnt in Ihnen!".

Praktiziere die eine oder andere Herzübung, die du unter anderem im Artikel „6 einfache Möglichkeiten, wie Sie Ihr Herzchakra stärken können" findest. Diesen Artikel kannst du in der Rubrik „Üben Sie sich in Selbstliebe!" nachlesen. Verbinde dich unbedingt wieder mit deiner dir innewohnenden Herzenskraft!

Nutze auch die im Blogartikel „Formulieren Sie Ihre Ziele" (Rubrik „Erreichen Sie Ihre Ziele!") beigefügte Urkunde, um deine Ziele klar zu formulieren und aufs Papier zu bringen, lies dir jedoch auch die anderen Artikel dieser Rubrik genauer durch: Mache es dir unbedingt zum Ziel, deine Gefühle besser wahrzunehmen und deine Emotionen ab sofort in den Griff zu bekommen!

Menschen mit dieser Zahl sollten für schwierige Zeiten ein Dankbarkeits-ABC zur Hand haben und sich insbesondere mittels Ho'oponopono im Verzeihen üben. Die Spiegelarbeit nach Kössner hilft ihnen, sich selbst besser kennenzulernen und die eigentliche Ursache für ihre Gefühlsausbrüche zu finden. Näheres über all diese Methoden kannst du in der Rubrik „Verzeihen und Dankbarkeit – Ihr Schlüssel zum Glück!" nachlesen. Solltest du alleine nicht weiterkommen, ziehe eine Skyourself-Sitzung in Erwägung.

Was es bei der Arbeit mit Affirmationen zu beachten gilt, lies bitte im Artikel „Mittels Affirmationen zu mehr Ausgeglichenheit" in der Rubrik „Jede Veränderung beginnt in Ihnen" nach.

Affirmationen:

- Ich fühle, was gefühlt werden will.
- Ich nehme meine Gefühle klar wahr und lasse sie frei fließen.
- Ich bin wahrhaftig und authentisch, ich bin ehrlich zu mir und den anderen.
- Ich darf meine Bedürfnisse offen zeigen und mitteilen.
- Ich nehme mich mit all meinen Ecken und Kanten liebevoll an.
- Ich verzeihe mir und anderen.
- Ich sage Ja zu meiner Vergangenheit und segne sie.
- Ich darf auch schwach sein und Fehler haben – ich bin trotzdem völlig OK so, wie ich bin!

26: Liebe deine Mitmenschen wie dich selbst!

In jeder 26 findet sich insgeheim ein Sklaventreiber. Selbst Hitler hatte die Körperzahl 26. Wenn jedoch sogar du – wie übrigens auch ich – eine 26 im Geburtsdatum hast, sollten bei dir jetzt nicht unbedingt die Alarmglocken schrillen und du es mit der Angst zu tun bekommen… Im Grunde gibt es keine schlechten oder gar bösen Zahlen, sondern immer nur viele egozentrische Wege, die Energie einer Zahl umzusetzen und zu leben. An sich ist ja jede Zahl neutral und wird erst durch Ego und Verstand zu dem, was sie eigentlich ist… So verhält es sich auch mit der 26!

Die 26 ist auf die Welt gekommen, um sich mit dem Thema Macht (2+6=8) in einer ganz bestimmten Form auseinanderzusetzen. Als Täter nützt sie ihre Mitmenschen schamlos aus, sei es körperlich, als auch finanziell. 26er schlagen sich oft als „Schlawiner" durchs Leben, wollen nicht arbeiten, sondern lassen lieber andere für sie schuften. Die „Sklaventreiber" von heute lassen Frauen für sich am Strich gehen, schlagen sich dementsprechend als Zuhälter, Drogendealer oder Geldwäscher durchs Leben. Sie können dabei äußerst charmant ans Werk gehen, sodass man ihnen in der Tat oft gar nichts abschlagen kann.

Mit einer 26 im Geburtsdatum sucht man sich gerne – unbewusst – den leichtesten Weg im Leben aus. Diese Zahl hat wenig Lust, den eigenen Finger krumm zu machen. *„Wofür sich selbst die Ärmel hochkrempeln, wo es doch genug andere hierfür gibt!?"* Die 26 macht dies ganz und gar ohne schlechtes Gewissen. Sie kommt erst gar nicht auf die Idee, andere Menschen durch ihr Verhalten zu missbrauchen oder zu übervorteilen. Sie glaubt einfach, dass ihr das alles sowieso zusteht…

Schlägt die 26 jedoch in diesem Leben wirklich den extremen Weg quasi als „Überdrüber-Täter" ein, hat sie es sehr schwer, wieder von diesem einmal betretenen Pfad wieder abzuweichen: Einmal Drogendealer, immer Drogendealer. Einmal Zuhälter, immer Zuhälter. Alles andere würde bedeuten, über ein bereits großes Bewusstsein zu verfügen und wirklich an sich zu arbeiten…

Diese Zahl ist andererseits oft sehr großzügig im Leben. Zahlt lieber jede Rechnung selbst, als sich einladen zu lassen. Dies ist als Kompensation eines durch sie selbst verursachten Unrechts im Vorleben (oder auch in diesem Leben) zu verstehen: Sie hat im Innern einfach ein zu schlechtes Gewissen, etwas anzunehmen, da sie weiß, dass sie diesbezüglich selber schon des Öfteren über die gesunde Ziellinie hinausgeschossen ist.

Menschen, die diese Zahl eher als Opfer ausleben, werden ausgenützt und selber übervorteilt. Sie sind einfach zu gut für diese Welt, haben sie doch immer ein offenes Ohr und erledigen die Arbeit für andere gleich mit. 26er laufen oft mit einem Helfersyndrom durch die Welt und treten allzu gern in die Falle, vor Mitleid überzufließen und dem anderen die Aufgaben abzunehmen. Dabei schaden sie jedoch nicht nur sich selbst, sondern vor allem auch ihrem Gegenüber, dem sie die Chance nehmen, endlich Eigenverantwortung zu übernehmen. Bis sie dies jedoch erkennen, können sie einige Jahre in toxischen Beziehungen verbringen, ins Burnout schlittern bzw. könnte ihr Bankkonto ganz schön schrumpfen...

Der Weg einer jeden 26 kann dementsprechend unter Um-ständen ein ziemlich harter, wenn auch äußerst lehrreicher sein!

Die 26 sollte lernen, zwar mit offenem Herzen durch die Welt zu streifen, jedoch nicht vergessen, dabei gesunde Grenzen zu ziehen. Ganz wichtig ist es für diese Zahl mit dem Thema Geld ehrlich und aufrichtig durchs Leben zu gehen. Sie sollte Rechnungen vorrangig selber begleichen und nicht betrügen oder andere übervorteilen oder gar ausnützen wollen! Jede 26 sollte ihre eigenen Brötchen verdienen und die Finanzen sauber halten. Ansonsten schlägt das Schicksal zu und sie kann unter Umständen ungewollt Pleiten erleben.

Lernt die 26 hingegen zeitlebens gesunde Grenzen zu ziehen und einen Ausgleich zwischen Geben und Nehmen zu schaffen, hat sie die Chance auf ein glückliches Leben in Wohlstand und Fülle. Sie darf und kann machtvoll für sich und andere durchs Leben gehen, wenn sie anderen dadurch nicht deren Lebensaufgaben abnimmt und dabei immer ehrlich bleibt. Auf dem geraden Weg bleiben heißt für diese Zahl ehrlich bleiben, etwas für ihr eigenes Geld tun – sprich arbeiten und hilfsbereit sein – ohne sich selbst dabei zu verausgaben und zu vergessen. Behält sie dies im Hinterkopf, wird ihr Leben in gesunden und ruhigen Bahnen ablaufen.

Die Hürde einer jeden 26 liegt darin, dass sie sich – überheblich wie sie sein kann – in ihrem tiefsten Innern für etwas Besseres hält. Sie muss außerdem lernen, ihren – überaus starken – Willen für etwas Positives und Konstruktives einzusetzen und davon Abstand nehmen, andere zu hintergehen oder auszunützen. Findet sie das gesunde Mittelmaß zwischen Geben und Nehmen, hat sie das Potenzial, zu einer angenehmen und machtvollen Mitstreiterin für andere zu werden, deren Raum sie keinesfalls streitig machen möchte und dabei außerdem die eigenen gesunden Grenzen wahrt.

Fazit: Die Hauptaufgabe für diese Zahl liegt darin, sich selbst und ihre Mitmenschen lieben zu lernen und sie keinesfalls auszunutzen. Geben und Nehmen sollten immer in Einklang sein! Absolute Ehrlichkeit sollte ihren Weg Schritt für Schritt begleiten, auch sollte sie ihre Geldangelegenheiten unbedingt sauber halten. Dann steckt in ihr eine überaus hilfsbereite Zeitgenossin, die ihren Mitmenschen charmant begegnet und auch fähig ist, im rechten Moment selber Unterstützung anzunehmen.

Beispiel Nr. 1:

Georg mit der Körperzahl 26 schlägt sich zeitlebens als „Strizzi" durchs Leben. Er verdient sich sein Auskommen als Zuhälter und Drogendealer, dabei wirkt er äußerst charmant und zuvorkommend. Er wickelt jeden um den Finger, ist jedoch immer auf seinen eigenen Vorteil bedacht und nützt seine Mitmenschen, wenn auch auf sehr charmante Art, aus. Er schafft es zeitlebens nicht wirklich, von seinem einst eingeschlagenen Weg abzukommen.

Beispiel Nr. 2:

Raffael mit der Geistzahl 26 ist Tierarzt aus Leib und Seele. Wenn seine Kollegen nachts das Handy ausschalten und ihre Freizeit genießen, ist er rund um die Uhr für seine Patienten erreichbar und einsatzbereit. Er geht mit seinen nächtlichen Einsätzen regelmäßig über seine körperlichen Grenzen. Anstatt innerhalb seines Teams für einen gerechteren Arbeitseinsatz zu sorgen, übernimmt er alle Nachtdienste der Woche. Sein Helfersyndrom hält ihn weiterhin Tag für Tag und Nacht für Nacht auf Trab. Beruflich lässt er sich benutzen und nimmt dadurch jedoch auch seinen Mitarbeitern – insbesondere seinem Sohn (mit einem 24er Lebensthema), der auch in der Ordination seines Vaters tätig ist – die Chance, Verantwortung zu lernen und zu übernehmen.

Privat zeigt er sich selber eher von der Täterseite: Er hat in der Regel mehr als eine Liebesbeziehung gleichzeitig und zeigt für mehr als sexuelle Aktivitäten weder Zeit noch Interesse.

Beispiel Nr. 3:

Maria mit einem 26er Lebensthema lebt in einer Beziehung. Ihr Freund ist alkoholkrank und arbeitslos. Anstatt gesunde Grenzen zu ziehen, fließt ihr Herz vor Mitleid über, vor allem, als bei ihrem Freund noch die Diagnose Diabetes hinzukommt: Sie unterstützt ihren Freund finanziell, immer und immer wieder. Sie ist immer zur Stelle, wenn er gerade wieder, sei es finanziell oder emotional, ihre Hilfe braucht. Zu groß ist ihr schlechtes Gewissen und ihr Helfersyndrom. Mit der Zeit ist sie selber am Limit und nahe eines Burnouts. Ihr eigenes Bankkonto schrumpft zusehends.

Durch ihr Verhalten schadet sie jedoch nicht nur sich selbst, sondern nimmt auch ihrem Freund die Chance, Eigenverantwortung zu übernehmen und etwas an seiner desolaten Situation zu verändern. Erst nach Jahren persönlichen Leids schafft sie es, sich aus dieser toxischen Beziehung zu befreien.

Empfehlungen:

Jede 26 sollte damit beginnen, sich in allererster Linie in Selbstliebe zu üben. Diese Zahl muss verinnerlichen, dass sie sich weder selbst – geschweige denn andere – ausnützen darf, will sie sich dauerhaft wohl in ihrer Haut fühlen. Liebe zu den Mitmenschen und zu sich selbst, sowie absolute Ehrlichkeit sind ein unbedingtes Muss für diese Zahl. Sie sollte sich zeitlebens aneignen, gesunde Grenzen zu ziehen und sich im zwischenmenschlichen Bereich nicht zu sehr zu verausgaben.

In jeder 26 steckt eine machtvolle Persönlichkeit, die jedoch anderen ihre Aufgaben nicht abnehmen darf und einen gesunden Ausgleich zwischen Geben und Nehmen finden sollte. Diese Zahl sollte sich bewusst machen, nicht die ganze Welt retten zu können und entsprechend öfters mal einen Schritt zurück treten. Des Weiteren sollte sie lernen, die Schicksale anderer nicht persönlich zu nehmen und – sollte sie nicht unterstützend eingreifen können – sich selber nicht der Sucht hinzugeben. In jeder 26 steckt die Tendenz zur Suchtneigung, die im Grunde nur die mangelnde Selbstliebe widerspiegelt.

Lernt sie es, gut auf sich selbst zu schauen und geht sie einer geregelten Arbeit nach, sprich verdient ihre eigenen Brötchen und nutzt andere weder körperlich noch finanziell aus, hat sie ihre Seelenaufgabe erfüllt.

Lies dir zum besseren Verständnis auch die Kapitel der Zahlen 8, 2 und 6 genauer durch.

Fragen, die du dir mit dieser Zahl stellen solltest:
- Wo bin ich zu gutherzig?
- Gehe ich über meine Grenzen hinaus?
- Nehme ich meiner Familie/Freunden deren Themen ab?
- Wo glaube ich, der Schlauere zu sein und gehe gar über die Grenzen anderer hinweg?
- Wo achte ich nicht die Bedürfnisse der anderen?
- Wann habe ich meine Mitmenschen ausgenützt?
- Bin ich ehrlich zu mir selbst und zu den anderen?
- Lebe ich auf Kosten anderer?
- Sind bei mir Geben und Nehmen im Ausgleich?

Körperliche Themen und seelische Störungen:
Burnout, Depression, Gicht, Herzprobleme, Polyarthritis, Krebs, Suchtneigung (Alkohol-, Drogen-, Computer-, Schoki-, Spielsucht etc.), übersteigertes Harmoniebedürfnis, Unterwürfigkeit, Darm- bzw. Rückenbeschwerden, Bandscheibenvorfall, Atemwegserkrankungen

Karmische Muster und Prägungen:

Armutsgelübde, Obrigkeitsgelübde, Bußgelübde, Selbstkasteiungsgelübde, Sklaven-jochprogrammierung, Streckbank, Pranger, Miasma der Syphilis, gewaltsamer Tod

Folgende Übungen können helfen:

Beginne im Blog auf meiner Homepage www.sonjawinkler.at zu lesen und wähle ganz instinktiv eine Rubrik aus. Bestimmt wirst du dort die eine oder andere Übung finden, die dir weiterhilft und die du leicht in deinen Alltag integrieren kannst.

Menschen mit dieser Zahl sind aufgefordert, sich insbesondere in Selbstliebe zu üben: Such dir die eine oder andere Übung in der entsprechenden Rubrik „Üben Sie sich in Selbstliebe!" aus. So hilft es dir, wenn du regelmäßig in die Stille gehst und meditierst - praktiziere die Metta-Meditation oder die Herzmeditation. Schenke deinem Herzen und deinem Herzchakra generell mehr Beachtung: Im Artikel „6 einfache Möglichkeiten, wie Sie Ihr Herzchakra stärken können" findet sich bestimmt die eine oder andere Anleitung, die dir weiterhilft und dich dabei unterstützt, dein Helfersyndrom mit der Zeit abzulegen und die gesunde Mitte zu finden. Praktiziere deine bevorzugte Herzübung regelmäßig. Selbstliebe will gelernt sein!

Sei dir gewahr, dass du immer und überall mit allem verbunden bist – mache die Übung „Der Himmel bricht herein". Du findest sie im Artikel „3 Übungen, die Sie sofort mit positiver Energie aufladen" in der Rubrik „Mehr Energie = mehr Lebensfreude".

Bei Bedarf klopfe dir den Stress wie im Blogartikel „Klopfen Sie Ihren Stress doch einfach weg" in der Rubrik „Jede Veränderung beginnt in Ihnen" dargestellt, einfach weg.

Lerne loslassen und wirf ungesunden Ballast schnellstmöglich ab! Diesbezügliche Anleitungen findest du insbesondere im Artikel „Wer loslässt hat zwei Hände frei" (Rubrik „Jede Veränderung beginnt in Ihnen").

Unbewusste Schuld ist oft ein großes Thema im Leben einer 26. Folge den Anleitungen im Artikel „Unbewusste Schuld: häufig verbreitet, jedoch selten erkannt!", den du in der Rubrik „Jede Veränderung beginnt in Ihnen" nachlesen kannst, um sie ein für alle Mal aufzulösen.

Unterschreibe die Urkunde zum Auflösen von Eiden und Gelübden, die du im Artikel „Lösen Sie sich von ehemals geleisteten Eiden & Gelübden" (siehe Rubrik „Mehr Energie = mehr Lebensfreude") findest.

Formuliere klar deine Ziele. Nütze hierfür die Urkunde im gleichnamigen Artikel in der Rubrik „Erreichen Sie Ihre Ziele".

Trenne dich mithilfe der Strichmännchen Technik nach Jaques Martel von deinem Helfersyndrom. Statt anderen immer tatkräftig unter die Arme zu greifen, schicke ihnen doch mal Liebe. Den Artikel „Versenden Sie Liebe", sowie auch vorhin genannte Technik findest du in der Rubrik „Mehr Energie = mehr Lebensfreude".

Was es bei der Arbeit mit Affirmationen zu beachten gilt, lies bitte im Artikel „Mittels Affirmationen zu mehr Ausgeglichenheit" in der Rubrik „Jede Veränderung beginnt in Ihnen" nach.

Affirmationen:
• Ich halte Geben und Nehmen in Balance.
• Ich halte all meine Geldangelegenheiten sauber.
• Ich schaue gut auf mich.
• Ich achte meine und die Bedürfnisse der anderen.
• Ich lebe im Einklang mit mir und der Welt.
• Ich schaffe mir meinen Wohlstand selbst.
• Ich ziehe gesunde Grenzen und achte die der anderen.
• Ich helfe und unterstütze, ohne dabei mich selbst zu vergessen.

27: Schau mal nach rechts und links!

Menschen mit dieser Zahl sind mit der Lernaufgabe auf diese Welt gekommen, in diesem Leben insgesamt flexibler und biegsamer zu werden. Diese Zahl steckt oft in festgefahrenen, selbst erschaffenen Strukturen fest.

Jede 27 hat dabei ihre eigenen starren Rituale, die es unbedingt einzuhalten gilt. Jedes Abweichen davon flößt ihr immense Angst ein. Jede noch so kleinste unvorhergesehene Kursänderung führt in ihrem tiefsten Innern zu kompletter Orientierungslosigkeit und dem vorherrschenden Gefühl von reinstem Chaos. Lassen sich Projekte und Vorhaben nicht wie ursprünglich geplant umsetzen, reagiert die 27 auch gern mal völlig hysterisch und wütend. Konfusion gilt es im Alltag jeder 27 unbedingt zu vermeiden, denn jede Art von Durcheinander, das das Abweichen althergebrachter Strukturen automatisch mit sich bringt, stresst diese Zahl ungemein. Nichts hasst sie mehr, als vom Trampelpfad abzukommen und eine neue, unvorhergesehene Richtung einzuschlagen – ihr Leben wird dann augenblicklich zum ungewollten Spießrutenlauf...

So gesehen folgt jede 27 gerne freiwillig einen fast immer gleich ablaufenden Wochenplan bzw. schmiedet bereits vorab Pläne für jeden Tag der Woche. Das allein gibt ihr Sicherheit – im Festhalten herkömmlicher Prinzipien findet sie Halt und Geborgenheit. Sie wird so – bildlich gesprochen – selber leicht zum Esel, der blind der Karotte folgt, die vor seiner Nase baumelt und dabei vergisst, dass links und rechts von ihm auf seinem Weg die grünsten Wiesen vorbeiziehen... Diese Zahl nimmt nur ihr ursprünglich ins Auge gefasste Ziel wahr und vergisst dabei gerne darauf, dass oftmals erst auf Umwegen die wahre Schönheit und der Reiz des Lebens warten. Unbekanntes macht ihr ungeheure Angst. Unbekanntes löst demzufolge immer ein ungutes Gefühl in ihr aus, das es unbedingt zu vermeiden gilt.

Menschen mit einer 27 sind Verstandesmenschen, die es im Leben zu etwas Großem bringen wollen. Sie haben ein Ziel vor Augen, dass sie – koste es, was es wolle – bis zum bitteren Ende auch verfolgen. Auf dem Weg dorthin nehmen sie alles in Kauf. Der Druck, das zu erreichen, was sie sich vorgestellt haben, ist dabei immens groß (2+7=9!). Wehe nur, wenn es eine kleine Abweichung vom einstigen Plan und Vorhaben gibt, dann fällt diese Zahl in Panik, die oftmals sogar in Aggression endet. Das aggressive Verhalten in Form von unkontrollierten

Wutausbrüchen und hysterischen Anfällen versteckt dann die eigene innere Unsicherheit, die unweigerlich aufkommt, wenn die 27 von ihrem lang gehegten Plan abzuweichen gezwungen ist.

Somit ist es oberste Priorität jeder 27, Chaos in ihrem Leben so gut wie möglich zu vermeiden. Der einzige Haken bei der ganzen Sache ist, dass das Universum es meistens anders mit ihr meint und die 27 immer wieder in ihrer Beweglichkeit schult. Lernt diese Zahl nicht von sich aus flexibler zu werden, kommt sie im Laufe ihres Lebens unweigerlich in zahlreiche Situationen, die sie allesamt auffordern, umzudenken: Das Schicksal legt ihr unter Umständen viele Steine in den Weg...

Was sollte die 27 also lernen!? Bereits als Kind braucht sie genügend Vorbereitungszeit, Spontaneität ist ihr schon von klein auf fremd. Diese Kinder leben in einer Traumwelt und brauchen eine lange Vorlaufzeit, um sich auf gegebene Situationen einstellen zu können. Eltern von 27er Kindern sind deswegen aufgerufen mit viel Geduld ihren Sprösslingen bereits in jungen Jahren neue Wege und Perspektiven aufzuzeigen. 27er Kinder brauchen verständnisvolle Eltern, die ihnen auf liebevolle, wenn auch konsequente Art und Weise darlegen, dass es im Leben immer mehrere Möglichkeiten gibt, je nachdem welche Perspektive man einnimmt.

Kinder mit einer 27 im Geburtsdatum sind zumindest zu Beginn noch ziemlich aktiv. Diese zumeist vorhandene anfängliche Beweglichkeit nimmt jedoch im Laufe des Lebens ab. Waren die Eltern der 27 mit der Situation überfordert, sollte sich diese Zahl spätestens und insbesondere dann als Erwachsener darin üben, den Tag abwechslungsreicher zu gestalten und Veränderungen zuzulassen.

Dabei sollte sie jedoch nicht gleich im Großen, sondern vielleicht erst einmal im Kleinen damit beginnen – sich zum Beispiel die Zähne mal mit der linken Hand, anstatt immer mit der rechten zu putzen... Kleine Schritte in die bewusste Veränderung helfen ihr, insgesamt elastischer und biegsamer zu werden und sich langsam für neue Wege zu öffnen. Dies hilft ihr, auch mal die Perspektive zu wechseln, um letztlich herauszufinden, dass nicht nur ein, sondern mehrere Wege zum gleichen Ziel führen können. Stellt sie fest, dass das Leben auch anders in geregelten Bahnen laufen kann, fällt es ihr mit der Zeit leichter, alternative Sichtweisen zuzulassen.

Diese Menschen geben im Leben ausgezeichnete Leistungssportler bzw. Team- und Projektleiter ab. Besonders bei diesen Berufsgruppen ist das Erreichen vorgegebener Ziele ein unbedingtes Muss. Diese Einsatzgebiete liefern die perfekte Spielwiese für jede 27, jedoch selbst hier sollte sie sich bemühen, die vorhin erwähnten Hinweise zu berücksichtigen und bei gegebenem Anlass mal locker vom geplanten Weg abbiegen. Wenn das Ziel besser auf andere Art und Weise als ursprünglich gedacht zu erreichen ist, sollte sie diesen neuen Weg auch unbedingt von sich aus einschlagen!

Fazit: Die Lernaufgabe findet sich für jede 27 in der Flexibilität! Strukturiert, wie sie ist, vergisst sie allzu gerne mal, dass es auch andere, sogar bessere Wege zum Ziel gibt. Es gilt also, die ihr angeborene Starrheit zu durchbrechen und insgesamt etwas biegsamer zu werden, ohne jedoch das Ziel aus den Augen zu verlieren. Gelingt ihr dies, hat sie ihre Lernaufgabe erfüllt!

Beispiel:

Kurt hat an einem 27. das Licht der Welt erblickt und verfolgt von klein auf seine vorgesteckten Ziele. Stellt sich ihm dabei ein Hindernis in den Weg wird er quirlig und unangenehm, zeitlebens auch ziemlich laut. Bei jeglicher Kritik blockt er sofort ab, auf eine Diskussion lässt er sich erst gar nicht ein. Manches Mal beginnt er bei Gegenwind auch hysterisch zu brüllen. Er muss erst lernen, das Leben fließen zu lassen und sich insgesamt etwas zurückzunehmen.

Empfehlungen:

Diese Zahl muss sich für den Gedanken öffnen, dass es immer mehrere Alternativen im Leben gibt und nicht nur den einen festgeschriebenen Weg, den sie selbst gerade verfolgt. Jede 27 sollte lernen, den vorhandenen Druck abzulassen und ihn nicht gar auf Dritte zu projizieren. Sie ist dazu aufgerufen, sich zeitlebens im Loslassen und der Gelassenheit zu üben. Mal vom eigentlichen Kurs abzukommen sollte in ihr keine Panikgefühle mehr aufkommen lassen. Sie sollte erkennen, dass das Leben immer zahlreiche Varianten und somit auch Chancen bietet, die es sich lohnt zu ergreifen.

Ist dieser Energiehund mal an der Leine und gut erzogen, wird die 27 augenblicklich zu einer Person, die treu zu ihren Prinzipien steht und auf die man sich in egal welcher Situation auch hundertprozentig verlassen kann: Sie vermittelt mit ihrem strukturierten Auftreten Sicherheit und Zuverlässigkeit. Lies dir zum besseren Verständnis auch die Kapitel über die Zahlen 9, 2 und 7 genauer durch.

Fragen, die du dir mit dieser Zahl stellen solltest:
* Bin ich wahrhaftig beweglich in meinem Denken?
* Wo folge ich starren Regeln ohne sie zu hinterfragen bzw. Neues zuzulassen?
* In welchen Situationen verliere ich meine Beherrschung?
* Wie gehe ich mit ungewohnten Situationen um?
* Wovor habe ich Angst?
* Was gibt mir ein Gefühl der Sicherheit?
* Wie gehe ich mit persönlicher Kritik um?
* Wo könnte ich flexibler werden?
* Was macht mich wütend bzw. lässt mich meine Beherrschung verlieren?
* Bin ich zuverlässig bzw. ist auf mich Verlass?

Körperliche Themen und seelische Störungen:
Panikattacken, Ängste, Depression, Wutausbrüche. Leber- und Gallenbeschwerden, Bluthochdruck, Herzinfarkt, -anfall, Schlaganfall, Fehlsichtigkeit, Augendruck, Knochenprobleme, Arthritis, Polyarthritis, Probleme mit der Wirbelsäule, Hüft- und Gelenksbeschwerden, Nackensteife, Probleme insbesondere mit dem Zahn 11 (Schmerzen treten dann auf, wenn man generell Angst vor Neuerungen im Leben hat)

Karmische Muster und Prägungen:
Obrigkeitsgelübde, Ordensgelübde, Treuegelübde, Sklavenjochprogrammierung, Fesselungen, missglückte Flucht, Miasma der Syphilis

Folgende Übungen können helfen:

Beginne im Blog auf meiner Homepage www.sonjawinkler.at zu lesen und wähle ganz instinktiv eine Rubrik aus. Bestimmt wirst du dort die eine oder andere Übung finden, die dir weiterhilft und die du leicht in deinen Alltag integrieren kannst.

Jede 27 ist aufgerufen, früher oder später Selbstverantwortung im Leben zu übernehmen. Anti-Ärger-Strategien nach Birkenbihl helfen ihr dabei die nötige Ruhe zu bewahren. Du findest diese und weitere Techniken im Artikel „Nützliche Anti-Ärger-Strategien". Lies auch „Leben mit Wut, Ärger & Zorn". Beide Blogartikel findest du in der Rubrik „Jede Veränderung beginnt in Ihnen".

Mithilfe regelmäßig praktizierter Entspannungsübungen (siehe den Artikel „Wie Sie lernen zu entschleunigen und Stress abbauen" in der Rubrik „Jede Veränderung beginnt in Ihnen") als auch mit der Technik "Klopfen Sie Ihren Stress doch einfach weg" und bereits vorhin erwähnten Übungen gelingt es ihr allmählich, die erwünschte Gelassenheit zu finden und auch längerfristig zu bewahren.

Auch diese Zahl sollte sich insbesondere im Loslassen („Wer loslässt hat zwei Hände frei", siehe in der Rubrik „Jede Veränderung beginnt in Ihnen!") üben.

Ho'oponopono, Spiegelarbeit nach Louise Hay etc. helfen ihr, den nötigen Frieden, die Ruhe und Dankbarkeit zu finden (siehe in der Rubrik „Verzeihen & Dankbarkeit – Ihr Schlüssel zum Glück").

Stärke dein Selbstbewusstsein und übe dich täglich in Selbstliebe. Folge entsprechenden Anleitungen, die du alle in der Rubrik „Üben Sie sich in Selbstliebe" findest.

Lies dir unter anderem in der Rubrik „Erreichen Sie Ihre Ziele" den Artikel „Formulieren Sie Ihre Ziele" genauer durch und fülle die beigefügte Urkunde aus.

Unterschreibe die Urkunde zum Auflösen ehemals geleisteter Eide & Gelübde. Du findest sie in der Rubrik „Mehr Energie = mehr Lebensfreude".

Was es bei der Arbeit mit Affirmationen zu beachten gilt, lies bitte im Artikel „Mittels Affirmationen zu mehr Ausgeglichenheit" in der Rubrik „Jede Veränderung beginnt in Ihnen" nach.

Affirmationen:

- Egal, was kommt, ich bleibe ruhig und gelassen.
- Ich finde in jeder noch so komplizierten Situation eine passende Lösung.
- Ich bin beweglich im Denken.
- Flexibilität ist meine Stärke, die ich jetzt beginne zu leben.
- Ich gebe mich vertrauensvoll dem Fluss des Lebens hin.
- Vertrauen, Zuversicht, Flexibilität und Gelassenheit pflastern meinen Weg.
- Ruhig und gelassen verfolge ich meine Ziele. Bei Bedarf ändere ich meinen Kurs.

28: Stärke dein drittes Auge!

Menschen mit einer 28 im Geburtsdatum verfügen über immense mentale Begabungen und ein stark ausgeprägtes drittes Auge, welches sie zu außerordentlichen Wahrnehmungen befähigt. Wie jede 10, so ist auch die 28 (2+8=10) eng mit den Themen Selbstwert und Geld verknüpft: Diese Zahl hat sich zu Lasten anderer einst bereichert, indem sie mit ihren mentalen und medialen Fähigkeiten bewusst manipuliert hat. Den Wert hat sie damals verloren, und diesen muss sie erst wiederfinden, um wirklich in ihrem Leben voranzuschreiten.

In dieses Bild passt das der Wahrsagerin, die in der Kristallkugel alles Mögliche sieht, dabei andere gehörig an der Nase herumführt und in Kauf nimmt, sie dabei in Angst und Schrecken zu versetzen. Ganz nebenbei zieht sie ihnen auch noch das Geld aus der Tasche...

Diese Zahl hat in einer früheren Inkarnation andere bewusst missbraucht und manipuliert. Als Täter tut sie das auch heute noch, belügt und betrügt weiterhin mit ihrem spirituellen und mentalen Potenzial und flößt anderen Angst ein. Unter Umständen schlägt sie selbst heute noch unberechtigt Profit aus ihrem spirituellen Wissen.

Wenn sich diese Zahl in diesem Leben hingegen eher auf der Opferschiene bewegt, hält sie dieser Missbrauch von einst unter Umständen zeitlebens davon ab, ihre eigentliche Gabe – ihre immense spirituelle Kraft und ihr mentales Wissen – vollends auszuleben und anderen bereitwillig zur Verfügung zu stellen.

Menschen mit einer 28 im Geburtsdatum nennen in der Regel ein großes Einfühlungsvermögen ihr Eigen, das bis hin zur Hellsichtigkeit reichen kann. Diese Zahl hat die Spiritualität quasi in die Wiege gelegt bekommen. Auch und selbst, wenn Menschen mit dieser Zahl in diesem Leben oft keine leichte Kindheit hatten. Sie sehen Dinge und Situationen kommen, lange bevor sie sich überhaupt erst im Grobstofflichen manifestieren bzw. bewahrheiten. Im Grunde ihres Herzens hat die 28 jedoch einen Riesenbammel, sich aus der Materie, dem Grobstofflichen wieder weiter hinaus – in den feinstofflichen Bereich – zu wagen. Irgendetwas scheint sie immer an diesem unsichtbaren Band zurückzuhalten...

In Wahrheit ist es diese innere Angst, wiederum in den Missbrauch zu gehen, die sie davon abhält. Jede 28 muss den Wert, den sie einst durch den Missbrauch verloren hat, erst wiederfinden. Nur dann ist es dieser Zahl möglich, aus ihrem Potenzial zu schöpfen, mit ihrer Gabe an die breite Öffentlichkeit zu treten und Geld damit zu verdienen. Bis es soweit ist, hat die 28 generell Schwierigkeiten, eine angemessene Entlohnung einzufordern. Selbst wenn sie beruflich bereits als Mentaltrainerin, Hypnotherapeutin oder Energetikerin tätig ist, nennt sie generell einen zu geringen Preis für ihre Hilfestellung oder bietet sie auf Spendenbasis an.

Das Thema Bezahlung lässt bei ihr unbewusst nach wie vor die Alarmglocken schrillen. Solange sie sich gegen ihre eigene Begabung innerlich zur Wehr setzt – und das tut sie, solange sie sich selbst noch nicht richtig wertzuschätzen gelernt hat – kann sie für sich auch keine angemessene Entlohnung einfordern. Ihr Stundensatz bleibt dann in der Regel weit unter dem Marktwert.

Es ist für jede 28 also von großer Wichtigkeit, die einstige Verletzung zu bereinigen und zu transformieren, will sie spirituell weiter wachsen: Sie muss ihren eigenen Wert erst wieder erkennen, anerkennen und annehmen, will sie in voller Kraft aus dem Vollen schöpfen und etwas für alle Seiten Gewinnbringendes daraus machen. Dann – jedoch auch nur, wenn ausreichend liquide Mittel vorhanden sind – sollte sie die Lichtarbeit zu ihrem Beruf, zu ihrer wahren Berufung machen. In jeder 28 steckt im Grunde immer ein Lichtbringer für diese Welt! Und die Welt braucht sie, diese Visionäre, die mit ihren spirituellen Fähigkeiten anderen zur Fackel werden und sie mitreißen auf dem Weg zurück ins Licht.

Die Aufgabe dieser Zahl besteht also darin, ihr drittes Auge (=Stirnchakra) zu trainieren, um es in Zukunft ehrlich und aufrichtig einzusetzen: andere damit zu unterstützen und sie keinesfalls damit zu manipulieren!

Jede 28 sollte das Manipulieren in dieser Inkarnation tunlichst unterlassen und über das Auge der Erleuchtung empfangene Botschaften neutral und vor allem liebevoll – aus dem Herzen heraus – an etwaig Hilfesuchende weitergeben. Menschen mit einer 28 sollten sich hüten, in diesem Leben mit ihrem Talent zu leichtfertig umzugehen und zu spielen, da ihnen ansonsten das Schicksal harte Steine in den Weg legen kann.

Findet sich im Geburtsdatum zusätzlich noch eine 19, stehen die Chancen besonders gut, damit nicht nur Geld zu verdienen, sondern sich damit unter Umständen auch über die Grenzen hinweg einen Namen zu machen. Wird dieser Aspekt angenommen, kann es sein, dass die 28/19 sogar Berühmtheit erlangt.

Jedoch auch ohne eine zusätzliche 19 im Geburtsdatum hat die 28 gute Chancen, mit ihrer mentalen Stärke andere auf ihrem Seelenweg positiv zu unterstützen und damit ein finanzielles Auskommen zu finden: Wenn sie es in diesem Leben lernt, wieder sich selbst und ihrer inneren Stimme, ihrer Intuition vollends zu vertrauen! Findet sie ihren eigenen Wert wieder, kann sie ihn auch anderen vermitteln.

Fazit: Diese Zahl hat es sich in der geistigen Welt zur Aufgabe gemacht, sich in diesem Leben mit den Themen der Macht, Materie und Fähigkeiten auseinanderzusetzen. In ihr schlummert ein großes Potenzial, welches gelebt werden will – sie hat die Gabe, Menschen in ihrem tiefsten Innersten zu verstehen. Entsprechend sollte sie sich in diesem Leben mit spirituellen Themen beschäftigen, will sie ihre diesbezüglichen Ängste endgültig abstreifen.

Beispiel Nr. 1:

Markus hat mit seinem 28er Lebensthema ungeahnte Fähigkeiten, was seine Hellsinne betrifft. Er hat Vorahnungen und Visionen, die sich letztlich immer bewahrheiten. Leider setzt er seine Gabe für andere nicht unterstützend ein, sondern jagt seinem Umfeld mit seinen Botschaften manches Mal regelrecht Angst ein und manipuliert sie dadurch bewusst auf ihrem Weg.

Er sollte lernen, sorgsam mit seiner Fähigkeit umzugehen, um andere nicht damit in Angst und Schrecken zu versetzen oder gar zu versuchen in ein Eck zu drängen, wo er selber sie gerne haben möchte.

Beispiel Nr. 2:

Martin fühlt sich schon seit Jahren zur Lichtarbeit hingezogen. Er hat entsprechend viele Seminare und Kurse besucht. Im Grunde möchte er Menschen mit seinen erlernten Methoden unterstützen und sie auf ihrem Weg begleiten.

Irgendetwas in ihm jedoch sträubt sich, sodass er es nicht schafft, seinen Traum zu leben. Eine unbewusste Angst (wieder in den Missbrauch zu gehen) hält ihn zurück.

Empfehlungen:

Jede 28 sollte sich wieder ihrer ureigenen Kraft und Stärke besinnen und lernen, ihr drittes Auge zu öffnen. Im Grunde stehen ihr ja alle Wege offen, andere in Liebe und Demut auf ihrem Seelenweg positiv zu unterstützen. Diese Zahl ist regelrecht prädestiniert, als Mentaltrainerin und Hypnotherapeutin zu arbeiten, sie hat die Fähigkeiten hierfür quasi in die Wiege gelegt bekommen. Die 28 sollte unbedingt ihren Selbstwert stärken und damit aufhören, Lob und Anerkennung im Außen zu suchen bzw. zu erhoffen. Vielmehr sollte sie den Wert und vor allem das Vertrauen wieder in sich selbst entdecken.

Lies zum besseren Verständnis auch die Kapitel über die Zahlen, 10, 2 und 8 genauer durch.

Fragen, die du dir mit dieser Zahl stellen solltest:
- Verfüge ich über ausgeprägte Hellsinne?
- Nutze ich meine Hellsinne?
- Habe ich Ängste, die mich hindern, mein drittes Auge zu gebrauchen?
- Manipuliere ich andere Menschen gerne mit meinen mentalen Fähigkeiten?
- Versetze ich andere durch meine Visionen in Angst?
- Wie steht es mit meinem Selbstwert?
- Bin und agiere ich mächtig?
- Folge ich meiner inneren Stimme?
- Wann höre ich nicht auf mein Bauchgefühl?
- Lebe ich im Vertrauen?

Körperliche Themen und seelische Störungen:

Depression, Angst- und Panikattacken, Minderwertigkeitsgefühle, Existenzängste, Wirbelsäulenprobleme, Seh- und Hörprobleme, Schwindel, Migräneattacken, Zahnausfall, Parodontitis

Karmische Muster und Prägungen:

Schweigegelübde, Ordensgelübde, Armutsgelübde, Bußgelübde, Kreuzigung, Vierteilung, Fremdprogramme

Folgende Übungen können helfen:

Wähle im Blog auf meiner Homepage www.sonjawinkler.at eine Rubrik aus, zu der es dich auf Anhieb hinzieht. Bestimmt wirst du dort den einen oder anderen Artikel finden, der dir weiterhilft und dessen Tipps bzw. Übungen du leicht in deinen Alltag integrieren kannst.

Wende dich insbesondere der Rubrik „Üben Sie sich in Selbstliebe" zu. Hier findest du zum Beispiel Wege, um dein Herzchakra zu stärken, wie du Selbstliebe praktizieren und deinen Selbstwert stärken kannst. Außerdem findest du dort auch Anleitungen für Meditationen, wie zum Beispiel die Metta-Meditation.

Entdecke Gott in allem, was ist – auch in dir! Meditiere täglich, indem du dich nur auf deinen Atem konzentrierst und in die Stille gehst.

Löse dich von falsch geleisteten Eiden und Gelübden mithilfe der Urkunde, die du in der Rubrik „Mehr Energie = mehr Lebensfreude" findest.

Löse dich von unbewusster Schuld. Einen Artikel zu diesem Thema findest du in der Rubrik „Jede Veränderung beginnt in Ihnen". Dort findest du auch eine Anleitung, wie du deine Ängste wegklopfen kannst. Im Blogartikel „Klopfen Sie Ihren Stress doch einfach weg" erfährst du, wie einfach das geht!

Lass deine Zweifel mithilfe der Strichmännchen-Technik nach Jaques Martel los (Näheres findest du in der Rubrik „Mehr Lebensenergie = mehr Lebensfreude") und deine Erwartungen mittels eines Rituals. Der Artikel „Wer loslässt, hat zwei Hände frei" zeigt dir einfache Möglichkeiten auf, wie du unter anderem auch mithilfe der vier Elemente leichter loslassen kannst. Weitere diesbezügliche Tipps findest du im Artikel „Nutzen Sie die Kraft der Natur für sich".

Schreibe ein Dankbarkeits-ABC und beginne zu verzeihen, vor allem und in erster Linie dir selber! Lies die diesbezüglichen Artikel in der Rubrik „Verzeihen & Dankbarkeit – Ihr Schlüssel zum Glück".

Was es bei der Arbeit mit Affirmationen zu beachten gilt, lies bitte im Artikel „Mittels Affirmationen zu mehr Ausgeglichenheit" in der Rubrik „Jede Veränderung beginnt in Ihnen" nach.

Affirmationen:

- Ich bin wertvoll, liebevoll und authentisch.
- Aufrichtig unterstütze ich andere mit meinen Fähigkeiten.
- Ich verlange einen angemessenen Preis für meine Dienstleistung.
- Ich sehe klar in nah und fern.
- Mein drittes Auge ist geöffnet.
- Ich öffne meine Hellsinne.
- Ich lasse alle meine Ängste los.
- Ich lebe mein volles Potenzial.
- Ich bin die Macht und Autorität in meiner Welt und setze sie in Liebe für andere ein.

29: Sei nicht narzisstisch!

Vieles im Leben dieser Zahl dreht sich um die Themen Liebe und Narzissmus. In jeder 29 steckt im tiefsten Innern ein Narzisst, selbst, wenn er sich noch so gut tarnt... Liebe wird zur Berechnung und die Sehnsucht wächst.

Oftmals prallen im Leben einer 29 Fantasie und Wirklichkeit knallhart aufeinander: Ein Narzisst schreitet bekanntlich allzu selbstverliebt, sich selbst ständig bewundernd durchs Leben. Er braucht viel Bestätigung, sprich Applaus im Außen und macht sich durch sein egoistisches Verhalten, welches er bevorzugt an den Tag legt, selbst gerne zum Nabel der Welt. Narzissten sind sehr von sich überzeugt – sie lieben ihren Körper (2+9=11) und setzen ihn auch das eine oder andere Mal bewusst ein, um das zu bekommen, was sie haben möchten. Sie erfüllen in erster Linie immer ihre eigenen Bedürfnisse. Sie nehmen sich alles, was sie kriegen können, oftmals vielleicht sogar mit einer gewissen Brutalität und Grausamkeit. Einfühlungsvermögen ist ihnen in der Regel völlig fremd. Die Gefühle der anderen interessieren sie einfach nicht. Ein Narzisst nimmt sich einfach, was er braucht, Triebbefriedigung auf jede erdenkliche Weise stehen bei ihm an der Tagesordnung! Diese Vorstellung jedoch von der Liebe, wie sie ist und zu sein hat, wird in den seltensten Fällen erfüllt, das Glück scheint irgendwie doch immer etwas hinterherzuhinken...

Narzissten tarnen sich oft auf wunderbare Weise. Sie schaffen es irgendwie, dem Partner das trügerische Gefühl zu geben, alles zu unternehmen, weil sie ja *„möchten, dass es ihm gut geht"*. In Wahrheit kennen sie die wahren Gefühle des Gegenübers oftmals gar nicht, geschweige denn sind sie wahrhaftig daran interessiert, diese auch zu nähren. Der Grund ist einfach – es fehlt ihnen in erster Linie an der Liebe zu sich selbst. 29er hinken in Liebesdingen zeitlebens etwas hinterher.

Kein Wunder: Menschen mit dieser Zahl hatten oft keine glückliche Kindheit. So hat die Seele schon von klein auf unter dem Mangel an Liebe gelitten, sei es, weil die eigenen Eltern lieblos waren, sei es, weil sie gar keine hatten und im Waisenhaus aufgewachsen sind. Diese Liebessehnsucht bleibt dieser Zahl dann oftmals ein ganzes Leben lang erhalten, ohne dass sie jemals wahre Befriedigung findet.

Wie die 11 und die 2, ist auch die 29 auf der Suche, ihre Triebe bestmöglich zu befriedigen, wobei in der Regel die wahren Gefühle zu kurz zu kommen scheinen. Diese Zahl hat die Neigung, die Liebe in diesem Leben auf sehr narzisstische Art und Weise auszuleben.

Diese Zahl lebt oft in einer aufrechten Partnerschaft, hat nichtsdestoweniger jedoch eine starke promiskuitive Veranlagung. Kein Wunder, dass innerhalb einer Beziehung mit dieser Zahl von Fremdgehen bis hin zu Vergewaltigung alles möglich ist. Triebbefriedigung schließt nicht immer Gefühle mit ein, manchmal schließen sie sich regelrecht aus...

Die Gefühle des Gegenübers bleiben unter Umständen sogar zeitlebens unerkannt oder werden von dieser Zahl geflissentlich negiert.

Leider bleibt der 29 ihr eigentliches Thema, das es aufzulösen gilt, allzu lange verborgen, außer sie ist von Haus aus schon spirituell veranlagt und geht ihren Weg bereits bewusst und reflektiert. Diese Zahl kennt jedoch äußerst selten die goldene Mitte, sondern lebt diese in ihr innewohnende Energie in der Regel weiterhin im Extrem – immer als Täter oder als Opfer – aus.

Als Opfer unternimmt sie alles ihr erdenklich Mögliche, damit es dem eigenen Partner gut geht. Das Schicksal ist jedoch oftmals mehr als ungerecht: Der eigene Partner sieht den Einsatz der 29 in den allerwenigsten Fällen und kann deren Liebe oftmals gar nicht wahrnehmen. Alle Liebesmüh dieser Zahl bleibt dann unerkannt und ihre Sehnsucht nach Liebe zeitlebens entsprechend ungestillt. Dann versteht dieser Energiehund die Welt nicht mehr, steckt im Gefühlschaos fest und leidet Seelenschmerzen. *„Ich unternehme doch alles aus tiefster Liebe, aber alle Liebesmüh ist vergeblich und bleibt unerkannt! Warum nur!?"*

Auf der Opferseite ausgelebt, treibt dieser Energiehund diese Zahl an, unterwürfig alles zu tun, um dem anderen gerecht zu werden. Bis zur Selbstaufgabe und körperlichem Zusammenbruch. So groß ist in Wahrheit das Verlangen nach Lob und Anerkennung, nach Bestätigung im Außen. Auf der Opferschiene will die 29 keinesfalls enttäuschen und spielt so – unter Umständen zeitlebens – „freiwillig" die Rolle des ewig Leidenden. *„Wenn du nur eine Ahnung davon hättest, wie weh du mir tust!"*

Der einzige Ausweg aus dieser scheinbaren Sackgasse liegt in der Kraft und Stärke der 11 (2+9=11!) verborgen – in der Aneignung von Wissen und dem Hinwenden zur Spiritualität. Nur auf diese Art und Weise lässt sich der triebhafte bzw. allzu opferbereite Energiehund langfristig befriedigend an die Leine nehmen.

Jede 29 hat eine bestimmte Vorstellung von Liebe, der sie in diesem Leben jedoch selten gerecht wird. Sie verlangt immer nach einer Extraportion Gefühl. Meistens ist ihr das, was sie erhält, jedoch immer noch zu wenig...

Die 29 hat dieses Thema als karmisches Muster in diese Inkarnation mitgebracht. Menschen mit dieser Zahl haben in Vorleben gar schon die wahrhaftige Liebe kennenlernen dürfen, sie jedoch damals dem Trieb oder der Manipulation geopfert, also quasi verschenkt, nicht wertgeschätzt... In diesem Leben sollten bzw. müssen sie wiederfinden, was sie einst so leichtfertig hergegeben haben, und das ist in erster Linie die Liebe zu sich selbst!

Nur, wenn sie sich selbst mit allen Ecken und Kanten, mit jeder Faser ihres Seins wieder annehmen kann, ist die 29 letztlich fähig, nicht nur sich selbst, sondern auch andere zu lieben. Vom Weg der reinen Triebbefriedigung zur bedingungslosen Liebe liegt jedoch oft ein wirklich steiniger und harter Weg. Nichtsdestotrotz ist jede 29 letztlich inkarniert, um diesen zu gehen und die wahre Liebe in diesem Leben auch zu finden.

Die Spiritualität ist dabei quasi der Schlüssel zum Liebestor, den sie erst noch finden muss... Der durch diesen Energiehund ausgelebte Narzissmus will jetzt endgültig in bedingungslose Liebe transformiert werden! Auf dem Weg dorthin liegen indes zahlreiche (gescheiterte) Beziehungen, unzählige Orgasmen – nicht nur mit dem eigenen Partner – als auch viele Tiefschläge, bis es dann auch in diesem Leben unter glücklichen Umständen endlich soweit ist...

Fazit: Die narzisstische Veranlagung, die im Grunde nur eine Form ihrer ungestillten Sehnsucht nach Liebe in diesem Leben ist, lässt sich bei dieser Zahl durch das Hinwenden zur Spiritualität besser in den Griff bekommen. Erst dann wird die 29 die eigentliche Ursache für ihr narzisstisches Verhalten erkennen. Mithilfe der Spiritualität wird sie sich selbst schließlich lieben und schätzen lernen. Die Seele einer jeden 29 schreit ja regelrecht nach Liebe und Streicheleinheiten! Sie sollte jedoch lernen, sich diese selber zu geben und nicht im Außen auf grausame und brutale Art und Weise zu holen, dann hat sie ihre Lebensaufgabe erfüllt.

Beispiel:

Helmuth ist an einem 23.6. auf die Welt gekommen. Heute ist er verheiratet und Vater einer Tochter. Seiner Ehefrau war er nicht immer treu, ist jedoch nach jedem Seitensprung wieder zu ihr zurückgekehrt. Zeitlebens standen seine Wünsche an erster Stelle, die seiner Familie an zweiter. Er zwang seine Familie zum Sparen: So hat er seiner Tochter zum Beispiel in jungen Jahren Klavierunterricht verwehrt, da das Geld für die Umsetzung eines seiner Projekte vonnöten war. Seine Tochter reagierte mit einer Essstörung auf sein Verhalten, er erkennt jedoch diesbezüglich keinen Zusammenhang.

Da er es zeitlebens nicht geschafft hat, sich der Liebe zu besinnen und die Liebe zu sich selbst zu entdecken, ist er mittlerweile depressiv und auf Antidepressiva angewiesen. Er selbst hatte keine glückliche Kindheit und litt sehr unter seinem despotischen Vater. Letzterer führte ein strenges Regiment und ging selber fremd.

Diesen Mangel an Liebe in jungen Jahren hat er zeitlebens (noch) nicht kompensieren können.

Empfehlungen:

Jede 29 ist aufgerufen, sich in wahrer Selbstliebe zu üben und nicht nur ihr Ego zu streicheln. Dies gelingt ihr nur über die Spiritualität. Im Erkennen, dass es für alles eine Ursache gibt und im Auflösen dieser erst wahre Heilung möglich ist – da sich die Wirkung dann augenblicklich verändert – kann die 29 lernen, die Sehnsucht nach Liebe in ihr selbst zu hinterfragen und zu stillen, ohne andere dabei zu verletzen.

Menschen mit dieser Zahl sind aufgerufen, sich bewusst spirituellen Themen zu widmen und die Spiritualität in ihr Leben einkehren zu lassen. Sie sollten sich diesbezüglich ein profundes Wissen aneignen.

Sie sollten auch lernen, ruhiger und gelassener durchs Leben zu marschieren. Das regelmäßige Praktizieren von Tai Chi , Yoga oder Qigong wären eine von vielen Möglichkeiten hierfür.

Lies zum besseren Verständnis auch die Kapitel über die Zahlen 11, 2 und 9 genauer durch.

Fragen, die du dir mit dieser Zahl stellen solltest:

- Wo bin ich allzu narzisstisch veranlagt?
- Folge ich meinen Trieben oder meinem Herzen?
- Erkenne ich den Unterschied zwischen Liebe und Sexualität?
- Wo bin ich übergriffig?
- Tue ich zu viel für meinen Partner/meine Partnerin?
- Wer bin ich im Grunde meines Herzens?
- Was ist mir wirklich wichtig?
- Welche Vorstellungen habe ich von der Liebe?
- Sind meine Vorstellungen von Liebe gerechtfertigt bzw. wird mein Leben diesen gerecht?

Körperliche Muster und seelische Störungen:

Sexuelle Störungen, Gefühl der Einsamkeit, erektile Dysfunktion, Depression, Angststörungen, Essstörungen, Polyarthritis, Süchte aller Art, Gier, Machthunger, Burnout, Selbstdarstellung, starkes Leistungsdenken, innerer Druck

Karmische Muster und Prägungen:

Keuschheitsgelübde, Ordensgelübde, Selbstkasteiungsgelübde, Kastration, Fremdprogrammierungen

Folgende Übungen können helfen:

Wähle im Blog auf meiner Homepage www.sonjawinkler.at eine Rubrik aus, zu der es dich auf Anhieb hinzieht. Bestimmt wirst du dort den einen oder anderen Artikel finden, der dir weiterhilft und dessen Tipps bzw. Übungen du leicht in deinen Alltag integrieren kannst.

Wende dich insbesondere der Rubrik „Üben Sie sich in Selbstliebe" zu. Hier findest du zum Beispiel Wege, um dein Herzchakra zu stärken, wie du Selbstliebe praktizieren und deinen Selbstwert stärken kannst. Außerdem findest du dort auch Anleitungen für Meditationen, wie zum Beispiel die Metta-Meditation. Mithilfe dieser kannst du leichter von der Selbstliebe zur Liebe für alles, was ist, finden.

Übe dich zeitlebens in wahrer Selbstliebe und bemühe dich, dein Herz zu öffnen. Wende die Spiegelgesetzmethode nach Christa Kössner (du findest sie in der Rubrik „Jede Veränderung beginnt in Ihnen") und die Spiegelmethode nach Louise Hay an (du findest den gleichnamigen Artikel in der Rubrik „Verzeihen & Dankbarkeit – Ihr Schlüssel zum Glück"), um dich selbst mit der Zeit besser kennenzulernen.

Übe dich insbesondere im Loslassen (siehe diverse Artikel in der Rubrik „Jede Veränderung beginnt in Ihnen!") und beginne regelmäßig zu meditieren.

Aufkommenden Stress klopfe dir wie im Blogartikel „Klopfen Sie Ihren Stress doch einfach weg!" beschrieben, selber weg. Du findest ihn in vorhin genannter Rubrik.
Löse dich von allem, was dich belastet mithilfe der Strichmännchen-Technik nach Jaques Martel (siehe Rubrik „Mehr Energie = mehr Lebensfreude").

Unterschreibe einerseits die Urkunde zum Auflösen etwaiger noch vorhandener karmischer Muster und Prägungen (du findest sie im Artikel „Lösen Sie sich von ehemals geleisteten Eiden & Gelübden" in der Rubrik „Mehr Energie = mehr Lebensfreude!"), als auch die Urkunde zum leichteren Erreichen deiner Ziele. Siehe diesbezüglich in der Rubrik „Erreichen Sie ihre Ziele" den Artikel „Formulieren Sie Ihre Ziele".

Verfasse ein Dankbarkeits-ABC (du findest die Anleitung in der Rubrik „Verzeihen & Dankbarkeit – Ihr Schlüssel zum Glück!"), widme dich insbesondere der Reinigung deiner Chakren und mache regelmäßig Atemübungen. Gehe raus in die Natur und verbinde dich bewusst mit den vier Elementen (siehe „Nutzen Sie die Kraft der Natur für sich" in der Rubrik „Mehr Energie = mehr Lebensfreude"). In der Natur findest du einen besseren Zugang zu dir selbst und zu dem, was dich ausmacht!

Was es bei der Arbeit mit Affirmationen zu beachten gilt, lies bitte im Artikel „Mittels Affirmationen zu mehr Ausgeglichenheit" in der Rubrik „Jede Veränderung beginnt in Ihnen" nach.

Affirmationen:

- Ich liebe und werde geliebt.
- Ich erkenne den Unterschied zwischen Liebe und Sexualität.
- Ich erfahre das Einheitsgefühl in mir selbst.
- Ich genüge mir selbst.
- Ich lasse mein Gegenüber so wie es ist, denn so wie es ist, ist es perfekt.
- Nur mein Herz kennt den richtigen Weg.
- Ich liebe bedingungslos und werde bedingungslos geliebt.
- Ich öffne mich für die Spiritualität.
- Ich lerne aus meinen Erfahrungen.

30: Lade rechtzeitig deine Batterien auf!

Die 30 ist auf diese Welt gekommen, um sich zu besinnen, dass man nicht mehr hergeben kann, als man selber an Energie besitzt. Energiemangel ist oft ein großes Thema, da sich die 30 diesbezüglich allzu oft mehr als verausgabt. Verpufft ihr die Energie, wird sie selbst zum Energievampir, zum „Energiesauger" von ihr nahestehenden Menschen.

Diese Zahl ist in der numerischen Kabbala nicht umsonst der Sonne gleichgesetzt: Diese geht in der Früh in aller Farbenpracht am Horizont auf, um den ganzen Tag über zu leuchten und zu strahlen; am Abend jedoch geht sie unter. Der Sonnenuntergang ist als bildhaftes Symbol zu verstehen: Nach einem anstrengenden Arbeitstag zieht sie sich zurück, um selber zur Ruhe zu kommen. Um wieder Kraft für den nächsten Morgen bzw. nächsten Tag zu tanken. Genau dies jedoch vergessen Menschen mit einer 30 im Geburtsdatum allzu gern. Sie möchten den ganzen Tag und die ganze Nacht über leuchten und strahlen und wenn möglich auch andere 24 Stunden, 7 Tage die Woche von ihrer Kraft und Energie speisen. Gut gemeint, nur in der Realität eben schwer umsetzbar...

Die 30 ist inkarniert, um an genau diesem Thema zu wachsen und zu reifen. Sie möchte lernen, ihre Energiereserven gut einzuteilen. Sie sollte – bevor sie ausgepowert am Boden liegt – feststellen, wann und wo sie ungehindert leuchten kann und wo bzw. wann es eben besser ist, „unterzugehen", sich also selber zurückzuziehen, um wieder Kraft zu schöpfen.

Rückzug wird dann in der Tat früher oder später zu einem großen Thema im Leben jeder 30: Sie geht oft so über ihr eigenes Limit hinaus, dass sie vor lauter Strahlen auf sich selber zu schauen vergisst. Sie hält ihre eigene Öllampe eben mit aller Kraft und Energie am Leuchten. Das mündet dann letzten Endes in totaler Einsamkeit, um nicht von kompletter Eremitage zu sprechen. Der komplette Rückzug wird für diese Zahl früher oder später zum unbedingten Muss, da ihr die Umgebung ansonsten zu viel an Kraft und Energie raubt. Sie ist diesbezüglich oftmals viel zu gutgläubig und lässt andere regelmäßig über ihre eigenen Grenzen hinwegfegen; erkennt nicht, wann die eigenen Energiereserven schon längst aufgebraucht sind...

Dies Zahl ist inkarniert, um rechtzeitig zu spüren, wann ihr Moment da ist, zu strahlen und wann es besser ist, auf die eigenen Ressourcen zu achten. Ohne, dass sie dabei zu einer einsamen Eremitin werden oder sich gar in heftig auftretende Migräneattacken flüchten muss, um letztlich doch endlich einmal ungestört zu sein, um ihre Akkus wieder aufzuladen.

Jede 30 sollte sich ein Beispiel an der Sonne nehmen – diese geht in der Früh auf, um tagsüber zu strahlen. Abends geht sie am Horizont unter, um selber zur Ruhe zu kommen, die innere Einkehr zu finden, Kraft zu tanken. Berücksichtigt und setzt dies die 30 konstruktiv um, wird sie längerfristig nur davon profitieren. Sie braucht dann keine Burnouts, Krankheiten oder Energieabfälle mehr, um sich zu entspannen. Sie kennt ihre eigenen Kraftreserven und nützt diese, ohne die eigenen Grenzen dabei jemals zu überschreiten. Schafft sie dies im Alltag konstruktiv umzusetzen, wird diese Zahl augenblicklich zu einer Schutzzahl: Alles wendet sich in weiterer Folge zum Guten!

Die 30 ist unter anderem auch hier, um sich anzueignen, für sich selber zu leuchten. Nur dann ist sie nämlich imstande, ihr Licht auch an andere abzugeben. Dies heißt für sie nichts anderes, als mal den eigenen Keller aufzuräumen: Weg mit dem schlechten Gewissen, was noch alles zu erledigen ist. Weg mit der (unbewussten) Schuld, dass das Glück anderer (insbesondere das der engsten Familienmitglieder) einzig und allein von ihr selber abhängt...

Diese Zahl lebt auf, wenn sie erkennt, dass es nicht Sinn und Zweck ist, zu viel an eigener Energie zu verschenken. Nur dann beginnt sie, sich auf die eigenen Reserven zu besinnen und nützt diese konstruktiv. Sie hilft und unterstützt dann, ohne sich von anderen aussaugen zu lassen bzw. gar selber zum Energievampir zu mutieren!

Fazit: Diese Zahl braucht den Rückzug, um wieder ihre Batterien aufzuladen. Dies fällt ihr immens leichter, wenn sie sich bewusst an die göttliche Quelle andockt und lernt, sich abzugrenzen. Sie hat die Kraft, Liebe und Wissen weiterzugeben und sie sollte dies auch unbedingt auf ruhige Art und Weise zuversichtlich tun!

Beispiel Nr. 1:

Annemarie, geboren an einem 30. ist verheiratet, dreifache Mutter und angestellt. Sie schafft es nicht, sich genügend Zeit für sich selbst zu nehmen. Dies endet regelmäßig damit, dass sie dann – durch Migräneattacken bedingt – für ein paar Tage komplett ausfällt. Sie selber kann es mit ihrem Gewissen eben nicht vereinbaren, bewusst Zeit für sich selbst zu nehmen, um rechtzeitig ihre Energiereserven aufzutanken. So nimmt sich ihr Körper das, was er braucht: Mit dem fürchterlichen Pochen in ihrem Kopf ist sie quasi gezwungen, sich für ein, zwei Tage zurückzuziehen...

Beispiel Nr. 2:

Gottfried ist mit Leib und Seele Arzt, einer der wenigen, die zu jeder Tages- und Nachtzeit am Telefon antworten und noch Hausbesuche machen. Seine Tage sind von Arbeit geprägt, selbst an den Wochenenden macht er Dienst. Sein Privatleben kommt zu kurz – die kurzen Pausen, die ihm bleiben, braucht er für sich. Er gönnt sich nur längere Auszeiten, wenn sein Körper reagiert und er selber krank wird. Er hat es im Laufe seines Lebens nicht geschafft, von seinem Leben als Eremit wegzukommen. So hält es keine Partnerin lange mit ihm aus – es bleibt einfach keine Zeit für die Liebe, da der Rückzug zum unbedingten Muss wird, um selber nicht „unterzugehen".

Empfehlungen:

Nur, wenn die 30 schließlich den Blick nach innen wendet, findet sie letztlich den Schlüssel zur eigenen Heilung! Sich regelmäßig eine kurze Auszeit zu nehmen schafft ihr den nötigen Freiraum und gibt ihr die Möglichkeit, ihre Kraftreserven aufzutanken, ohne über längere Zeit auszufallen oder gar andere anzuzapfen. Durch das bewusste Verbinden mit der göttlichen Quelle, Gott, dem Schöpfer, ist sie vor Energieangriffen geschützt: Wer sich in den Kanal der Urquelle, von Allem, was ist, stellt, verfügt über immense Kräfte, die niemals versiegen. Nichtsdestoweniger ist diese Zahl aufgerufen, sich beizeiten vom Außen abzugrenzen und sich rechtzeitig einen gesunden Raum für sich selbst zu schaffen, ohne dabei jedoch ein Einsiedlerdasein zu führen.

Lies dir auch das Kapitel über die Zahl 3 genauer durch, um ein besseres Verständnis der Themen der 30 zu erlangen.

Fragen, die du dir mit dieser Zahl stellen solltest:

- Kapsele ich mich zu sehr von meinen Mitmenschen ab?
- Ziehe ich mich zu sehr zurück?
- Führe ich ein Eremitendasein?
- Lasse ich Menschen gar nicht mehr an mich heran, weil ich der (unbewussten) Überzeugung bin, dass sie mir zu viel an Kraft rauben?
- Was oder wer raubt mir Kraft?
- Wie kann ich meine Batterien schnellstens wieder aufladen?
- Brauche ich die Energie der anderen, um selber gut leben zu können?
- Wo gebe ich zu viel von meinen Energiereserven her?
- Schaue ich gut auf mich?
- Wo bzw. wann brauche ich Rückzug?
- Genehmige ich mir wahrlich die Auszeiten, die ich brauche?
- Benütze ich andere, um mich besser zu fühlen?
- Liegt die Ursache meiner Krankheit/meines Symptoms gar darin, dass ich zu wenig Aufmerksamkeit bekomme bzw. mir selbst schenke?

Körperliche Themen und seelische Störungen:

Migräneattacken, Schmerzen, Asthma, Atemnot, regelmäßig wiederkehrende körperliche Beschwerden (ohne medizinische Ursache), Burnout, Erschöpfungssyndrom, Angst vor Nähe, Bindungsängste

Karmische Muster und Prägungen:

Schweigegelübde, Obrigkeitsgelübde, Treuegelübde, Bußgelübde, Keuschheitsgelübde, Selbstkasteiungsgelübde, Ordensgelübde, Sklavenjochprogrammierung, Autoritätskonflikt, unbewusste Schuldthemen, Fesselungen

Folgende Übungen helfen:

Beginne im Blog auf meiner Homepage www.sonjawinkler.at zu lesen und wähle eine Rubrik aus, die dich auf Anhieb anspricht. Bestimmt wirst du dort die eine oder andere Übung finden, die dir weiterhilft und die du leicht in deinen Alltag integrieren kannst.

Du kannst dir selber zu mehr Energie verhelfen, indem du dich „strömst". Lies den Artikel „Die Gesundheit liegt in Ihren Händen: Jin Shin Jyutsu – strömen Sie Ihre Körpermitte", den du in der Rubrik „Mehr Energie = mehr Lebensfreude" findest. Insbesondere Übungen, die dich zur Ruhe bringen, helfen dir im Alltag in der Kraft zu bleiben. So bieten sich insbesondere Meditationen, wie die Metta-Meditation oder Herz- bzw. Sonnenmeditation – du findest die Anleitungen für beide in der Rubrik „Üben Sie sich in Selbstliebe" – an, in der Stille die eigene Energie wiederzufinden und auch dauerhaft zu erhalten.

Auch Loslassen will gelernt sein! Im Artikel „Wer loslässt, hat zwei Hände frei" („Jede Veränderung beginnt in Ihnen") finden sich für diese Zahl entsprechende nützliche Übungen. Menschen mit dieser Zahl brauchen wie gesagt viel Zeit für sich und auch manchmal den nötigen Abstand von ihren Mitmenschen, um weiterhin energiegeladen ihren Weg gehen zu können.

Wenn du eine 30 in deinem Geburtsdatum hast lies unbedingt den Blogartikel „14 Tipps, um sich vor Energievampiren zu schützen", den du in der Rubrik „Mehr Energie = mehr Lebensfreude" findest.

Mitunter stehen dir auch unbewusste Schuldthemen im Wege, energiegeladen deinen Weg zu gehen. Wie du erkennst, ob bei dir eine unbewusste Schuld vorhanden ist und wie du diese auflösen kannst, liest du im Artikel „Unbewusste Schuld: häufig verbreitet, jedoch selten erkannt" (siehe in der Rubrik Jede Veränderung beginnt in Ihnen").

Im Artikel „6 einfache Möglichkeiten, wie Sie Ihr Herzchakra stärken können!" in der Rubrik „Üben Sie sich in Selbstliebe!" findest du nützliche Tipps und Anleitungen, die dich in der Schwingung der Liebe halten. Bist du in der Liebe, verfügst du immer über immense Kräfte. So führe regelmäßig einen Dialog mit deinem inneren Kind, um deine Herzenswünsche zu erkennen („Kennen Sie eigentlich Ihre Herzenswünsche?" in der Rubrik „Üben Sie sich in Selbstliebe") und verbinde dich mit Himmel und Erde („3 Übungen, die Sie sofort mit positiver Energie aufladen" – Rubrik „Mehr Energie = mehr Lebensfreude").

Im Blogartikel „Starten Sie beschwingt und farbenprächtig in den Tag!" findet sich auch die eine oder andere nützliche Anleitung für dich, deinen Tag gut zu beginnen und auch tagsüber in der Energie zu bleiben. Vergiss nicht, auch und vor allem die Natur stellt dir immer und überall alles zur Verfügung, was du brauchst! Lies dir also auch unbedingt den Artikel „Nutzen Sie die Kraft der Natur für sich!" durch. Beide letztgenannten Blogartikel findest du in der Rubrik „Mehr Energie = mehr Lebensfreude".

Was es bei der Arbeit mit Affirmationen zu beachten gilt, lies bitte im Artikel „Mittels Affirmationen zu mehr Ausgeglichenheit" in der Rubrik „Jede Veränderung beginnt in Ihnen" nach.

Affirmationen:

- Ich schaue zu jeder Zeit gut auf mich selbst: Nur, wenn es mir selber gut geht, kann ich auch anderen hilfreich zur Seite stehen.
- Ich halte mit meinen Energiereserven Haushalt und nehme mir diesbezüglich ein Beispiel an der Sonne.
- Ich achte meine und akzeptiere die Grenzen der anderen.
- Ich weiß, wann ich eine Auszeit brauche und nehme sie mir dann auch.
- Ich höre gut auf meinen Körper und gebe ihm immer das, was er gerade braucht.
- Ich genieße meine sozialen Kontakte.
- Ich fühle mich im Kontakt mit anderen wohl.
- Ich profitiere von der Liebe der anderen.
- Ich nähre und werde genährt.

31: Frage um Erlaubnis!

Die 31 ist in der Kategorie: *„Ich weiß, wie es geht und was das Beste für dich ist."* zu finden. Diese Zahl kann eine immense Kraft entwickeln, wenn es darum geht anderen zu erklären, wie sie ihr Leben zu leben haben…

Dabei meinen es Menschen mit einer 31 in ihrem Geburtsdatum keineswegs schlecht mit ihren Zeitgenossen. Sie sind nun einmal von sich selbst überzeugt, das einzig Richtige zu tun. Die 31 ist sich eben sicher, immer recht zu haben. Sie allein weiß, wie der Hase läuft. Sie geht stur ihren Weg, von dem sie keine Abweichung zulässt.

Wie ein Guru lullt sie ihre Mitmenschen ein und erklärt ihnen wie das Leben läuft bzw. zu laufen hat. Ein Guru stellt sich in der Regel ja selber über Gott, weil er überzeugt ist zu wissen, was andere brauchen und was ihnen guttut. Er stellt sich hierarchisch über andere.

Mit der 31 verhält es sich ähnlich: Sie erhebt sich über andere, ohne sich dessen jedoch wirklich bewusst zu sein. Entschließt sich die 31 für diesen übergriffigen Weg, fällt es ihr in Folge schwer, von ihrer Rolle der Anführerin freiwillig wieder loszulassen. Sich noch einmal einem Beziehungsgefüge als gleichwertige Partnerin anzuschließen passt dann nicht sonderlich in ihr Lebenskonzept.

Das macht sie nicht immer zur beliebtesten Zeitgenossin da draußen. Insbesondere, wenn sich ihr ein 8er, 14er oder 22er Energiehund entgegenstellt – der ja selber glaubt besser zu wissen, was richtig ist – können ganz gehörig die Funken fliegen. Dann nämlich stößt sie auf harte Gegenwehr, die sie im Grunde ja auch braucht, um endlich zu erkennen, wo sie selber falsch liegen könnte…

Menschen mit einer 31 wissen oft sehr stur, unbeugsam und zielgerichtet zu sein. Sie sind zu hundert Prozent überzeugt das, was sie machen und weitergeben, sei das einzig Wahre und Richtige. Dass auch eine andere Meinung rechtens sein und zählen könnte, auf diese Idee kommen sie meist erst gar nicht. Sie wollen andere beeinflussen wie Sektenführer, die sich mit Überzeugung sichtbar und wichtig machen, auch wenn es ihnen in der Tat persönlich oft an der eigentlichen Grundsubstanz fehlt…

Die 31 kann selbst auf der Opferseite noch ziemlich dominant durchs Leben gehen. Im Grunde will sie anderen dann zwar eine Freude bereiten, übersieht dabei jedoch in der Regel geflissentlich, dass sie mit ihrer Überfürsorglichkeit anderen den nötigen Freiraum nimmt, eigene Erfahrungen zu machen, selbst dazuzulernen und zu reifen.

Jeder von uns muss seine eigenen Erfahrungen machen dürfen, um die nötigen und richtigen Schlüsse daraus ziehen zu können. Die 31 schränkt mit ihrem dominanten Verhalten diese Freiheit und den dazugehörigen Lernweg ungemein ein. Diese Zahl kann für ihre Mitmenschen unter Umständen also ziemlich anstrengend werden, da sie sich der eigenen Grenzen in den seltensten Fällen wirklich bewusst ist und gerne im Namen des Gemeinwohls darüber hinwegfegt...

Menschen mit einer 31 im Geburtsdatum können entsprechend stur und vernagelt durchs Leben gehen. Sie blicken selten einmal nach rechts oder links, rein aus Überzeugung, dass der eigene auch der einzig richtige Weg ist. Anders als die 14 (1+4=5), drückt diese Zahl ihren Machtanspruch jedoch mit weit weniger Aggression aus, sondern zeigt eher eine gefühlsmäßige Dominanz (3+1=4). In Wahrheit versteckt sie ja nur ihre eigenen Gefühle hinter ihrem machtvollen Gehabe.

Loslassen ist ein weiteres Thema, was ihr nicht sonderlich leichtfällt. Sei es in Partnerschaften, sei es im Alltag – etwas loszulassen ist eine Riesenherausforderung für diese Zahl. Das führt dazu, dass Menschen mit einer 31 im Geburtsdatum oftmals selbst nicht leicht gehen können, wenn ihr eigenes Ende naht. Menschen mit dieser Zahl haben dann das Gefühl, dass noch eine Rechnung offen ist, sie noch etwas erledigen müssen. Selbst am Ende ihres Lebens können sie nicht so einfach loslassen... Sie verfügen über einen überaus starken Willen und wollen immer mit dem Kopf durch die Wand. Ohne zu merken, dass sie sich dadurch oftmals selbst gehörig verletzen und unter Umständen sogar selbstzerstörend sind.

Die 31 ist allzu gern besserwisserisch unterwegs, stets auf der Suche nach Macht. Dabei begegnet sie letzten Endes doch immer nur der eigenen Hilflosigkeit und Unsicherheit... Die eigene Sturheit will mit diesem Energiehund in diesem Leben endgültig aufgegeben werden und das andere Ich als gleichberechtigter Partner anerkannt werden. Die eigene Macht will konstruktiv und nicht überstülpend angenommen werden!

Niemand ist auf dieser Welt inkarniert, um einen anderen von seiner eigenen Meinung – so richtig sie auch sein mag – zu überzeugen. Leben und leben lassen ist eben die Devise einer reifen Seele! Diese Zahl muss lernen, anderen ihren erwünschten Freiraum einzuräumen, sie nicht mit ihrer Sturheit einzuschränken und ihnen gar vorschreiben zu wollen, was gut oder schlecht für sie ist. Sie weiß es ja im Grunde auch selber nicht, was dem Gegenüber wirklich guttut, steckt sie doch niemals in dessen Mokassins, sondern läuft zeitlebens in den eigenen...

Diese Zahl hat sich im Laufe ihres Lebens und ihrer Inkarnationen nichtsdestoweniger viel an Wissen angeeignet, was sie jedoch einst nicht bereit war zu teilen. Sie hat es stattdessen lieber für sich behalten – aus Arroganz, als Mittel zur Macht. Diese Arroganz, diese Sucht nach materieller Triebbefriedigung gilt es in diesem Leben aufzulösen, um nicht (wieder) die eigene Seele zu verkaufen. Geschieht letzteres, hat dies oft Schicksalsschläge wie eine Scheidung, finanzielle Verluste oder irgendeine Form von Trennung, immer auf ungewollte und abrupte Art, zur Folge.

Menschen mit dieser Zahl sollten früher oder später auf diesem Gebiet dazulernen. Sie sollten damit aufhören, die eigene Meinung anderen aufdrängen zu wollen. Sie sollten sich selber treu bleiben, in der Gewissheit, dass das Herz niemals falsch liegt. Sie sollten anderen ihren eigenen Willen lassen und sie ihren Weg in ihrem Tempo ohne Vorbehalte gehen lassen und sie dabei unterstützen, ohne ihnen jedoch etwas aufzwingen zu wollen.

Fällt der Schleier, sprich die Sturheit, entpuppt sich jede 31 als überaus spirituelle Persönlichkeit. Sie hat nicht umsonst diese Führerqualitäten und Überzeugungskraft in dieses Leben mitgebracht. Schafft sie es, Herz und Verstand zu vereinen und anerkennt sie dabei eine höhere Macht, ist sie bereits auf dem richtigen Weg.

In jeder 31 liegt – zumindest unbewusst – die Angst, mit ihrem Machtanspruch wieder in den Missbrauch zu gehen. Deswegen scheut sie sich in diesem Leben auf der Opferschiene oft davor, Verantwortung zu übernehmen. *„Wenn* *ich nichts mache, kann ich gar nicht falsch liegen!"* ist dann ihr Glaubenssatz, der sie hindert, sich selbst das Brett vorm Kopf zu demontieren, um endlich klarer zu sehen und die inneren und äußeren Vibes besser wahrzunehmen.

Diese Zahl plant gerne im Voraus und lässt ungern „geschehen", sie möchte den Fluss des Lebens lieber kontrollieren, erfährt jedoch dabei unweigerlich die eigene Ohnmacht. Letztere gehört zur Lernerfahrung jeder 31 früher oder später dazu. Nur über das eigene Gefühl der Hilflosigkeit lernt sie schließlich, die eigene Sturheit auch in diesem Leben ad acta zu legen.

Fazit: Die Sturheit soll in dieser Inkarnation endgültig abgestreift werden – ab diesem Moment ist diese Zahl frei! Sobald sie nämlich Verantwortung für sich selbst übernimmt, dabei Grenzen anerkennt und die ihr angeborene Spiritualität gewissenhaft nützt, holt sie sich ihre Macht zurück und wird zur leuchtenden Fackel für andere!

Beispiel:

Maria hat die 31 als Lebensthema. Sie möchte ihre Familie und all ihre Bekannten immer auf beste Weise unterstützen. Dabei über-sieht sie gern, dass sie oftmals zu dominant auf ihre Mitmenschen zugeht und ihnen quasi die Luft zum Atmen und auch die Möglichkeit einer eigenen Lernerfahrung nimmt. Sie ist äußerst hilfsbereit und überfürsorglich bemüht, den anderen etwas Gutes zu tun, dass sie regelmäßig gesunde Grenzen überschreitet. Sie leidet selbst unter ihrem Verhalten und zeigt bereits heftige Asthmaschübe.

Empfehlungen:

Die 31 ist aufgerufen, sich nicht ungefragt in das Leben anderer einzumischen – selbst, wenn sie es gut mit ihnen meint. Sie sollte zuerst um Erlaubnis fragen und erst danach – falls erwünscht – agieren. Vor allem sollte sie sich selbst zuerst immer folgende Frage stellen: *„Darf ich überhaupt?"*

Sie sollte die eigene Sturheit überwinden lernen und sich im Loslassen üben. Mal einfach nichts zu tun und den Dingen ihren Lauf lassen, kann für die 31 nämlich äußerst hilfreich und bereichernd sein! Dabei sollte sie nicht vor sich selbst davonlaufen und stattdessen versuchen, ihre eigenen Blockaden aufzulösen. Wenn sie die ihr innewohnende Spiritualität verantwortungsvoll nützt, gelangt sie schließlich zu ihrer eigenen Macht zurück und hat ihre Aufgabe erfüllt: Gott und den freien Willen der anderen zu akzeptieren!

Lies dir zum besseren Verständnis auch die Kapitel über die Zahlen 4, 3 und 1 genauer durch.

Fragen, die du dir mit dieser Zahl stellen solltest:
- Darf ich...?
- Wo gehe ich über die Grenzen anderer einfach hinweg, selbst wenn ich glaube, ihnen helfen zu müssen?
- Wo bin ich selber stur und unbeugsam?
- Zwinge ich anderen meinen Willen auf?
- Erkenne ich klar und deutlich gesunde Grenzen?
- Wie stehe ich zu Sektenführern bzw. was spiegeln sie mir?
- Lebe ich meine Spiritualität?
- Wo bin ich zu überstülpend?
- Bin ich eine Glucke?
- Glaube ich zu wissen, immer recht zu haben?
- Lasse ich die Meinung anderer konstruktiv gelten?
- Glaube ich bevormunden zu müssen?
- Fühle ich mich nur eins, wenn ich im Recht bin?

Körperliche Themen und seelische Störungen:
Asthma, Darmbeschwerden, Knochenprobleme, Depression, emotionale Störungen, Allergien, Nahrungsmittelunverträglichkeiten, Hautprobleme, Schwindel

Karmische Muster und Prägungen:
Obrigkeitsgelübde, Ordensgelübde, Treuegelübde, Bußgelübde, Schweigegelübde

Folgende Übungen helfen:

Blättere im Blog auf meiner Homepage www.sonjawinkler.at und beginne in der Rubrik zu lesen, zu der es dich auf Anhieb hinzieht. Bestimmt wirst du in den dortigen Artikeln die eine oder andere nützliche Anleitung für dich finden. Etwas, was dir weiterhilft und du leicht in deinen Alltag integrieren kannst.

Praktiziere regelmäßig Ho'oponopono, um mit dir selbst und deinem Umfeld dauerhaft Frieden zu schließen. Diesbezügliche Anleitungen findest du in der Rubrik „Verzeihen & Dankbarkeit – Ihr Schlüssel zum Glück".

Achtsamkeitsübungen helfen dir, im gegenwärtigen Moment zu sein und von Vorstellungen aus der Vergangenheit oder Erwartungen in die Zukunft leichter loszulassen. Atemmeditationen (siehe Rubrik „Üben Sie sich in Selbstliebe") helfen dir, dich wieder auf das Wesentliche zu besinnen und dich in Geduld und Gelassenheit zu üben. Lies dir also insbesondere den Artikel „Mit dem Body Scan zu mehr Ausgeglichenheit" und „Jeden Tag weniger gestresst" durch.

Unterschreibe die Urkunde zum Auflösen von Eiden & Gelübden, um dich von karmischen Altlasten zu befreien. All diese Anleitungen findest du im Blog in der Rubrik „Mehr Energie = mehr Lebensfreude".

Dieser Zahl hilft es auch, regelmäßig Loslassübungen zu praktizieren. Hilfreiche Anleitungen hierfür findest du unter anderem im Artikel „Wer loslässt hat zwei Hände frei", den du in der Rubrik „Jede Veränderung beginnt in Ihnen" nachlesen kannst.

Mittels Klopfakupressur kannst du dir unerwünschte Glaubenssätze und damit verknüpfte negative Emotionen selbst wegklopfen. Den Artikel „Klopfen Sie Ihren Stress doch einfach weg!" findest du in der Rubrik „Jede Veränderung beginnt in Ihnen".

Finger halten hilft dir, deine Emotionen und Gefühle besser zu verarbeiten und anzunehmen. Lies dir also auch den Artikel „Jin Shin Jyutsu – durch Fingerhalten das seelische Gleichgewicht wiederfinden" durch, den du in der Rubrik „Mehr Energie = mehr Lebensfreude" findest.

Stärke deinen Selbstwert, denn wenn du weißt, was du kannst und was du wert bist, hast du es weniger nötig, anderen deinen Willen aufzuzwingen: Dein Ego wird automatisch kleiner, sobald dein Selbstwert wächst. Diesbezügliche nützliche Tipps findest du insbesondere in der Rubrik „Üben Sie sich in Selbstliebe".

Setze dir Ziele und lese dir die entsprechenden Artikel in der Rubrik „Erreichen Sie Ihre Ziele" durch.

Meditiere regelmäßig, um in die Stille zu gehen und zu deinem wahren Kern vorzudringen. Du kannst auch mit der Metta-Meditation beginnen, wenn es dir schwerfällt, Ruhe einkehren zu lassen. Diese Meditation stärkt dich auch in Selbstliebe und in der Liebe zu deinem Umfeld. Du findest eine Anleitung mit dem Titel „Die Metta-Meditation – werden Sie zu einem besseren Menschen" in der Rubrik „Üben Sie sich in Selbstliebe".

Was es bei der Arbeit mit Affirmationen zu beachten gilt, lies bitte im Artikel „Mittels Affirmationen zu mehr Ausgeglichenheit" in der Rubrik „Jede Veränderung beginnt in Ihnen" nach.

Affirmationen:
- Ich gehe offen und freudig durchs Leben.
- Ich erkenne, wann es besser ist zu schweigen.
- Jeder ist seines Glückes Schmied.
- Viele Wege führen zum Ziel.
- Das Herz liegt immer richtig.
- Jeder darf seine eigenen Erfahrungen machen.
- Ich folge meinem Herzen.
- Ich nehme mich zurück.
- Ich bin zur Stelle, wenn ich um Hilfe gefragt werde.
- Ich akzeptiere den Willen der anderen bedingungslos.

32: Bleib auf der Zielgeraden!

Jede 32 ist mit dem Ziel inkarniert, in diesem Leben den eigen-en Seelenplan – falls irgend möglich – ohne große Umwege umzusetzen. Sie hat sich schicksalsträchtige Hürden und Blockaden bereits in der geistigen Welt vorgenommen – quasi als Stoppschild einprogrammiert – sollte sie von ihrem eigentlichen Seelenweg im Laufe der Zeit abkommen. Schicksalsschläge sollen sie dann ganz schnell wieder auf die eigentliche Spur zurückbringen. In der Tat sind selbige immer als Indiz zu verstehen und zu werten, dass sie von ihrem eigentlichen Seelenplan abgewichen ist und eine Kurskorrektur vornehmen sollte, jedoch niemals als Bestrafung!

Ein Leben mit einer 32 heißt keinesfalls, dass der Lebensweg gezwungenermaßen ein schicksalsgebeutelter und geknechteter sein muss. Nein, der Alltag kann sich mit dieser Zahl auch immens angenehm und zufrieden gestalten. Die einzige Bedingung: Sollte sie vom eigentlichen Kurs abdriften, greift unweigerlich das Universum ein und rückt sie quasi wieder auf die richtige Spur, den ursprünglichen Lebensplan zurück. Menschen mit einer 32 sollten dies früher oder später begreifen und dementsprechend zeitgerecht damit beginnen, die Zeichen der Zeit konstruktiv zu lesen.

Jede 32 hat in anderen Worten bereits in der geistigen Welt beschlossen, ihren eigentlichen Seelenplan so schnell wie möglich in dieser Inkarnation umzusetzen. Sollte sie von diesem irgendwie drastisch abweichen, wird sie – mit ihrem Einverständnis, das sie auf Seelenebene gegeben hat – freiwillig wieder zurechtgerüttelt und geschüttelt...

Deswegen wird dieser Energiehund in der numerischen Kabbala auch gerne Korridor genannt: Das Leben wird quasi ohne große Abschweifungen gelebt. Ohne große Umwege erreicht die 32 ihr vorherbestimmtes Ziel. Kehrt diese Zahl jedoch zu sehr vom eigentlichen Weg ab, kann es im Extremfall auch sein, dass ihre Seele beschließt, den Weg in einem anderen Leben, sprich in einer anderen Inkarnation konstruktiver und leichter fortzusetzen...

Der Seele ist es im Grunde egal, ob sie Vorhaben in diesem oder erst in einem nächsten Leben vollbringt. Das Ego und der Verstand sehen das anders, sie wollen ihre Vorstellung verwirklichen, von der sie glauben, dass sie die einzig richtige ist. Sie beide haben von der Existenz der Seele und deren Herzenswünschen eben keine große Ahnung.

Oftmals hadern Menschen mit einer 32 mit sich selbst, trauen sich selber nichts zu und bleiben daher eher lieber in der abwartenden Position, in der Warteschleife hängen. Dies ist von der geistigen Welt jedoch nicht gerade erwünscht, da dies Stagnation bedeutet. Gemäß dem Abkommen in der geistigen Welt gilt es, die Zeichen der Zeit konstruktiv lesen zu lernen. Wenn der Verstand oder das Ego die Überhand gewinnen und dieser Zahl einzureden versuchen, dass es nur so und nicht anders geht, dies aber mit dem Lebensplan nicht übereinstimmt, kann die Lektion eine harte sein: Schließlich müssen Menschen mit einer 32 im Geburtsdatum lernen, dass nicht Ego und Verstand das Leben lenken, sondern dass einzig und allein die Seele und das Herz das Kommando haben.

Menschen, die von vornherein an die Existenz der Seele glauben und ihrem Ruf folgen, werden sich mit diesem Energiehund leichter durchs Leben schlagen als solche, die sich dieses Wissen erst aneignen müssen. Bei Letzteren können die Schicksalsschläge unter Umständen entsprechend härter ausfallen. Dies soll jetzt keinesfalls zu Panik führen, wenn du selbst einen oder gar mehrere 32er Zahlen auf deinem Lebensweg hast, sondern sollte dir eher ein Gefühl der Sicherheit vermitteln: Wenn du die Perspektive wechselst, ist diese Zahl im Grunde ja so eine Art unsichtbarer Kompass, der dich sicher an dein Ziel bringt!

Sobald du aus welchem Grund auch immer von der Zielgeraden abkommst, wirst du die Steine, die sich dir dann automatisch in den Weg legen, wahrnehmen und dir mit diesen eben einen anderen, leichteren und schöneren bauen. In anderen Worten hilft diese Zahl Menschen dabei, schneller herauszufinden – wenn sie gerade wieder mit dem Kopf durch die Wand wollen – ob es doch gar der falsche Weg ist... oder anders ausgedrückt, wann es Zeit ist, einen Schritt zurückzutreten und das eigentliche Ziel, die eigentliche Vorstellung noch einmal zu überdenken.

Diese Zahl fordert Menschen auf, davon abzulassen und Dingen hinterherzulaufen, die für sie nicht bestimmt sind. Bei positiver Umsetzung steht eigentlich nichts entgegen, ein glückliches und zufriedenes Leben zu führen.

Fazit: Die Kunst im Leben einer 32 besteht darin zu erkennen, wann es besser ist abzuwarten, und wann hingegen einzugreifen bzw. in die Gänge zu kommen die bessere Alternative ist. Erkennt sie die Zeichen, ist sie imstande den ihr vorgegebenen Weg ohne Zögern und Zaudern zu beschreiten und hat automatisch ihre Lernaufgabe erfüllt.

Beispiel:

Angelika hat die 32 als Lebensthema und erlebt wirklich mehrere Schicksalsschläge in ihrem Leben: Von Konkurs, Scheidung, Verlust, Krankheit und Unfällen war da ziemlich alles dabei. Sie hat niemals aufgegeben und im Laufe ihres Lebens gelernt, die Zeichen der Zeit richtig zu werten und zu erkennen. Sie ist immer wieder aufgestanden, hat ihr Krönchen gerichtet und ist gestärkt ihren Weg auf einem anderen Kurs weitergegangen.

Sie hat gelernt, auch wenn sie ursprünglich eine andere Vorstellung hatte, ihre Aufgaben anzunehmen und das Beste aus jeder Situation zu machen. Jetzt genießt sie ihren angenehmen und wohlverdienten Lebensabend in vollen Zügen.

Empfehlungen:

Jede 32 ist aufgerufen herauszufinden, wann sie selber eingreifen sollte und wann es besser ist, abzuwarten und zu vertrauen. Sie sollte lernen, die Zeichen der Zeit richtig zu deuten und entsprechend zur guten Beobachterin werden. Sich nicht gegen das Schicksal zu stemmen, sondern Herausforderungen annehmen und daran zu reifen, sich dem Strom des Lebens anvertrauen, das will zwar gelernt sein, ist jedoch der einzig richtige Weg für diese Zahl, will sie sich unnötige Schicksalsschläge in diesem Leben ersparen. Vertrauen in den Fluss des Lebens – das ist es, was die 32 siegessicher ins Ziel bringt!

Zum besseren Verständnis lies dir auch die Kapitel über die Zahlen 5, 3 und 2 genauer durch.

Fragen, die du dir mit dieser Zahl stellen solltest:

• Will ich gar mit dem Kopf durch die Wand?
• Wo liegt der Vorteil, dass ich mein erhofftes Ziel nicht erreicht habe?
• Hat meine Pleite/mein Schicksalsschlag vielleicht etwas Gutes?
• Wo zaudere ich noch zu lange?
• Was traue ich mir selbst nicht zu?
• Was hindert mich daran, meinen eigenen Kurs zu verfolgen?
• Laufe ich gar einer falschen Vorstellung hinterher?

Körperliche Themen und seelische Störungen:

Gelenksbeschwerden, Knochenbrüche, Unfälle, Depression, emotionales Ungleichgewicht, Gefühl des Versagens, Selbstzweifel, Gefühl der Minderwertigkeit, Krankheiten aller Art

Karmische Muster und Prägungen:

Schweigegelübde, Obrigkeitsgelübde, Ordensgelübde, missglückte Flucht, Täterneigung im Vorleben, Fesselungen, Fremdprogramme, Miasma der Sykose

Folgende Übungen helfen:

Blättere im Blog auf meiner Homepage www.sonjawinkler.at und beginne mit der Rubrik, zu der es dich als Erstes hinzieht. Bestimmt findet sich dort bereits der eine oder interessante Artikel für dich.

Unterschreibe die Urkunde zum Auflösen von Eiden & Gelübden, um dich endgültig von karmischen Altlasten loszusagen. Du findest sie in der Rubrik „Mehr Energie = mehr Lebensfreude".

Setze dir Ziele im Leben und nütze hierfür die Anleitungen in der Rubrik „Erreichen Sie ihre Ziele!"

Verbinde dich ganz bewusst mit der Natur. Entsprechende Anleitungen findest du im Artikel „Nutzen Sie die Kraft der Natur für sich" in der Rubrik „Mehr Energie = mehr Lebensfreude".

Meditationen, Atemtechniken, wie unter anderem die Metta-Meditation oder die „Meditation Inneres Lächeln" (die Anleitungen für beide findest du in meinem Blog in der Rubrik „Üben Sie sich in Selbstliebe") oder die Herzatmung (siehe den Artikel „Atmen Sie sich frei und glücklich" in der Rubrik „Mehr Energie = mehr Lebensfreude") sind probate Mittel für die 32, energetisch ausgeglichen zu bleiben.

Gelassenheitsübungen helfen ihr, in die Mitte zu finden. So hilft es dieser Zahl ungemein, die Chakren regelmäßig zu reinigen (lies den Artikel „Starten Sie beschwingt und farbenträchtig in den Tag" in der Rubrik „Mehr Energie = mehr Lebensfreude") und zu stärken, insbesondere das Wurzel-, Kronen- und Stirnchakra.

Des Weiteren hilft es ihr die Spiegelgesetz-Methode nach Christa Kössner (siehe den gleichnamigen Artikel in der Rubrik „Jede Veränderung beginnt in ihnen!") anzuwenden bzw. Spiegelarbeit nach Louise Hay (siehe in der Rubrik „Verzeihen & Dankbarkeit – Ihr Schlüssel zum Glück") zu praktizieren.

Sie kann sich auch mithilfe der Strichmännchen-Technik nach Jaques Martel („Mehr Energie = mehr Lebensfreude") energetisch leichter von falschen bzw. negativen Dingen, Situationen und Menschen lösen.

Je eher diese Zahl es schafft, regelmäßig in sich zu gehen und bei sich zu bleiben, desto weniger wird sie von ihrem eigenen Seelenweg abkommen und entsprechend Schicksalsschläge abwenden können. Insbesondere in der Rubrik „Üben Sie sich in Selbstliebe" finden sich hilfreiche Anleitungen für diese Zahl, sich von den oft irreführenden Stimmen des Egos loszusagen und sich stattdessen auf das Herz zu konzentrieren.

Auch diese Zahl sollte eines nicht vergessen: Geht sie mit offenem Herzen durch die Welt und folgt sie ihm blindlings im Alltag, wird sich ihr Leben insgesamt leichter anfühlen – das Herz verfügt immer über die nötige Weisheit!

Was es bei der Arbeit mit Affirmationen zu beachten gilt, lies bitte im Artikel „Mittels Affirmationen zu mehr Ausgeglichenheit" in der Rubrik „Jede Veränderung beginnt in Ihnen" nach.

Affirmationen:

- Ich öffne mein Herz und vertraue, dass es mir den richtigen Weg weist.
- Die Antworten auf all meine Fragen liegen bereits in mir.
- Ich vertraue, dass alles zum richtigen Zeitpunkt zu mir kommt.
- In allem, was passiert, liegt auch etwas Gutes.
- Ich sehe in allem das Positive!
- Ich erkenne meinen Weg immer klarer und deutlicher.
- Klar und deutlich sehe ich meinen Weg, den ich beharrlich mit offenem Herzen folge.

33: Geiz ist nicht geil!

„Geiz ist geil"… vielen von uns ist dieser Werbespruch noch hinlänglich bekannt. Er könnte auch zum Leitspruch einer jeden 33 gehören. Diese Zahl ist auf die Welt gekommen, um etliches – so wie wir alle, nur eben auf andere Art und Weise – an Karma abzulegen. Bei dieser Zahl geht es um Themen wie Menschenverachtung und Geiz. Letzteres nicht nur, was das Materielle und Finanzielle be-trifft. Man kann im Alltag auch mit Liebe und Gefühlen geizen! Da liegt die eigentliche karmische Wunde, die es im Leben einer 33 zu heilen gilt: Raus aus der Gefühllosigkeit, rein in die Liebe zum Nächsten. Manchmal wird diese Lektion jedoch erst gelernt, wenn der eigene Körper schon vor Schmerzen oder Krankheit aufschreit…

Eine 33 im Geburtsdatum ist die Aufforderung, das Leben zu lieben beginnen, sich von der Oberflächlichkeit abzuwenden und stattdessen in die Tiefe zu gehen. Menschen für das anzunehmen, was sie sind: Zu Fleisch gewordene Seelen, die in einem menschlichen Körper versuchen, sich wieder daran zu erinnern, was sie in Wahrheit eigentlich sind: reine, unendliche bedingungslose Liebe. Dies zu erkennen ist wahrlich eine große Herausforderung! Speziell für die 33 liegt sie darin, die eigene Lieblosigkeit zu erkennen und in diesem Leben endgültig abzustreifen, das Tyrannische abzulegen, das die 33 oft noch gern im Alltag zeigt. Falls andere nicht so spuren wie sie es gerne hätte, kann diese Zahl ziemlich unangenehm werden. Wenn sie auch hart zu anderen ist, so ist sie es im Grunde ja eigentlich in erster Linie immer zu sich selbst… dies zu realisieren braucht oft viel an Zeit und einige Ehrenrunden.

Das eigentliche Ziel jeder 33 ist die reine Nächstenliebe – genauer gesagt das Christusbewusstsein – bereits im menschlichen Körper zu erfahren und auch zu praktizieren. Hohe Ziele, die sich diese Zahl da in der geistigen Welt gesetzt hat! In diesem Sinne ist sie auch die dritte Meisterzahl, die es auf dem Weg zur Erleuchtung zu bewältigen gilt.

Auf dem Weg dorthin wechselt diese Zahl oft die Seiten – oftmals geht sie selber ziemlich lieblos durchs Leben, oftmals gibt und tut sie zu viel für ihr Umfeld. Dann umsorgt, pflegt und hegt sie, unterstützt auch finanziell und ist alles andere als eine Groschenzählerin. Dann überschreitet sie des Öfteren die Grenze und macht zu viel, nimmt dadurch anderen die Verantwortung ab und lässt sich unter Umständen sogar ausnutzen. In solch einem Fall kommt der Körper ins Spiel: Er zeigt dann über auftretende Symptome, wenn dieser Energiehund noch immer nicht bei Fuß geht und gut erzogen ist...

Solange die 33 glaubt, finanzielle Unterstützung im Leben allein reiche aus, sitzt sie jedoch komplett auf dem falschen Dampfer. Es ist nicht das Materielle gefragt, was sie ihr Karma abstreifen lässt, sondern das Menschliche, Mitfühlende... Auf dem Weg zu diesem Ziel gilt es oft viele charakterliche Hürden hinter sich zu lassen. So kann diese Zahl – als Täterin gelebt – oftmals sprichwörtlich über Leichen gehen. Im Sinne, dass sie ihr Gegenüber so gar nicht interessiert und tangiert. Dann ist sie nur auf ihren eigenen Vorteil bedacht, schert sich keinen Deut um ihr Umfeld, selbst Freunde interessieren sie dann nicht besonders. Als Täterin erkennt sie oft gar nicht, wenn sich jemand in ihrem Umfeld in einer Notlage befindet.

Mit dieser Zahl finden sich bereits viele Menschen, die intuitiv richtig im Gesundheitsbereich arbeiten, wie Ärzte, Krankenschwestern, Pfleger, Heimhelfer. Berufe wie diese sind für Menschen mit einer 33 im Geburtsdatum die beste Möglichkeit, ihr Karmarad zu durchbrechen und sich von energetisch-informatorischen Alt-lasten zu befreien, sprich Karma in diesem Leben konstruktiv aufzulösen. Oftmals erspart sich die 33 dann die noch zu lösenden Themen selber körperlich auszuleben, sprich erst über eine durchlebte Erkrankung in die Heilung zu finden. Anders ausgedrückt trägt die 33 dann ihr Karma im Beruf und nicht rein „privat" ab.

Die Mitte ist gefunden, wenn diese Zahl lernt, sich selber und andere bedingungslos anzunehmen. Wenn sie es schafft, in der Liebe – egal was kommt und passiert – zu bleiben. Dies mag als unerreichbares Ziel klingen, doch die 33 möchte genau darin die Meisterschaft erlangen. Das Potenzial hierfür ist bei ihr vorhanden, ob ihr Ego und der Verstand zeitlebens mitspielen, ist jedoch eine andere Frage... Diesen Kampfhund kann man nur mit Toleranz und Akzeptanz beikommen. Die eigene Destruktivität – sich selbst, als auch anderen gegenüber – will in diesem Leben endlich hinter sich gelassen werden.

Die Zeit ist reif, dass die Menschheit sich generell von der Materie weg – zu den wirklich wichtigen Dingen im Leben hinbewegt. Laut Astrologen haben wir für die nächsten mehr als hundert Jahre das Erdelement hinter uns gelassen, selbst gemäß dem Maya Kalender befinden wir uns bereits seit einiger Zeit im Luftelement. Dies lässt erkennen, dass der Weg der Allgemeinheit insgesamt weg von Besitz, Eigentum, vom schnöden Mammon hin zum Miteinander und zur Liebe geht. Nicht umsonst entspricht das Luftelement dem Herzchakra! Menschen mit einer 33 haben es sich zur besonderen Aufgabe gemacht, der Menschheit zu einem besseren Fundament zu verhelfen, auf dem man in Zukunft konstruktiv aufbauen kann. Sie spüren es an sich selbst und können zum wegweisenden Vorreiter für andere werden, wenn es darum geht mit mehr Herz und weniger Verstand den Alltag zu meistern.

Fazit: Diese Zahl lernt über den Dienst am Nächsten, ihren eigenen Weg zu finden. Dieser liegt darin, die Not um sie herum erkennen zu können, um diese dann – nicht im materiellen, sondern im mitmenschlichen Sinne – zu lindern. In anderen Worten ist diese Zahl aufgefordert, die Liebe zu finden, die eigene Destruktivität aufzulösen und Toleranz zu üben. In ihr steckt die Gabe, alles und jeden bedingungslos akzeptieren und lieben zu können.

Beispiel Nr. 1:

Sylvia hat sich in dieser Inkarnation die 33 als Lebensthema ausgesucht. Sie ist mit einem Geizkragen verheiratet und zahlt immer wieder alle seine Rechnungen und hilft ihm finanziell aus. Auch bei der Scheidung erhält sie nichts. Sie muss erst lernen, liebevoller zu sich selbst zu werden, um die Liebe auch im Außen zu erhalten.

Beispiel Nr. 2:

Auch Kevin hat ein 33er Lebensthema. Er benützt seine Familie und sein gesamtes Umfeld immer für seinen Vorteil, ansonsten interessieren sie ihn nicht sonderlich. Wenn er einmal nicht das bekommt, was er gerne hätte, wird er unheimlich schnell lieblos, sogar destruktiv: Kevin hat die Tendenz dann alle energetisch runterzuziehen, sodass sie sich auf einmal schlecht fühlen. Es gelingt ihm meistens durch viel Reden, die anderen doch noch von sich zu überzeugen. Erst, als er selber schwer erkrankt, lernt er mit der Zeit liebevoller zu werden. Durch die eigene Notlage erkennt er erst die der anderen und wird einfühlsam und gefühlvoll.

Empfehlungen:

Die Herzensweisheit – über Meditationen und entsprechende Atemübungen umgesetzt – lässt die Mauern einer 33 fallen. Diese Zahl ist aufgefordert, liebevoller mit sich selbst und auch den anderen umzugehen. Das Herz ist ihr dabei ein wahrer Lehrmeister und jede 33 sollte ihm entsprechend viel Aufmerksamkeit schenken. Dies setzt sie am besten um, wenn sie sich täglich in Dankbarkeit und Demut schult und den Körper als Geschenk annimmt.

Jede 33 möchte die Oberflächlichkeit endgültig abstreifen und sich den wichtigen Themen im Leben widmen. Das Herz weist ihr dabei den richtigen Weg!

Lies zum besseren Verständnis auch die Kapitel über die Zahlen 6 und 3 genauer durch.

Fragen, die du dir mit dieser Zahl stellen solltest:

- Wo verschließe ich noch mein Herz?
- Sehe ich, was mein Gegenüber wahrlich braucht?
- Bin ich mitfühlend?
- Wo lasse ich mich ausnutzen bzw. gebe zu viel für andere?
- Was will mir mein Symptom/meine Krankheit/mein Körper sagen?
- Was, wenn ich das Leben aus den Augen meines Umfeldes wahrnehme?
- Nehme ich mich selber bedingungslos an?
- Wo hadere ich noch mit mir selbst?

Körperliche Themen und seelische Störungen:

Unzufriedenheit, Missgunst, Neid, Geiz, Konkurrenzdenken, Zerstörungswut, Schnorrertum, Armut, Selbstzweifel, körperliche Symptome aller Art: Schmerzen, Krebs, Bewegungsstörungen etc.

Karmische Muster und Prägungen:

Schweigegelübde, Obrigkeitsgelübde, Keuschheitsgelübde, Armutsgelübde, Bußgelübde, Selbstkasteiungsgelübde, Fesselungen, missglückte Flucht, gewaltsamer Tod im Vorleben

Folgende Übungen können helfen:

Blättere im Blog auf meiner Homepage www.sonjawinkler.at und suche dir eine beliebige Rubrik aus. Bestimmt findet sich in dem einen oder anderen Artikel dort eine Anleitung bzw. nützlicher Hinweis für deine jetzige Lebenssituation. Suche dir eine für dich stimmige Übung und integriere sie in deinen Alltag.

Schreibe ein Dankbarkeits-ABC. Wie genau das funktioniert kannst du im Artikel „Ein Dankbarkeits-ABC hilft in schlechten Zeiten" in der Rubrik „Verzeihen & Dankbarkeit – Ihr Schlüssel zum Glück" nachlesen. Öffne dein Herz! Zahlreiche diesbezügliche Anleitungen hierfür entnimm bitte insbesondere der Rubrik „Üben Sie sich in Selbstliebe".

Mithilfe von Meditationen (siehe unter anderem in der Rubrik „Üben Sie sich in Selbstliebe") öffnest du dich deinem inneren Raum und findest zu deiner dir innewohnenden göttlichen Kraft zurück. Die Übung „Der Himmel bricht herein" kann dir die Anbindung erleichtern. Du findest sie im Artikel „3 Übungen, die Sie sofort mit positiver Energie aufladen" in der Rubrik „Mehr Energie = mehr Lebensfreude".

Mithilfe der Strichmännchen-Technik von Jaques Martel (siehe Rubrik „Mehr Energie = mehr Lebensfreude") löse dich von negativen Anteilen in dir und deinem Umfeld.

Gehe regelmäßig in die Natur und reinige dich mithilfe der 4 Elemente wie im Artikel „Nutzen Sie die Kraft der Natur für sich" (Rubrik „Mehr Energie = mehr Lebensfreude") beschrieben.

Klopfe negative Emotionen regelmäßig weg und folge den diesbezüglichen Anleitungen im Artikel „Klopfen Sie Ihren Stress doch einfach weg", den du in der Rubrik „Jede Veränderung beginnt in Ihnen" findest.

Wende die Spiegelgesetz-Methode nach Christa Kössner an („Üben Sie sich in Selbstliebe!"), um dich von falschen Glaubenssätzen zu lösen.

Unterschreibe die Urkunde zum Auflösen von Eiden & Gelübden (du findest sie im gleichnamigen Artikel in der Rubrik „Mehr Energie = mehr Lebensfreude"), um dich von noch etwaig vorhandenen karmischen Mustern zu lösen.

Lasse alle deine Erwartungen los und folge dabei den Anleitungen im Blog-artikel „Wer loslässt, hat zwei Hände frei" in der Rubrik „Jede Veränderung be-ginnt in Ihnen!". Folge stattdessen deinen Herzenswünschen! (Siehe „Kennen Sie eigentlich Ihre Herzenswünsche?" in der Rubrik „Üben Sie sich in Selbstliebe".)

Was es bei der Arbeit mit Affirmationen zu beachten gilt, lies bitte im Artikel „Mittels Affirmationen zu mehr Ausgeglichenheit" in der Rubrik „Jede Verände-rung beginnt in Ihnen!" nach.

Affirmationen:

- Ich liebe (bedingungslos) und werde (bedingungslos) geliebt.
- Ich bin es wert, geliebt zu werden.
- Ich gehe mit offenem Herzen durch die Welt.
- Ich helfe wo ich kann, ohne mich dabei ausnutzen zu lassen.
- Ich setze gesunde Grenzen.
- Ich gehe offen auf die Menschen zu.
- Ich sehe, wer in Not ist und helfe, wo ich kann.
- Ich gebe bedingungslos.
- Ich liebe meinen Nächsten wie mich selbst.

34: Werde zum göttlichen Kanal!

Menschen mit einer 34 können sich glücklich schätzen, bietet diese Zahl ihnen doch den größten Schutz, den es gibt. Dabei müssen sie nicht einmal spirituell sein, es wird ihnen einfach geholfen. So oder so, jede 34 trägt die Spiritualität in sich, wenn auch des Öfteren nur unbewusst.

Menschen mit einer 34 im Geburtsdatum haben etliche Pluspunkte in dieses Leben mitbekommen. Vielleicht auch, weil sie es nötiger haben als andere!? Diese Frage sei dahingestellt, eines ist jedoch sicher: Sie haben quasi die Verbindung nach ganz oben, das rote Telefon in der Hand. Ob sie dieses zeitlebens nützen bzw. Gebrauch davon machen, steht jedoch auf einem anderen Blatt...

Oftmals sind mit dieser Zahl viele Reisen verbunden, wenn nicht auf dieser Erde, dann astral, im Schlaf, falls die 34 jemals wirklich zur Ruhe kommt... Auch, wenn diese Zahl Tür und Tor öffnet für spirituelles Bewusstsein heißt das noch lange nicht, dass sie in dieser Inkarnation bewusst davon Gebrauch macht. Oftmals spielt sich das Leben allzu sehr in der linken Gehirnhälfte ab, also weit entfernt von Gefühl, Herz und Offenheit. Dann regieren Verstand, Logik, Begrenzung und Einschränkung. Von Spiritualität weit und breit keine Spur. Trotzdem lebt es sich mit einer 34 besser und leichter als mit egal welch anderem Energiehund! Dabei wäre sie doch das perfekte Channel-Medium, die Hellsichtigkeit ist ihr quasi in die Wiege gelegt worden.

Jede 34 ist aufgerufen, moralisch korrekt durchs Leben zu gehen und sich ethischen Fragen zu widmen. Sie darf nichts erzwingen oder gar glauben, dass sie die ganze Welt retten müsste.

Ihre Aufgabe liegt darin, ihre Gabe anzunehmen und nicht damit zu spekulieren. Lebt sie ihre Herzensweisheit, kann sie zu einer tollen Ratgeberin auch für andere werden. Sie sollte lernen, ihr Ego auszuschalten und ihre Kanäle freischalten, um sich selbst und anderen etwas Gutes zu tun. Das Idealbild einer 34 ist ein mit einem starken Stirn- und Kronenchakra ausgestatteter Mensch, der seine Hellsinne bewusst und konstruktiv nützt, um der Menschheit Gutes zu tun.

Fazit: Vieles im Leben einer 34 dreht sich darum, alle Arten von Spekulationen komplett sein zu lassen und stattdessen die Moral und Ethik in ihr Leben zu integrieren. Ist sie sich ihrer Zugänge, ihres roten Telefons nach oben bewusst, kann sie den Kanal konstruktiv für sich und ihre Mitmenschen nützen.

Beispiel Nr 1:

Christina mit einem 34er Lebensthema hat zeitlebens mit Spiritualität nichts am Hut. Trotzdem lebt sie ein zufriedenes und glückliches Leben. Obwohl sie ihre Hellsinne nicht bewusst nützt, hat sie eine gute Menschenkenntnis. Sie reist gerne und lernt so mit der Zeit ganz Europa wie ihre eigene Westentasche kennen.

Beispiel Nr 2:

Susanne hat eine 34 auf ihrem Lebensweg stehen. Als sie im Alter von Ende 40 genau diesen Lebensabschnitt durchläuft, beginnt sie mehr und mehr hellsichtig zu werden. Als erstes nimmt sie Engel wahr und beginnt mit ihnen zu kommunizieren. Mit der Zeit hört sie Verstorbene zu ihr sprechen.

Schließlich nimmt sie zusehends auch die Informationen von Starseeds wahr. Sie macht viele Ausbildungen im spirituellen Bereich und verfeinert ihre feinstoffliche Wahrnehmung immens. Sie wagt den Schritt und beginnt, andere Menschen mit ihrer Gabe zu unterstützen, indem sie ihnen hilft, ihre Herzblockaden zu entfernen.

Empfehlungen:

Menschen mit einer 34 im Geburtsdatum sollten sich verstärkt ihrem Stirnchakra widmen und ihrem 3. Auge besondere Aufmerksamkeit schenken. Diesbezügliche Übungen helfen ihnen, den Kanal freizuschalten. Im Internet finden sich zahlreiche Infos, wie genau die Zirbeldrüse auch eine Rolle beim Erwachen spielt.

Es empfiehlt sich der Besuch eines Channelingseminars bzw. sollten Menschen mit dieser Zahl im Geburtsdatum ihre Hellsinne bewusst schärfen. Sie sollten sich mit Themen der Moral und Ethik konstruktiv auseinandersetzen und diese im Alltag leben.

Zum besseren Verständnis dieser Zahl lies dir bitte auch die Kapitel über die Zahlen 7, 3 und 4 genauer durch.

Fragen, die du dir mit dieser Zahl stellen solltest:
- Vertraue ich einer höheren Macht?
- Glaube ich an die bedingungslose Liebe?
- Wo zweifle ich noch?
- Was macht mir Angst?
- Lebe ich bewusst oder werde ich gelebt?
- Was hat in meinem Leben Vorrang: das Herz oder der Verstand?
- Was könnte ich in meinem Alltag verbessern, um bewusster zu leben?
- Wie kann ich der Liebe in meinem Leben Ausdruck verleihen?
- Habe ich hellsichtige Wahrnehmungen?
- Folge ich meiner Intuition/meinem Bauchgefühl/ meiner inneren Stimme?

Körperliche Themen und seelische Störungen:
Schwindel, hoher Blutdruck bzw. Puls, Grübeln, Sorgen, Schlaflosigkeit, Depression, Melancholie, Schilddrüsenprobleme, Herzbeschwerden, Krebs, Schmerzen

Karmische Muster und Prägungen:
Verbrannte Hexe, Ordensgelübde, Obrigkeitsgelübde, Schweigegelübde

Folgende Übungen können helfen:
Im Blog auf meiner Homepage www.sonjawinkler.at findest du weitere zahlreiche Anleitungen, die dir dabei helfen können, das Potenzial dieser Zahl zu leben. Öffne einfach eine Rubrik, die dich als Erstes anspricht und beginne darin den einen oder anderen Artikel zu lesen. Bestimmt finden sich genau in diesem nützliche Tipps und Hinweise für dich.

Dieser Zahl hilft es, sich in Dankbarkeit zu üben. Verfasse entsprechend ein Dankbarkeits-ABC für „schwere" Zeiten. Insbesondere im Artikel „6 einfache Möglichkeiten, wie Sie Ihr Herzchakra stärken können" (Rubrik „Üben Sie sich in Selbstliebe") gibt es zahlreiche Anleitungen, die dich unterstützen können, dein Herz zu öffnen. Weitere findest du in oben genannter Rubrik, als auch in „Verzeihen & Dankbarkeit – Ihr Schlüssel zum Glück".

Meditiere regelmäßig oder übe dich im Visualisieren. Du findest zahlreiche diesbezügliche Anleitungen (wie zum Beispiel die Metta-Meditation oder Herz- bzw. Sonnenmeditation) in der Rubrik „Üben Sie sich in Selbstliebe".

Bemühe dich, jeder noch so schwierigen Situation mit offenem Herzen zu begegnen. Die Übung „Der Himmel bricht herein" hilft dir dabei, dir des immerwährenden Kanals nach oben und der göttlichen Unterstützung gewahr zu werden. Du findest die Anleitung im Artikel „3 Übungen, die Sie sofort mit positiver Energie aufladen" in der Rubrik „Mehr Energie = mehr Lebensfreude".

Stärke dich in Selbstliebe (Näheres findest du in der Rubrik „Üben Sie sich in Selbstliebe") und tanke deine Kraft regelmäßig in der Natur auf („Nutzen Sie die Kraft der Natur für sich" – Rubrik „Mehr Energie = mehr Lebensfreude").

Unterschreibe die Urkunde zum Auflösen etwaig noch vorhandener karmischer Gelübde und Eide, die du auch in der Rubrik „Mehr Energie = mehr Lebensfreude" findest.

Was es bei der Arbeit mit Affirmationen zu beachten gilt, lies bitte im Artikel „Mittels Affirmationen zu mehr Ausgeglichenheit" in der Rubrik „Jede Veränderung beginnt in Ihnen" nach.

Affirmationen:
- In mir wohnt ein göttlicher Funke.
- Ich bin göttliches Bewusstsein.
- Hilfe wird mir gewahr – wann auch immer, wo auch immer!
- Mein Leben ist eine Reise zu mir selbst!
- Wir sind alle eins und miteinander verbunden.
- Ich öffne meine Hellsinne und setze sie zum Wohle aller ein.

35: Rette dich selbst und du rettest die Welt!

Die 35 ist inkarniert, um das Geschenk des Lebens wieder bewusst würdigen zu lernen. Welch großes Glück ist es doch, ein Mensch in Fleisch und Blut, mit Ecken und Kanten zu sein!

Diese Zahl kann jedoch, bis sie zu dieser Weisheit gelangt, noch ziemlich lebens- und menschenverachtend durchs Leben gehen. Sie hat Schwierigkeiten, das Geschenk des Lebens, das des Körpers zu erkennen, geschweige denn zu würdigen. Sie vergisst gerne, in welchem Paradies sie eigentlich zuhause ist. Stattdessen ist es für die 35 eine ziemliche Selbstverständlichkeit, auf der Welt zu sein.

Gefühle und Bedürfnisse anderer zählen für sie nicht allzu viel. Oftmals nimmt sie diese gar nicht wahr, manches Mal ignoriert sie diese auch regelrecht. Zu oberflächlich kann sie durchs Leben marschieren.

Diese Zahl fühlt sich selbst allzu oft komplett abgeschnitten von der Allmacht Liebe. Sie kommt selten bis gar nicht auf die Idee, dass Liebe – geschweige denn die bedingungslose – überhaupt existieren können. Insofern hat sie auch immense Schwierigkeiten damit, den eigenen Körper heilig zu halten. Eher hat sie die Tendenz, ihn auszubeuten und als selbstverständlich zu betrachten. Zumindest hat er zu funktionieren und zu gehorchen, wie auch gleich am besten ihr gesamtes Umfeld!

Die Meinung dieses Energiehundes über andere ist in der Regel eher eine geringschätzige. In der Tat, mit dieser Energie sind Menschen nicht so einfach in der Lage, das Leben als Geschenk als solches zu würdigen. Sie missachten vielmehr, dass jeder von uns eigentlich auf der Welt ist, um das Leben selbst zu feiern und hochzupreisen. Oft gehen Menschen mit dieser Zahl durch eigenes Leid und Krankheit, da sie im schlimmsten Fall erst dann die wahre Essenz des Lebens wieder entdecken...

Heilt sich die 35 auf diese Weise letztlich selbst, besteht auch die Chance, dass sie anderen den einzig wahren Weg aufzeigt. Im Grunde ist das der wahre Grund, weswegen die 35 auf die Welt gekommen ist: Sie will in ihrem tiefsten Inneren unterstützen, helfen, den wahren Sinn des Lebens auch anderen auf ihrem Lebensweg offenbaren, eben nicht nur sich selbst. Hilft und unterstützt sie dabei nur eine Person, ist ihre Aufgabe im Grunde bereits als absolviert zu betrachten.

In der Tat muss sie nicht die ganze Welt retten, um im Einklang mit sich selbst weiterleben zu können. Oft genügt der Anstoß in die richtige Richtung, um etwas auszulösen und dauerhaft zu bewirken. Jede 35 hat sich entschieden, auf Erden zu inkarnieren, um andere auf ihrem Weg weiterzubringen. Hilft und unterstützt sie auch nur eine einzige andere Person, ist ihre Mission bereits mehr als erfüllt.

Klar, in Zeiten wie den unseren sind die Latten meistens höher gelegt und man gibt sich nicht nur mit einem Mitmenschen zufrieden, so wohl auch nicht die 35… Diese Zahl möchte lernen, das Leben so anzunehmen, wie es ist und dabei auch noch das Beste daraus machen. Sie möchte an ihren Aufgaben wachsen. Gleichzeitig möchte sie das Leben schätzen und hochhalten – im ewigen Vertrauen, im rechten Augenblick immer über das nötige Wissen und die Weisheit zu verfügen. Dann, und nur dann, entfaltet sich die wahre Essenz und Kraft der 35 hier auf Erden – *„Rette ich eine Seele, rette ich mich selbst!"* Und so sei es!

In jeder 35 sind jedoch die Angst vor Krankheit und Tod noch tief in den Zellen eingespeichert. Dies hindert sie oft, mit der Leichtigkeit durchs Leben zu gehen, die ihr eigentlich zusteht. Stattdessen hadert sie lieber mit ihrem Leben, ihrem Körper, ihrem Schicksal und jammert, was das Zeug hält. Jedes Wehwehchen wird besonders beäugt und jedes Hühnerauge wird dann gleich zum Krebsgeschwür. Dabei steht es ihr doch zu – gerade und vor allem ihr – einen vor Gesundheit nur so strotzenden Körper zu haben! In den Augen einer 35 kann das Leben manches Mal dann ziemlich ungerecht sein…

Schmerzen und Krankheiten in egal welcher Form sind so gesehen immer der Aufruf an sie, den „Auftrag Leben" vollends anzunehmen, das Leben mit jeder Faser ihres Seins zu bejahen! Sie ist aufgerufen, das Leben jedoch mit einer gehörigen Portion Demut zu leben und als das anzuerkennen, was es in Wahrheit ist – ein Geschenk, das es zu jeder Zeit, mit jeder Faser des Körpers und des Seins zu würdigen gilt.

Gelingt ihr dies dauerhaft, hat sie die Kanäle nach oben weit offen, bis zu Engelserscheinungen ist dann alles möglich. Meistens fehlt es ihr jedoch gerade an diesem – am Glauben an eine höhere Macht bzw. Führung, eine höhere Instanz im Leben. Bleibt sie in diesem Glauben verhaftet, ist die Gefahr groß, dass sie sich früher oder später aufgibt.

Genau diese Hürde will sie in dieser Inkarnation jedoch nehmen: Indem sie die Materie überwindet, überwindet sie die Angst und letztlich auch sich selbst. Sobald Demut und Wertschätzung in ihr Leben einkehren, ist sie auf einem guten Weg!

Fazit: Im Grunde ist es egal, wie sie es anstellt, es ist nur wichtig, dass diese Zahl früher oder später damit beginnt, zu helfen! Sobald sie das Geschenk des Lebens erkennt, es wahrlich schätzt und fähig ist, dies auch ihren Mitmenschen – selbst, wenn es nur ein einziger Zeitgenosse ist – zu vermitteln, hat sie ihren Auftrag angenommen und ihre Lebensaufgabe erfüllt.

Beispiel:
Dagmar mit einem 35er Lebensthema horcht allzu sehr auf ihren Körper. Bei der kleinsten Regung glaubt sie, krank zu sein und rennt deswegen bei jedem noch so kleinstem Wehwehchen gleich zum Arzt. Dieser kann natürlich nichts finden und würde sie stattdessen lieber mit Psychopharmaka vollstopfen.

Die innere Stimme in ihr verhindert dies jedoch und sie findet schließlich in der Spiritualität und Energetik die Antworten auf ihre offenen Fragen. Sie beginnt ihren Körper Schritt für Schritt – in Liebe und Demut – anzuerkennen, zu lieben und zu achten. Die Wehwehchen verschwinden zusehends – sie braucht diesbezüglich keine Wegweiser mehr...

Empfehlungen:
Lerne, dich und deinen Körper wertzuschätzen, übe dich in Selbstwert und Selbstvertrauen. Stärke dein Vertrauen in das Leben, indem du beginnst anderen deine Hilfe anzubieten. Egal wen, wann, wo und wie du unterstützt, es ist wichtig, dass du aktiv damit beginnst und über deinen selbsterschaffenen Schatten der Unzulänglichkeit und der Schwäche springst!

Du bist stärker, als du es zu glauben vermagst und du hast die Fähigkeit, andere zum Leuchten zu bringen. Also, beginne deine eigene Fackel anzuzünden und gib dein Licht weiter, dann ist dein Auftrag erfüllt und du erntest die entsprechenden Früchte!

Lies zum besseren Verständnis auch die Kapitel über die Zahlen 8, 3 und 5 genauer durch.

Fragen, die du dir mit dieser Zahl stellen solltest:
- Habe ich misanthropische Züge?
- Nehme ich das Leben als selbstverständlich bzw. schätze ich es genug?
- Betreibe ich Raubbau mit meinem Körper?
- Habe ich ein offenes Ohr für die Bedürfnisse der anderen?
- Was ist meine Mission hier auf Erden?
- Wie steht es mit meinem Vertrauen zum Leben?
- Habe ich Angst, krank zu werden?
- Neige ich zu Hypochondrie?

Körperliche Themen und seelische Störungen:
Verzagen, Menschenverachtung, Missmut, Unzufriedenheit, Hilflosigkeit, in der Warteschleife festhängen, Todesangst, Verlustängste, Existenzängste, seelisches Leid, Kummer, Depression, Schmerzen (unbekannten Ursprungs), körperliche Beschwerden jeder Art, Krankheiten

Karmische Muster und Prägungen:
Schweigegelübde, Armutsgelübde, Selbstkasteiungsgelübde, gewaltsames Todes- bzw. Leidmuster im Informationsfeld (Köpfen, Erhängen, Folter, Krankheit etc.)

Folgende Übungen können helfen:
Blättere im Blog auf meiner Homepage www.sonjawinkler.at und starte mit der Rubrik, welche dir als Erstes ins Auge sticht. Dort findet sich bestimmt schon

die eine oder andere hilfreiche Anleitung für dich, deinen Alltag leichter zu gestalten.

Die Hauptaufgabe dieser Zahl liegt ja darin, sich bewusst zu werden, dass das Leben ein Geschenk ist. Mache entsprechend regelmäßig einen Body Scan. Du findest den Artikel „Mithilfe des Body-Scans zu mehr Ausgeglichenheit und Lebensfreude" in der Rubrik „Mehr Energie = mehr Lebensfreude".

Ziehe Öl, um deinen Körper fit zu halten und zu entgiften. Eine diesbezügliche Anleitung findest du im Blogartikel „Ölziehen kurbelt Ihre Selbstheilungskräfte an" in der Rubrik „Körperliches Wohlbefinden stärken".

Verfasse beizeiten ein Dankbarkeits-ABC. Den Blogartikel „Ein Dankbarkeits-ABC hilft in schlechten Zeiten" kannst du in der Rubrik „Verzeihen & Dankbarkeit – Ihr Schlüssel zum Glück" auf meiner Homepage nachlesen. Halte dir ganz bewusst immer die schönen Seiten des Lebens vor Augen!

Stärke deinen Selbstwert. Zahlreiche diesbezügliche Tipps findest du in der Rubrik „Üben Sie sich in Selbstliebe".

Klopfe deine negativen Emotionen weg wie im Artikel „Klopfen Sie Ihren Stress doch einfach weg" in der Rubrik „Jede Veränderung beginnt in Ihnen" beschrieben.

Übe dich im Loslassen falscher Glaubensmuster und suche dir eine entsprechende Übung aus dem Artikel „Wer loslässt, hat zwei Hände frei" in der Rubrik „Jede Veränderung beginnt in Ihnen" aus.

Auch die Strichmännchen-Technik nach Jaques Martel (du findest sie in der Rubrik „Mehr Energie = mehr Lebensfreude") kann dir dabei helfen.

Meditiere regelmäßig, um in die Ruhe und Stille zu kommen. Tanke deine Kraft in der Natur auf bzw. verbinde dich bewusst mit der Natur und den vier Elementen. Siehe den Artikel „Nutzen Sie die Kraft der Natur für sich" in der Rubrik „Mehr Energie = mehr Lebensfreude". Unterschreibe die Urkunde zum Auflösen von Eiden & Gelübden, die du in derselben Rubrik findest.

Stärke und gleiche deine Chakren aus. Wie leicht das im Alltag geht kannst du im Artikel „Starten Sie beschwingt und farbenprächtig in den Tag" in der Rubrik „Mehr Energie = mehr Lebensfreude" nachlesen. Mithilfe der Spiegelgesetz-Methode nach Christa Kössner („Jede Veränderung beginnt in Ihnen") erkenne deine eigenen Themen bzw. Mängel besser und transformiere sie in deine Stärken!

Was es bei der Arbeit mit Affirmationen zu beachten gilt, lies bitte im Artikel „Mittels Affirmationen zu mehr Ausgeglichenheit" in der Rubrik „Jede Veränderung beginnt in Ihnen" nach.

Affirmationen:
- Ich fließe mit dem Fluss des Lebens.
- Das Leben ist ein Geschenk.
- Respekt, Wertschätzung und Liebe prägen meinen Weg.
- Ich schätze und achte meinen Körper als Tempel meiner Seele.
- Wenn ich eine Person rette, rette ich die ganze Welt.
- Ich bin gesund, stark und kräftig.
- Ich bin jeder Situation gewachsen.
- Ich achte meine Bedürfnisse und die der anderen.

36: Säe, um zu ernten!

Diese Zahl ist auf die Welt gekommen, um sich mit dem Thema Arbeit und Geld näher auseinanderzusetzen. Wenn die 36 lernt, sich hundertprozentig für etwas einzusetzen und sich mit all ihren Kräften redlich um etwas bemüht, dann ist ihr letzten Endes auch der Erfolg gewiss. Wer sät, der kann früher oder später auch ernten!

Als Täter fehlt ihr in der Regel jedoch dieser gesunde Bezug zu Geld. Es zerrinnt ihr zwischen den Fingern, da sie mit der Materie nicht gut umzugehen weiß. Auf der Täterseite fehlt es ihr generell auch an ihrem Arbeitseinsatz. Da zeigt sich die 9 lieber von ihrer faulen Seite. Sind mit dieser Zahl also keine liquiden Mittel vorhanden, heißt das nichts anderes, als dass sie in der Tat von Anfang an zu wenig hierfür geleistet hat.

Aus eigener Erfahrung weiß ich, dass eine 36 im Geburtsdatum bedeutet, sich für etwas einsetzen zu müssen, um letztlich auch den Lohn hierfür zu erhalten. Unter Umständen heißt dies auch hart zu arbeiten. Die Gefahr jeder 36 liegt dementsprechend darin, sich vor lauter Arbeit auszupowern und die selbst erarbeitete Fülle dann letztlich auch nicht genießen zu können. Auf der Opferschiene ausgelebt bedeutet dies, dass der Druck ins Unermessliche wächst und der eigentliche Lohn trotzdem oder gerade deswegen ausbleibt. Vor lauter Arbeitseinsatz kommt sie dann nicht zur Ruhe und kann mit all der angehäuften Materie letzten Endes auch nicht wirklich etwas anfangen. Vorher winkt schon die körperliche Erschöpfung oder das Burnout...

Im Grunde ist es eine Zahl, die Menschen dazu auffordert, das Wunderkind in sich selbst zu entdecken. Sie sollten sich mit aller Kraft für ihr Projekt, ihre Arbeit einsetzen, ohne dabei jedoch sich selbst zu vergessen. Geld ist dabei eben das, was es ist – eine Form der Energie, die in Fluss gehalten werden will. Berücksichtigt dies die 36, steht ihr in ihrem Leben an Fülle und Reichtum nichts im Wege. Sie muss nicht unbedingt überarbeitet mit einem Herzinfarkt enden, hingegen auch nicht mit einem Konto voller Nullen. Das einzig Wichtige ist, dass in ihrem Herzen niemals Ebbe herrscht... Das Herz gehört mit an Bord geholt, egal welchen Beruf bzw. Arbeit sie auch nachgeht!

Menschen mit dieser Zahl sollten dementsprechend beginnen, nicht nur ihren Beruf, sondern ihre Berufung zu leben. Sie sollten sich kreativ mit aller Kraft für das einzusetzen, wonach ihr Herz wahrlich brennt. Dann wird ihnen die wahre Fülle in diesem Leben früher oder später bestimmt zuteilwerden, ihnen das Geld auch nicht mehr zwischen den Fingern zerrinnen.

Die 36 ist eine Zahl der Künstler und „Wunderkinder". Menschen mit dieser Zahl im Geburtsdatum sind zum medialen Schreiben fähig. Sie verfügen über eine Extraportion an Kreativität, die sie gewinnbringend einsetzen können. Die innerlich bereits vorhandene Fülle will dann auch gezeigt werden, die Energie will und sollte ungehindert fließen. Wenn jede 36 es zuwege bringt, den inneren Druck loszulassen und lernt, das Leben – trotz Arbeitseinsatz – zu genießen, wenn sie lernt, dass das eine auch mit dem anderen sich die Waage halten kann, ja dann kann sie mit diesem Energiehund an der Leine wahre Wunder vollbringen. Wunder nicht nur für sich selbst, sondern auch für andere! Dazu gehört jedoch bei der Arbeit immer auf ihre eigenen – gesunden – Grenzen zu achten und sich nicht zu verausgaben.

Wenn sich jede 36 mit ihrem Herzen für ihre gottgegebene und individuelle Berufung wahrlich einsetzt, marschiert sie Hand in Hand mit diesem Energiehund und beide werden ein eingefleischtes Team, das die Welt auf wunderbare Weise unterstützen kann. Jede 36 sollte damit aufhören zu warten, dass etwas von selber passiert. Sie sollte sich ab und an selber einen Tritt in ihr schönes Hinterteil geben, um in die Gänge zu kommen und sich auf ihrem Weg von den unerschöpflichen Möglichkeiten überraschen lassen.

Leistet sie bereitwillig und freudig ihren Beitrag, wird ihr dies das Leben auch auf wunderbare Weise zeigen.

Fazit: Die Aufgabe dieser Zahl liegt darin, die ihr mögliche Leistung zu erbringen. Tut sie dies, bringt sie ihre Kreativität zum Ausdruck und bereichert damit die Welt, ist sie im Fluss und kann das Leben auch entsprechend genießen. Ihre Lernaufgabe ist dann augenblicklich erfüllt.

Beispiel:

Mariangela ist Reisebegleiterin. Sie fährt mit Reisegruppen – im Bus – durch ganz Europa. Ihre Arbeitszeiten beginnen spätestens um 6 Uhr in der Früh und enden frühestens um 22 Uhr, meistens jedoch erst um Mitternacht. Hat eine ihrer Klienten einen Notfall ist sie als erste sofort zur Stelle. Sie arbeitet „back to back", d.h. sie verabschiedet eine Gruppe und nimmt zwei Stunden später bereits die nächste in Empfang. Sie powert sich komplett aus und geht dabei regelmäßig über ihre Grenzen. Zwar verdient sie gut in dieser Zeit, jedoch ist das Geld auch wieder so schnell ausgegeben wie eingenommen – über die Wintermonate arbeitet sie in der Regel nicht.

In Wahrheit ist sie ihren Job müde und sehnt sich nach etwas anderem. Ihre Berufung hat sie jedoch noch nicht gefunden. Erst, als sich ihr Körper widersetzt und sie ihren Job nicht mehr ausüben kann, findet sie zu dem, was sie in ihrem tiefsten Inneren befriedigt. Sie verdient zwar weniger Geld damit, ist jedoch um einiges zufriedener und glücklicher.

Empfehlungen:

Die Aufgabe jeder 36 liegt darin, zu erkennen, dass, um zu ernten, erst gesät werden muss. Dabei sollte sie sich nicht verausgaben, jedoch auch nicht zu wenig tun. Leistet die 36 zu wenig, herrscht finanzielle Flaute bzw. das Geld fließt schneller weg, als es eingenommen wird. Mit richtigem Einsatz kann diese Zahl die Ernte hingegen einfahren.

Die Gefahr in solch einem Fall besteht darin, die hart erarbeitete Fülle vor lauter Einsatz letztlich erst gar nicht genießen zu können. Deswegen ist jede 36 aufgefordert, eine gesunde Balance zwischen Arbeit und Freizeit, Einsatz und Nichtstun zu finden. Setzt sie sich mit jeder Faser ihres Körpers ein, darf sie sich später auch auf ihren Lorbeeren ausruhen und genießen. Sie sollte sich in Gelassenheit üben und sich alsbald den Druck von den Schultern nehmen.

Lies zum besseren Verständnis dieser Zahl unbedingt auch die Kapitel über die Zahlen 9, 3 und 6 genauer durch.

Fragen, die du dir mit dieser Zahl stellen solltest:

- Setze ich meine Talente richtig ein?
- Habe ich den für mich passenden und richtigen Beruf ergriffen?
- Gebe ich alles oder gar zu viel?
- Lebe ich mein wahres Potenzial?
- Ist meine Work-Life-Balance im Ausgleich?
- Schaue ich wirklich gut auf mich?
- Wie stehe ich zum Thema Geld bzw. welche Einstellung habe ich zu Geld?
- Wo bzw. wann zerrinnt mir das Geld zwischen den Fingern?
- Welche Einstellung habe ich zum Nichtstun?
- Erlaube ich Genuss (im Übermaß) in einem Leben?

Körperliche Themen und seelische Störungen:

Überarbeitung, Burnout, Schlaflosigkeit, nicht-zur-Ruhe-kommen, Herzinfarkt, hoher Blutdruck, Alkoholabhängigkeit, Spielsucht, Selbstzweifel, geringes Selbstwertgefühl, Magenbeschwerden

Karmische Muster und Prägungen:

Schweigegelübde, Armutsgelübde, Obrigkeitsgelübde, Sklavenjochprogrammierung, Pranger, Ordensgelübde

Folgende Übungen können helfen:

Beginne im Blog auf meiner Homepage www.sonjawinkler.at zu lesen und beginne als Erstes in der Rubrik, zu der es dich auf Anhieb hinzieht. Wähle dir einen oder zwei Artikel aus. Bestimmt findest du dort die eine oder andere Übung, die dich auf deinem Lebensweg momentan gerade unterstützt.

Dieser Zahl ist es zu wünschen, dass sie ihre Kräfte wirklich für ihre Berufung einsetzt. Solltest du dir über diese noch nicht ganz im Klaren sein, könnte es dir helfen, endlich mehr über deine persönlichen Herzenswünsche herauszufinden („Kennen Sie Ihre Herzenswünsche?" in der Rubrik „Üben Sie sich in Selbstliebe"). Lies dir insbesondere die Artikel „Formulieren Sie Ihre Ziele", und „Wie Sie Ihre Ziele ganz bestimmt erreichen" bzw. „Wie Sie Ihre Ziele leichter erreichen", „Ihr Körper reagiert auf Ihre Gedanken – machen Sie sich das bei Ihrer Zielumsetzung zunutze!" in der Rubrik „Erreichen Sie Ihre Ziele" durch.

Unterschreibe auch die Urkunde im Artikel „Lösen Sie sich von ehemals geleisteten Eiden & Gelübden", den du in der Rubrik „Mehr Energie = mehr Lebensfreude" findest. Es ist für dein Wohlbefinden wichtig, dich von etwaig noch vorhandenen karmischen Mustern und Prägungen zu befreien, die dir auch heute noch auf der energetisch-informatorischen Ebene im Wege stehen können.

Nimm den Druck von dir – klopfe ihn doch mithilfe der im Artikel „Klopfen Sie Ihren Stress doch einfach weg" erklärten Methode – du findest sie in der Rubrik „Jede Veränderung beginnt in Ihnen" – weg. Halte deine Finger, wie im Artikel „Jin Shin Jyutsu – durch Fingerhalten das seelische Gleichgewicht wiederfinden" in der Rubrik „Mehr Energie = mehr Lebensfreude" beschrieben.

Auch die Strichmännchen-Technik nach Jaques Martel, die du in der Rubrik „Mehr Energie = mehr Lebensfreude" findest, kann dir dabei helfen. Übe dich in Gelassenheit und beginne zu meditieren bzw. praktiziere regelmäßig Atemübungen. Entsprechende Anleitungen findest du in diversen Artikeln, unter anderem in der Rubrik „Üben Sie sich in Selbstliebe" und „Jede Veränderung beginnt in Ihnen".

Solltest du nicht verreisen können, gehe zumindest regelmäßig ins Grüne und verbinde dich mit den vier Elementen. Im Artikel „Nutzen Sie die Kraft der Natur für sich" in der Rubrik „Mehr Energie = mehr Lebensfreude" findest du diesbezügliche Tipps.

Was es bei der Arbeit mit Affirmationen zu beachten gilt, lies bitte im Artikel „Mittels Affirmationen zu mehr Ausgeglichenheit" in der Rubrik „Jede Veränderung beginnt in Ihnen" nach.

Affirmationen:
- Ich bin ein Magnet für Geld und Reichtum aller Art.
- Ich habe einen gesunden Bezug zu Geld und lasse die diesbezügliche Energie fließen.
- Ich verdiene es, ein Leben in Reichtum, Liebe, Freude und Glück zu führen.

- Ich bin wertvoll, selbst, wenn ich nichts erschaffe.
- Ich bin der Schöpfer/die Schöpferin meines Lebens.
- Ich ziehe Reichtum aller Art an.
- Ich bin in jeder Situation ruhig und gelassen.
- Ich setze mich mit aller Kraft für meine Belange ein.
- Kreativität zeichnet mich aus.

37: Öffne dich für die Liebe!

Die 37 hat es sich in diesem Leben zur (unbewussten) Aufgabe gemacht, sich tiefgründiger mit dem Thema Liebe und Partnerschaft auseinanderzusetzen. Diese Zahl ist – falls sie im Laufe der Zeit nichts dazulernt – ihr ganzes Leben lang auf der Suche nach der (großen) Liebe. Dabei kann sie sogar äußerst berechnend vorgehen. In dieses Bild passt das der Frau, die sich schwängern lässt bzw. vorgaukelt, schwanger zu sein, um sich endlich den Mann zu angeln bzw. zu halten, den sie haben will...

Als Täterin sucht diese Zahl die Befriedigung der Liebe auf eben sehr berechnende, manches Mal sogar äußerst kalte Art und Weise. Dabei geht es im Grunde nicht um die Liebe selbst, sondern einzig und allein um die Befriedigung eines Bedürfnisses, das sie bis dato noch nicht stillen konnte: In Wahrheit sitzt dann bei der 37 der eigene Selbstwert noch im Keller, den sie versucht über bzw. mithilfe von Liebespartnern gehörig zu verbessern!

Das kann jedoch in den wenigsten Fällen dauerhaft funktionieren. Diese Rechnung kann und wird nicht aufgehen, da die Liebe letztlich doch wieder unbefriedigt bleibt und die Sehnsucht und entsprechende Suche danach nur umso größer wird. In solch einem Fall wird der Partner ja zu jemandem, dessen Aufgabe es ist die eigenen, bis dato noch unerfüllten Bedürfnisse zu befriedigen, die eigene innere Leere zu füllen. Die Funktion eines Partners kann es jedoch niemals sein, einen glücklich zu machen, wenn man es selber noch nicht ist. Die Aufgabe eines Partners ist es nicht, einen den Wert zu geben, dem man sich selber noch nicht imstande ist zu schenken. Wahre Liebe ist kein Mittel zur Macht, sie will und sollte niemals versklaven! Wahre Liebe ist auch niemals berechnend. Sie benützt nichts und niemand. Sie hat nichts mit „brauchen" zu tun. Sobald man sein Gegenüber „braucht", hängt die Waage bereits schief... Wahre Liebe ist es, sich zu schenken und selber reich beschenkt zu werden. Solange es nicht die wahre Liebe ist, fühlt sie sich entsprechend auch nicht richtig an. Demzufolge kann die 37 langfristig als Täterin gar nicht glücklich werden!

War die 37 in Vorleben hingegen selbst auf der Täterschiene unterwegs, wird sie in diesem Leben vermutlich eher auf der Opferseite zu finden sein. Dann tut diese Zahl viel – zu viel! – um dieses leise Gefühl der erfüllenden Liebe doch noch zu erhaschen. Sie gibt zu viel, lässt sich unter Umständen sogar benützen bzw. ausnützen. Sie macht sich selber zum Hampelmann, wird belogen und betrogen. Um letzten Endes von Neuem alleine dazustehen und herauszufinden, dass die ganze Liebesmüh abermals umsonst war und die Liebe auf der Strecke geblieben ist...

Die 37 sollte also tunlichst lernen, in allererster Linie die Liebe in und zu sich selbst zu entdecken. Sich selbst als das anzuerkennen, was sie ist: Eine großartige Seele mit einem noch größeren Herzen, das die aufrichtige und bedingungslose Liebe zu finden und zu geben bereit ist. Jedoch erst, wenn sie sich selbst so annimmt, wie sie ist und genau so zu lieben beginnt, ist sie letztlich fähig, jemand anders genauso zu lieben.

Die Partnerschaft ist hierfür die beste Lernbühne für jede 37: Sie bekommt immer den Partner, der sie bestens schult – jede 37 bekommt letztlich den Partner, der gleich wie sie selbst schwingt!

Im Grunde ist diese Zahl zur All-Liebe fähig, im Sinne von: *Egal, was der Partner tut, ich liebe ihn!* Die Frage ist nur, ob sie diese All-Liebe in diesem Leben auch bereits fühlen und leben kann. Über Partnerschaften und Flirts lernt sie schließlich mit der Zeit – hoffentlich – dazu. Nur sie selbst kann sich den Wert geben, niemals der Partner ihr! Letztere Rechnung kann und wird also niemals aufgehen... Jede Liebe beginnt in Wahrheit immer bei ihr selbst, in ihrem Innersten und wird ihr dann im Außen erst gespiegelt.

Männer mit dieser Zahl sind oftmals einfach nur gute Liebhaber, für die eigentliche Liebe gibt es jedoch keinen Platz in ihrem Leben. Dann kann die 37 ziemlich oberflächlich und kühl sein, die niemand so schnell an sich heran, geschweige in ihr Herz lässt. Tiefe Gefühle machen Angst und außerdem verletzlich. Sie will sich nicht vor einem Partner nackt ausziehen und sich mit all ihren Fehlern und Schwächen am Serviertablett präsentieren. Insbesondere Männer wollen und können sich mit diesem Energiehund, der sie immer noch gewaltig an der Leine zieht, nicht entblößen, außer beim Sex natürlich...

Frauen mit dieser Zahl agieren in Liebesdingen hingegen oft allzu männlich: Sie erobern, nehmen sich berechnend, wen bzw. was sie kriegen können und lassen die Liebe manchmal auch so schnell wieder fallen, wie sie gekommen ist.

Menschen mit dieser Zahl sind aufgefordert, sich doch im Laufe ihres Lebens der wahren Liebe zu öffnen und sie mit jeder Faser ihres Herzens, mit jeder ihrer Körperzellen zu inhalieren und auch getrauen zu leben. Liebe sollte niemals als Machtmittel missbraucht und Partnerschaften einzig und allein aus Liebe und nicht aus Berechnung geführt werden. Ist dies der Fall, hat die 37 ihre Lernaufgabe bestens erfüllt und findet in ihrem Partner auch den Gott bzw. die Göttin, der/die ihr hier auf Erden bereits gebührt.

Fazit: Die Aufgabe liegt darin, Partnerschaften aus Liebe und nicht aus Berechnung oder Kompensation eines bis dato noch nicht gestillten Bedürfnisses einzugehen. Liebe ist kein Machtmittel und sollte bestmöglich im sozialen Bereich umgesetzt werden. Zumindest sollte die Bereitschaft vorhanden sein, sich für die Liebe zu öffnen, dann ist dieser Zahl sogar der Weg in die höchste Liebesfähigkeit möglich!

Beispiel:
Gregor hat die 37 als Lebensthema. Er hat zahlreiche unbefriedigende Affären und Beziehungen hinter sich, bis dato war seine Herzenswarme jedoch noch nicht dabei, da ihm bisher noch keine Liebespartnerin in Wahrheit seine tief sitzenden Bedürfnisse stillen konnte. Er ist jedoch - trotz seines hohen Alters - ein ausgezeichneter Liebhaber, weswegen die Frauen in seinen Armen nach wie vor hinwegschmelzen.

Mit zunehmenden Alter werden seine Freundinnen immer jünger – unbewusst versucht er auf diese Weise seine Jugend zu erhalten. Der körperliche Verfall macht ihn mit einer 11er Seelenzahl immens zu schaffen. Da kommt es seinem Selbstwert gerade recht, dass er es sogar mit Ende 60 noch schafft, 30-Jährige in seinen Bann zu ziehen...

Empfehlungen:
Beginne bei dir selbst: Beginne dich bedingungslos anzunehmen! Erst dann bist du fähig, Tür und Tor für die bedingungslose Liebe auch im Außen zu öffnen. Um dich selbst in der Liebe zu schulen, könntest du freiwillige Sozialarbeit in Betracht ziehen. Indem du fremde Menschen unterstützt, öffnest du dich für die bedingungslose Liebe. Der große Vorteil: Alles, was du anderen gibst, wird dir

selbst – gemäß des Resonanzprinzips – eines Tages geschenkt werden. Schenkst du bedingungslos Liebe an andere, wird sie dir früher oder später selber zuteilwerden.

Erkennst du den Wert in dir selbst, bist du nicht mehr abhängig von der Bestätigung deines Partners/deiner Partnerin. Du genügst dir selbst! Erst dann bist du imstande wahrhaftig zu lieben und bereit, eine Partnerschaft auf gleicher Höhe einzugehen. Ist das der Fall, offenbart sich dir die wahre Kraft dieser Energie, die dieser Zahl innewohnt und die von dir gelebt werden will. Letztlich keine kleine Aufgabe, heißt dies ja im Grunde, die himmlische, bedingungslose Liebe bereits im menschlichen Körper zu verwirklichen. Mit einer 37 im Geburtsdatum hast du jedoch die besten Voraussetzungen hierfür!

Lies dir zum Besseren Verständnis auch die Kapitel über die Zahlen 10, 3 und 7 genauer durch.

Fragen, die du dir mit dieser Zahl stellen solltest:
• Bin ich fähig, eine liebevolle Beziehung aufzubauen?
• Brauche ich die Bestätigung von meinem Partner/meiner Partnerin?
• Wie stehe ich zur Liebe? Macht sie mir Angst?
• Wo verschließe ich mein Herz noch vor mir selbst?
• Gebe ich bedingungslos oder aus Berechnung?
• Nehme ich meinen Partner/meine Partnerin so wahr, wie er/sie wirklich ist?
• Wovor verschließe ich meine Augen?
• Was sollte ich zu Gespräch bringen?
• Was sagt mein Verstand, was antwortet mein Herz?

Körperliche Themen und seelische Störungen:
Herzbeschwerden, Blutdruckprobleme, Selbstwertthemen,   Probleme mit der Wirbelsäule bzw. Knochen, Schilddrüsenprobleme, Lungenbeschwerden, Nierenprobleme, Depression, Energiemangel, Gefühl des Ausgelaugtseins, Perfektionismus, Egomanie, narzisstische Persönlichkeitsstörung, Schmerzen, Sexsucht, häufiger Partnerwechsel

Karmische Muster und Prägungen:
Keuschheitsgelübde, Schweigegelübde, Ordensgelübde, Armutsgelübde, Obrigkeitsgelübde, Bußgelübde, Kastration

Folgende Übungen können helfen:
Beginne im Blog auf meiner Homepage www.sonjawinkler.at zu lesen und beginne als Erstes in der Rubrik, zu der es dich auf Anhieb hinzieht.

Im Leben der 37 dreht sich vieles um die Themen Selbstwert, Selbstliebe und Herzöffnung. Die 37 möchte ja im Grunde ihres Herzens endlich weg von der oberflächlichen und berechnenden Liebelei, hin zu einer profunden Partnerschaft finden. Lies dir demzufolge insbesondere die Artikel in der Rubrik „Üben Sie sich in Selbstliebe" durch. Finde dort eine oder zwei für dich passende Übungen und integriere sie in deinen Alltag.

Unterschreibe die Urkunde zum Auflösen von Eiden und Gelübden, die du in der Rubrik „Mehr Energie = mehr Lebensfreude" findest. Noch etwaig vorhandene diesbezügliche karmische Prägungen in deinem Energie- und Informationsfeld können nach wie vor dazu beitragen, dass du dich unbewusst gegen die wahre Liebe sperrst.

Setze dir zum Ziel, dich mit jeder Faser deines Körpers und Seins auf einen dir lieb gewordenen Menschen einzulassen und nütze hierfür die VAKOG Urkunde zum Erreichen deiner Ziele, die du im Artikel "Ihr Körper reagiert auf Ihre Gedanken – machen Sie sich das bei Ihrer Zielumsetzung zunutze!" in der Rubrik „Erreichen Sie Ihre Ziele" findest.

Klopfe aufkommende negative Emotionen wie im Artikel „Klopfen Sie ihren Stress doch einfach weg" in der Rubrik „Jede Veränderung beginnt in Ihnen" beschrieben weg oder transformiere sie mithilfe der Strichmännchen-Technik nach Jaques Martel, die du in meinem Blog in der Rubrik „Mehr Energie = mehr Lebensfreude" findest.

Was es bei der Arbeit mit Affirmationen zu beachten gilt, lies bitte im Artikel „Mittels Affirmationen zu mehr Ausgeglichenheit" in der Rubrik „Jede Veränderung beginnt in Ihnen" nach.

Affirmationen:

- Egal, was ich tue, ich folge immer dem Ruf meines Herzens!
- Mein Herz kennt den einzig richtigen Weg!
- Ich liebe aufrichtig und authentisch.
- Ich liebe bedingungslos und werde bedingungslos geliebt.
- Die Liebe ist eine Himmelsmacht, die mir Flügel verleiht.
- Ich gebe mir den Wert, der mir gebührt.
- Ich gehe mit offenem Herzen durch die Welt.
- Ich gebe bedingungslos.
- Ich schätze und ich liebe mich.

38: Lebe deine Herzenswünsche!

Die Lernaufgabe einer 38 liegt darin, Gefühle wahrhaftig zum Ausdruck zu bringen und authentisch zu leben. Genau da liegt jedoch auch die eigentliche Hürde: Die eigenen Gefühle liegen meistens so gut im Verborgenen, bestens versteckt, dass Menschen mit einer 38 im Geburtsdatum selber oft gar keinen Zugang zu ihnen haben. Gefühle werden mit dieser Zahl bevorzugt ignoriert, vernachlässigt, einfach nicht ausgelebt. Aus Angst oder Unsicherheit oder auch nur, weil diese Zahl es vorzieht, den Weg des geringsten Widerstandes zu gehen. Die eigenen Herzenswünsche bleiben dabei kurzum gerne auf der Strecke.

Oftmals hat diese Zahl eine genaue Vorstellung, wie das Leben zu sein hat, was der Partner zu fühlen hat und ist dann enttäuscht, wenn sie feststellt, dass dem eben nicht so ist. Menschen mit dieser Zahl verbiegen sich, reden sich ein, glücklich zu sein, umsorgen die Familie, ohne jedoch gut auf sich selbst zu achten. Alle anderen haben Vorrang, wenn dies oft auch nur als Ausrede gebraucht wird, damit sich die 38 nicht mit sich selber beschäftigen muss. Sie passt sich allzu gern an ihre Umwelt an, oftmals sogar bis zur Selbstaufgabe. Sie spielt ihre Rolle so gut, dass das eigene Umfeld gar nicht bemerkt, wie es wirklich in ihrem Innersten aussieht.

Auf Dauer macht dies die 38 jedoch nicht besonders glücklich. Irgendwann müssen die Gefühle ja raus. Werden sie dauerhaft – wenn auch unbewusst – unterdrückt, zeigt ihr der eigene Körper früher oder später, dass etwas nicht stimmt – in Form von einem Herzinfarkt oder chronischem Bluthochdruck. Hält die gefühlsmäßige Dysbalance länger an, äußert sie sich oftmals sogar in einer Krebserkrankung: Krebsgeschwüre wachsen, um zu zeigen, dass sich etwas bemerkbar machen möchte, sich etwas im Inneren Gehör verschaffen will...

Für die 38 gilt es zeitlebens, Frieden mit diesem Energiehund zu schließen. Sie sollte schnellstens damit beginnen, sich selbst mal in die Arme zu nehmen und ehrlich zu fragen, warum sie eigentlich auf der Welt ist. Was war ihr ursprüngliches Ziel in diesem Leben, dem sie einst voller Elan – vielleicht sogar noch bis vor Kurzem – gefolgt ist bis... ja bis sie das Leben eingeholt hat und sie sich selber dabei vergessen hat!?

Die 38 hat viele Leben damit verbracht, anderen zu dienen und sich selbst dabei vernachlässigt bzw. hat sie sich damals – wie auch heute noch – hinten angestellt. Das Bild einer Geisha, die ihr ganzes Leben einzig und allein darauf getrimmt wurde, die Wünsche ihres Herrn zu erfüllen – bis zur Selbstaufgabe – passt perfekt ins Bild einer jeden 38. Auch das des Schauspielers, der zeitlebens eben nur eine Rolle spielt, die nichts mit ihm selbst zu tun hat. Auch in diesem Leben ist diese energetisch-karmische Information noch in ihrer Aura festgeschrieben, will jedoch in diesem Leben endlich erlöst werden.

In jeder 38 ist auch eine 11 verborgen (38 = 3+8=11): Selbst beim Sex kann sich diese Zahl komplett aufgeben und in eine Rolle schlüpfen. Quasi wie ein römischer Lustknabe oder eine Hure, die es gewöhnt sind, sich von den eigenen Gefühlen komplett abzukoppeln, da sie ansonsten ja ihr eigenes Leben nicht mehr packen würden… Der Sex läuft mit dieser Zahl in den meisten Fällen sehr gut, nur ob auch immer augenblicklich Liebe im Spiel ist, steht dann auf einem anderen Blatt geschrieben. Oberflächlich gesehen ist dies für die 38 eigentlich kein großes Thema, spielt sie doch ihre Rolle zeitlebens meisterhaft. Geht man der Sache jedoch näher auf den Grund, wird sich die 38 früher oder später doch eingestehen müssen, dass sie unbefriedigt ist und auch bleibt, falls sie ihr perfektes Rollenspiel nicht endlich aufgibt.

Diese Zahl spielt im Leben den anderen oftmals gerne etwas vor. Die 38 ist die perfekte Schauspielerin. Auch, wenn es ihr mal schlecht geht – sogar, wenn sie der größte Weltschmerz plagt – zeigt sie dies in den seltensten Fällen. Sie lässt sich ungern etwas anmerken. Stattdessen lächelt sie nach außen weiterhin. Sie hat den Zugang zu ihren eigenen Gefühlen verloren, sie will und kann oft nicht fühlen, sie weiß einfach nicht, wie. Das macht sie oftmals zu einer perfekten Partnerin für einen Narzissten. Menschen mit einer 38 haben sich oft komplett vom Fühlen, vom eigenen Körper abgekoppelt. Gefühle scheinen ihnen nicht sonderlich angebracht. Was nicht angebracht ist, wird gerne verdrängt: Diese Zahl spürt sich oftmals einfach selbst nicht mehr. Sie verbringt unter Umständen Jahre an der Seite eines fremdgehenden Narzissten und redet sich ein, wie wunderschön das Leben doch an seiner Seite ist. Sie spielt die Rolle der liebenden Partnerin par excellence.

Niemand von uns ist jedoch auf der Welt, nur um anderen zu dienen bzw. deren Herzenswünsche zu erfüllen. Jede 38 ist aufgefordert – in Eigenverantwortung – sich in diesem Leben endlich darum zu kümmern, dass ihre eigenen Gefühle nicht zu kurz kommen. Sie möchte diese zum Ausdruck bringen und sie ist aufgerufen, ihr Vorhaben in diesem Leben auch zu bewerkstelligen!

Fazit: Die Lernaufgabe liegt im Leben einer 38 darin, ihre eigene Rolle zu erkennen. Dazu gehört, sich der eigenen Wünsche und Bedürfnisse klar zu werden. Der nächste Schritt beinhaltet das Artikulieren dieser. Sobald sie dies konstruktiv umzusetzen beginnt, geht sie in ihrer wahren Rolle auf!

Beispiel:

Angelika war jahrelang in einer Beziehung. Als diese zu Bruch geht, lässt sie sofort eine alte Liebesbeziehung wieder aufleben: Sie fährt jede zweite Woche sogar über 400km, allein um sich mit ihrem Ex zu treffen und Sex zu haben. Dabei weiß sie genau, dass sie nicht aus Liebe agiert. Sie ist nicht sonderlich glücklich, spielt jedoch ihre Rolle der Liebhaberin und Freundin weiterhin perfekt. Nach außen lässt sie sich nichts anmerken und spielt die Glückliche. Wenn sie dann das eine oder andere Glaserl zu viel getrunken hat, kommt jedoch langsam die Wahrheit ans Licht...

Empfehlungen:

Es wäre ein Irrglaube, die anderen wüssten, wie es im Inneren dieser Zahl aussieht. Jede 38 muss früher oder später lernen, dies selbst herauszufinden und zu sich selbst zu stehen. Sie muss sich ihrer Gefühle bewusst werden und lernen, diese auch klar, deutlich und sachlich – jedoch immer aus dem Herzen heraus – zur Sprache zu bringen. Sie sollte ihre Gefühle immer klar auf den Tisch legen. Nur dann ist die Lebensaufgabe dieser Zahl erfüllt und ein Leben in Zufriedenheit möglich.

Die 38 lernt dies am besten, wenn sie Spiegelarbeit betreibt. Dieser Zahl fällt es immens schwer, sich zu öffnen und sich auf ihre Gefühle einzulassen, weswegen sie damit beginnen sollte, sich diese inneren Herzenswünsche einmal ganz allein vor dem Spiegel einzugestehen. Dies hilft ihr, sich im Ausdruck zu üben, um letztlich ihre Wünsche auch vor anderen – insbesondere ihrem Partner – lautstark im richtigen Moment zu äußern.

Jede 38 sollte auf diese Weise zum Ausdruck bringen, was sie eigentlich gerne möchte und woran es ihr fehlt. Dies heißt nicht, dass die 38 nicht generell dazu fähig wäre, sich auszudrücken. Oft gestaltet es sich so, dass sie solange spricht, bis sie letztlich das erhält, was sie möchte. Meistens hat sie jedoch auch in diesem Fall keinen echten Zugang zu sich selbst... Erst, wenn sie lernt, ihre innersten Herzenswünsche wahrzunehmen und zu artikulieren wird ihr Leben um einiges leichter werden!

Lies dir zum besseren Verständnis auch die Kapitel über die Zahlen 11, 2, 3 und 8 genauer durch.

Fragen, die du dir mit dieser Zahl stellen solltest:

• Folge ich meinem Herzen?
• Wovor fürchte ich mich bzw. habe ich Angst?
• Welche Gefühle will ich selber nicht wahrhaben bzw. verstecke ich vor mir selbst?
• Wo passe ich mich zu sehr an mein Umfeld an?
• Lebe ich noch oder habe ich mich in Wahrheit schon aufgegeben?
• Ist meine Familie/Partnerschaft eine Ausrede, dass ich mich nicht mit mir selbst auseinandersetzen muss?
• Kann ich zwischen Liebe und Sexualität unterscheiden?
• Erfüllt mein Partner/meine Partnerin mir meine Herzenswünsche?
• Erfülle ich mir meine Herzenswünsche oder stelle ich diese regelmäßig hintan?
• Kenne ich meine ureigensten Bedürfnisse?
• Wo bin ich nicht ehrlich zu mir selbst und belüge mich immer wieder aufs Neue?
• Wie reagiere ich, wenn meine Erwartungen nicht erfüllt werden?

Körperliche Themen und seelische Störungen:

Krebsgeschwüre, Herzbeschwerden, Sprachfehler, Fresssucht, Bulimie, Hautausschläge, Schilddrüsenprobleme, Depression, Burnout, Überarbeitung, Schlafstörungen, Selbstzweifel, geringes Selbstwertgefühl, Suchtneigung

Karmische Themen und Prägungen:

Schweigegelübde, Keuschheitsgelübde, Obrigkeitsgelübde, Ordensgelübde, Treuegelübde, Bußgelübde, Selbstkasteiungsgelübde, Sklavenjoch, karmisches Muster des Zungenabschneidens, Pfählung, Fremdprogrammierung

Folgende Übungen können helfen:

Beginne im Blog auf meiner Homepage www.sonjawinkler.at zu lesen und beginne als Erstes in der Rubrik, zu der es dich auf Anhieb hinzieht. Bestimmt findest du bereits dort den einen oder anderen Tipp, der dir in der momentanen Situation weiterhilft.

Du solltest unbedingt zu mehr Selbstliebe finden, indem du dich verstärkt der Herzöffnung widmest. Werde dir über deine Herzenswünsche klar. Beginne doch mit diesem Artikel „Kennen Sie eigentlich Ihre Herzenswünsche?" in der Rubrik „Üben Sie sich in Selbstliebe" zu lesen und fahre dann mit der Rubrik „Erreichen Sie Ihre Ziele" fort.

Dein vorrangiges Ziel sollte es sein herauszufinden, was dir guttut und was dein Herz möchte. Um das Herausfinden deiner eigentlichen Aufgaben zu erleichtern, beginne doch mit einem Dankbarkeits-ABC – dadurch wirst du dir bewusst, was du schon alles in deinem Leben erreicht und bereits jetzt dein Eigen nennen darfst. Du findest eine diesbezügliche Anleitung in der Rubrik „Verzeihen & Dankbarkeit – Ihr Schlüssel zum Glück".

Aufkommende negative Emotionen klopfe dir wie im Artikel „Klopfen Sie Ihren Stress doch einfach weg" beschrieben, weg. Du findest ihn in der Rubrik „Jede Veränderung beginnt in Ihnen".

Praktiziere Spiegelarbeit nach Louise Hay. (Siehe Rubrik Verzeihen & Dankbarkeit – Ihr Schlüssel zum Glück!")

Unterschreibe die Urkunde zum Auflösen von ehemals geleisteten Eiden & Gelübden, die du in der Rubrik „Mehr Energie = mehr Lebensfreude" findest.

Solltest du dir nach wie vor damit schwertun, deine Herzenswünsche zum Ausdruck zu bringen oder gar zu erkennen, mache die Übung „Body Scan" regelmäßig.

Eine genaue Anleitung findest du im Artikel „Mithilfe des Body-Scans zu mehr Ausgeglichenheit und Lebensfreude„ in der Rubrik „Mehr Energie = mehr Lebensfreude". Dadurch findest du einen besseren Zugang zu deinem Körper, erhöhst somit dein Körpergefühl und in weiterer Folge fällt es dir dann auch leichter, dir deiner eigenen Gefühle klarzuwerden! Diesbezüglich hilft es dir auch, regelmäßig den Tag mit der Übung „Hauptstrom strömen" zu starten oder zu beenden. Du findest ihn in derselben Rubrik im Artikel „Die Gesundheit liegt in Ihren Händen: Jin Shin Jyutsu – strömen Sie Ihre Lebensmitte!".

Morgenseiten können dir helfen, ruhig, gelassen und zuversichtlich in den Tag zu starten. Du findest den Artikel „Mit dem richtigen Start gut in den Tag" in der Rubrik „Körperliches Wohlbefinden stärken".

Was es bei der Arbeit mit Affirmationen zu beachten gilt, lies bitte im Artikel „Mittels Affirmationen zu mehr Ausgeglichenheit" in der Rubrik „Jede Veränderung beginnt in Ihnen" nach.

Affirmationen:

- Ich spreche immer und überall klar und deutlich aus, was mir am Herzen liegt.
- Ich bringe mein Innerstes klar und offen zum Ausdruck.
- Ich bin in jeder Situation authentisch und gefühlvoll.
- Ich ziehe gesunde Grenzen und schaue gut auf mich.
- Ich gestehe mir den Raum zu, den ich brauche.
- Ich lasse alle Erwartungen in Liebe los.
- Ich lasse meinen Gefühlen freien Lauf.
- Ich nehme meine Gefühle wahr und lasse sie frei fließen.
- Ich kenne den Unterschied zwischen Sexualität und Liebe.

39: Weg mit dem Zwang!

Diese Zahl setzt sich zeitlebens mit Themen der Macht und Fürsorge auseinander. Die 39 ist allzu gern der Überzeugung, dass nur die eigene Meinung, der eigene Standpunkt der einzig richtige ist, den es – koste es was es wolle – durchzusetzen gilt. Wenn es sein muss, eben auch mit Gewalt.

Menschen mit einer 39 im Geburtsdatum nennen im Allgemeinen eine geballte Ladung an Energie ihr Eigen. Die sexuelle Kraft, über die sie verfügen sucht ihresgleichen. Dementsprechend ist diese Zahl für gewöhnlich sexuell sehr aktiv, überschreitet dabei jedoch oftmals sogar gesunde Grenzen: Im schlimmsten Fall zwingt sie anderen ihren Willen einfach auf, ohne groß zu fragen. Bei dieser Zahl übernimmt oft das Stammhirn die Führung, was dann in reiner Triebbefriedigung ausartet. Jede 39 jedoch deswegen automatisch als sexuellen Straftäter hinzustellen, wäre eine komplette Verzerrung der Wahrheit. Wie immer ist die Frage, wie diese Energie gelebt wird – als Täter, als Opfer oder bereits in Balance...

„Zwangsbeglückerin" wäre vermutlich die richtige Bezeichnung für diese Zahl. Das, was ihr *„selbst guttut, kann dem Gegenüber auch nur von Vorteil sein!"* ist nämlich zeitlebens ihre Devise. Ein von anderen geäußertes *„Nein"* wird dabei oftmals allzu leicht überhört. Die 39 vergisst eben oft und gern, dass auch ihr Gegenüber ein freidenkender Mensch mit eigenen Gefühlen und Wertevorstellungen ist, die es unbedingt zu respektieren gilt. Stattdessen bringt sie ihre Ideen vorzugshalber mit Vehemenz zum Ausdruck und lässt ihr Umfeld tunlichst klein dastehen. Mein Rat: Lege dich niemals mit einer 39er Täterin an, schon gar nicht unvorbereitet! Ihr Druck könnte dich überrollen und du könntest im besten Fall sprachlos zurückbleiben. In jeder 39 steckt bekanntlich auch eine 3, die mit Worten überzeugend – um nicht zu sagen – äußerst bestimmend sein kann. Mit harten und strengen Worten zeigt sie dir in ihrer angriffslustigen Art, was dir guttut. Schließlich weiß nur sie allein wirklich, was das ist und du hast keine Ahnung!

Als Opfer ist diese Zahl das komplette Gegenteil – willenlos und immer und überall allzeit bereit im großen Ganzen einfach mitzuspielen. Sie löst sich dann in der Allgemeinheit auf, bis von ihr nicht mehr viel übrigbleibt. Sie passt sich bis zur Selbstaufgabe an und ist zu keinen eigenen Entscheidungen fähig. Sie lässt über sich bestimmen, erduldet und toleriert und macht immer einen Schritt zurück. Wie eine Marionette, die wie ein Fähnchen im Wind mitschwingt…

Nichtsdestoweniger, ein 39er Energiehund hat viel Kraft und Ausdauer, kann andere mitreißen und anführen, er hat das Charisma, was anderen oft nicht von Anfang an bereits in die Wiege gelegt wurde.

Es gilt, mit dieser Energie nicht über die Stränge zu schlagen, sondern auch das Gegenüber leben zu lassen, ohne es bevormunden oder gar einschränken zu wollen. Das tut die 39 nämlich allzu gern im Namen des Gutgemeinten. Gut gemeint wird dabei zum Ratschlag, der letzten Endes doch nur ein Schlag ist und im Umfeld oftmals sogar große Schmerzen auslöst. Dies zu erkennen ist die eigentliche Lernaufgabe dieser Zahl: Andere anzunehmen und sie so leben zu lassen, wie sie es wollen. Kommt diese Zahl jedoch von ihrer Zwangsbeglückung keinen Zentimeter ab, wird sich ihr früher oder später das Schicksal entgegenstellen, um ihr einen Schubs in die richtige Richtung zu geben und sie auf den richtigen Weg zu führen!

Fazit: Sobald die 39 begreift, dass sie im Grunde alles tun, nur niemanden zum eigenen Glück zwingen darf, hat sie ihre Aufgabe bereits großteils erfüllt. Sie hat die Power zu ihren Vorhaben, ihren Zielen zu stehen, sollte den anderen jedoch immer deren Ansichten lassen und sie nicht für die eigenen Zwecke missbrauchen.

Beispiel Nr.1:

Karl lässt zeitlebens keinen Widerspruch zu. Er glaubt, immer im Recht zu sein. Wenn er sieht, dass es seinen Liebsten – insbesondere seiner Frau und Tochter – schlecht geht, fordert er sie vehement auf, darüber zu sprechen. Er merkt nicht, dass sie momentan gerade Zeit und Abstand brauchen. Karl leidet unter ihrer Ablehnung, weil er der Überzeugung ist, ihnen bestmöglich helfen zu können und allein zu wissen, wer oder was ihnen beiden guttut.

Beispiel Nr. 2:

Sybille ist, als sie auf ihrem Lebensweg gerade die 39 durchläuft, sexuell äußerst aktiv. In dieser Phase sind ihre Nächte kurz, die Lust hingegen groß.

Wenn sie die Begierde gerade bei einem Spaziergang mit ihrem Liebsten über-
kommt, ist letzterer überrascht, wie schnell sie ihr Höschen mitten in der Natur
auszuziehen imstande ist...

Empfehlungen:

Jede 39 sollte früher oder später lernen, jedem seine Ansichten zu lassen
und niemanden ihr Glück aufzwingen zu wollen. Sie sollte ihre Kraft für ihre Vorhaben einsetzen, jedoch andere so anerkennen und sein lassen wie sie eben
sind. In jeder 39 steckt auch eine 12 – über das Prinzip des Dienens, ohne sich
dabei selber aufzugeben, findet diese Zahl letztlich ihr Ziel. So verrückt es klingen mag: Die gelebte Sexualität kann der 39 oftmals die Augen öffnen und sie
ein gutes Stück auf ihrem Seelenweg weiterbringen.

Lies dir zum besseren Verständnis auch die Kapitel über die Zahlen 12, 3 und
9 genauer durch.

Fragen, die du dir mit dieser Zahl stellen solltest:

- Überstülpe ich anderen meine Meinung?
- Akzeptiere ich ein Nein von meinem Gegenüber?
- Bin ich oft zu fordernd?
- Wo zwinge ich anderen meinen Willen auf?
- Muss immer alles nach meinen Vorstellungen gehen?
- Bin ich übergriffig?
- Höre ich genau zu?
- Was macht mir Druck?
- War ich bereits rücksichtslos in meinem Leben? Wenn ja, warum eigentlich?
- Passe ich mich zu sehr an mein Umfeld/meine Familie/meinen Partner/meine
  Partnerin an?

Körperliche Themen und seelische Störungen:

Gelenksprobleme, Arthrose, Arthritis, Knochenbrüche, Wirbelsäulenprobleme, Donjuanismus, Nymphomanie, sexuelle Störungen, Lungen-, Nierenbe-
schwerden, Blutdruckprobleme

Karmische Muster und Prägungen:

Schwarze Magie, Schuld, Eide, Keuschheitsgelübde, Obrigkeitsgelübde, Schweigegelübde, Treuegelübde, Ordensgelübde, Fremdprogrammierungen, Miasma der Sykose

Folgende Übungen können helfen:

Beginne im Blog auf meiner Homepage www.sonjawinkler.at zu lesen und beginne als Erstes in der Rubrik, zu der es dich auf Anhieb hinzieht. Bestimmt findest du bereits dort den einen oder anderen Tipp, der dir in deiner momentanen Situation weiterhilft.

Jede 39 sollte sich bemühen, die Antworten eher in der Stille, als im zwanghaften Tun zu finden. Dementsprechend sollten es sich Menschen mit dieser Zahl zur Gewohnheit machen, regelmäßig zu meditieren. Du findest diesbezügliche Anleitungen insbesondere in der Rubrik „Üben Sie sich in Selbstliebe", wie zum Beispiel die Metta-Meditation oder die Meditation „Inneres Lächeln".

Lies dir insbesondere den Artikel „Wer loslässt, hat zwei Hände frei" in der Rubrik „Jede Veränderung beginnt in Ihnen" durch und finde dort eine für dich passende Übung. Du solltest dich im Loslassen üben, auch Achtsamkeitsübungen können dir eine immense Hilfe sein. Praktiziere zum Beispiel den Body Scan regelmäßig. Du findest die Anleitung in der Rubrik „Mehr Energie = mehr Lebensfreude".

Wende die Strichmännchen-Technik nach Jaques Martel an (siehe Rubrik „Mehr Energie = mehr Lebensfreude"). Mit deren Hilfe kannst du dich von negativen Emotionen befreien, wie auch mit der Übung „Klopfen Sie Ihren Stress doch einfach weg", die du in der Rubrik „Jede Veränderung beginnt in Ihnen" findest.

Praktiziere Spiegelarbeit nach Louise Hay (siehe Rubrik „Verzeihen & Dankbarkeit – Ihr Schlüssel zum Glück") und baue deinen Druck ab, indem du die Kraft der Natur nützt bzw. deine Finger hältst („Jin Shin Jyutsu – durch Finger halten das seelische Gleichgewicht wiederfinden"). Diesbezügliche Tipps findest du in der Rubrik „Mehr Energie = mehr Lebensfreude".

Bemühe dich, in egal welcher Situation im Herzen zu bleiben – entsprechende Übungen findest du in der Rubrik „Üben Sie sich in Selbstliebe".

Was es bei der Arbeit mit Affirmationen zu beachten gilt, lies bitte im Artikel „Mittels Affirmationen zu mehr Ausgeglichenheit" in der Rubrik „Jede Veränderung beginnt in Ihnen" nach.

Affirmationen:

- Leben und leben lassen ist meine Devise!!
- Jede Meinung zählt!
- Ich nehme Emotionen klar wahr und lasse sie frei fließen.
- Verletze ich andere, verletze ich immer auch mich selbst.
- Jeder ist seines eigenen Glückes Schmied!
- Ich respektiere die Grenzen der anderen.
- Ich setze meine Vorhaben in Liebe um.
- Gelassenheit ist in mir und um mich.
- Geduld und Gelassenheit begleiten mich.

40: Das Kuscheltier

Menschen mit einer 40 im Geburtsdatum sind angenehme Zeitgenossen und sprühen regelrecht vor Charme. Man verbringt einfach gerne Zeit mit ihnen. Sie laden regelrecht zum geselligen Zusammensein, zum Anlehnen und Kuscheln ein, strahlen sie doch genau dies auf der körperlicher Ebene auch aus. So haben Männer mit dieser Zahl bevorzugt breite Schultern, an denen es sich dann besonders gut anlehnen lässt...

Sie sind in der Tat die angenehmsten 4er Energien, haben sie in der Regel ihren Energiehund fest im Griff und sind in den wenigsten Fällen gefühlskalt. Was die eigenen Gefühle angeht, wird es dann hingegen schon etwas komplizierter, denn diese nehmen sie oft noch immer nicht richtig wahr bzw. laufen weiterhin vor ihnen davon...

Diese Menschen – insbesondere, wenn sich ihre Lebenszahl aufgrund einer 40 ergibt (= persönliches Karma) – können sich in der Regel über einen angenehmen und sorgenfreien Lebensabend freuen.

Geld ist in der Regel nämlich kein großes Thema, ist es in der Regel doch zeitlebens ausreichend vorhanden. Die einzige Hürde für diese Zahl liegt darin, wenn sie gar damit beginnt, ihren Charme auf berechnende Art und Weise – etwa mit Hintergedanken – einzusetzen, um etwas zu erreichen. Sie sollte niemals etwas aus Berechnung tun, sondern einfach geschehen lassen und darauf vertrauen, dass alles zum richtigen Zeitpunkt zutage tritt.

Die 40 kann schnell mal beleidigt und verletzt sein, wenn sie der Meinung ist, nicht die Unterstützung zu bekommen, die sie sich ursprünglich erhofft hat. Das eigene Leid zeigt sie jedoch äußerst ungern, sondern kaschiert es mit ihrem außerordentlichen Charme. Sie muss erst lernen, ihre eigenen Gefühle wahrzunehmen und authentisch zum Ausdruck zu bringen.

Im Grunde zieht dieser Energiehund jedoch nicht sonderlich an der Leine und es lässt sich gut mit ihm leben. Die 40 gehört quasi zu den „Schmusefellnasen" unter den Energiehunden, die man eben gerne mit unter die Decke bzw. mit ins Bett nimmt. Dann blüht dieser Energiehund erst so richtig auf und zeigt sich von seiner besten Seite.

Fazit: Die Hauptaufgabe liegt für diese Zahl darin, nichts aus Berechnung zu tun und zu den eigenen Gefühlen zu stehen. Setzt sie dies bestmöglich um, stehen ihr Tür und Tor weit offen und sie hat ihre Lernaufgabe erfüllt.

Beispiel:

Martin ist immer außerordentlich charmant und deckt seine eigenen Sorgen auf diese Weise oft zu, dass sein Umfeld gar nicht wahrnimmt, wenn es ihm schlecht geht. Bekommt er keine Hilfe von außen, zieht er sich oft innerlich gekränkt und beleidigt zurück, lächelt jedoch nach außen weiterhin. Er muss erst lernen, zu seinen wahren Gefühlen zu stehen.

Empfehlungen:

Jede 40 ist aufgefordert, den ihr innewohnenden Charme nicht als Waffe zu benützen, um das zu erreichen, was sie eigentlich gerne hätte. Sie ist aufgerufen, sich näher mit ihren eigenen Gefühlen auseinanderzusetzen: Die Aufgabe jeder 40 liegt darin zu lernen, mit eben diesen Gefühlen zu leben und sie im rechten Augenblick auch zum Ausdruck zu bringen.

Es bringt dieser Zahl nichts, sich verletzt zurückzuziehen und zu schmollen. Vielmehr ist ihr geholfen, wenn sie sich öffnet und sich ihren Gefühlen stellt.

Lies dir zum besseren Verständnis auch das Kapitel über die Zahl 4 genauer durch.

Fragen, die du dir mit dieser Zahl stellen solltest:

- Wo bzw. wann lasse ich meine Gefühle nicht frei fließen bzw. kontrolliere ich sie?
- Wann ziehe ich mich beleidigt zurück?
- Muss ich mir wirklich über Geld Sorgen machen oder habe ich sowieso immer alles, was ich gerade brauche?
- Wovor habe ich Angst?
- Agiere ich aus Berechnung oder aus Mitgefühl?
- Setze ich meinen Charme mit Hintergedanken ein?

Körperliche Themen und seelische Störungen:

Störungen im Solarplexusbereich – Verdauungsprobleme, Reflux, Verdrängungstaktiken, ein paar Kilos zu viel – hauptsächlich um die Körpermitte, Angst vor Nähe, Bluthochdruck, Schwindel

Karmische Themen und Prägungen:

Keuschheitsgelübde, Schuld, Ordensgelübde, Bußgelübde, Fesselungen, Fremdprogramme

Folgende Übungen können helfen:

Im Blog auf meiner Homepage www.sonjawinkler.at findest du zahlreiche Tipps und Übungen, die dich in deinem Alltag unterstützen können. Beginne in der Rubrik zu lesen, welche dir als Erstes ins Auge sticht. Bestimmt findet sich dort der eine oder andere Hinweis, der dir in deiner jetzigen Situation von Nutzen ist.

Finde in der Stille zu dir und zu deinem wahren Ich – meditiere regelmäßig. Diesbezügliche Anleitungen findest du zum Beispiel in der Rubrik „Üben Sie sich in Selbstliebe".

Bei Herausforderungen wende die Strichmännchen-Technik nach Jaques Martel an. Worum es sich dabei handelt und wobei sie dir helfen kann, kannst du im Artikel nachlesen, den du in der Rubrik „Mehr Energie = mehr Lebensfreude" findest.

Finde mithilfe eines Dankbarkeits-ABC (siehe Rubrik „Verzeihen & Dankbarkeit – Ihr Schlüssel zum Glück") in die Dankbarkeit. Klopfe dir Stress und negative Emotionen weg. Eine diesbezügliche Anleitung findest du im Artikel „Klopfen Sie Ihren Stress doch einfach weg" in der Rubrik „Jede Veränderung beginnt in Ihnen".

Öffne dein Herz, den anderen und vor allem dir selbst gegenüber! Entsprechende Tipps und Anleitungen findest du insbesondere in der Rubrik „Üben Sie sich in Selbstliebe".

Praktiziere Spiegelarbeit nach Louise Hay und übe dich im Verzeihen! („Verzeihen & Dankbarkeit – Ihr Schlüssel zum Glück").

Unterschreibe die Urkunde zum Auflösen ehemals geleisteter Eide & Gelübde, die du im gleichnamigen Artikel in der Rubrik „Mehr Energie = mehr Lebensfreude" findest.

Was es bei der Arbeit mit Affirmationen zu beachten gilt, lies bitte im Artikel „Mittels Affirmationen zu mehr Ausgeglichenheit" in der Rubrik „Jede Veränderung beginnt in Ihnen" nach.

Affirmationen:

- Ich nehme meine Gefühle klar und deutlich wahr und lasse sie fließen.
- Ich vertraue dem Fluss des Lebens.
- Alles geschieht zu meinem Besten.
- Ich öffne mich gefühlsmäßig und profitiere davon.
- Ich gehe mit offenem Herzen durchs Leben.

41: Weg mit der unbewussten Schuld!

Die 41 hat in Vorleben die eigenen Kinder verleugnet, zur Adoption hergegeben, einfach weggelegt bzw. sogar abgetrieben oder gar getötet. Der eigene
Nachwuchs hat damals immens ihrem Image geschadet. Sei es, weil sie als Pfar-
rersköchin (oder gar Nonne) vom Pfarrer geschwängert wurde, sei es, weil ein
Kind mit der Haushälterin nicht sonderlich ins Bild eines adligen Gutsherrn pass-
te...

Deswegen fühlt sich die 41 selbst in diesem Leben – wenn auch meistens
unbewusst – noch immer schuldig, wenn es um das Thema Kinder geht. Aus
diesem Grund finden sich mit dieser Zahl überaus durchschnittlich viele Kinder-
gärtnerinnen bzw. Pädagogen – sie wollen auf diese Weise ihr damaliges Unrecht unbewusst wieder gutmachen.

So oder so, die verleugneten Kinder von damals tauchen in diesem Leben
oftmals wieder als eigene Kinder oder gar als Liebhaber bzw. Ehepartner auf.
Schwierigkeiten sind dann von vornherein vorprogrammiert, weil eben dieses
Thema der Verleugnung noch im Informationsfeld nachwirkt und die Beziehung
belastet, ohne dass die involvierten Personen wissen, weshalb sich ihr Miteinander oftmals so kompliziert gestaltet... Die ehemalige Ablehnung wird vom
Gegenüber unbewusst auch in diesem Leben noch wahrgenommen und macht
eine liebevolle Gemeinschaft unter Umständen nach wie vor zu einer großen
Herausforderung.

Menschen mit einer 41 versuchen in diesem Leben das damalige grausame
Verhalten wiedergutzumachen: Der beste Weg für sie ist, Kinder auf irgendeine
Art und Weise zu unterstützen. Oftmals adoptieren sie selbst Kinder in diesem
Leben, um ihnen ein angenehmes und freudiges Zuhause zu bieten. Die damalige Schuld wird so oft auf diesem Wege kompensiert. Sie versuchen ihnen zumindest in diesem Leben ein liebevoller Elternteil zu sein und sich so von der
karmischen Last zu befreien.

Selbst wenn Kinder in diesem Leben offenbar nicht die große Rolle spielen –
Image ist auch in diesem Leben noch ein wichtiges Thema für diese Zahl: Es gilt,
den Schein nach außen zu wahren, auf den eigenen Ruf zu achten, das Image
darf und sollte keinesfalls darunter leiden! Der eigene Stolz verbietet dies einer

41 regelrecht. So versucht sie zeitlebens, ihr Bild fleißig zu polieren und koste es was es wolle – nach außen hin zumindest – aufrecht zu erhalten. Sie legt eben großen Wert darauf, was andere um Himmels willen über sie denken könnten. Dies hindert die 41 auch des Öfteren wirklich das auszusprechen, was ihr am Herzen liegt und in ihr brennt. Lernt sie jedoch, sich immer klarer, offener und authentisch auszudrücken, kommt ihr dies längerfristig nur selber zugute.

Wird die Opferseite zu sehr betont, wird diese Zahl zu einem besonderen Mitbürger, der im Übermaß andere unterstützt und ihnen zur Seite steht. Dann hilft sie, wo es geht. Selbst, wenn es besser wäre, dem Gegenüber die Chance zu geben, einen eigenen Ausweg aus der Misere zu finden, sprich von ganz allein in die Gänge zu kommen und Eigenverantwortung zu übernehmen. In diesem Fall wird der 41er zu einem übergerechten Mitstreiter, der glaubt, das Wohlergehen aller in der Hand zu haben. Dies ist jedoch ein Irrglaube, den es mit diesem Energiehund an der Leine erst zu erkennen gilt.

Fazit: Diese Zahl kann viel an Karma abbauen, wenn sie beginnt mit Kindern zu arbeiten. Genau dort ist ja einst die Verletzung passiert. Sie sollte damit aufhören sich darüber Gedanken zu machen, was andere über sie denken könnten. Wenn sie sich in die Gemeinschaft einfügt, dabei jedoch den eigenen Bedürfnissen treu bleibt, hat sie ihr Ziel schon erreicht.

Beispiel:

Hans mit dem Lebensthema einer 41 hat sich vor Jahren selbständig gemacht: Er organisiert für Kinder deren Geburtstage bzw. Feste mit Indianerzelt, Bogenschießen, Wettkämpfen und ähnlichem... Auf diese Weise gibt er Kindern die Freude zurück, die er ihnen im Vorleben einst verweigert hat.

Empfehlungen:

Jede 41 sollte lernen, zu sich zu stehen und weniger darauf zu achten, was andere über sie denken könnten.

Sie sollte das Imagedenken und ihren Stolz in diesem Leben endgültig hinter sich lassen. Sie ist aufgerufen, auf ihre authentische Art die Gemeinschaft bestmöglich zu unterstützen, ohne sich dabei jedoch zu verausgaben. Am besten gelingt ihr dies, wenn sie etwas für Kinder tut, ob privat oder beruflich als Kindergärtnerin, Pädagogin, Babysitterin sei dahingestellt.

Jede 41 hat das Recht, ihre eigenen Bedürfnisse zu befriedigen, weswegen sie aufgefordert ist, in erster Linie zu sich selbst zu finden und zu stehen, da sie sich erst dann wirklich konstruktiv in die Gemeinschaft einbringen kann. Das Leben in einer solchen erfordert es oftmals, Kompromisse einzugehen. Dies sollte jedoch niemals dazu führen, sich ihr zu sehr anzupassen. Letzteres würde nämlich bedeuten, seine eigenen Bedürfnisse hintanzustellen, was früher oder später geradewegs in die mentale, emotionale und physische Schieflage führt.

Lies dir zum besseren Verständnis auch die Kapitel über die Zahlen 5, 4 und 1 genauer durch.

Fragen, die du dir mit dieser Zahl stellen solltest:
- Helfe ich im Übermaß?
- Wie stehe ich zu Kindern?
- Fühle ich mich aus einem unerklärlichen Grund Kindern gegenüber schuldig?
- Ist es mir wichtig, was andere über mich denken?
- Drücke ich mich immer klar und authentisch aus?
- Lege ich ein übergerechtes Verhalten an den Tag?
- Wo schränkt mich mein Sicherheitsdenken ein?
- Spreche ich offen das aus, was mir am Herzen liegt?
- Wann schweige ich aus Angst, es könnte meinem Image schaden?

Körperliche Themen und seelische Störungen:
Anämie, Diabetes, Beschwerden der Haut, insbesondere Psoriasis, Melanom, Pigmentstörungen, Bewerten, Intoleranz

Karmische Muster und Prägungen:
Keuschheitsgelübde, Ordensgelübde, Schuld, Obrigkeitsgelübde, Treuegelübde, Eide, Fremdprogrammierungen

Folgende Übungen können helfen:

Im Blog auf meiner Homepage www.sonjawinkler.at findest du zahlreiche hilfreiche Tipps und Übungen. Beginne in der Rubrik zu lesen, welche als Erstes deine Aufmerksamkeit erregt – bestimmt findest du bereits dort einen für dich passenden Hinweis, um mit deinem Energiehund in Zukunft besser umgehen zu können.

Im Informationsfeld einer jeden 41 ist unbewusste Schuld abgespeichert, welche es als Erstes für dich aufzulösen gilt. Bist du dir nicht ganz sicher, ob du eine unbewusste Schuld mit dir mitschleppst, versuche es über den Satz „Ich nehme die Schuld von mir dafür, dass…" Regt sich bei dir beim Aussprechen deines Themas sofort eine wahrnehmbare negative Emotion, bist du auf der richtigen Spur! Im Artikel „Unbewusste Schuld: häufig verbreitet, jedoch selten erkannt" in der Rubrik „Jede Veränderung beginnt in Ihnen" kannst du herausfinden, ob sie bei dir vorliegt und wie du sie loswerden kannst.

Sind dir diesbezügliche Themen bereits hinlänglich bewusst, beginne die damit zusammenhängenden Emotionen „wegzuklopfen". Wie das funktioniert, kannst du im Artikel „Klopfen Sie Ihren Stress doch einfach weg" in der Rubrik „Jede Veränderung beginnt in Ihnen" nachlesen. Negative Emotionen belasten nicht nur dein Immunsystem, sondern kosten dir auch viel an Kraft und Energie. Sieh zu, dass du sie so schnell wie möglich los wirst! Du kannst sie auch mittels Finger halten oder der Strichmännchen-Technik nach Jaques Martel loswerden. Beide Anleitungen hierfür findest du in der Rubrik „Mehr Energie = mehr Lebensfreude".

Öffne dich für die bedingungslose Liebe mithilfe der Metta-Meditation (siehe in der Rubrik „Üben Sie sich in Selbstliebe"). Andere, diesbezüglich hilfreiche Tipps findest du in derselben Rubrik, insbesondere im Artikel „6 einfache Möglichkeiten, wie Sie Ihr Herzchakra stärken können". Weitere Tipps findest du im Artikel "3 Übungen, die Sie sofort mit positiver Energie aufladen" in der Rubrik „Mehr Energie = mehr Lebensfreude".

Stärke dich in Selbstliebe. Lies dir also unbedingt die Artikel in der Rubrik „Üben Sie sich in Selbstliebe" genauer durch. Um von alten und falschen Gewohnheiten leichter loszulassen, solltest du zuerst einmal wissen, was dich im Grunde antreibt. Mach einen Antreibertest. Eine Anleitung findest du im Artikel

„Was treibt Sie in Ihrem Leben an?", den du in der Rubrik „Jede Veränderung beginnt in Ihnen" findest. Erst dann kannst du damit beginnen, dich im Loslassen zu üben. Hilfreiche Tipps findest du in derselben Rubrik im Artikel „Wer loslässt, hat zwei Hände frei".

Die Natur ist der beste Heiler, auch du findest deine Energie in der Natur. Ein paar nützliche Tipps findest du im Artikel „Nutzen Sie die Kraft der Natur für sich" in der Rubrik „Mehr Energie = mehr Lebensfreude".

Übungen, die dein Halschakra stärken, sowie Atemtechniken und Meditationen sind ein sicherer Weg, dich selbst besser kennenzulernen. Jede 41 sollte dies jedoch mit körperlicher Bewegung verbinden, da ihr beim Stillsitzen ansonsten allzu schnell die Luft ausgeht.

Unterschreibe die Urkunde zum Auflösen von ehemals geleisteten Eiden & Gelübden, die du im gleichnamigen Artikel in der Rubrik „Mehr Energie = mehr Lebensfreude" findest.

Was es bei der Arbeit mit Affirmationen zu beachten gilt, lies bitte im Artikel „Mittels Affirmationen zu mehr Ausgeglichenheit" in der Rubrik „Jede Veränderung beginnt in Ihnen" nach.

Affirmationen:
- Ich bin gut so wie ich bin!
- Ich muss niemanden beweisen, wie toll ich bin.
- Ist der Ruf mal ruiniert, lebt es sich ganz ungeniert.
- Ich bin frei von jeglicher Beurteilung von außen!
- Ich weiß, was ich wert bin und bin unabhängig vom Urteil anderer!
- Ich zolle mir und allen Respekt und Liebe.
- Ich weiß, was ich will und bleibe meinen Bedürfnissen treu.
- Ich lebe die Klarheit im Ausdruck.
- Ich bln es wert, gellebt zu werden!

42: Werde liebevoll!

Schwarze Energien trägt ja bekanntlich jeder in sich, nur bei der 42 treten sie bevorzugt lautstark zutage... Menschen mit einer 42 sind oft sehr unzufrieden mit (sich) und in ihrem Leben. Die einfache Lösung für sie wäre ja, etwas zum Positiven zu verändern. Leider kommt diese Zahl nur selten auf diese Idee. Stattdessen beginnt sie lieber damit, ihr Umfeld ihre eigene Unzufriedenheit deutlich spüren zu lassen. Da können dann dem Gegenüber schon mal ungewollt und unerwartet richtig dunkle Energiekugeln um die Ohren fliegen...

Dieser Energiehund gehört halt nicht gerade zur pflegeleichten und in sich ruhenden Rasse: Allzu gern bringt er sein eigenes Unglück, seine eigene Unzufriedenheit mit viel Macht und negativer Energie zum Ausdruck. Anders ausgedrückt, kann dieser Zeitgenosse ziemlich kräftig zubeißen (wenn auch meistens nicht wirklich mit den Zähnen). Jedoch schon einzig bei seinem lauten Knurren und Zähnefletschen wird dem Gegenüber bereits angst und bange...

Die 42 will im Leben gerne allzu oft im Mittelpunkt stehen. Wird ihr dies aus welchem Grund auch immer nicht gewährt, kann sie ziemlich böse reagieren. Sie lässt sich ungern etwas gefallen, kann regelrecht kaltherzig auftreten, unberechenbar und ziemlich manipulierend sein. Generell stellt sie hohe Anforderungen an das Leben und insbesondere an die Menschen, mit denen sie ihr Umfeld teilt. Werden ihr diese Ansprüche und Anforderungen in weiterer Folge nicht erfüllt, reagiert sie äußerst selten mit Verständnis und Einsicht.

Auf der Täterseite beginnt sie stattdessen eher wild – zumindest mit Worten, die ihre Mitmenschen dann unter der Gürtellinie treffen – um sich zu schießen. In solch einem Fall geht ihr Ego unweigerlich mit ihr durch und sie sieht in weiterer Folge nur mehr rot. Da schießen Worte wie Kanonenkugeln aus ihr hervor, die alles niedermachen, was sich ihr gerade in den Weg stellt.

Besser, niemand sucht sich freiwillig eine 42 zum Feind! Da bleibt nämlich nach einem Streit bzw. Auseinandersetzung kein Stein auf dem anderen... Selber fühlt sie sich oft unverstanden und zieht sich beleidigt zurück. Liebe wird von ihr oft zwanghaft erlebt. Sei es, dass sie sich diese mit Macht bzw. auch Ohnmacht zu holen versucht, sei es, dass sie andere mit ihrer Liebe einfach erdrückt.

Im Leben jeder 42 fehlt oft das gesunde Mittelmaß, das sie die Grenzen leicht erkennen lässt. Es heißt bei dieser Zahl dann vielmehr entweder – oder: Entweder du bist für sie oder eben gegen sie. Dazwischen gibt es für eine 42 nichts anderes… Ist jemand gegen sie, lässt sie ihn das sofort spüren, indem sie ihn schlecht dastehen lässt. Nur sie allein hat recht und ist die Gute!

Bleibt die 42 im Leben auf der Täterseite stecken, wird sie sich schwertun, echte und liebevolle Beziehungen aufzubauen. Stattdessen wird sie selbst allzu unzufrieden sein und ihre Verdrossenheit in weiterer Folge auf oben beschriebene Art und Weise an ihrem Umfeld abreagieren. Solange diese Zahl nicht erkennt, dass sie etwas an sich selber verändern sollte, wird sie weiterhin ungenießbar durchs Leben marschieren und sich dabei selbst und andere verletzen.

Auch das Leben auf der Opferschiene ist längerfristig nicht gerade befriedigend für die 42, dann nämlich ist es allzu leicht, sie zu verletzen: Diese Zahl fühlt sich sehr schnell angegriffen und auf den Schlips getreten. So viel sie als Täter austeilen kann, so wenig ist sie als Opfer fähig einzustecken. In ihrer Ehre und Würde aufs Tiefste verletzt, kann sie sich sehr schnell beleidigt zurückziehen und schmollen.

Die Basis jeder 42 ist bekanntlich die 6 – und die möchte das Gegenüber, den eigenen Partner immer glücklich sehen. Hierfür macht sie dann alles, was ihr möglich ist, lässt sich gar selbst manipulieren, und geizt auch nicht mit sexuellen Reizen. Sie unterstützt finanziell – manches Mal im Übermaß, weil sie insgeheim versucht, etwas auf der materiellen Ebene auszubügeln, wieder gutzumachen. Nach außen hin strahlt sie, nach innen ist sie jedoch eher unglücklich, gehemmt.

Die 42 läuft Gefahr, in ihren Aufgaben, die das Leben an sie stellt, regelrecht steckenzubleiben, wenn sie nicht lernt, weicher und liebevoller zu werden – auch sich selbst gegenüber.

Ist diese Zahl bereits spirituell interessiert bzw. öffnet sie sich mit der Zeit der Spiritualität besteht Grund zur Hoffnung: Die Chance lebt, dass sie zur Erkenntnis gelangt, dass alles mit allem verbunden ist und eigentlich ja auf dem Prinzip von Ursache und Wirkung besteht. Dieser Gedanke allein könnte sie in

Zukunft davon abhalten, den gleichen Fehler in diesem Leben immer und immer wieder zu begehen...

Menschen mit einer 42 sollten unbedingt lernen, weicher und liebevoller durchs Leben zu gehen, die eigenen Fehler in Liebe annehmen lernen und auch das Gegenüber so sein lassen wie es eben ist. Dann besteht die Chance, dass sie es schaffen, ihr Leben machtvoll anzunehmen und in jeder Situation gelassen zu reagieren. Im Wissen, dass alles im Leben seinen Sinn hat und dass es umsonst ist, das eigene Unglück bzw. die eigene Unzufriedenheit durch Lob und Anerkennung im Außen zu kompensieren.

Jede 42 sucht im Grunde immer nur nach der Anerkennung im Außen. Sie leidet oft selber sehr unter ihrem eigenen Verhalten – solange, bis sie sich dazu entschließt, den Fehler bei sich selbst zu suchen und nicht mehr mit dem Finger nach außen zu zeigen. In Menschen mit dieser Zahl steckt sehr viel an Energie und Power, die auch auf positive Weise ihren fruchtbaren Ausdruck finden kann. Lernen sie ihren Platz im Leben letztlich zu finden, erkennen sie die eigenen Schwächen und Fehler an und akzeptieren sie sich und ihr Umfeld, stehen ihnen Tür und Tor offen. Sie werden dann augenblicklich zu den mächtigsten Mitstreitern für andere. Die Power hierfür haben sie in jedem Fall!

Fazit: Das Leben ist alles andere als selbstverständlich. Wenn die 42 es lernt, ihre Schwächen anzunehmen und sie sich einzugestehen, ist sie schon auf einem guten Weg. Sie ist keinesfalls privilegiert, noch steht ihr eine Sonderstellung zu. Wenn diese Zahl erkennt, dass in der Gleichberechtigung der Sinn des Lebens liegt und sie den ihr gebührenden Platz einnimmt und anderen den ihren lässt, hat sie ihre Aufgabe im Leben gefunden und auch erfüllt. Sie gibt sich mit dem, was sie hat, mehr als zufrieden.

Beispiel:

Werner lebt seinen 42er Energiehund hauptsächlich auf der Täterseite aus. Er hat hohe Ansprüche an das Leben, insbesondere an seine jetzige Partnerin. Passt ihm etwas nicht, bleibt er selten ruhig und gelassen, sondern hat die Neigung, seine Freundin es spüren zu lassen und sie niederzumachen. Auch wenn er oftmals mit seinen Äußerungen recht haben mag, muss er erst lernen, seine Meinung liebevoller zu äußern.

Er versucht dann – unbewusst – viel über die Sexualität und auf materiellem Wege wiedergutzumachen, schließlich möchte er seine Partnerin auch glücklich sehen. Tief in seinem Inneren weiß er jedoch, dass er etwas an seinem Verhalten ändern sollte, nur zieht sein 42er Hund ihn weiterhin ganz schön an der Leine.

Empfehlungen:

Jede 42 sollte lernen, sich in allererster Linie im Verzeihen zu üben. Es nützt nichts, wenn sie sich und anderen weiterhin etwas längst Vergangenes nachträgt. Diese Zahl muss erkennen, dass alle Menschen gleichberechtigt durchs Leben marschieren, keiner die Weisheit gepachtet hat, geschweige denn über diverse Privilegien verfügt. Indem diese Zahl erkennt, dass nicht alles im Leben selbstverständlich ist und sie beginnt, dankbar zu sein für das, was sie hat, stellt sie die Weichen in eine weichere und liebevollere Zukunft. Nur, wenn sie schließlich die Bedürfnisse der anderen erkennt und respektiert, wird sie zu einem angenehmen Mitbürger, der allgemein wertgeschätzt und geliebt wird. Dann lernt sie, ihre Macht richtig einzusetzen, einfach weil sie weiß, wo ihr eigentlicher Platz im Leben ist.

Lies dir zum besseren Verständnis auch die Kapitel über die Zahlen 6, 4 und 2 genauer durch.

Fragen, die du dir mit dieser Zahl stellen solltest:

- Wo glaube ich, im Recht zu sein?
- Bin ich auf die Anerkennung im Außen angewiesen?
- Manipuliere ich durch mein Verhalten andere?
- Wo bin ich zu lautstark und fahre über mein Gegenüber regelrecht darüber?
- Wie zufrieden bin ich mit meinem Leben?
- Geht mein Ego oftmals mit mir durch?
- Habe ich Angst zu versagen, wenn ich mich liebevoll zeige?

Körperliche Themen und seelische Störungen:

Geringes Selbstwertgefühl, Rechthaberei, Selbstgerechtigkeit, emotionale Dysbalance, Leber- und Gallenbeschwerden, Herzrasen, hoher Blutdruck, Panikattacken, Ängste, Magenbeschwerden, Verdauungsbeschwerden, Hautprobleme

Karmische Muster und Prägungen:

Eide, Obrigkeitsgelübde, Rachegelübde, schwarze Magie, Verwünschungen, Fluch, Sklavenjoch, Fremdprogrammierungen, gewaltsamer Tod im Vorleben

Folgende Übungen können helfen:

Im Blog auf meiner Homepage www.sonjawinkler.at findest du zahlreiche hilfreiche Tipps und Übungen. Beginne in der Rubrik zu lesen, welche als Erstes deine Aufmerksamkeit erregt – bestimmt findest du bereits dort einen für dich passenden Hinweis, um mit deinem Energiehund in Zukunft besser zurechtzukommen.

Unterschreibe die Urkunde zum Auflösen von Eiden & Gelübden, um dich von noch gar vorhandenen karmischen Mustern zu lösen. Du findest sie in der Rubrik „Mehr Energie = mehr Lebensfreude".

Löse deine negativen Emotionen mithilfe der Anti-Ärger-Strategie nach Vera Birkenbihl auf. Diese und weitere Methoden lernst du im Artikel „Nützliche Anti-Ärger-Strategien" in der Rubrik „Jede Veränderung beginnt in Ihnen" kennen. Lerne deinen Ärger und deine Wut zu transformieren! („Leben mit Wut, Ärger & Zorn" in der Rubrik „Jede Veränderung beginnt in Ihnen")

Erkenne dich bzw. dein eigentliches Potenzial, welches du dich bis dato weigerst zu leben (und was dich in Wahrheit nach wie vor auf die Palme bringt) mithilfe der Spiegelarbeit nach Christa Kössner. Eine Anleitung, wie das funktioniert und was damit gemeint ist, findest du in meinem Blog in der Rubrik „Jede Veränderung beginnt in Ihnen".

Übe dich im Verzeihen und praktiziere entsprechend regelmäßig Ho'oponopono (siehe Rubrik „Verzeihen & Dankbarkeit – Ihr Schlüssel zum Glück").

Außerdem bieten sich für jede 42 Herzübungen und Meditationen an, um das Herzchakra zu erwecken und sich für die bedingungslose Liebe zu öffnen. Entsprechende Tipps und Übungen bzw. Meditationen findest du in der Rubrik „Üben Sie sich in Selbstliebe".

In der Stille hat diese Zahl den besten Zugang zu sich selbst, den sie nützen sollte, um die eigenen, als auch die Bedürfnisse der anderen leichter zu erkennen. Die Strichmännchen-Technik nach Jaques Martel (du findest sie in meinem Blog in der Rubrik „Mehr Energie = mehr Lebensfreude") hilft ihr, negative energetische Bande dauerhaft zu lösen bzw. sollte sich die 42 ihren Stress mit den damit verbundenen negativen Emotionen wegklopfen. Im Artikel „Klopfen Sie Ihren Stress doch einfach weg" in der Rubrik „Jede Veränderung beginnt in Ihnen" erfährst du, wie das geht.

Die Spiegelarbeit nach Louise Hay ist eine weitere Möglichkeit, dich im Ausdrücken deiner eigenen Gefühle zu üben (siehe Rubrik „Verzeihen & Dankbarkeit – Ihr Schlüssel zum Glück").

All diese Übungen helfen dir, nicht alles als selbstverständlich zu nehmen, das Umfeld als gleichberechtigt anzusehen und einen immer besseren Zugang zu deinem Herzen zu finden.

Was es bei der Arbeit mit Affirmationen zu beachten gilt, lies bitte im Artikel „Mittels Affirmationen zu mehr Ausgeglichenheit" in der Rubrik „Jede Veränderung beginnt in Ihnen" nach.

Affirmationen:

- In der Ruhe liegt die Kraft.
- Ich wähle meine Worte liebevoll und mit Bedacht.
- Ich lasse jeden so sein wie er ist.
- Ich agiere mit Einsicht und Bedacht.
- Ich erlaube es mir, liebevoll zu mir selbst und anderen zu sein.
- Ich muss nicht, ich darf sein.
- Ich darf auch schwach und fehlerhaft sein.
- Mein Leben ist harmonisch.
- Ich bleibe in jeder Situation ruhig und gelassen.

43: Lebe ohne Kosten-Nutzen-Rechnung!

Menschen mit einer 43 haben die Tendenz – falls sie nicht genug aufpassen – sich in diesem Leben öfters mal in einen selbst erschaffenen Käfig zu setzen. Da hilft es dann wenig, wenn dieser sogar golden ist. Käfig bleibt eben Käfig, wo die eigene Bewegungsfreiheit bekanntlich immens eingeschränkt ist...

Generell blickt die 43 kühl und sachlich und äußerst nüchtern in ihre Zukunft. Sie lässt sich bevorzugt vom Verstand leiten, wobei Gefühle oftmals auf der Strecke bleiben. Gefühle und Emotionen haben im Leben einer 43 selten Platz. Diese machen ihr (4+3=7!) Angst, da sich mit ihnen das Leben nicht mehr so rational und pragmatisch betrachten lässt, wie es jede 43 insgeheim jedoch gerne tut.

Diese Zahl läuft im Leben oftmals einem Vorhaben hinterher, das sie dann mit aller Macht und Konsequenz zu erreichen sucht. Wenn sie eine Destination vor Augen hat, macht sie alles, so schnell wie möglich dorthin zu gelangen. Meistens erreicht sie ihr Ziel auch.

Generell ist nichts gegen eine Zielsetzung zu sagen, nur die 43 folgt dabei oftmals äußerst berechnend ihren Weg. Sie hat immer den erhofften Gewinn im Hinterkopf und vergisst dabei des Öfteren, was die eigentlichen Konsequenzen bei dessen positiver Umsetzung sind. Sie folgt auf ihrer Zielgeraden leider allzu oft nur ihrem Verstand und Ego. Beide gaukeln ihr vor, dass dies oder jenes erstrebenswert sei... Dabei vernachlässigt diese Zahl jedoch etwas Wichtiges: der Stimme ihres Herzens zu folgen!

Da genau liegt der Fehler und die Hürde im Leben der 43. Im Grunde kann sie ja zeitlebens all das erreichen, was sie auch immer möchte. Beginnt sie jedoch, ihr Ziel aus Kalkül und Berechnung mit Aussicht auf Gewinn zu verfolgen, sind die Würfel bereits gefallen. Dann leider jedoch nicht zu ihrem Gunsten! Sie mag zwar auf den ersten Blick ihre ursprüngliche Absicht verwirklicht haben, nur fühlt sie sich dann trotzdem nicht sonderlich glücklich. Sie hat zwar das erreicht, was sie sich einst vorgenommen hat, fühlt sich dann jedoch wie eine Gefangene in ihrer eigenen Festung.

Kein Wunder, die anfängliche Intention entpuppt sich bei genauerer Betrachtung eben nicht als das, was sie ist. Das Erreichen des Ziels gestaltet sich nicht wie einst geplant und gedacht und die Konsequenz davon ist, dass sich die 43 früher oder später eingestehen muss, auf das falsche Pferd gesetzt zu haben. Sie wird nicht umhinkommen, dies zu tun, da sie sich selbst wie eingesperrt fühlt, unglücklich und der eigenen Freiheit beraubt. Jede 43 setzt sich gern selber in den goldenen Käfig und wundert sich dann, was letzten Endes schiefgelaufen ist... So gesehen führt jedes Tätergehabe – *„ich erreiche und bekomme alles, was ich will"* – unweigerlich in die Opferhaltung – *„ich sitze in meinem Käfig fest!"*

Diese Zahl möchte demzufolge in dieser Inkarnation lernen, mehr auf ihr Herz und weniger auf ihren Verstand und ihr Ego zu hören. Letztere flüstern ihr oftmals verführerische Trugbilder ein, die es gar nicht zu erreichen gilt, will sie letztlich glücklich sein. Das Ziel und die Lösung für diese Zahl ist es, das Leben mit dem Herzen zu leben und nicht aus Berechnung oder aus dem Kalkül heraus. Jede 43 sollte sich hüten, zu spekulieren oder gar eine Kosten-Nutzen-Rechnung zu erstellen. Sobald sie nämlich damit beginnt, ist sie auf verlorenem Posten und endet womöglich im Luxus, jedoch nichtsdestoweniger im gefühlten Unglück.

Menschen mit dieser Zahl sind inkarniert, um zu lernen, dass es im Leben eben nicht einzig und allein auf Wohlstand und Luxus, geschweige denn auf Perfektion ankommt. Sie wollen am eigenen Leib erfahren, was es bedeutet, dass im Grunde nur das eigene Herz – dem der göttliche Funken innewohnt – den wahren Weg und Wert im Leben kennt.

Lernen diese Menschen die Stimme des Herzens von jener des Verstandes zu unterscheiden, haben sie das Potenzial, nicht nur sich selbst zu heilen, sondern auch ihr gesamtes Umfeld. Sie gehen dann mit leuchtendem Beispiel voran und weisen anderen Seelen den einzig richtigen Weg. Eine Aufgabe, die gerade in diesen Zeiten mehr als gebraucht wird!

Lernen sie es hingegen zeitlebens nicht, der leisen Stimme ihres Herzens bzw. ihrer Seele zu lauschen und ihren Gefühlen zu vertrauen, enden sie oftmals unglücklich und erschaffen sich unnötige Grenzen, die sie selber dann nicht mehr überqueren können. Sie berauben sich ihrer Freiheit. Ohne es oftmals richtig wahrzunehmen, was genau eigentlich auf ihrem Weg so alles danebengegangen ist...

Der Weg einer 43 gilt als erfüllt, wenn sie sich – in egal welcher Situation – ihrer Möglichkeiten gewahr wird, diese jedoch nicht aus Berechnung ergreift, sondern dabei immer ihrem freien Willen folgt. Jede 43 besiegt sich schließlich selbst, wenn es ihr gelingt, bedingungslos – ohne jeglichen Hintergedanken – zu geben. Etwas zu tun, ohne hierfür etwas als Gegenleistung zu erwarten. Dann, und nur dann stehen ihr alle Türen weit offen, alles im Leben mit Leichtigkeit und Freude zu erreichen!

Fazit: Die persönliche Lernaufgabe liegt für diese Zahl darin, jegliche Art von Spekulationen komplett sein zu lassen! Möglichkeiten zu erkennen ist etwas anderes, als sie aus Berechnung zu benützen. Letzteres sollte sie tunlichst sein lassen und stattdessen darauf achten, immer ihrem freien Willen zu folgen, ohne dabei jedoch großartige Erwartungen zu hegen.

Beispiel Nr. 1:

Sieglinde hat jung geheiratet und der Kinder wegen bald nach der Hochzeit ihren Job aufgegeben. Sie wollte Martin, ihren Mann, unbedingt haben. Ihr Ehemann vergöttert sie, liest ihr jeden Wunsch von den Augen ab, nur Sieglinde fühlt sich im Laufe der Jahre zusehends unwohler. Das Leben in Luxus genügt ihr nicht mehr. Spätestens, als die Kinder aus dem Haus sind erkennt sie, dass sie sich damals selbst in einen goldenen Käfig gesetzt hat, aus dem sie nun schwer wieder herausfindet...

Beispiel Nr. 2:

Paul hat in seiner Firma das Ziel, den Job des Verkaufsleiters zu ergattern. Er setzt sich Tag und Nacht dafür ein, rackert sich ab und erhält letztlich das, was er wollte: Er wird zum Verkaufsdirektor ernannt. Mit der Zeit merkt er, dass sein Privatleben darunter leidet und die Familie sich ihm zusehends entfremdet. Vor lauter Überstunden kommt er zu gar nichts anderem mehr – sein ursprünglicher Traum hat sich als falsch erwiesen. Er merkt, dass es im Leben nicht auf ein paar Euros mehr ankommt, sondern dass letztlich doch ganz andere Werte zählen.

Empfehlungen:

Jede 43 sollte zu unterscheiden beginnen, ob sie etwas aus freiem Willen heraus macht oder sich letztlich doch einen Gewinn dabei erhofft. Sie sollte unbedingt alle Spekulationen beenden und sich dem Fluss des Lebens fügen. Dies heißt, nicht ihrem Verstand die Oberhand einzuräumen, sondern ihrem Herzen. Momente der Stille helfen ihr, zu sich zu finden und ihre eigenen Herzenswünsche zu entlarven. Nur über das Gefühl, weg vom Verstand und Perfektionismus, gelangt die 43 schließlich zur inneren Weisheit, die sie auf den richtigen Weg führt.

Lies zum besseren Verständnis auch die Kapitel über die Zahlen 7, 4 und 3 genauer durch.

Fragen, die du dir mit dieser Zahl stellen solltest:

- Was flüstert mir meine Seele zu?
- Was ist mein freier Wille?
- Folge ich meinem freien Willen oder mache ich etwas nur aus Berechnung bzw., weil ich mir etwas Bestimmtes dabei erhoffe?
- Kann ich bedingungslos geben?
- Welche Erwartungen habe ich?
- Erstelle ich gar insgeheim immer eine Kosten-Nutzen-Rechnung!?
- Folge ich meinem Herzen?
- Weiß ich, was meine Herz will?
- Habe ich Wünsche oder Erwartungen?

Körperliche Themen und seelische Störungen:

Hoher Blutdruck, Depression, Ängste, Existenzängste, geringer Selbstwert, Anerkennungssucht, Faulheit, Luxusbedürftigkeit, Ängste jeglicher Art, Panikattacken, Herzprobleme

Karmische Muster und Prägungen:

Eide, Schweigegelübde, Obrigkeitsgelübde, Treuegelübde, Keuschheitsgelübde, Armutsgelübde, Angst vorm Tod, missglückte Flucht, gewaltsamer Tod im Vorleben, Sklavenjochprogrammierung

Folgende Übungen können helfen:

Im Blog auf meiner Homepage www.sonjawinkler.at findest du zahlreiche Tipps und Übungen, die dich in deinem Alltag unterstützen können. Beginne in der Rubrik zu lesen, welche dir als Erstes ins Auge sticht. Bestimmt findet sich dort der eine oder andere Hinweis, der dir in deiner jetzigen Situation von Nutzen ist.

Hast du diese Zahl in deinem Geburtsdatum, lies dir insbesondere den Artikel „6 einfache Möglichkeiten, wie Sie Ihr Herzchakra stärken können" durch. Du findest diesen und noch weitere für dich nützliche Artikel in der Rubrik „Üben Sie sich in Selbstliebe". Es ist immens wichtig, dass du dein Herzchakra öffnest (lies auch den Artikel „Herzkohärenz lässt sich leicht herstellen"), denn nur mit offenem Herzen bist du in der Lage, die für dich richtigen Entscheidungen im Leben zu treffen!

Sei dir gewahr, was du bereits alles besitzt und erreicht hast. Mache dir dies mithilfe eines Dankbarkeits-ABC's (siehe Rubrik „Verzeihen & Dankbarkeit – Ihr Schlüssel zum Glück") wieder bewusst. Setze dir als unbedingtes Ziel im Leben, immer und überall deinem Herz zu folgen. Du kannst hierfür auch die Urkunde zum Erreichen deiner Ziele (siehe diverse Artikel in der Rubrik „Erreichen Sie Ihre Ziele") nützen. Unterschreibe auch die Urkunde zum Auflösen noch etwaig vorhandener Eide & Gelübde, die du in der Rubrik „Mehr Energie = mehr Lebensfreude" findest.

Stärke dich täglich in Selbstliebe und praktiziere zum Beispiel Spiegelarbeit nach Louise Hay (siehe Rubrik „Verzeihen & Dankbarkeit – Ihr Schlüssel zum Glück").

Lasse all deine Erwartungen los. Suche dir hierfür eine Übung aus dem Artikel „Wer loslässt, hat zwei Hände frei" („Jede Veränderung beginnt in Ihnen") aus. Aufkommenden Stress klopfe einfach weg und folge den diesbezüglichen Anleitungen in der Rubrik „Jede Veränderung beginnt in Ihnen".

Mithilfe der Strichmännchen-Technik nach Jaques Martel, die du in meinem Blog in der Kategorie „Mehr Energie = mehr Lebensfreude" findest, löse noch vorhandene energetische Schnüre auf.

In der Stille findest du all deine Antworten auf deine Fragen. Meditiere regelmäßig oder praktiziere eine Herzmeditation (siehe z.b. die Metta-Meditation in der Rubrik „Üben Sie sich in Selbstliebe").

Tanke deine Batterien in der Natur auf und vertraue dich ihr an. Suche dir einen Baum oder nimm die vier Elemente zu Hilfe (lies z.b. den Artikel „Nutzen Sie die Kraft der Natur für sich!" in der Rubrik „Mehr Energie = mehr Lebensfreude"), um die Weisheit und Herzensbindung in dir selbst zu erkennen und auch zu leben.

Was es bei der Arbeit mit Affirmationen zu beachten gilt, lies bitte im Artikel „Mittels Affirmationen zu mehr Ausgeglichenheit" in der Rubrik „Jede Veränderung beginnt in Ihnen" nach.

Affirmationen:
- Ich folge meinem Herzen und dem Ruf meiner Seele.
- Mein Höheres Selbst kennt den für mich einzig richtigen Weg.
- Ich bin mit meinem Höheren Selbst verbunden.
- Mein freier Wille entscheidet.
- Ich lasse alle Erwartungen in Liebe los.
- Dankbar nehme ich meine Aufgabe im Leben an.
- Ich übergebe mich vertrauensvoll dem Fluss des Lebens.
- Ich verfüge über ungeahnte Möglichkeiten.
- Es bieten sich mir überall unglaubliche Chancen.

Raus aus dem Opferdasein!

Beim Studieren deiner Zahlen hast du gar festgestellt, eher auf der Opferseite zuhause zu sein und du fragst dich jetzt, wie du von dieser Ecke wieder rauskommst... Vergiss niemals, du allein hast dein Leben in der Hand und bist demzufolge immer dein eigener Drehbuchautor!

Lass nicht zu, dass falsche Glaubenssätze und althergebrachte Denkgewohnheiten dich in deiner Lebensfreude einschränken. Hör auf zu jammern und dir immer alle möglichen Ausreden einfallen zu lassen. Die Opferrolle schwächt dich und kostet dich sehr viel an Kraft und Energie. Übernimm endlich Verantwortung für dein Leben. Nur weil du bis heute geglaubt hast, es nie zu schaffen, heißt das nicht, dass das auch wirklich so sein muss und ist!

Setze dich für einen Moment hin, nimm wieder Papier und Kugelschreiber zur Hand und mache eine Liste von den Dingen, die du gerne in deinem Leben ändern und noch erreichen möchtest. Dann stelle dir als Nächstes die Frage, was in Wahrheit dich bis jetzt daran gehindert hat, etwas zum Positiven zu ändern. Vielleicht, weil dir die Geduld fehlt; weil du glaubst, nicht gut genug zu sein, es nicht fertigzubringen; weil du einfach negativ drauf bist...

Lies dir noch einmal die Erklärungen der Zahlen durch und reflektiere, welcher Energiehund dich noch so sehr an der Leine zieht, dass du ihn – ohne zu hinterfragen – noch immer folgst. Überlege dir, was dein Anteil an der für dich unguten bzw. untragbaren Situation ist. Frage dich, was du tun kannst, um das zu verändern. Du solltest beginnen, dich zu fragen wie du das, was du in deinem Leben eigentlich willst, längerfristig auch erreichst und sofort damit aufhören, dich zu fragen, warum es so ist, wie es gerade ist.

Werde vom Opfer zum Schöpfer deines Lebens! Halte dir vor Augen, dass das Universum immer an deiner Seite ist und dich niemals behindern, sondern immer nur fördern will. Dir passieren Menschen und Situationen immer aus gutem Grund: Damit du erkennst, wo deine eigenen Schattenanteile liegen, um diese endlich – ein für alle Mal in Liebe aufzulösen. Das Universum ist gnädig, denn es schickt uns niemals ohne die nötigen Werkzeuge auf die Wanderschaft. Sei dir gewiss, jede deiner Zahlen im Geburtsdatum bietet eine Fülle an Möglichkeiten und ein Pool an Fähigkeiten & Talenten, die von dir jetzt endlich alle gelebt und umgesetzt werden wollen!

Also, was hindert dich daran, dein Leben zu deinem bisher besten zu gestalten!? Entscheide dich noch heute für ein Leben in Leichtigkeit, Liebe, Freude, Zuversicht, Mut, Vertrauen, Akzeptanz und Demut – es war noch nie so leicht wie heute! Wir beginnen, uns wieder daran zu erinnern, woher wir kommen und wozu wir im Grunde fähig und imstande sind. Lebe dein Potenzial – die Welt braucht dich und deine Herzensweisheit!

Persönlicher Nachsatz

Aus persönlicher Erfahrung weiß ich, was es heißt, wenn einen die Energiehunde mal wieder anständig an der Leine ziehen... In meinem Leben dreht sich vieles um Gefühle und Akzeptanz. Besonders Letzteres fiel mir zur Zeit der Coronakrise nicht gerade leicht... Jedoch lernte ich mit den Jahren, mit meinem Rudel ein zufriedenes Auskommen zu finden. Und ich lerne jeden Tag meines Lebens noch dazu.

Eines habe ich jedoch bereits begriffen: Das Leben ist zu kurz, als es in der Vergangenheit zu leben! Ich selbst habe dies allzu lange getan, an alten Verletzungen festgehalten und dabei völlig auf das Hier und Jetzt vergessen. Das Loslassen alter Verletzungen fällt mir zwar manches Mal noch immer nicht so leicht wie eigentlich erhofft, jedoch habe ich immens dazugelernt, wenn es darum geht, meine Hunde wieder zurückzupfeifen und bei Fuß gehen zu lassen.

Seit ich um mein eigenes Rudel besser Bescheid weiß, fällt mir dies natürlich um einiges leichter. Dies verdanke ich insbesondere Annemarie und Sylvia – sie haben vor vielen Jahren die numerische Kabbala in mein Leben gebracht. Herzlichen Dank – mein Leben hat sich seither zum Besseren verändert!

Ich hoffe von ganzem Herzen, dass auch dir dieses Buch eine kleine Hilfe sein möge, dich und dein Umfeld besser zu verstehen.

Nochmals möchte ich betonen, dass es an sich ja keine „schlechten" Zahlen gibt, nur viele Egowege, deren Energie zu leben. Bemühe dich, dieses Buch nicht mit deinem Ego, sondern mit deinem Herzen zu lesen. Dann nämlich wirst du imstande sein, deine Ecken und Kanten in Liebe anzunehmen und sie zu transformieren. Mach dein Herz zu deinem Kompass und folge ihm blindlings - ohne zu zögern - dann kannst du niemals falsch liegen!

Entscheide dich noch heute, ein glückliches Leben zu führen. Lass die Vergangenheit hinter dir, schließe Frieden mit dem was war und gehe frohen Mutes, in Liebe und Vertrauen deinen Weg weiter. Es werden sich dir weiterhin Herausforderungen bieten – du wirst ihnen jedoch um einiges gelassener und weiser begegnen.

Sei dir gewiss: Verletzungen passieren niemals, um uns zu brechen, sondern bieten uns oftmals erst die einzigartige Chance, zu unserer wahren Größe heranzuwachsen. Zeige deine Pracht – die Welt braucht dich und dein Potenzial!

In Liebe

Sonja

Über die Autorin

Sonja Winkler ist Jahrgang 1971. Sie wuchs in Klagenfurt am Wörthersee auf und studierte Rechtswissenschaften in Graz, bevor sie erst Anfang 40 ihrer inneren Stimme folgte und sich der Humanenergetik zuwandte: Die eigene jahrelange leidvolle Erfahrung zahlreicher Nahrungsmittelunverträglichkeiten lenkte ihr privates und berufliches Leben in völlig neue Bahnen. Ihr einstiger Einstieg in die Energiearbeit waren die Körbler Zeichen, mit deren Hilfe sie schließlich all ihre Unverträglichkeiten los wurde.

Im Laufe der Jahre kamen zahlreiche weitere Methoden dazu. So kam sie unter anderem vor Jahren auch in Kontakt mir der numerischen Kabbala. Fasziniert von der präzisen Aussagekraft der Zahlen, begleitet sie seither Menschen auf der Suche nach dem Sinn des Lebens. Jedem Ereignis im Leben, jedem Konflikt, jedem Symptom liegt ihrer Ansicht nach eine Ursache zugrunde, die immer im eigenen Innern zu finden und eben dort auch aufzulösen ist.

Seither unterstützt sie Hilfesuchende in Einzelsitzungen und Seminaren vor Ort, auch online. Sie bietet Ausbildungen nicht nur im Bereich der numerischen Kabbala, sondern auch zum Körbler Symbol Practitioner und Humanenergetiker an.

Ihr Hauptaugenmerk in ihrer energetischen Beratertätigkeit liegt in der Beziehungsarbeit. In erster Linie immer der Beziehung zu sich selbst, wie sie selber meint. Sie hilft und unterstützt Menschen dabei, „energetisch den eigenen Keller gründlich aufzuräumen".

Ihrer Ansicht nach lässt sich nur auf einem sauberen Fundament ein stabiles Haus bauen. Dies hat sie selber erst durch viel Leid – die Autorin ist im April auf die Welt gekommen – erfahren dürfen. Wie sie selber sagt, hat es bei ihr eine Weile gedauert, bis „der Groschen endlich gefallen ist". Damit dies bei anderen früher passiert, unterstützt sie seither Menschen dabei, ihre energetischen und karmischen Altlasten schneller loszuwerden, um in der Lage zu sein, glückliche Beziehungen einzugehen und ein gesundes Leben zu führen.

Die reinste Form des Wahnsinns ist es,
alles beim Alten zu lassen und zu hoffen,
dass sich etwas ändert.
Albert Einstein

Wer ständig glücklich sein möchte,
muss sich oft verändern.
Konfuzius

Das Geheimnis des Glücks ist,
statt der Geburtstage die Höhepunkte des Lebens zu zählen.
Mark Twain